U0050770

彰往考來・圖書館史系列叢書 03　宋建成 主編

元華文創
頂尖文庫 EA043

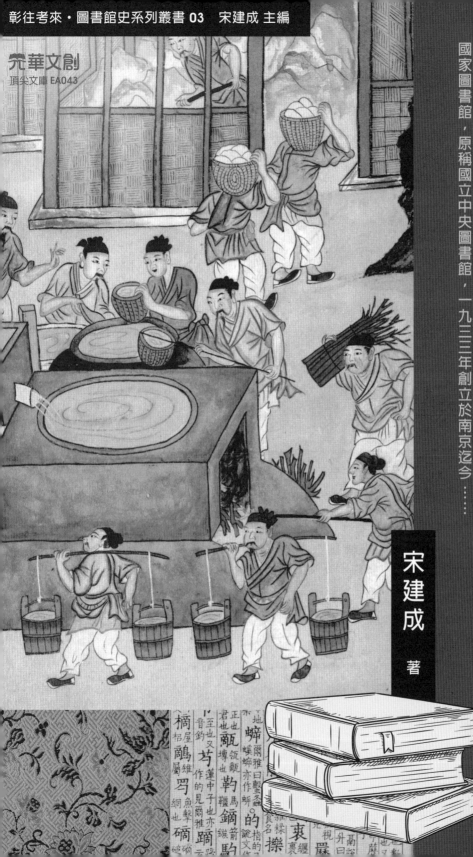

The Historical Development of the National Central Library

國家圖書館故事

國家圖書館，原稱國立中央圖書館，一九三三年創立於南京迄今……

卷三

宋建成 著

漢學圖書館故事

叢書序

　　中國的圖書館事業淵遠流長。漢代重視圖書典籍，徵集圖書，並加以整理，官府藏書豐富，有了藏書處所。這個藏書所在，有以官職命名，如太常、太史、博士、御史等，藏書附屬在政府機關內，猶如今日的機關圖書館；有以殿閣稱之，如西漢的蘭臺、石室、石渠閣、天祿閣、麒麟閣、溫室、延閣、廣內、祕室等，東漢有辟雍、東觀、蘭臺、石室、宣明、鴻都等，有如今日的國立圖書館，可謂洋洋大觀。因藏書處所甚多，到了西元 159 年（東漢桓帝延熹 2 年），置祕書監，開始有了專職典掌全國圖書秘籍的機構，正如同今日的國家圖書館。祕書監直至 1380 年（明太祖洪武13 年）被併入翰林院，歷時 1,222 年之久。期間，雖名稱偶有變易，或稱監，或稱省等，但在歷代中央官制中，已屬常制。祕書監的工作，始終賡續進行，未嘗中斷。

　　北宋時沿襲前代舊制，祕書省仍然肩負典掌全國經籍之責。北宋初，以昭文館、集賢院、史館為三館，作為實際的藏書處所。978 年（太宗太平興國 3 年）新建崇文院，三館移入，並內置特藏書庫「祕閣」，稱「三館祕閣」，祕書省形同虛設。1082 年（神宗元豐 5 年）改革官制，取消崇文院名稱，三館祕閣重歸祕書省統領。1120 年（欽宗宣和 2 年）祕書省新省舍落成。迨 1127 年（欽宗靖康 2 年），金軍攻破京師汴梁（開封府），擄走徽、欽二帝及皇族、后妃、朝臣等 3,000 餘人北去，北宋亡國，此即史稱「靖康之難」。北宋官府藏書，儘被金人劫走，蕩然靡遺。宋室南渡之初，政局混亂，1129 年（南宋高宗建炎 3 年）廢祕書省。1131 年（高宗紹興元年）高宗到了紹興府，時局稍定，復置祕書省。高宗派程俱（1078—1144）為首任朝奉大夫守祕書少監。

　　程俱曾先後出入北宋三館祕閣達 14 年，熟悉館閣業務，瞭解官府藏書對治理國家的功用。根據程氏奏〈進《麟臺故事》申省原狀〉，認為「典籍之府，憲章所由，當有記述，以存一司之守」，於是「輒採摭見聞及方冊所載，法令所該，比次為書，凡 12 篇，列為 5 卷，名曰《麟臺故事》。繕寫成 2 冊，詣通進司投進，如有可採取，以副本藏之祕省，以備討論」。奉聖旨「依奏」。案「麟臺」係指於 685 年（唐武后垂拱元年）將祕書省改稱之名。705 年（唐中宗神龍元年）又恢復原名。「故事」或稱「舊事」、「事實」，為「典章制度」的舊稱。南宋陳振孫《直齋書錄解題》，將〈史錄〉下分 16 類，其中有「典故類」。《麟臺故事》記錄北宋一代祕書省館閣制度及故實。

　　《麟臺故事》傳本散佚。清人從《永樂大典》輯錄，原書已亡 3 篇。究其內容分為 3 大類：1.〈沿革〉、〈省舍〉、〈職掌〉3 篇，記述了祕書省和館閣的設置、職掌及演變。2.〈選任〉、〈官聯〉、〈恩榮〉、〈祿廩〉4 篇，敘述所置人員的地位、升遷和待遇。3.〈儲藏〉、〈修纂〉2 篇，對官府藏書的營運，如儲藏校讎典籍，修纂國史等，作了有系統的說明。清初《麟臺故事》5 卷輯本，被收入《四庫全書》。1780 年（清高宗乾隆 45 年）紀昀等，為《麟臺故事》重新作序，指出該書「所記者皆宋初館閣之事，典章文物，燦然可觀。蓋紹興元年初復祕書省，皆以俱為少監，故俱作是書，得諸官府舊章，最為詳備。」

　　是書論述國家藏書的重要性，並歸納其職能為 1.資政參考（處理國家政務，需利用官府藏書）；2.養育人才（培養高級文官）；3.利用藏書便於修纂（校勘圖書、編纂圖書），總結了北宋官府藏書的管理制度。

　　由正史的記載，祕書省相當於今日的國家圖書館。《麟臺故事》也就是北宋「國家圖書館故事」。

　　又，（日）德川光圀（1628—1701），江戶時代大名，又稱水戶黃門。水戶藩第 2 代藩主，德川家康之孫。他為進行編纂《大日本史》（原稱《本朝史紀》或《國史》），於 1657 年（後西天皇明曆 3 年）在江戶別邸成立修

史局。其後該局擴移至小石川藩邸（今東京巨蛋球場，後樂園庭園），改稱「彰考館」，取自晉杜預（222－285）《春秋經傳集解・序》「彰往考來」之意。期許在修史的過程中能夠博覽資料，審慎且客觀地解讀相關內容及朝廷紀錄，還原歷史真相，考察未來。書成於 1906 年（明治 19 年）。

本叢書爰以「彰往考來・圖書館史系列叢書」為叢書名，彙集近代各個「圖書館故事」，用來彰顯圖書館員秉持著專業，研發及運用科學的方法，努力於經營圖書館，從事蒐集、整理、保存及製作圖書資訊、服務公眾或特定對象等工作。保存文化、提供資訊，促進學術研究，對國家的教育及文化事業貢獻良多。

盧荷生教授撰《中國圖書館事業史》，敘述中國古代至清代的官府藏書史，每代細說圖籍徵集、藏書處所、編著目錄 3 事。蓋各代開國君王，以「馬上得天下」，前朝內府藏書，多因兵燹而散佚，立國後修文，「大收篇籍，廣開獻書之路」，由皇帝向民間公開徵求藏書，再度聚書，建藏書殿閣多處，編纂目錄自然隨之而起。歷朝興衰，官府藏書隨之聚散，循環不已。本叢書因而也偏重於館藏發展、館舍建築、圖書整理，尤其重視電腦及網路科技引入圖書的整理和利用。

本叢書首先推出 3 卷。卷一、卷二為「國家圖書館故事」，旨在回顧中央圖書館 1933 年至 2011 年的發展歷史。卷三為「漢學圖書館故事」，敘述外國漢學圖書館對漢學（中國學）研究資料的蒐藏。在中國沿海各地收集善本書等研究資料者，列舉日本及美國。在西北地方收集中國古文獻者有英、俄、法、日等國。惟有了解外國人對漢學資料的蒐藏，始能更進一步體會中央圖書館「搶購」善本書的辛勞，及避免江南藏書被「洗劫一空」的重要性。本叢書以記錄故實為主，內容中有標黑體字體及〔　〕符號者，係筆者的淺見及注解。

本叢書之完稿及付梓，要感謝國家圖書館館長曾淑賢及同人提供閱覽環境和館藏圖書資源。圖書的封面設計係取材國圖古籍善本書影，以緬懷國圖在抗戰最艱困期間（1940－1941）於淪陷區滬港兩地，為國家秘密搶

購散佚珍貴古籍故事。感謝國圖提供數位影像，並同意授權利用。上圖為
（明）文俶女士繪，〈〔煎煮〕海鹽〉，載於：《金石昆蟲草木狀》27 卷 12
冊，1617－1620 年間（明萬曆 45－48 年）彩繪底稿本。左圖係〈書衣〉，
載於：（宋）許棐撰《梅屋詩餘》1 卷、（宋）戴復古撰《石屏長短句》1
卷，明虞山毛氏汲古閣影鈔南宋臨安陳宅書籍舖刊本。右圖則為（宋）陳
彭年重修《廣韻》5 卷 5 冊，南宋初婺州刊巾箱本，卷 5 葉 47，據澤存堂
本補〔以影印葉〕。並特別感謝元華文創股份有限公司慨允出版。

前　言

　　國家圖書館於 1981 年 6 月 1 日成立「漢學研究資料暨服務中心」，以促進漢學研究，加強對國內外漢學研究人士服務為旨趣。1987 年 11 月更名為「漢學研究中心」(Center for Chinese Studies)，中心的重要工作項目，包括蒐集漢學資料、提供參考研究服務、獎助國外漢學家來臺研究、編印漢學研究論著、出版漢學目錄索引、報導漢學研究動態、舉辦各種規模的專題研討會、在國外辦理書展等，經多年的經營，在中國人文研究及國際漢學研究交流的領域，已奠下了基礎。然而，本書的內容卻不含國家圖書館，也不包括兩岸四地有關漢學研究（Sinology）和中國學研究（Chinese Studies）的圖書館和有關的中心，而是中文典籍的總藏書量，特別是中國善本書和普通本線裝書方面，為中國大陸、臺灣境外數量最多的日本、美國。兩國有關中文典籍蒐藏歷史悠久，以第二次世界大戰為分野，1945 年以前側重蒐集和典藏，戰後更重視延伸到提供研究人士服務，編製書目索引，複製縮影微捲，由自動化整理而邁入數位化整理，帶給研究人士從事教學與研究的便利，嘉惠士林。兩國蒐集漢學研究中文館藏的開始與發展是非常地不同。

日本的蒐藏

　　中日兩國一水之隔，文化交流史可說是源遠流長。以孔孟儒家學說為核心的中國文化對鄰國的影響最深的是日本。19 世紀以前，日本經過兩次巨大的社會政治變革運動，「大化革新」和「明治維新」，逐漸地成為現代化國家。

　　鴉片戰爭以前，支配東亞的強權是中國。日本面對隋統一中國的中央

集權國家，討伐朝鮮半島的高句麗，向東亞擴張勢力，倍感威脅。593 年
（隋文帝開皇 13；推古元）12 月，日本推古天皇即位，以聖德太子（今日
本稱：厩戶王，認為紙幣上日本人所熟悉聖德太子着朝服持笏板的像貌，
也不是本來的樣子）攝政。聖德太子採取加強與中國和朝鮮的聯繫及內部
政經改制的國策。聖德太子以改變過去由豪族（大小不同的氏族）聯合組
成的政權，以建立以大王（天皇）為中心的中央集權國家為目標，推行新
政。在政治方面：1.派遣隋使。推行自主外交，積極吸收中國治國的韜略、
禮樂制度及文化思想。於 600 年（隋文帝開皇 20；推古 8）起，先後派遣
隋使 5 次，每次都有學問僧、留學生隨行。每次都會攜返中國文獻典籍及
文物，並求取佛經。2.實施十二階冠位。603 年（隋文帝仁壽 3；推古 11）
12 月，定冠位，分德、仁、禮、信、義、智 6 等，每等分大小兩階，共 12
階。冠色大小順序為紫、青、紅、黃、白、黑，又以顏色的濃淡分大小。
將豪族轉成為大王的官員，以個人功勳授冠賜爵，開選賢與能之道，打破
氏族血緣與門戶世襲習慣。3.制定十七條憲法。604 年（隋文帝仁壽 4；推
古 12）4 月太子親定《憲法》17 條，「擷取儒、道、佛諸家思想而成，文
句更博採《詩經》、《尚書》、《孝經》、《論語》、《中庸》、《左傳》、《禮記》、
《管子》、《墨子》、《韓非》、《韓詩外傳》、《史記》、《昭明文選》等漢籍而
成，究其內容是官員執行行政的準則規章、國家組織原理、道德訓戒。也
是太子想集德治、禮治、法治於一爐的，政治理念。」（蘇振申）。4.採用
曆法。5.編纂國史書籍。在文化方面：1.採用佛教思想。提高社會倫理並
作為政治上的道義基礎。2.獎勵佛像、寺廟的建造。太子的聖業，開啓了
「大化革新」的契機。「大化革新時諸多功臣就有大量歸國留學生以及留學
生們的弟子。」（任德山）

　　645 年（唐太宗貞觀 19；孝德天皇元）孝德天皇即位，定年號「大化」，
創日本年號之始，同年遷都難波（大阪）（其後又遷回）。646 年（貞觀 20；
大化 2）孝德天皇頒布了《改新之詔》，展開全面向大唐學習一系列的制度
改革大業。1.改革統治機關。調整行政區域，劃分為京師、國、郡、里，

地方官員由中央任命，設置關塞與戍邊軍，設立驛站。2.公地公有制。廢除私有土地和部曲制度，土地和人民收歸國家。3.推行「班田收授法」，造戶籍，計帳，分公田予公民。4.施行租庸調制。公民有向政府繳納租、庸、調，服兵役和雜徭的義務。期間，663 年（唐高宗龍朔 3；天智天皇 2 年）8 月，因朝鮮半島國家的糾紛，擴大為東亞地區的國際爭端，日本出兵，在朝鮮半島西南部白江口（白村江；今韓國錦江入海口）海域遭遇唐朝的反擊，日本全軍覆沒，舉國震驚。白江口之戰打破了朝鮮半島的均勢，新羅在大唐的支持下統一了朝鮮半島，建立新羅王朝。日本國力大損，一方面遷都至近江，仿唐《貞觀令》，發布《近江令》（668 年），在各地方修築了防禦性的山城，接着天智天皇去逝又爆發了壬申之亂，673 年（唐高宗咸亨 4；天智天皇元）天武天皇在飛鳥御原宮登基即位，都城再度遷回飛鳥，繼續推動革新運動。先後廢除奴隸制（675），制定官吏考核法（678），制定《飛鳥淨御原令》（681），廢除匍匐禮（682），制定八色之姓（684），制定官位四十八階（685）等，一方面不斷派遣唐使深入向唐學習政治制度、思想文化等，其中包括律令制下各種規章、禮樂服飾、建築風格、醫藥、漢音、漢字、漢詩以及儒家思想等各方面。中國典籍大量傳入日本。至 701年（武周大足元，文武天皇大寶元）制頒《大寶律令》，繼之，718 年（唐玄宗開元 6，元正天皇養老 2）制頒《養老律令》，終以唐為範本，建立了完備的律令制中央集權體系，實施「班田制」和租庸調制為基礎的古代國家。貴族納入官僚體系，為天皇效勞，按官職、位階、功勳等賜予土地，予以特權優待。平民納入國家戶籍，承擔義務，可徵為兵員、勞力、上繳賦稅，為天皇使用。

　　自白江口之役後，日本收斂野心，銳意改革，努力學習中國文化，留意於中國典籍的蒐集和典藏，尤其重視中國儒佛經典。將中國文化內化為日本文化。因為仰慕中華文化，透過漢籍的閱讀，認識了中國儒佛文史經典；因認同而採用了中華文化。將中華文化引入日本文化生活中，漢詩、漢文、漢畫、書法等，都成為日本讀書人的必要修養，形成貴族文化。

經歷鎌倉室町幕府武家社會的形成生活文化的產生期、江戶幕府近代社會的形成平民文化的發展期，進入近代國家的形成國民文化發展期。1853年（清文宗咸豐 3；日孝明天皇嘉永 6）美國伯里（Matthew Calbraith Perry）率艦隊叩開了日本的國門。1867 年（穆宗同治 6；孝明天皇慶應 3）薩摩藩和長州藩，聯合發起倒幕運動，明治天皇祚位，翌年改元「明治」，並將江戶改稱東京。1868 年 4 月 6 日（同治 7；明治元.3.14）明治天皇宣布《五條御誓文》，其中包括改革開放、廣興會議、萬機決於公論、上下一心、大張經綸等主張，對日本改革起了提綱挈領的作用。明治推行「廣求知識於世界，以振皇基」，開始轉向西方尋求「文明開化」、「富國強兵」的良方良策，展開了「歐化」運動。

明治熱衷吸收西方的制度及文化，以躋身現代化國家之林。1869 年 4 月明治政府聘請（荷）柏克曼（Guido Herman Fridolin Verbeck，1830－1898）為顧問。柏克曼曾以傳教士身分前往長琦「致遠館」（佐賀藩所設），教英文、政治學、經濟學、美國憲法、國際法、聖經等科目。鑒於急於了解西方文明並引進西方文明，透過外國專家口述或閱讀西洋書籍仍有隔靴搔癢的感覺，最好的方法是親自到西方走一趟，去體驗西方文明。柏克曼為明治政府擬訂一個遣外使節團計畫，包括使節團目的、組織成員、調查方法與旅程等。明治提出要銳意改革，「破舊來的陋習，求知識於世界」。1871年 12 月 23 日（同治 10；明治 4.11.12）就像大化革新派遣唐使一樣，明治派遣了一支平均年齡不到30歲的美國及歐洲諸國考察使節團赴海外取經，「至 1873 年 9 月 13 日（同治 12；明治 6.7.22.11）止，共考察美（205 天）、英（122）、法（70）、比（8）、荷（12）、德（33）、俄（18）、丹麥（5）、瑞典（8）、意（26）、奧地利（16）、瑞士（27）12 個國家，史稱「岩倉使團」。以右大臣岩倉具視（1825－1883）為正使，參議木戶孝允、大藏卿大久保利通、工部大輔伊藤博文、外務少卿山口尚芳為副使及政府官員理事官、書記官（以上 46 人）、隨員（18）和留學生（43）等 107 人組成，這次使團規模之大，時間之長，考察國家之多，都是絕無僅有的。考察對象：

1.各國政治制度的理論及其實際運作狀況。外交部、議會、法院、財政部等機關的組織編制與運作狀況。2.與經濟、財政有關的各項法規及其實際運作狀況。3.各國教育制度及其實際運作狀況。4.各國陸海軍的制度及其實際運作狀況。理事官負責考察，書記官負責記錄。每位理事都被分配考察一項，還得研究將其引進日本的可能性與方法。因為日本素有「蘭學」，使日本在西方衝擊來臨前，對西方文明就有一定程度的認識。書記官久米邦武（1839－1931）撰考察報告《特命全權大使米歐國覽實紀》100卷5大冊（東京：太政官紀錄掛，1878）可資參考。回國後大力提倡要以內政改革為先，不支持當時日本國內沸沸揚揚的「征韓論」。隨團學生也對日本近代化作出了很大的貢獻。明治決定以英國為富國的標竿，以德國為強兵的楷模，教育、經濟和軍事等全面轉型，走出一條大國崛起之路。如通過頒布《學制》、《教育令》、《學校令》等建構近代教育體系，建立全民教育。創辦東京砲兵工廠等四大兵工廠和重點扶持三菱、三井等與軍事相關企業，至1880年（德宗光緒6，明治13）基本建立了官營軍工企業和國民企業。1889年（光緒15，明治22）頒布《大日本帝國憲法》，確定師法普魯士君主立憲，明治天皇擁有軍隊的控制權，議會和內閣對天皇負責，為後來軍國主義埋下伏筆。

　　明治扮演改革的主要角色之外，還有當時一群啟蒙思想家，他們抨擊傳統思想，介紹西方文明，闡述西方思想。以1873年（同治12年；明治6）7月森有禮所創「明六社」最具代表性，成員有西周、福澤諭吉、家藤弘之、中村正直（敬宇）、西村茂樹、津田真道、杉亨二、箕作秋坪、箕作麟祥等，皆備漢學修養和西洋近代知識的學者，他們以「文明開化」「開啟民智」為己任，創刊《明六雜誌》，為促進日本教育（廣義的文化啟蒙）而努力。在明治政府第一個十年間，倡導社會變革與明治政府統治階層遙相呼應。另者，為趕上西方國家腳步，明治政府機關及私人機構成功的大量聘請外籍顧問（御雇外國人），在「殖產興業」下，全面指導日本經濟、教育、建築、科研和軍事。日本明治維新，接受西方物質文明，不啻受西方

霸道思想鼓勵，軍人得勢，迷信武力以侵略為能事。一戰勝中國，再戰勝俄國，成為新興支配東亞的強權。日與歐美爭鋒，發動太平洋戰爭，終遭覆敗，不過 40 年由美國成為東亞強權國家。

甲午戰爭後，日本「大陸政策」形成，以武力侵略中國，採刺探軍情般的意識，留意中國典籍，用以認識中國自然資源、社會及人文方面的歷史與現狀。日本展開了掠奪中國古籍文物的序幕，這與日本奈良、平安時期以降，漢籍流入日本的情形迥然不同，日本儼然以東方的領導者自居，而於文化方面則夸謂集東方文化的大成。在思想、文化、經濟、社會、學術等領域，一直不斷地向中國爭奪主導地位，特別是在東亞大陸和中國學研究的學術領域發揮主導作用。妄想建立科學的東方學的正統在日本的學術地位。

美國的蒐藏

早期西方與中國的接觸，在傳教與通商。16 世紀初，歐洲傳教士隨著商船和戰艦來到中國，掀開了一個新的中西交流的序幕。由於中國自秦漢以來已是大一統的國家，歷史悠久，中華文化發達。來到中國的傳教士，為了傳教及生活的方便，需要學習漢語及了解他們所生活的中國。因此，對中國語言、社會生活及中華文化內涵作有系統的研究也就自然的展開。16、17 世紀來到中國的傳教士，對中國經典的研究，開啟了對漢學的研究。傳教士的「傳教事業」和「漢學研究」是不分離的。

美國立國晚，漢學研究的開始也較日本和歐洲為後，但發展迅速。美國獨立之初，內外債臺高築，國庫空虛；英國、西班牙、法國對美國都設有貿易障礙，使美國經濟困難。美國商人認為對外貿易的對象，祇有直接與中國來往。中美雙方關係的發展，是由商務而演進到政治關係。1784 年（乾隆 49），美國商船「中國皇后號」（The Empress of China）成功地自紐約首航中國，開啟了中美直接通商的歷史。此後，美國人的商船前往廣州是絡繹不絕，帶給美國巨大的經濟效益。

19 世紀初，美國為了對外擴張，乃效仿法、英，成立基督教差會向海

外傳教。基督教傳教運動的原始動機是宗教的。很自然地，美國早期來華的一些傳教士開啓了美國漢學研究（Sinology）的大門。傳教士來華，首要工作為學習中文，了解中國，為了傳教和文字工作，在語言方面作準備；為傳播福音，翻譯及印行中文聖經。他們久居中國，學習華語（或兼習方言），經年鑽研逐漸提升了中文水準。又善於觀察和研究，勤於瞭解及認識當代的中國，追求有關中國的歷史、文化、習俗，兼及當代政治、社會有關人文學、社會科學方面的學問，遂成為精通中文的「中國通」（China Expert，或被尊為漢學家）。在早期中美外交及處理商務等各種事務，如簽訂《望廈條約》、《天津條約》的過程中，「中國通」傳教士自然擔任美方文書翻譯、從事獻策獻計的條約談判前期準備工作，「擔負著為美國國家利益服務的使命」。美國傳教士在 19 世紀中美外交關係，扮演著極為重要的角色。鴉片戰爭以前，清朝允許西方商人在廣州經商，但是禁教，不同意傳教士傳教。傳教士來華後，得隱藏身份，冒充商館職員，才得以居留，秘密進行傳教；英美商人支持傳教士在華活動所需經費。這樣使得傳教士、外交官和商人來華，各自獨立運作，又相互密切合作。1844 年（道光 24）簽定了《望廈條約》，打破了清朝的禁令，將「同意中國人教外國人學中文及採買中國各項書籍」列入條約。各國基於平等互惠，一體均霑。傳教士漢學家在中國的華南、華東、華北等地方傳教，由沿海而漸進入內陸，關於中國的著述，研究內容主要在語言、文化、歷史、地理、語言等方面，奠定了中國學研究的基礎。

　　其後，美國因應美國教會向亞洲和中國的發展、高等教育和漢學研究的需要、新興學術會社團體和基金會對中國的興趣與投入，使得一些圖書館致力於漢學典籍的蒐藏。美國著名的大學圖書館將來自中國、日本和韓國的圖書另成一體，獨自陳列，即今所稱的東亞圖書館。美國學界對中國研究向來是東亞研究的重心。在第 2 次世界大戰結束前，美國只有 18 所東亞圖書館。較為著名者：美國國會圖書館、耶魯大學、哈佛大學、柏克萊加州大學、哥倫比亞大學、康奈爾大學、普林斯頓大學、芝加哥大學。東

亞語文資料的傳入美國，19 世紀主要以贈送或捐送為主。

1842 年（道光 22），創設了「美國東方學會」（American Oriental Society），該會旨在促進對亞洲的學術研究，廣泛涉及語言學、文學、歷史、考古、哲學、宗教、藝術和民俗等領域，並建立圖書蒐藏。翌年創刊 *Journal of the American Oriental Society*（《美國東方學會會刊》）。1941 年成立「遠東學會」，創刊 *The Far Eastern Quarterly*（《遠東季刊》），開始將漢學研究的年限往下拉至近現代中國研究。且「區域研究」方法甫興，對區域（國家）採跨學科的綜合研究，使達到更深入系統性的結果。美國還出現不少與漢學研究相關的學術團體，如美國學術團體聯合會、美國太平洋學會、哈佛燕京學社、美華協進會等。而卡內基基金會、洛氏基金會、福特基金會等著名基金會對於促進漢學的研究，有很大的推動作用。

20 世紀初至 30、40 年代，中國學已成為一門獨立的學科，東亞資料的蒐集，包括中文及日文、滿文、蒙文、藏文等各科書籍，大致是透過購買或交換。這個時候正是美國、日本等國的一些學術圖書館，如國家圖書館、大學圖書館及學術研究機構，經年累月，透過派員或委託書商代理等方式，在中國華東、華北、東北、華南，尤其是藏書家最多的江浙兩省，大肆蒐購漢學（中國學）相關研究資料，如中國善本書、方志、史料文物等，並加以分類編目整理，提供政府及漢學家應用。

19 世紀上半葉有些漢學（中國學）家開始研究中國邊疆、中國西部和北部地區的地理、歷史、考古、民族、藝術等領域。19 世紀中、下葉到 20 世紀初，外國探險隊、考察團頻繁的出入亞洲腹地活動，特別是中國西部和北部地區，如敦煌、吐魯番、黑水城等地區。因為西方列強蠶食鯨吞中國領土和擴張殖民地的野心，這種探險和考察的目的和動機，並不單純，使得即使是學術科學的考察活動，也往往兼帶有蒐集一般情報的使命。由於當時大清晚期國家積貧積弱，朝廷又昏庸，在列強船堅炮利的逼迫下，列強在中國享有治外法權等多項特權，同時也毫無保護國家文物的觀念及措施，英、法、德、俄、日本等國探險隊、考察團紛紛乘機進入中國任意

發掘古代遺址，破壞及掠奪大量的古民族文物文獻等歷史資料，並移藏各國學術圖書館、博物館。

　　日美歐等國學術圖書館分別從中國海、陸兩方，蒐集漢學研究資料，我們很難以估算有多少中華文獻文物（包括少數民族古代文物文獻）流失海外，建立了現代漢學圖書館數量質量兼具館藏的基礎，各個漢學圖書館的館員為提供漢學家教學與研究所需作出了貢獻。

目　次

第一章　日本漢學研究資料的蒐藏

　　日本對中國學術研究的演進，以明治維新（1868）為界線，可分成漢學研究（Sinology）和中國學研究（Chinese Studies）兩個階段。但這不是說能夠截然地予以劃分；只是區別日本近代以來，有了新的觀念和研究動機、對象、目的、方法等，與國際接軌，使傳統古典的研究之外，對中國近現代的政治、經濟、社會、文化等方面也成為研究的範疇。其實這可以稱為「新漢學」研究，但日本學界使用「東洋學」、「支那學」這一概念。

前言

　　以孔孟儒家學說為核心的中國文化對四周鄰國的影響最深的是日本。中日兩國，一水之隔，文化交流源遠流長，距今已有 2,000 年的歷史；日本輸入漢籍（中國文獻），也至少有 1,500 年之久。兩國文化交流，明治維新是個重要的轉捩點，在此之前，努力學習中國文化，留意於中國典籍的蒐集和典藏，尤其重視中國儒佛經典。將中國文化內化為日本文化。因為仰慕中華文化，透過漢籍的閱讀，認識了中國儒佛文史經典，因認同而採用了中華文化。例如假借中國的文字而創造了「假名」的語言文字（此後，漢字被稱為「真名」）。閱讀漢籍出現漢文和訓的訓讀方式。在和刻漢籍（和刻本）將漢籍重刻，並對漢文加上日本式的訓讀標音，及在一些詞彙下接格助詞（如が、へ、を、から、で、まで、より等），變成日人可閱讀的本子。將中華文化引入日本文化生活中，漢詩、漢文、漢畫、書法等，都成為日本讀書人的必要修養。在此之後，站在世界文化的視野，用西方學術

的知識體系，採用西方史學方法，來研究中國的歷史和現狀。甲午戰爭後，日本「大陸政策」形成，以武力侵略中國，採刺探軍情般的意識，留意中國典籍，用以認識中國自然資源、社會及人文方面的歷史與現狀。黃得時於 1976 年 11 月撰〈漢學研究在日本〉乙文，稱「漢學中心在日本」，略以：

> 將近二千年以來，中國文化，不斷影響日本文化。日本文化是在中國文化的薰陶和培養之下，長大茁壯的。日本人所使用的文字，是漢字和漢字的偏傍以及草書所孕育出來的片假名和平假名。中國人的儒家精神以及佛教思想，成為日本人的國民道德以及宗教信仰。日本人的學問，就是中國人的學問。日本人的智識階級必須會作中國式的詩文，一切的教養，是以中國式的教養為教養。（中略）明治初年對於漢學研究，雖曾一度趨向衰退，但是後來由於大學以及研究機構的普遍設立，漢學研究成為一種專門的學問，有無數的學者，把畢生的心血灌注於研究上面。因此，傑出的學者多，以及研究成果的輝煌，非歐美專家可能望其項背。

依日本歷史的發展，在 5 世紀末到 6 世紀初之後，始有文獻記載和實物資料。漢籍傳入日本的最早說法，一般都根據成書於 712 年（唐景雲 3，日元明天皇和銅 5）的《古事記》（全 3 卷）中記載的傳說。即〈應神天皇〉條的「王仁導入說」。天皇為太子延師，來自百濟的王仁（和迩吉師）進貢《論語》10 卷、《千字文》1 卷。論及日本蒐藏漢籍源流，日本學者高橋智撰〈日本流傳中國古籍簡述〉乙文，認為日本流傳的中國善本（宋元版）有兩個來源，一是室町時代以前傳過來的，一是明治時代（19 世紀）以後來的。日本是中國之外，收存中國古籍最多的國家；大約分藏於 5 個類型的藏書處。1.日本皇室藏書，如圖書寮，現稱書陵部；2.國家暨公共圖書館，如內閣文庫、東洋文庫、金澤文庫、蓬左文庫及各都道府縣市町立圖書館；3.大學藏書，主要的是東京大學東洋文化研究所、京都大學人文科學研究所；4.私人藏書，如靜嘉堂文庫；5.寺廟藏書，如東京的日光輪王寺的天海

藏、京都的真福寺。這些書藏各有其淵源和發展。

　　隋唐時，中日文化的接觸，自海上有 3 途徑：1.由日本肥前（九州佐賀、長崎兩縣之地）出航，渡對馬島（Tsushima）而至朝鮮南部入黃海，然後過遼東，而入中國內部；2.自九州長崎出航，抵江蘇東境，入揚子江，溯流而上，取到襄、漢，赴長安；3. 自九州長崎出航西南行，直航明州（寧波），而後循運河北上。在文化上的媒介：1.屬國（朝鮮）；2.留學生；3.高僧；4.學問僧；5.使臣；6.商人；7.避難者。

一、明治維新以前漢籍輸入日本

（一）飛鳥奈良平安時期

　　隋唐兩朝（日本飛鳥、奈良、平安時代）是古代中日文化交流的黃金時代。緣起日本聖德太子（574－622）攝政下，文化繁榮，開創了日本飛鳥文化時期，圍繞著佛教及其經典的研究而展開。

聖德太子

　　聖德太子於攝政推古時期（593－621），大力推行改革，試圖建立以天皇為中心的中央集權制，以中國儒學的政治思想和所傳入的佛教作為推行新政的主流思想，制定典章，如《冠位十二階》、《憲法十七條》〔案：依其內容，可稱《官員倫理守則》〕等，其間都顯示吸收了儒佛思想。採用曆法，主持編纂了《天皇記》、《國記》等國史書籍。尤其是為吸收中國的儒學文化和制度，訪求佛教經典，推動向中國派遣隋使，使中日之間開闢了文化直接往還的海上通道。600 年（隋文帝開皇 20；日推古天皇 8），日本皇室揭開了將近 230 多年派遣入隋唐使節團的序幕。使節團在文化上的目的，就是「買求書籍」和求取佛經。

聖德太子吸收中國儒家學說，同時也積極傳播 6 世紀中業傳來日本的佛教。太子親草《憲法》，諭以「篤信三寶」。太子建造了斑鳩宮，並在周圍地區建立了法隆四天王、中宮、橘尼、蜂岳、池後、葛城、元興、日向、定林、法興等佛寺，仿中國六朝寺院建築式樣。國家開辦佛教事業不數十年，624 年（唐高祖武德 7；推古天皇 32），已有寺院 46 所，僧尼 1,385 人。太子注釋《勝鬘經》、《維摩經》、《法華經》（號曰上宮疏）。在中國北魏和南朝文化的影響下，日本發展了最早的佛教藝術－佛像和佛畫〔與佛教佛寺有關的壁畫等繪畫〕。

遣隋使和遣唐使

遣隋使、遣唐使（「西海使」）來到中國，都會攜返中國文獻典籍及文物。《舊唐書》卷 199 上列傳 149 上，載：遣唐使中的留學生歸去時「所得錫賚，盡市文籍，泛海而還」。645 年（唐太宗貞觀 19），日本孝德天皇即位，翌年進行「大化革新」（頒布《改新文詔》），一切典章制度都取法於唐朝，開始積極傳入中國的諸子經典。其間，雖經 663 年（唐高宗龍溯 3；天智天皇 2）白江口戰，劉仁軌大破日本水軍，「四戰皆克，焚 400 船，海水為丹」，日本敗離百濟，撤回本國，反而更加遣使入唐。

迄至奈良、平安時代，藉著一再差派遣唐使，規模愈來愈大，每次使節團從初 250 人漸擴及 500 至 600 人之間，分乘 3 艘船漸增為 4 艘船（「四舶」）渡航。包括大使、副使、判官、錄事及史生（書記官）、雜使（庶務）、傔人（從者）、譯語（通譯）、醫師、畫師、主神（神職）、卜師、陰陽師、長期留學的留學生和學問僧、短期留學的還學生和請益僧、玉生、鍛生（段金）、鑄生（鑄造）、細工生（木竹生）等和船員，往復中日之間，攜回了大批以佛經為主的唐代鈔本（寫本），這也促使漢文學研究的風氣日盛，形成了以宮廷貴族為中心學習漢文的高潮。

中務省圖書寮

701 年（武周大足元；文武天皇大寶元），日本文武天皇仿隋唐，制定

《大寶律令》（律 6 卷；令 11 卷），繼於 718 年（唐玄宗開元 6；元正天皇養老 2），元正天皇頒行《養老律令》（律 10 卷 13 篇；令 10 卷 30 篇）。終於建立了中央集權的國家。爰依該律令在太政官下設 8 省及彈正台（監察機構）、五衛府。其中，中務省主管朝廷禮儀、詔書文案的起草和審理等。下設圖書寮，以蒐集、謄寫、保存官府的經籍圖書佛像經文，脩撰國史，掌校寫裝潢筆墨等事為職務。所藏以供中央各省查閱。自聖武天皇敕令（724）「不得輒借親王以下及庶民」後，成為歷代天皇所專用。

　　隋唐設祕書省掌典籍，以從事藏書管理、圖書校訂與分類編目、抄寫圖書為主要的工作；後者，以唐初為例，置直書和寫御書手 100 人，負責將校訂完畢的書繕寫成正本，抄寫副本。日中務省模仿隋唐，設「寫經所」，置「寫經生」（繕寫圖書的相關人員），為政府設立的專門抄寫漢籍的機構。在印刷術未興以前，書籍的產生，惟有出之於繕抄乙途。時日本除朝廷書寫的圖書外，其他圖書全來自中國及朝鮮。

　　平安朝，在宮廷內設立「校書殿」、「一本御書所」等御書所。前者，為一專事摹寫入傳漢籍唐與唐以前鈔本（即「唐鈔本系鈔本」）的機構。後者，係世間所出圖書須各獻納乙本予公家，收藏於此。

式部省大學

　　式部省掌管全國官吏名籍及官吏的選拔考課等，下設大學，招收貴族、中央五品以上高級官員的子弟或五品以下至七品官吏子弟才華出眾者入學，講授中國經書典籍，以登用人才，學校為出仕做官的正途。大學課程的設置，分明道經（儒學經典）、算道（算術）、音道（中國語的發音）、書道、紀傳道（歷史、文章）、明法道（法律）等；其中以明道經為主，也仿唐初儒經分 3 等，大經（《禮記》、《春秋左氏傳》）、中經（《毛詩》、《儀禮》、《周禮》）、小經（《周易》、《尚書》）。地方設國學，稱學校院、興業院，招收地方貴族子弟，掌管教授經業、課試學生。其他還有專門技術的養成機構，如典藥寮、陰陽寮、雅樂寮等。

東大寺和國分寺

　　日本自頒布《大寶律令》之後，採取興隆佛教與崇敬神道並重的政策。一方面持續提倡建寺寫經，一方面參拜伊勢神宮，創制祈年祭，以彰顯天皇的神聖與權威。為開創新局，710 年（唐中宗景龍 4；元明天皇和銅 3），元明天皇遷都平城京（今奈良），仿照唐都長安的都城制，大興土木建設新都、新宮，同時將飛鳥時代京城的寺院遷移新京，大興建寺，日本歷史進入奈良時代。此後，日本佛教的發展，皇室有意將信奉唐傳佛教與皇祖神的神道相融合為一體；使得「佛是神的本體」「神是佛的化身」的「垂迹思想」（「本地垂迹說」：宣揚神是本地佛，菩薩為救濟眾生而改變面目垂迹）漸普及於民間。全國大肆興辦佛教事業，寺院分國家的大寺、國分寺及私人寺院。

　　東大寺（金光明四天王護國之寺）起源於 728 年（唐玄宗開元 16；日聖武天皇神龜 5），聖武天皇在若草山麓所設山房，此為金鍾寺的前身。金鍾寺升格為大和國的國分寺，更寺名為金光明寺，是為東大寺的前身。743 年（唐玄宗天寶 2 載；聖武天皇天平 15），聖武天皇頒布「盧舍那大佛造立之詔」，興建東大寺及大佛；751 年（天寶 10 載；孝謙天皇天平勝寶 3），大佛殿建成，翌年盛大舉行大佛開眼供養會；同年東大寺正倉院也告設立。迄 789 年（唐德宗貞元 5；桓武天皇延曆 8），「造東大寺司」主事僧始未再有持續的工程。歷史上東大寺曾多次燬於火災及地震，現存遺址為 1709 年（清聖祖康熙 48；日中玉門天皇寶永 6）重建。

　　聖武天皇（701－756）在位時（724－749）先後多次下詔諸「國」（日本古代地方區劃，將本州、四國和九州，分為 5 畿 7 道 66 國 2 島）造像（釋伽牟尼金銅像 1 尊，左右配置菩薩 2 尊）；抄寫經書（法華經 10 部）、修建七層塔（寫經造塔）及設置僧尼兩寺。時全國的國分寺（光明四天王護國寺，即金光明寺）、國分尼寺（法華滅罪寺，即法華寺）共達 110 多所，占當時寺院總數的 1/10 之多。

正倉院

　　756 年（唐玄宗天寶 15 載；孝謙天皇天平勝寶 8）聖武天皇駕崩，光明皇后隨將宮中所藏諸種珍貴物品，分批獻給東大寺，而藏在「正倉院」（在大佛殿西北面），為一樸素無飾的木倉。庫分北、南二倉，後添設中倉，為一棟三倉式建築物。「正倉院」遂成為主要收藏皇室奉獻大佛的珍藏，包括遣唐使攜回的中華精緻文物，如禮器、佛具、樂器、服飾、餐具、藥品、武器、文獻典籍等。迄明治初期，正倉院劃歸皇室專有，脫離東大寺，直接由宮內廳（今由宮內廳正倉院事務所）管理，至今仍保留原貌，是為聯合國世界文化遺產「古奈良的歷史遺跡」的一部分。1893 年（光緒 19；明治 26）築聖語藏，將原東大寺塔頭尊勝院經藏移入，包括中國隋經、唐經；奈良、平安、鎌昌的古寫經等約 5,000 卷，最為珍貴。1953 年（昭和 28）東寶庫和 1962 年（昭和 37）西寶庫建造，原正倉院、聖語藏古文物及佛教經典移藏。經過整理的傳世文物有 9,000 餘件，誠為歷代天皇所藏「皇室寶物」、「國家珍寶」。寶藏並不示人，每年封倉，秋季開封點檢寶物，並在奈良國立博物館公開展出一小部分的文物，稱「正倉院展」，展期約 15 日，都會發行展覽目錄。1981 年（昭和 56）為慶祝昭和天皇八秩萬壽，移東京博物館展出「正倉院寶物特別展」。正倉院相關的文獻，如原田治郎《正倉院御物圖錄》15 冊（東京：帝室博物館，1928 – 1944）、傅芸子《正倉院考古記》（東京：文求堂，1941）、韓昇《正倉院》（上海：上海人民出版社，2007）等，可供參考。

　　正倉院陸續推出新猷或措施，如 2001 年（平成 13）3 月訂《正倉院事務所歷史的資料等一般利用規則》；正倉院展展覽期間，訂有「留學生日」，該日留學生憑學生證免費入場；還有採事前預約，可托兒（1 歲至學前兒童）；2011 年（平成 23）起進行正倉院正倉維護工程，不定期舉辦「正倉院整備工事現場公開」活動，採預約制，可報名現場見習（見學）施工等。

經藏和藏經樓

至於抄經部分，雖然早於飛鳥時代就有民間的寫經活動，但是官方最初的寫經當是天武天皇時（673）所抄寫的《一切經》。至 722 年（唐玄宗開元 10；元正天皇養老 6）時，元正天皇（680－748）首設光明皇后（701－760；時為太子妃，729 年始立為皇后）的寫經所，其後皇室和大寺院也設立這種機構，組織經師、寫經生書寫佛教經典。聖德天皇興建東大寺為總國分寺，統轄國分寺；同時寫經所分官立、寺立、禮立 3 類。寫經所是為充實經藏（日本古寫本）而設置，專事抄錄傳入漢籍佛教經典，兼寫漢籍外典。這時所製作的典籍至今仍可散見於日本正倉院及寺院如石山寺、大須觀音寶生院、興福寺等處，多是今為日本依其《文化財保護法》所認定的「國寶」、「重要文物」（「重要文化財」）。

奈良朝被稱為佛教文化時代，佛教興盛，建立了不少大寺院。有寺院之處，就藏有佛書，形成經藏、藏經樓。除東大寺外，其他較著名的寺院藏書，如興福寺（全燬於治承之亂，燒失）、石山寺、延曆寺（以上為經藏）、仁和寺、高山寺（以上為文庫，藏內典外，兼收外典）等。時一切佛學本門的經論章疏，皆稱內典；其餘一切文獻典籍統稱外典。奈良時代的日本圖書，以佛書為多，自以經藏為主。

文庫

由於歷朝都重視漢學，漢學最為興盛。島田重禮（1838－1895）《與黎蓴齋書》，在信中列舉一些具代表性的學者，「清原夏野（782－837）、菅原道真（845－903）、善道真貞（768－845）、春澄善繩（797－870）、小野篁（802－852）、都良香（834－879）、三善清行（847－918）。」這一時期日本學術的特點是：「經義則恪守漢魏傳注，專門授受，師承有法。文章雖沿駢體，氣象渾厚，不失古格。」（引自李慶）。貴紳士族也獎勵設立私學，而有書院文庫，蒐藏經籍圖書，以供子弟使用。例如和氣廣世創立的弘文院文庫、藤原冬嗣（775－826）的勤學院、菅原清公（770－842）和大江

維時（888－963）等代代「文章博士」的文章院、僧空海（774－835）的綜藝種智院等。此外，較完備的文庫有大江匡房（1041－1111）的江家文庫（千種文庫）、藤原賴長（1120－1156）邸內的宇治文倉（書庫）等。

還有私人藏書家石上宅嗣（729－781）捨宅建寺，並於寺中除內典佛藏外，另於「寺內一隅，特置外典院，名曰芸亭」。芸亭雖是私人文庫，但供眾閱覽，為日本史上最早的公開圖書館。而與芸亭齊名的是菅原道真的紅梅殿。

（二）鎌倉室町時期

五山禪僧和內外典

遣唐使停止派遣後，中日交流主要賴僧人和赴日中國商船的民間貿易。宋朝時兩國文化交流頻繁，漢籍和中國雕版印刷術傳播日本，直接影響了日本的版刻事業及開始學習宋禪宗和宋學。

日本中世武士興起，王朝式微，貴族公卿的漢學研究也隨其失勢而中落。長達 400 年的相互征伐，平安朝近 4 個世紀所傳入的中國文獻典籍，大部分燬於戰爭。惟寺院遠離戰火而倖存，保存了文化，成為日本文化的主流。由於武士喜好來自中國與日本傳統佛教有別的禪宗，禪宗開始風靡日本。武士階級皈依禪宗，優渥禪僧，予以寺院、莊園及財富，使禪僧有餘力得以學文。鎌昌將軍幕府仿南宋的官寺制度，有鎌倉五山，即建長寺、圓覺寺、壽佛寺、淨智寺、淨妙寺，及京都五山，即南禪寺、天龍寺、建仁寺、東福寺、萬壽寺。1386 年（明太祖洪武 15；北朝後小松天皇 3）足利義滿將南禪寺列為別格，位在五山之上，是日本禪宗最高寺廟，京都五山是天龍寺、相國寺、建仁寺、東福寺、萬壽寺。從此確認了禪宗在日本的地位。

鎌倉時代末期、室町時代，日本漢學便由京都和鎌昌的「五山禪僧」為中心。由於受到中國禪林釋、儒兼修的影響，日本禪林也研究內典，鑽

研外典。五山僧侶對事涉外典的中國儒學，持相容並蓄的態度，因此也兼而從事漢籍的蒐集與保存。佛教僧侶搭商船入中國，入宋僧多如遣唐學問僧一樣，南宋是繼唐朝之後僧人到中國的第 2 次高峯，大量的僧人為求法（禪宗）入宋，當其回日本時，多會帶回佛典、經史子集典籍、雜書法帖等。

平安末期，經由宋代中日貿易及入宋求法僧的活動，而將宋刊本傳入了日本，奠定日本漢學形成的基礎。例如依《宋史》卷 491 列傳 250 載：984 年（宋太宗雍熙元；花山天皇永觀 2）曾賜入宋僧奝然（938－1016，東大寺的學問僧；983 年乘中國商船入宋）《孝經》1 卷；越王《孝經新義第十五》1 卷，都是金鏤紅羅縹，水晶為軸；及《大藏經》。北宋御版的《大藏經》是宋版書傳入日本最早的記錄。次年隨臺州寧海縣商人鄭仁德船歸其國。1072 年（宋神宗熙寧 5；後三條天皇延久 4）又賜入宋僧成尋（1011－1081；1072 年入宋）經典文物（金泥《法華經》7 卷、《一切經》等）；成尋在宋也蒐集典籍，次年託弟子賴源等人帶回日本。奝然、成尋各撰《入宋巡禮行記》、《參天臺五臺山記》，敘述其人其事。

> 本《大藏經》即《開寶藏》，或稱《蜀藏》，為宋太祖敕刊，971 年（開寶 4）在益州（今四川成都）開雕，由內侍張從信監刻，至 983 年（太宗太平興國 8）完成，費時 12 年，雕製了 13 萬枚木板印刷而成，是中國第一部木刻本大藏經，也是官版大藏經。全 480 函，收錄佛典總數為 1,081 部、5,057 卷。（有稱 1,076 部、5,048 卷）。

僧俊芿（1166－1227；1199 年入宋）1211 年（南宋寧宗嘉定 4；順德天皇承元 5）回國，攜回典籍共達 2,103 卷，佛教經典外，其中儒道典籍 256 卷（載：信瑞《泉湧寺不可棄法師傳》）。

圓爾辯圓（聖一國師，1202－1280；1235 年入宋）1241 年（淳祐元；四條天皇仁治 2 年）回日本，嚴紹璗稱：「歸國時攜帶經論章疏 2,100 卷，其中，1,200 餘卷為佛學漢文著作，919 卷為非佛學外典漢籍」，全部存放

在東福寺普門院。百餘年後，大道一編，《普門院經論章疏語錄儒書等目錄》（1353）。該目錄依木宮泰彥稱：「經論章疏百七十餘部 370 餘卷冊，僧傳、禪籍、儒書、詩文集、醫書、宋書等 230 餘部 966 餘卷冊以上。」

明代常規，對代表官方訪華的日本僧侶，會依其所開的外典書單，無論所請求書籍數量多寡，都照單撥贈，這是中國典籍東傳日本的主要管道。

至於商人則攜回文學典籍和白居易、元稹、杜甫、韓愈、柳宗元、蘇軾、黃庭堅等人的詩文集等。

五山版

五山禪僧不僅有許多著作問世，而且從事對中國各類典籍的訓讀、注釋、講解、開版印刷等工作。今日中國有許多已散佚的典籍，卻因當時傳入日本，受到日人的重視或因需要而翻刻或排印出版，用以廣為流通，遂得以保存至今。時因橫渡東海，或經朝鮮，舟車運載，勞困艱辛，自中國傳入典籍來得不易，「五山版」（指自鎌倉時代中期、南北朝至室町後期，以鎌倉五山和京都五山為中心刊行的版本，約 1222－1573 年）翻刻時多能慎重其事，校勘不苟，頗存中國古籍的原貌。這就是早期「和刻本」中最著名的「五山版」。

在室町時代，幕府與地方大名都向元明派出貿易船。當時的日本禪林的讀書風氣盛行，對圖書的需求量大，因此，元明時代東傳的內、外典漢籍必然也就不在少數。

日本自佛教傳入後，多模仿中國造立經藏，是為總集一山一寺歷代相承的法寶經典的寶庫。如法隆寺經藏、東大寺勸學院經庫、東大寺法華堂經庫、唐招提寺經藏，及其他歷史悠久的古寺院，都是重要的收藏地。除此之外，還有代表性的兩大藏書樓，足利學校、金澤文庫。

足利學校

足利學校何年開創已不可考，較可信的說法是鎌倉時代初期足利義兼（1154－1199）建立，間有中斷。1439 年（明英宗正統 4；後花園天皇永

亨 11）關東管領上杉憲實（1411－1466；或稱藤原憲實）請來鎌倉圓覺寺
高僧快元當首任庠主〔校長〕，並贈送漢籍及田地，重建足利學校及其藏書，
學徒（僧）學習日本國學及漢唐儒學（尤其是易學）。其後幕府大將軍德川
家康修葺校舍，安置聖像，刊行書籍，日益興盛。其後改建為「足利藩學
求道館」。1872 年（清穆宗同治 11；明治 5）竟遭廢校。1902 年（清德宗
光緒 28；明治 35）足利學校遺蹟歸栃木縣足利町所有，翌年開設足利學校
遺蹟圖書館，保存足利學校傳下來的重要古代典籍、足利藩學求道館的舊
藏以及諸家贈與的古今珍貴文獻，共有 16,517 冊，其中列為「國寶」4 部、
77 冊宋本，「重要文化財」8 部、98 冊，足利市指定「重要保護文物」727
冊，堪稱日本儒學漢籍寶庫。該遺蹟圖書館曾出版《足利學校貴重書目錄》
（栃木縣足利：足利學校遺蹟圖書館，1906、1925）、《珍書目錄》（1919）、
《貴重特別書解題》（1937）、長澤規矩也編《足利學校善本圖錄》（1973）
及《足利學校遺蹟圖書館古書分類目錄》（1975）等。

金澤文庫

　　金澤文庫係鎌昌北條氏所設。「執權」（代理將軍，掌幕府實權）北條
義時（1163－1224），幕府藏書設在問經所執事三善康信（1140－1221；法
號：善信）家的名越文庫。不幸於 1208 年（南宋寧宗嘉定元；土御門天皇
承元 2）及 1221 年（14；順德天皇承久 3），名越文庫、善信家宅先後遭火
燒亡，鎌倉幕府的公私文庫悉為灰燼。鎌倉幕府爰進行訪求遺書，重建文
庫。值南宋末期，中國官府已無力管制圖書的出口，北條義時之孫北條實
時（1224－1276）主事向中國購置羣書，由海運運來大批宋版書，創建「金
澤文庫」，以承襲名越文庫的職能。北條實時由武士之門，出家為僧；在武
藏國久良岐郡六浦莊「稱名寺」內建立文庫，儲存漢儒書與佛典。藏書頗
具規模，堪稱「天下圖書之府」。

　　北條家經營 4 代。隨著鎌倉幕府滅亡後，金澤文庫由「稱名寺」管理，
從此開始衰退。歷代政權均曾掠取其貴重書籍，也曾被權貴僧侶巧取豪奪，
散佚不少。1602 年（明神宗萬曆 30；後陽成天皇慶長 7）部分藏書移入江

戶德川家康富士見亭文庫,「稱名寺」荒廢。1681 年（清聖祖康熙 20；靈元天皇延寶 9）「稱名寺」重建。其後,伊藤博文盡力恢復金澤文庫舊觀,收回藏書。1930 年（昭和 5）興建神奈川縣立金澤文庫,蒐集大部分舊金澤文庫的藏書。1955 年（昭和 30）闢為中世歷史博物館。1990 年（平成 2）在金澤文庫原址重建。館藏包括列為「國寶」、「重要文物」等在內的古書（特別是佛教典籍）13,000 冊,古文書 4,000 多件,以及美術、工藝品 3,000 多件,向民眾公開。編有《金澤文庫資料全書》10 冊（橫濱市：編者,1974）,著錄以佛典為主。1972 年（昭和 47）5 月 28 日春季特別講演會,曾由阿部隆一（1917－1983）主講,講題《金澤文庫的漢籍》,出版了 32 頁的小冊子（橫濱市：金澤文庫,1972）。

（三）江戶幕府時期

朱子學

　　日本自 16 世紀後期起,長達 150 年政局紛亂及羣雄割據的戰國時代行將結束,政權逐漸趨於統一,寺院的文化再度回到俗世。江戶時代商業發達,庶民崛起,文化走向城市民眾。1603 年（明神宗萬曆 31；後陽成天皇慶長 8）時,德川家康出任「征夷大將軍」,開創了 265 年的江戶幕府時代。德川家康重文治,興文教,製活字,刊行圖書,訪求天下遺書,開啓了和刻本的新時代。「官版」和刊本有 3 大類,1.敕版,即天皇敕令排印的書；2. 伏見版,為德川家康在伏見（今京都市扶見區）創設的學校,以木活字刊行的書；3.駿河版,是德川家康在江戶修建的駿府,以銅活字所印的書。外典的刊刻開始成為主流,嘗稱「刊行書籍傳世,乃第一仁政」（成島司直《德川實紀》引《武野燭談》）,獎勵儒學,勃興漢學。時中國明清白話小說,較生澀難解的史書傳記,生動有趣,兼可學習漢語會話,在日本市井庶民中,廣為流傳。流風所及,私家開版刊印漢籍,商業經營興起,版本價值已不如早期和刻本。

　　德川時代，重視朱子，而為幕藩體制下的官學，朱子學為教學的正統。連清吉採用町田三郎的說法，將江戶的漢學發展，大略分為 3 期。第 1 期（1603－1716）朱子學勃興（受容期）；第 2 期（1716－1787）諸學興盛（批判的受容期）；第 3 期（1787－1866）朱子學一尊，而漢學鼎盛。簡單的說，德川掌政，自命藤原惺窩（1561－1614）傳朱子學，又立其弟子林羅山（1583－1657；名忠，僧號道春）為「大學頭」以來，朱子學始終為日本漢學的顯學。但在第 1 期接受朱子學的同時，也產生了對朱子學存疑的主張，如伊藤仁齋（1627－1705）的「古義學派」和荻生徂徠（1666－1728）的「古文辭學派」的盛行，日本漢學界呈現出「反朱子學」的風潮。第 3 期在「寬政異學的禁令」下而獨尊朱子學。

　　雖然朱子學定於一尊，但當時儒學還有陽明學派、古學派、折衷學派，考證學派等流行，呈現出諸學共存百家爭鳴，盛極一時。其中以考證學派對後世頗具影響。連清吉研究江戶時代「伊藤仁齋（1627－1705）——大田錦城（1765－1825）——龜井昭陽（1773－1836）——安井息軒（1799－1876）——安井小太郎（1858—1938）」的考證學系譜的學問特色，認為：

> 其學問的性格乃抱持與清朝乾嘉學術相同的實證觀點，對中國經傳進行審慎精密的文獻考證。此一學問態度與學術的成就為近代京都學派所繼承，形成日本近代中國學以文獻考證為主的學術潮流。

御文庫和御三家文庫

　　德川幕府體制的藏書，中央政府先有富士見亭文庫（江戶時代稱「御文庫」），創立於 1602 年（明神宗萬曆 30；後陽成天皇慶長 7），1639 年（明思宗崇禎 12；明正天皇寬永 16）向城內紅葉山遷移，即明治後所稱紅葉山文庫（或稱楓山文庫、楓山祕閣）。御文庫藏書除取自金澤文庫外，即為透過商賈購買，特別是從浙江購買到大批的方志。第 3 代將軍德川家光於 1633 年（明崇禎 6；明正天皇寬永 10），置「御書物奉行」管理圖書，歷任奉行

都聘頗負盛名的學者擔任。此外，諸藩也將最好的書籍進貢御文庫，如九州大分佐伯藩毛利高標（1755－1801）將其藏書中精品 2 萬餘冊進獻。依 1864 年（清穆宗同治 3 年；孝明天皇元治元年）日本所編《元治增補御書籍目錄》著錄 1.漢籍部 75,000 冊，依經史子集分，惟集部增「附錄類」（「付存部」），置戲曲、通俗小說、洋書（蠻書）、朝鮮人著述、滿州文圖書等；2.御家部（德川家）26,000 冊；3.圖書部 12,000 冊，計 113,000 冊，其中漢籍佔全部館藏 66%。明治後成為「內閣文庫」、「宮內廳書陵部」的收藏。

德川家康於 1605 年（明萬曆 33；後陽成天皇慶長 10），將「征夷大將軍」乙職傳給三子德川秀忠（1579－1632），自稱「大御所」並移居駿府（今靜岡市）設駿河文庫。金地院崇傳（1569－1633）令：若有貴重圖書抄寫完成，必備 3 部，分別呈獻朝廷和存駿河文庫、富士見文庫。1616 年（明萬曆 44；後水尾天皇元和 2）德川家康崩逝，遺言將駿河文庫所藏約 1,000 部、9,800 冊，由將軍家富士見亭文庫收 92 部、2,455 冊，其餘依 5：5：3 分給「御三家」（即「駿河御讓本」）。「御三家」係九子德川義直（1600－1650）、十子德川賴宣（1602－1671）、十一子德川賴房（1603－1661）各分封在尾張（今名古屋）、紀伊（今和歌山）、水戶（今茨城縣）。

尾張德川義直得 3,000 冊左右藏書，由此建立最初的「文庫」，經歷代藩主收集書籍，並經由商賈買進漢籍，到幕府末期已有 5 萬冊藏書。該文庫典藏歷經演變，至 19 代藩主德川義親於 1912 年（大正元）正式命名「蓬左文庫」。植松安（1885－1908）編《名古屋市蓬左文庫漢籍分類目錄》（1913），可資參考。今歸名古屋市教育委員會社會教育課管理，為名古屋市博物館分館，編有《蓬左文庫漢籍目錄》（1955）、《名古屋市蓬左文庫漢籍分類目錄》（1975）。

紀伊德川家的藏書，在明治維新前移往赤坂藩邸學問所、和歌山藩校。前者又移送藩地伊勢松坂，1876 年（光緒 2；明治 9）奉納於伊勢神宮的神宮文庫。第 15 代藩主德川賴倫（1872－1925）以身邊僅存 2 萬餘冊和漢書為基礎，於 1899 年（光緒 25；明治 32）開創南葵文庫，1902 年（光緒

28；明治 35）擴建書庫，1908 年（光緒 34；明治 41）西洋式新館建築落
成，供眾閱覽，時有圖書 58,659 冊，其後發展到 10 萬冊，先後編有《南
葵文庫藏書目錄》（東京：南葵文庫，1908.10）、《南葵文庫圖書目錄》（東
京：齋藤勇見彥，1913.12）。後者分双桂樓遺書（島田重禮原藏）、海舟遺
書（勝安芳原藏）、學海遺書（田百川原藏）、地理及歷史圖表（南葵文庫
藏世界地圖、日本國郡市街圖等）4 部分著錄；另出版索引 1 冊。德川賴
倫曾被日本圖書館協會推舉為總裁；1919 年（大正 8）4 月 29 日至 5 月 23
日來臺灣視察。1923 年(大正 12) 東京大地震東京帝國大學圖書館被燒燬，
南葵文庫藏書 25,330 部、96,101 冊予以寄贈，是為東大圖書館分館南葵文
庫。1933 年（昭和 8）第 16 代藩主德川賴貞（1892－1954）將南葵文庫建
築原樣移神奈川大磯，後讓售被遷往熱海市伊豆山成為客棧。該建築物於
2008 年（平成 20）10 月列為「國指定文化財」——登錄有形文化財（建
造物）」。

　　水戶德川歷代藩主並不住領地，而是定居於江戶常府，特免除遵循定
期往來江戶的居所與領地之間的「參觀交代」制度。朱舜水（1600－1682；
名之瑜）在明亡後東渡日本長崎；1665 年（南明昭宗永曆 19；靈元天皇寬
文 5），日本靈元天皇時，為第 2 代藩主德川光圀（1628－1701）招聘前往
江戶，成為他的學問之師。朱舜水就一直住在藩邸。德川光圀為進行編纂
《大日本史》（原稱《本朝史紀》或《國史》），於 1657 年（清順治 14；後
西天皇明曆 3）在江戶別邸成立修史局。其後該局擴移至小石川藩邸（今
東京巨蛋球場，後樂園庭園），改稱「彰考館」，取自晉杜預（222－285）
《春秋經傳集解·序》「彰往考來」。期許在修史的過程中能夠博蒐資料，
審慎且客觀地解讀相關內容及朝廷紀錄，還原歷史真相，考察未來。德川
光圀以南朝為正統，完成《新撰紀傳》104 卷後，於 1690 年（康熙 29；東
山天皇元祿 3）隱居「西山莊」（今茨城縣水戶市），他中止紀傳以外的編
纂事業，將修史的校訂業務移交年輕世代，增聘館員，於 1697 年（康熙
36；元祿 10）完成《百王本紀》。爾後「彰考館」移至水戶，稱「水戶彰

考館」，1697 年持續至 1906 年（德宗光緒 32 年；明治 39），水戶德川家傾人力物力，橫越 250 年的修史事業，始告全部完成。《大日本史》記載了自神武天皇東征立國，迄後小松南北統一（前 660－1392），傳述其間百代帝王治世的漢文紀傳體史書，計 397 卷、目錄 5 卷。其中〈本紀〉73 卷、〈列傳〉170 卷、〈志〉126 卷、〈表〉28 卷。編纂過程中還派遣佐佐十竹（1640－1698；名宗淳）等人赴京都、奈良等地蒐集古文書、古紀錄等資料。

　　明治天皇為保存水戶藩的貴重書籍、文物，於 1907 年（光緒 33；明治 40）特賜 1 萬日圓，於水戶常磐神社的義烈館成立「彰考館文庫」；接著昭憲皇后（1849－1914）於 1909 年（宣統元；明治 42）再賜 3 千日圓玉成其事。曾編有《彰考館圖書目錄》（茨城縣水戶市：彰考館文庫，1918.11）。惜 1945 年（昭和 20）燬於二戰美軍戰火；幸水戶市「彰考館德川博物館」（後改稱「財團法人水戶明德會」）將未遭破壞的 1/5 史料保存下來。1977 年（昭和 52）第 13 代藩主德川圀順（1886－1969）捐出歷代大名文物，成立「財團法人德川博物館」，陸續開館展出。現藏除德川家康的遺品外，有水戶藩德川賴房、德川光圀等歷代藩主文物、《大日本史》稿本、蒐自全國各地古文書類及朱舜水的相關文物等，約 3 萬多件。典藏的漢籍部分，泰半與朱舜水有關。

學校體制

　　江戶幕府以朱子學為正學，創設官學——昌平坂學問所；地方有藩校（藩學）、鄉校（鄉學）、寺子屋、私塾（家塾），俱以儒學為主導地位。幕府官學設於昌平校。該校源於 1633 年（明思宗崇禎 6；明正天皇寬永 10）林羅山在上野忍岡家的家塾。第 5 代將軍德川綱吉於 1690 年（清聖祖康熙 29；東山天皇元祿 3）於江戶湯島建造聖堂，名大成殿（先聖殿），由羅山之孫林鳳岡（1645－1732；名信篤）任「大學頭」，並管理聖堂。湯島成為儒學活動與祭孔的中心。1787 年（清高宗乾隆 52；光格天皇天明 7）松平定信（1758－1829）把林家主持的聖堂，提升到官學的地位。1797 年（仁宗嘉慶 2；光格天皇寬政 9）將聖堂改稱「昌平坂學問所」，由官費支持。

1799 年（嘉慶 4；寬政 11）成為完全的官學，以幕臣子弟為對象，為全國最高學府。藩學是各藩為了藩士子弟而設，從 1624 年（明天啓 4；後水尾天皇寬永元）至 1871 年（清穆宗同治 10；明治 4 年，廢藩改縣），江戶時期曾有藩學 278 所。起初學習儒學、武術、習字，後來也教授算術、醫學、洋學、國學、天文學、地志學、西洋槍炮術、造艦航海術等。寺子屋是由村吏、僧侶、神職人員、富有商人等經營，以一般庶民為對象，開啓平民女子教育的先河，屬蒙學教育，實施讀、寫、算盤等日常生活實用教育，同時培養道德觀念。幕府末有寺子屋 15,500 所，入學男生 592,754 人，女生 148,138 人。由於寺子屋的普及，國民識字率高，為日後推動小學奠定了基礎。私塾多由學者、醫生等主持，教學內容受官學的影響。

昌平坂學問所，設有文庫，是林羅山以降，繼承補益，累代所藏漢籍。地方政府的大名（藩）也收藏漢籍，如毛利家（在山口）、前田家（尊經閣，在加賀，今石川縣南部）、市橋家（在滋賀）、鍋島家（在九州島）文庫等等。

另者，當時寺院藏書有高野山釋迦文院、日光山輪王寺慈眼堂（天海藏）以收藏明版書為著名。後者藏書依嚴紹璗稱：就其內容分，包括近古（明版）小說、明人文集、佛教以外其他宗教文獻、儒學一般經典、小學類典籍等。長澤規矩也編《日光山「天海藏」主要古書解題》（日光：日光山輪王寺，1966）。

唐船圖書貿易

江戶時代實行鎖國禁教的基本國策，嚴禁日本船隻出海；通商口岸僅限於九州長崎港，也僅限中國及荷蘭商船來往，漢籍也就賴中國商人輸入。幕府設「長崎奉行所」，置「長崎奉行」管理所有對外貿易。

中國典籍的傳入，主要係由中國商船到長崎貿易，圖書已是商品之一，漢籍的買賣，為中日貿易的大宗貨物，常載來經書、文學、歷史、醫書、本草、琴棋書畫、印譜、明清話本小說類等圖書。由於來往中日之間的中國人日多，交流益廣，開始設置專門培養漢語白話的翻譯人員，稱「唐通

事」，依中國的方言，各級通事，又分為「南京口」、「廣州口」、「福州口」等。當時養成教育的教材，主要是《三字經》、《千字文》等，閱讀中國明清白話小說等。

為了防止天主教以漢籍假道中國滲入日本，第 3 代將軍德川家光（1604－1651）於 1630 年（明思宗崇禎 3；明正天皇寬永 7 年），開始進口書籍檢查，書籍卸船後，直接送往審查。在長崎港以春德寺為書籍檢查機構，任命住持泰室清安（代代繼司其職）及「書物目利」3 名、商人 2 人，負責書籍檢查，若見有兵書、涉及天主教內容的書籍及「異常書籍」，即速告奉行及有關上司。1639 年（崇禎 12；明正天皇寬永 16 年）又設「書物改役」官職，由向井元升擔任該職，主要目的在將唐船載來的書籍，選擇對御文庫（紅葉山文庫）所需用者入藏。1647 年（清世祖順治 4；正保 4 年）向井氏在立山後建立聖堂（1663 年燬於火，再重建），並在立山書院傳授儒學。自 1685 年（康熙 24；靈元天皇貞享 2）向井元升的三子、元成發現《寰宥詮》（明天啓年間葡萄牙籍耶穌會傳教士 P. Franciscus Furtado 所著，李之藻譯，全 6 冊）禁書有功，及日後被指為「禁書」急劇增加，元成勤於審查，特優待向井氏家族可世襲「書物改役」之職，並直屬於「長崎奉行」，書籍開始運往聖堂審查。

中國商船來到長崎，要先經「踏繪」（足踐紙繪或銅製耶穌、聖母等像）等甄別天主教徒的方法，始能登陸。入港中國船載來漢籍，需提出《齎來書目》（報關書目單），列出書名和數量，寫明本船未載禁書，由船主（船頭）署名具結；發誓如一經發現其中有違禁書籍，全體船員都將問罪，並甘願受罰。接著漢籍被運往春德寺或聖堂，立即進行檢查有無「御制禁書」或不宜教化之處。如載來邪說書籍，則令全船貨物禁止交易，燒燬書籍，起錨返航，並禁止銷售書籍者和船主再東渡來日。「書物改役」將全部圖書一併登記入帳，並標上書價，這種帳稱《外船書籍元帳》，是圖書買賣成交前的原始紀錄。1693 年（康熙 32；東山天皇元祿 6 年），第 5 代將軍德川綱吉（1646－1709）時，開始由「書物改役」從事於中國船帶來的漢籍，

就書的內容撰寫《概要書》(大意書)3 份，紀錄作者、序文、該書目錄(次)、卷數、書況、可能違禁的內容。其後，為避免手續過於繁瑣，只對傳入的「新渡書」製作概要說明，其餘書則只具書名，簡化手續。《概要書》1 份送交「長崎奉行所」保存；另 2 份送至江戶，經陳幕府官員「老中」、林「大學頭」等審查，從中挑選幕府大將軍所需要的典籍，剩餘的圖書始發還。由「書物目利」對書籍估價(漢籍發賣的《落札帳》)，經由官方召特定的批發商進行比價交易；爾後，批發商各自依市場交易，進入京都、大阪、江戶等書商書肆，流入各文庫或需求者。

　　第 8 代將軍德川吉宗（1684－1751；米將軍）嗜好書籍，積極蒐集書籍，廣泛地涉獵學術。1720 年（康熙 59 年；中御門天皇享保 5）令：「以前書籍中略有邪宗門之事即視為禁書，今後只要不是宣傳教義有密切關係，不僅可以御用，亦可流傳於世。」對無意攜來禁書者的處置也較輕判，對船主予以訓叱，將不宜教化之處以「墨銷」(用墨消除)或「引破」(撕去)之，令其返航時攜回。「書物改役」審查內容，如有疑義，應向「奉行」告之，轉陳「老中」核示。翌年又令長崎奉行搜集清朝編修的府志。吉宗蒐集方志的動機，依大庭脩推測「很可能是地方的物產」。之後，開始大量舶來中國地方志。這開啓了幕府末明治初，鴉片戰爭後中國出版的漢譯西學書籍，如《萬國公法》，或有用的漢籍，如《聖武記》、《海國圖志》、《乍浦集咏》等漢籍由唐船舶入日本，帶來的新知識，予以日本極大的影響。依大庭脩的評價（徐世虹譯）：

> 西方文化通過漢譯「西書」傳入日本，反之又為江戶時代漢學的興盛奠定了基礎。日本的知識階層不正是在獲得漢學常識的基礎上，才推進了日本的近代化進程的嗎？明治人是漢文人，這是明治時一個流行而又普遍的認識。但江戶時代的漢學對日本近代化的作用，反之也因它的普遍性而被人們疏忽，失諸歷史記載。

（四）明治初期

大政奉還

　　德川幕府第 15 代將軍慶喜（1837−1913），於 1867 年（清同治 6；孝明天皇慶應 3）將大政奉還朝廷，明治天皇祚位，頒詔《王政復古令》，廢除幕府。翌年（1868）改元「明治」，頒布《五條御誓文》，開啟明治維新的序幕。

　　在明治初，推行「廣求知識於世界，以振皇基」，開始轉向西方尋求「文明開化」、「富國強兵」的良方良策，展開了「歐化」運動。在教育方面，明治初年學制開始變革。1868 年（同治 7；明治元）江戶改稱東京，同時籌劃在東京設立最高學府和中央最高教育行政機關。次年乃將東京當時的昌平校（原幕府昌平坂學問所）、開成學校（原藩書調所，以洋學為主）和醫學校等 3 所日本最高學府合而為一，形成綜合性的大學校。並使大學校兼有中央的教育管理機關職能。經「大學紛爭」，及一連串的演變，1871 年（同治 10；明治 4）「大學廢止」，設立了文部省，大成殿絕祀。

學制改革

　　1872 年（同治 11；明治 5）太政官頒布了《學制令》，參考法國國民教育體系，實施中央集權的「大學區制」。在文部省統一管轄下，日本全國劃分為 8 個大學區。每個學區設立 1 所大學和 32 個中學區。每個中學區設立 1 所中學。中學區又分成 210 個小學區。每個小學區設立 1 所小學。計劃在全國設立 57,360 所小學。

　　繼之，1877 年（光緒 3；明治 10）正式成立了東京大學，作為全國最高學府。

　　經學制的改革，日本舊藩校、寺子屋、私塾逐漸消失，各地學校朝向西方式的學校轉變。於是，打破了舊體制，排除了原來儒學（傳統漢學）在日本教育體系中的主導地位。

　　雖然已頒發了新學制，確立了公立教育制度，但是在知識界漢學素養
仍被視為優良教養中不可或缺的一環，漢學者為普及漢學，以「漢學的目
的在於修己治人，成為一世有用之人物」，招收一般庶民入學，持續對教育
發揮重要的效用。另者，在明治 20 年代之前，就學人口遞增，以西式教育
為主的近代教育制度，囿於財政與師資的不足，尚未能完全普及，政府在
這段期間仍繼續接受私立學校及私塾的申請，漢學（私）塾仍然盛行。此
時出現了新式的私塾，如福澤諭吉的慶應義塾、島田重禮的双桂精舍、山
田方谷的邢部塾、罔鹿門的綏猷堂、大賀旭川的掇英园半學舍、三島中洲
的二松學舍等，也出現了一些漢詩文團體。

　　明治 30 年代以帝國大學為首的學校分級制度逐漸推行後，漢學塾的重
要性逐漸減少。其後，仍有些學者文人秉持對中國考據學和中國典籍的興
趣；在日本財閥開始了新的藏書事業，伴隨著新漢學研究，即東洋學、「支
那學」（中國學）的萌芽及發展，又開展了新一波對中國典籍新的訪書購書
活動。

　　明治維新以來，日本學者因近代大學興起，研究機構絡續設置，從漢
學演進到中國學（1945 年以前日本稱「支那學」）研究，擴大了漢學的隊
伍，研究所需資料充足，採用西方的史學方法，研究成果遠邁前代。

二、漢籍目錄編製

　　日本自古以來即將中國的學術稱「漢學」，漢學的書籍稱「漢籍」。因
為漢籍傳入日本後，往往以傳鈔、翻刻、注疏、解釋等形式，進一步傳播。
所以，流傳在日本的漢籍，包括了由中國輸入的典籍外，還有中國典籍的
日本傳鈔本、注釋本和漢籍日本刻本（和刻本），及日本學者（漢學家）用
漢文著作的典籍。隨著漢籍在日本的典藏與流通，出現了不少漢籍目錄。
日本古代文化深受佛學的影響，漢籍目錄可分「內典目錄」、「外典目錄」、

「綜合目錄」（以著錄內典為主，兼有內外典）。

（一）請來目錄

　　又作將來目錄、將來錄、請來錄。此種目錄專為編輯至外國求法高僧所請回的經律錄、章疏、法具等的名目。請來，即請益將來。唐玄奘於《大唐西域記》卷 12，敘述自印度攜回佛像、經論，即謂請得如來舍利 150 粒、金佛像 1 尊及聲論 13 部，凡 520 夾，總計 657 部（見《佛光大辭典線上查詢系統》）。

　　日本「請來目錄」汎指在中國學習的日本學問僧、留學生、出使中國的政府官員，在回國時攜回自中國蒐集的漢籍，所編製的目錄。如奈良時代吉備真備（692－775）的《將來目錄》是有文獻可稽的日本古代最早的漢籍目錄。吉備真備曾任兩次遣唐使，第 1 次在 717 年（唐玄宗開元 4；日元正天皇養老元）第 9 次遣唐使，作為學生來到中國，735 年（開元 23；日聖武天皇天平 7）始回國；第 2 次 752 年（在唐玄宗天寶 11 載；日孝謙天皇天平勝寶 4）第 12 次遣唐使以副使與藤原清河正使等來到中國，754 年（天寶 13 載；天平勝寶 6）歸國。吉備真備深諳中國文化，攜回大量的佛、俗漢籍，如《唐禮》130 卷、《大衍曆經》1 卷、《大衍曆立成》12 卷、《樂書要錄》10 卷等大宗漢籍，爰編纂本書目，惜已佚。

　　日奈良朝以前為求法而渡海來華者頗多，如道昭、道慈、玄昉等攜回諸多經論，但不傳其目錄。平安時代入唐高僧如最澄、空海、常曉、圓行、圓仁、惠遠、圓珍（814－891）、宗睿等的求法目錄，稱為「八家請來錄」，是現今日本存世最古的是類目錄。高僧自中國歸國時攜回的經、論、章、疏，其著錄上百千卷，外典極少。

（二）見在書目錄

　　鑒於皇室用於藏書的冷然院（有稱冷泉院），於 875 年（唐僖宗乾符 2；清和天皇貞觀 17）燬於火；889 年至 897 年（唐昭宗龍紀元年至乾寧 4；宇多天皇平寬元－9）藤原佐世（847－897）奉敕編纂《日本國見在書目錄》（原書名《本朝見在書目錄》）是日本現存最完好的大型全國官方蒐藏古代漢籍目錄。

　　該目錄成書約於 891 年（唐昭宗大順 2；日宇多天皇寬平 3 年），著錄了日本中古時代各藏書機構，如圖書寮、大學寮、弘文院、校書殿、太政官文殿等，以及天皇個人藏書處，如冷然院、一本御書所等收藏漢籍的目錄，堪稱日本平安時期全國公藏漢籍（唐鈔本）的總目。其體例因襲《隋志》，分經史子集四部 40 類，定為 40 家。依嚴紹璗在日本檢閱現今唯一的傳本－手鈔室生寺本，共檢得漢籍 1,568 部、17,209 卷。（著錄部冊統計，歷來說法不一，如 1984 年臺北新文豐出版公司版，收錄漢籍 1,586 部、16,734 卷；李志芳，據日本名著刊行會 1996 年發行的原本複寫本計 1,586 部、15,952 卷）。復依嚴氏將《見在書目錄》與《隋書·經籍志》、《唐書·經籍志》著錄典籍數相較，《隋志》著錄的 50%，《舊唐志》的 51.2%，已被該目錄著錄，「此即當時中國國內所存在的文獻典籍的一半，已經傳入日本了。」

（三）經籍訪古志

　　到了江戶時期，已有了漢籍版本學，考定版本，確認「善本」。森立之（1807－1885）、澀江全善、堀川舟庵撰《經籍訪古志》是當時最著名的漢籍善本書目，收編日本國內 60 家藏書處蒐藏漢籍善本。分經史子集醫五部，著錄所精選（最古且善者，包括日本古抄本、傳入日本的漢籍宋元古版）典籍 662 部，其中由中國傳入漢籍 362 部（包括唐鈔本 1 部、宋金元刻 201

部、明抄本和名刊本 146 部、清抄本和清刊本 14 部），日本漢籍（和抄本
180 部、和刊本 61 部）241 部，朝鮮漢籍（高麗本）59 部。

（四）商舶載來書目

「書物改役」向井富於 1804 年（清仁宗嘉慶 9；日文化元年）編纂《商
舶載來書目》5 冊，依據 1693 年（聖祖康熙 32 年；日元祿 6 年）至 1803
年嘉慶 8；日享和 3）共 111 年，按年登記在長崎入港的中國商舶所載的漢
籍。記先後有 43 艘中國商船到長崎港，共載入 4,758 部中國典籍。向井富
還編《商船載來醫家書目》載自清康熙至嘉慶（日元祿至享和）間傳入醫
書。大庭脩於 1966 年撰《江戶時代中國船舶來書籍之研究》（《江戶時代唐
舶持渡書之研究》），對 1714 年（清康熙 53；日中御門天皇正德 4 年）至
1855 年（咸豐 5；孝明天皇安政 2 年）統計，中國船舶入日本，傳入漢籍
6,630 部、56,884 冊。

（五）日本訪書志

從另一個角度來看日本對漢籍的蒐藏，近代到日本訪書的中國學者以
黃遵憲（1848－1905）為最早，編《日本國志》40 卷（上海：上海圖書集
成印書局，1898）首開其端，著錄了他在日本所見漢籍。而刻意在日本訪
書，彙編專著或購書者，如楊守敬（1839－1916）、李盛鐸、董康（1867
－1947）、傅增湘等。1880 年（光緒 6；明治 13）楊守敬在日本 4 年，正
逢明治維新因徹底歐化思想主導，崇西學，廢漢學，使大量古籍流失書肆，
爰全力購入當時日人所不顧的中國古籍，參考上開森立之《經籍訪古志》
進行大量採進，持歸中國，編《日本訪書志》，著錄 236 部。1898 年（德
宗光緒 24；明治 31）李盛鐸在日本 3 年多，也大量購入殘存的宋元版、日
本及高麗古鈔本。1926 年至 1936 年，董康 4 次扶桑之行，撰《書舶庸譚》，

述其來往京都、東京之間，所訪舊槧孤本，記其版式，存其題識。1929 年
傅增湘東遊日本訪書，撰《藏園東游別錄》4 卷。傅氏訪書，必隨身攜帶
筆記本和莫有芝撰《邵亭知見傳本書目》，所見善本皆詳細記錄，或撰寫或
抄錄題跋，記在筆記本上。本書記載各藏書機構所觀中國古籍，卷 1.記日
本帝室圖書寮 49 部；2.內閣文庫 38 部；3.靜嘉堂 112 部；4.東西京諸家（觀
書記）41 部，綜覽古籍 240 部，其中宋（含北宋）版 142 部、金元版 46
部。卷 1、2，原載於 1930 年出版的《國立北平圖書館館刊》4 卷 1、2 號；
卷 3 載於 1930 年天津《大公報》排印本；卷 4 包括尊經閣、內藤博士藏書、
狩野博士藏書、內野氏藏書、東洋文庫、（西京）東福寺藏書，載於 1930
年 6 月，分 5 期，刊《國聞週刊》第 7 卷。傅氏稱：「余暮年海外觀茲瑰
寶，亦私幸夙緣之不淺矣。」這些目錄都顯見日本明治維新前、後成立的
藏書機構蒐藏中國古籍的品質甚高。

三、明治以來的國家藏書機構

　　漢籍東傳日本，包括漢籍善本，如唐代和唐以前的寫本、宋至明清的
鈔本刊本等，依上開目錄可知，數量頗大，其中有 77 部被國家文化財保護
委員會確認為「日本國寶」，有 170 餘種漢籍被確認為日本「重要文化財」，
散落在皇家（御物）、國家、地方、大學、寺院等藏書機構，及私人藏書家。
本文以皇家和國家藏書機構的藏書事業為重。皇家藏書機構即皇家私人藏
書，依日人觀念，是不屬於日本公私藏書機構之列。國家藏書機構指屬中
央政府所有的藏書機構，一般都是以古代中世時代及江戶時代各地藩閥名
紳的藏書為基礎，繼承發展而形成的。

（一）宮內省圖書寮、宮內廳書陵部

1884 年（光緒 10；明治 17）設宮內省圖書寮，為帝室藏書之所。1885 年（光緒 11；明治 18）內閣制度創始，1886 年（光緒 12；明治 19）定《宮內省官制》，宮內省下轄圖書寮。1908 年（光緒 34；明治 41）皇室令施行《宮內省官制》，以宮內大臣為輔弼天皇，處理皇室一切事務的機關。

1928 年（昭和 3）9 月宮內省圖書寮新建築落成，位於東京宮城內，所費約 40 萬圓（円），1,186 坪，為近代式的鐵筋混凝土建築。因為重藏書的保存，閱覽室頗為狹小，而曝書室反為廣大。新館凡 3 層，書庫 4 層配置兩翼。左翼全為普通書庫，右翼的第 1、2 兩層為公文書庫，第 3、4 層為貴重庫。9 月 25 日開放朝野名士參觀，同時舉辦新築紀念展覽會，這是繼 1915 年（大正 4）、1917 年（大正 6）展覽以來的第 3 次展，陳列歷代天皇遺像及善本書，編有《新築紀念展覽會陳列圖書目錄》（55 頁、書影 5 頁）。

二次大戰後，1947 年（昭和 22）隨著日本憲法的施行，宮內省改制為宮內府，受內閣總理大臣（首相）管轄。1949 年（昭和 24）依法宮內府成為宮內廳。2001 年（平成 13）因《內閣府設置法》，宮內廳（Imperial Household Agency）編為內閣府（Cabinet Office，Government of Japan）的府外局，掌管天皇、皇室及皇宮事務的機關，受內閣府的管轄。宮內廳下設書陵部，延續經過整併的圖書寮及諸陵寮的機關職務，作為宮內廳負責皇室典籍、文書及陵寢的部門。書陵部設圖書、編修、陵墓等 3 課。由圖書課負責皇室公文和圖書典籍文獻的整理典藏。圖書課下設宮內公文書館、圖書寮文庫，提供閱覽及重製等服務。

宮內廳書陵部即為日本的皇宮圖書館、日本皇室藏書，座落於東京皇宮宅院內的天守閣遺蹟旁。館藏除日本皇室藏書外，主要是內閣記錄局舊藏（上開內閣文庫 1891 年所移交者）與外界捐獻，其中不乏宋元刻本和孤本。依嚴紹璗的調查統計，「有唐寫本 6 種，宋刊本 72 種，元刊本 69 種，

元寫本 5 種，明刊本 970 種，明寫本 30 種。」此外尚有朝鮮古刻高麗版漢籍、奈良到江戶時代日本漢籍手抄本、五山版以來的和刻本漢籍等。其他還藏宋代福州版《大藏經》，為福州東禪寺本（崇寧萬壽藏）、福州開元寺本（毗盧藏）兩種合成的全藏，567 函 6,117 卷，梵夾本。《明正統道藏》1 部 4,115 帖。

書陵部藏書來源：1.原「東山御文庫」的舊藏，以及皇室手寫本為主的歷代禁內圖書（御所本）；2.原桂宮、伏見宮等親王家藏書；3.原松岡、毛利、德山、土佐藩主山內、紀伊德川、家老水野等江戶時代大名家的圖書；4.原侯爵、伯爵、子爵等公家世襲的圖書；5.德川家康楓山文庫的部分收藏；6.歷代學者的藏書。目前書陵部藏書 40 萬冊，其中中國古籍約 5 萬冊。所藏唐鈔宋刻因係御物，不列入「文化財」審定範圍。下列目錄，可資參考。

神田喜一郎曾整理出版《帝室和漢圖書目錄》（東京：宮內省圖書寮，1916）、《增加帝室和漢圖書目錄》（東京：宮內省圖書寮，1926）；

宮內省圖書寮編《圖書寮漢籍善本書目 3 卷附錄 1 卷》線裝 4 冊 1 函（東京：編者，1930），著錄書著錄 729 種，計經部 117 種，史部 111 種，子部 325 種，集部 216 種，附錄〈大藏經細目〉。

宮內廳編，《圖書寮典籍解題·漢籍篇》（東京：文求堂，1931）；宮內廳書陵部，《和漢圖書分類目錄》4 冊（東京：編者，1952－1955）、《增加和漢圖書分類目錄》（東京：明治書院，1968）。

（二）內閣文庫、國立公文書館

明治維新後，1873 年（同治 12；明治 6），日本太政官（新政府的中央最高行政機關）接管了德川氏「紅葉山文庫」，置於東京赤阪離宮。1884 年（光緒 10；明治 17），將各官廳所藏圖書集中該宮，稱「太政官文庫」；翌年 12 月，因實行內閣制，改稱為「內閣文庫」，由內閣記錄局管理。主

要是以紅葉山文庫本、昌平坂學問所本、江戶醫學館本等舊幕府文庫和釋迦文院本為中心。1891 年（光緒 17；明治 24）內閣文庫將部分所藏最珍善本 3 萬餘冊，移交宮內省圖書寮，作為「永世保存」。

內閣文庫於 1945 年遭美軍轟炸，受損。今存漢籍 185,000 餘冊，其中宋本 29 部、元本 75 部、明寫本 11 部、明刊本 4,678 部。內閣文庫的漢籍目錄，如下：

內閣記錄局編《內閣文庫圖書目錄漢學門假名分》2 冊（東京：內閣文庫，1890）；內閣書記官室記錄課（課長柳田國男、課員小杉醇）編《內閣文庫圖書第二部漢書目錄》（東京：帝國地方行政學會，1914）；福井保編《內閣文庫漢籍分類目錄》（東京：內閣文庫，1956）；長澤規矩也編，《明代插圖本圖錄：內閣文庫所藏短篇小說之部》（東京：日本書誌學會，1962）；內閣文庫編，《改訂內閣文庫漢籍分類目錄》（東京：編者，1971）。

1974 年（昭和 46），設置「國立公文書館」（National Archives of Japan），將內閣文庫作為其下屬機構。隨後該館行政法人化，設總務課、業務課（公文書課）和內閣文庫。2013 年 6 月出版，楊忠等編《日本國立公文書館藏宋元本漢籍選刊》15 冊（南京：鳳凰出版社）。

（三）書籍館、國立國會圖書館

日本文部省博物館局，於 1872 年（同治 11；明治 5）在湯島聖堂大講堂創立了「書籍館」。該館的漢籍主要係昌平坂學問所、蕃書調所、和學講堂所舊藏，及從文部省接收因廢藩置縣時全國諸藩藩校所收的圖籍；後經購置及捐贈漸次增加，收藏了中國歷代特別是清朝的文獻、族譜、方志。該館先後更名為「東京書籍館」（1872）、「淺草文庫」（1874，一度閉館，藏書移淺草的舊米倉）、「東京書籍所」（1874，旋復館）、「東京府圖書館」（1877，移東京府管轄）、「東京圖書館」（1880，復歸文部省管轄），又自湯島遷上野公園（1885），直到 1896 年（光緒 22；明治 29）確定其名稱為

「帝國圖書館」，是為日本國立國會圖書館的前身。另 1889 年（光緒 15；明治 22）公布《大日本帝國憲法》，翌年帝國議會成立了貴族院眾議院的圖書館。1906 年（光緒 32；明治 39）3 月 23 日帝國圖書館新館開館。直到 1948 年（昭和 23）2 月國會通過《國立國會圖書館法》，6 月暫以赤坂离宮為館舍，合併上開兩館館藏，成立國會圖書館。1961 年（昭和 36）8 月在東京永田町的國會圖書館第 1 期工程竣工。1968 年（昭和 43）第 2 期工程竣工，全館的建築終於正式完工。1986 年（昭和 61）9 月 1 日另新建臨接的新館落成啓用。1987 年（昭和 62）始出版了由國立國會圖書館圖書部編集，《國立國會圖書館漢籍目錄》（東京：紀伊國屋，1987）；翌年出版其索引（東京：國立國會圖書館，1988）。

（四）東京國立博物館

1873 年（同治 12；明治 6）將舉辦維也納萬國博覽會（Universal Exposition），日本文部省特於前一年（1872.03.10）將參展品移到湯島聖堂大成殿舉辦了一場博覽會，陳列書畫、古物、動植物標本等 600 餘件。展出大獲成功，參觀人數眾多，主辦單位不得不將原訂展期 20 天予以延長為 1 個月。這一場博覽會成為長期公開展覽活動的發端，而設在湯島聖堂內的博物館也正試開館，是為日本最早的博物館——東京國立博物館。其後，博物館曾改制更名多起。

1877 年（光緒 3；明治 10）在上野公園寬永寺本坊舊址舉辦了首屆「內國勸業博覽會」，次年改稱博物館總館。1882 年（光緒 8；明治 15），新館於上野公園開館。1889 年（光緒 15；明治 22）博物館改稱帝國博物館，館（總）長九鬼隆一。1900 年（光緒 26；明治 33）再改稱帝室博物館；同年為慶祝皇太子（後來的大正天皇）大婚，在博物館內建美術館，是為表慶館（1909 年啓用）。這個時期的館藏發展極為迅速，尤其是東洋美術品的收藏。館內歷史部、美術部、美術工藝部都被要求重視及蒐集朝鮮、

中國文物。當時美術部長是岡倉天心，1893 年（光緒 19；明治 26）他第 1次遊歷了北平、開封、洛陽、西安、成都等地，其後又多次到中國進行美術調查。他認為日本美術受中國與印度的影響，而蒐集中、印的美術品。還有大谷光瑞（1876－1948）探險隊 3 次中亞新疆探險活動，掠奪珍貴的新疆敦煌文物等，分藏在中、日、韓 3 國，其中日本部分就藏於東京國立博物館和龍谷大學。

　　1923 年（大正 12）9 月關東大地震主館館舍被燬。1938 年（昭和 13）11 月完成重建。該館收藏有中國書法的珍品，如古寫經、典籍、文人僧侶的「墨迹」、拓本、法帖、印章、印譜等，約 1,460 件，其中精品約 300 件，以江戶時期傳入日本的為最多。這些書法珍品不少是明治以來透過餽贈方式而來，如市河米庵（1779－1858）、市河三兼（1838－1907）、昌平坂學問所、今泉雄作（1850－1931）、神谷傳兵衛（1856－1922）、松平直亮（1865－1940）、大谷光瑞（1876－1948）、高島菊次郎（1875－1969；收藏中國書畫、碑帖）、橫河民輔（1864－1945；中國陶瓷）、廣田松繁（1897－1973；中國陶瓷）等。（汪莖）

　　還藏有漢籍特藏，如奈良時代傳入唐人寫本，宋禪僧所寫書簡，元人寫本等被指定為「日本國寶」的漢籍珍本，都藏於該館東洋館（亞洲文物陳列館）。

　　1868 年（同治 7；明治元）明治天皇下令《神佛分離》，1878 年（光緒 4；明治 11）法隆寺將貴重寺寶約 300 件獻給日本皇室，先存正倉院，1882 年（光緒 8；明治 15）移帝室博物館，即「法隆寺獻納御物」，現存博物館法隆寺寶物館。1947 年（昭和 22），帝室博物館改稱東京國立博物館（The Tokyo National Museum）。

　　2007 年（平成 19）4 月經整合為「獨立行政法人國立文化財機構」，包括 4 個國立博物館（東京、京都、奈良、九州），2 個文化財研究所（東京、奈良），1 個研究中心（亞洲太平洋無形文化遺產研究中心）。

　　其中，以「獨立行政法人國立文化財構構東京國立博物館」現收藏文

物最多，截止 2018 年（平成 30）3 月收藏品有 117,460 件，擁有被認定的
日本「國寶」89 件，「重要文化財」643 件。其中外國藏品 17,000 件以上，
約半數來自中國；外國藏品中被認定為「國寶」的有 14 件，其中 8 件是中
國文物。另寄存（託）3,109 件，含「國寶」55 件，「重要文化財」260 件。
該館收藏的文物數量和質量都是日本首屈一指的，分本館（日本文物）、東
洋館（亞洲文物）、平成館（特展·日本考古）、法隆寺寶物館（法隆寺獻納
寶物）、表彰館（臨時特展及活動之外，關閉）、黑田紀念館（西洋畫家黑
田清輝作品）6 個館。其中東洋館展出有中國文物。如佛像、青銅器、墓
葬陪葬品、陶器、染織、石刻畫像、繪畫、書法、工藝等。

第二章　日本中國學研究資料的蒐藏

前言

　　江戶幕府以來的儒學，曾是日本學術思想的主流。「儒學派」之外，還有日本「國學派」和「洋學派」，也各領風騷。

　　日本自古以來既有的「國學」，主張天皇為中心，要把「神道」作為國家宗教，建立「神道說」。但更多的日本學者，認為這個「國學」，是在中世紀以後，隨著儒學從佛學中解脫而獨立，逐步形成發展起來。李慶《日本漢學史‧第一部　起源和確立（1868—1918）》乙書稱：「日本『國學』，作為一個獨立的學術思想流派的確立，是在德川江戶時代。」近世的日本國學從契冲（1640—1701）始；而後有日本國學 4 大家：荷田春滿（1669—1736）、賀茂真淵（1697—1769）、本居宣長（1730—1801）、平田篤胤（1776—1843）。以本居宣長為集大成；他認為日本國學包括神學、神道、史學、歌學。

　　另者，日本隨着和西方文化的接觸而產生「洋學」。先是基督教的輸入，最早進入日本的傳教士是（西）方濟各（Francisco de Xavier，1506—1552）。到了德川吉宗（1684—1751）時，隨着和西方貿易的進行，推行「享保改革」（1716—1735），通過放鬆對西方書籍進口的限制，准許輸入與天主教無關的西方自然科學書籍，鼓勵科學研究，奠定「蘭學」（荷蘭）發展的基礎。傳入了語言學、地理學、醫學等自然科學等及實用書籍。打開了接觸西方文明的一扇窗。

近代日本漢學研究

日本在承襲傳統漢學研究的基礎上，吸收了自明治維新（1868 年 4 月明治天皇發表五條《御誓文》）以來在日本開展的西方文化，發展出近代漢學研究。李慶將近代日本漢學的發展階段分成 7 個階段：1.明治維新以後—1894 年；2. 1894—1918 年；3. 1919—1945 年；4. 1945—1960 年；5. 1960—1971 年；6. 1972—1988 年；7. 1989 年以後。其中，第 1 階段，日本經歷了激蕩的時代洗禮，融滙了東西文化，為近代日本漢學得以萌生的時期。第 2 階段，整個日本走向帝國主義的道路上，是近代日本漢學形成和確立的時期。第 3 階段，日本帝國吞并朝鮮後，進而侵略中國，其後又發動針對美國的「太平洋戰爭」，在「大東亞共榮圈」的泥潭中越陷越深，最後遭到徹底失敗的時期，也是近代日本漢學的成熟和陷入迷途的時期。這一時期還可以 1937 年為界，分成 2 個階段，但是後一階段中，日本漢學的成果，相對有限；而軍國主義的「御用」研究和對中國文物的掠奪特別顯眼。

李慶又進一步分析近代日本漢學研究的特點：1. 綜觀近代的日本漢學，在各個時期，都有相當的部分受到政治思潮的左右；2. 日本的漢學研究，就其主流而言，非常注重資料；3. 近代日本漢學，受西方漢學界觀點左右的情況屢見不鮮；4. 近代日本漢學者，往往在一個具體問題上，充分收集資料，加以研究；5. 對工具書和基礎工作的重視，編印了大量的目錄、索引、辭典、影印資料；6. 近代的日本漢學，有着非常明顯的地區（或區域）特色，存在各地的學派、團體和師承關係，這對於日本漢學的展開有很大的影響。茲就第 3 個特點：注重資料部分，該文認為這表現在如下幾個方面：

一是注重語言能力的養成，講究對原著的解讀。真正有成就的日本漢學家，對漢文和中國文獻的理解水平都非常高。（中略）不僅如此，不少學者還會除中文以外的另一種西方語言，這對他們了解世界漢學的發展動向，利用西方漢學的研究成果，大有益處。而這是不少中國文化研究者

所不如的。二是有着注重利用日本所藏，用其他國家所沒有的特有資料來進行研究的特點。日本歷史上留存下來的大量漢學資料，除公家圖書館、大學藏書、私人（法人）式的文庫外，還有大量寺院、個人的收藏，其他國家漢學界無法與之相比。三是對新發現的資料的熱忱和關注，尤其是對考古出土的文物，學界反應之快，其他國家的學者也很難望其項背。

一、從漢學到中國學

日本自明治維新以來，從傳統的漢學研究，逐漸過渡到中國學研究。將中國文化形成為對外國文化的學術性研究，成為日本對於世界文化研究的一部分。這時出現了新的名詞，東洋學或支那學（中國學），取代了昔日漢學乙詞。東洋學與西洋學相對，研究的範圍是不包括日本在內，而是包括中國、滿、蒙、藏等國家或區域的歷史、地理與文化。

甲午戰爭後，日本展開了掠奪中國古籍文物的序幕，這與日本奈良、平安時期以降，漢籍流入日本的情形迥然不同，日本儼然以東方的領導者自居，而於文化方面則夸謂集東方文化的大成。日本居於「亞洲盟主」（the leader of Asia）的意識下，在思想、文化、經濟、社會、學術等領域，一直不斷地向中國爭奪主導地位，特別是在東亞大陸和中國學研究的學術領域發揮主導作用。妄想建立科學的東方學的正統在日本的學術地位。

（一）東洋學或中國學研究興起

日本學者町田三郎〈明治漢學史論〉乙文，將明治 40 多年關於「漢學」的推移轉變，區分為 4 個時期：第 1 期 1868—1877 年（明治元年—10 年

初）漢學衰退與啓蒙思想的隆盛；第 2 期 1877—1889、1890 年（明治 10 年初—22、23 年） 古典講習科與斯文會的活動；第 3 期 1891、1892 年—1902、1903 年（明治 24、25 年—35、36 年）東西哲學的融合與對日本學術的注視；第 4 期 1904、1905 年（明治 37、38）以後中日學術的總合 《漢文大系》與其他。

　　町田三郎認為在江戶時代所謂學問即是漢學；明治時代則以「文明開化」，全盤西洋化為學術主流，漢學被世人視為陳舊落伍不合潮流的學問。「當此時棄漢學如土苴。或有漢學者鬱憤不堪，於不平之餘，入海而至死。」（中村正直，〈東京大學講習科乙部開設演說〉，1883）然而，在教育全面啓動歐化之際，1877 年（光緒 3；明治 10）成立了東京大學；在文學部，設了第一科及第二科。第一科為史學、哲學、政治學 3 門，完全按照西方的學科體系建置，延聘「外國人教師」，建校當年，共有 39 名教授，27 名來自歐美（占 70%）；第二科為和、漢文學科，包括日本、中國的經學、史學、諸子、詩文等傳統學術的內容，相當於江戶時代的國學、漢學。企圖振興衰退的漢學，維繫日本傳統的學問。町田三郎撰、連清吉譯，〈東京大學古典講習科諸子〉乙文，引《東京大學百年史》載，當時擔任法理文三學部綜理的加藤弘之（1836－1916），向文部省陳述設置和、漢文學科的理由：

> 今文學部中所以特加和、漢文學一科者，今日之勢，斯文幾寥寥如晨星，
> 今不置之於大學科目中，不僅不可永久維持，自稱日本學士者，唯通英
> 文而芒乎國文，則真不可收文運之精美也。但和、漢文而已，則不免有
> 失於固陋之憂，使兼學英文、哲學、西洋歷史，欲以培育有用之人才。

　　乃於大學設置和、漢一科「藉以維護庶幾衰退的日本傳統學問。」惟當時一般優秀的青年學生注重西洋新學，漢學難有吸引力；即使進入這一科的學生因必須花費時間在英文學科，兼修法、德語，東京大學的所有課

目全部都用英語、德語等講授，用日語講授者要到 1883 年（光緒 9；明治 16）4 月才開始，這也造就了早期東大畢業生接受新的教育制度，必然有優異的外語能力；學習科目又廣泛，使和、漢學科並非純然以和、漢之學為專攻的學科，文學部第二科名存實亡，形同虛設。於是，經加藤弘之向文部省建議設置「古典講習科」，報奉准於 1882 年（光緒 8；明治 15）5 月，以附屬於文學部的形式，新設講授「國學」的「古典講習科」。分甲、乙兩部，甲部以日本國學為內容，乙部以新設而講授漢文學為主要內容，又稱「支那古典講習科」；第 2 年兩部又改稱為「國書課」、「漢書課」，是為培養繼承和、漢學為目標而設。1882 年（光緒 8；明治 15）天皇發頒給文部卿福岡孝悌的敕語諭，要求貫徹儒教主義的教育方針，注重東方式道德教育。這樣地使漢學（儒學）在中央的最高學府仍有一席之地；以儒學為中心的人文及倫理道德教育仍得保存在國民的教育裏。1886年（光緒12；明治 19）明治天皇視察東京大學。陳瑋芬〈西學入眼來：幕府維新的留學生與「漢學」的轉折〉乙文，提及，略以：「明治天皇視察了東京大學，對於日本舉國上下學西方科技的潮流表示憂慮。他認為如果不重視國文、漢文的話，醫學、理工科再先進，也無法以之治國。」

　　1883 年（光緒 9；明治 16）4 月 16 日舉行古典講習科乙部開學典禮。教師有中村正直（1832—1891）、三島毅（1830—1919）、島田重禮（1838—1895；篁村）、重野安繹（1827—1910；成齋）、川田剛（1830—1896）、井上哲次郎（1855—1944）等。「修習科目以經史子集四部及法制為主，講授方式則是教授的漢籍講讀與學生輪流擔任解讀、師生共同討論的『輪讀』。至於漢文作文則每月撰寫一篇。」（町田三郎、連清吉）

　　該科雖僅招收了 2 屆，共畢業 44 人（並未獲東大頒學士學位），但培養出傳統漢學向中國學過渡的人才，開啓了日本近代東洋學的先聲，明治後期到昭和初期的代表學者，幾乎都是出身於古典講習科，對日本漢學界有極為深遠的影響。錢婉約在〈過渡期人才的學術成就〉乙節，列舉了出類拔萃的「市村瓚次郎（1864—1947）、林泰輔（1854—1922）、岡田正之

（1864—1927）、瀧川龜太郎（1865—1946）、兒島獻吉郎（1866—1931）、
長尾慎太郎（1864—1942）」及中途退學的西村時彥（1865—1924；天囚）、
畢業於甲部國書課的安井小太郎（1858—1938）等。並認為他們一方面確
立學術研究的實證精神，一面開拓了新的研究領域，引進新的學術觀念及
方法。

　　此時，出現了旨在漢學研究的團體，如斯文學會。該會於 1880 年（光
緒 6；明治 13）6 月 6 日，在東京神田的錦街學習院召開成立大會，為「振
起斯文，以文會友」而設，會員 1,500 餘人，明治天皇特賜金千元以表支
持。推栖川宮炽仁親王為會長，谷干城為副會長，岡本監輔擔任書記。從
事開辦學校（「斯文簧」，傳授一般教養，1890 年關閉），舉辦講座（「講說」）
及出版講義（「撰著」）。1918 年（大正 7）9 月，另行改組，以「財團法人
斯文會」的名字，重新出發。

　　1886 年（光緒 12；明治 19）日本頒布《帝國大學令》，東京大學改制
為帝國大學；文學部改為文科大學。將漢學和支那語學，分設第一講座（支
那哲學講座）、第二講座（支那史學講座）、第三講座（支那文學講座）。擔
任講座教授依先後排列如下：第一講座為島田重禮、重也安繹、星野恒、
宇野哲人（1875－1974）、盐谷溫（1878－1962）、服部宇之吉（1867－1940；
東京帝大哲學科畢業）、小柳司氣太（1870－1940）、高田真治等；第二講
座為竹添進一郎、根本通明、市村瓚次郎、服部宇之吉、盐谷溫、崗田正
之、倉石武四郎等；第三講座為張滋昉（講師）、宮島大八、三島毅、那柯
通世、金國璞、張廷彥、白鳥庫吉、服部宇之吉（兼）、宇野哲人（兼）等。

（二）京都（支那學）學派

　　1897 年（光緒 23；明治 30）日本利用甲午戰爭的中國賠款，創立京
都帝國大學；日俄戰爭剛結束不久，1906 年（光緒 32；明治 39）開設文
科大學，由哲學科、史學科、文學科組成。狩野直喜（1868－1974；君山）

為準備設文科大學以東洋學為研究重點，奉命前往中國留學從事漢學研究。狩野回國即定居京都，首先參與京都帝大的「臺灣舊慣制度調查會」。狩野是文科大學開設委員，也是首任教授，為建立文科大學費盡心力。自開設以來，先後設置「支那語支那文學講座」、「東洋史第一講座」（內藤虎次郎負責）、「東洋史第二講座」（桑原騭藏）、「東洋史第三講座」、「支那哲學史講座」、「支那語支那文學第二講座」等。

　　論及日本支那學研究，日本學術界習慣上區分為東京學派和京都學派，在學術上先有京都學派，持續於中國歷史、地理與文化的研究；與東京學派逐漸傾向現代中國的研究是顯然不同的。吉川幸次郎（1904－1890）撰《我的留學記》，曾分析在當時日本普遍蔑視中國的時代，兩校學風的不同。「在東京大學做中國學研究的人，多少總受到其他學生的斜眼而視，打個比方說，似乎是被壓迫的民族」；而「當時京都大學中中國研究的位置是非常高的」。依該書譯者錢婉約〈譯者前言〉指：京都大學「那裏不僅有狩野直喜、內藤虎次郎（1866－1934；湖南）為一流的開創性的中國學家，而且以這些中國學大家為中心，形成了欣欣向榮，羣星璀璨，令人矚目的中國學研究中心。」連清吉〈「日本中國學的開展」導言〉稱：

> 明治30年代至昭和前期，京都大學的狩野直喜繼承大田錦城、海保漁村、島田篁村一派的考證學，潛心於清代乾嘉的學術與清朝的制度。內藤湖南則是遠紹章學誠、錢大昕的學問宗尚，以史學的角度綜觀中國的學術發展。京都中國學的二祖（內藤湖南、狩野直喜）三宗（武內義雄、宮崎市定、吉村幸次郎）四大家（神田喜一郎、青木正兒、貝塚茂樹、小川環樹），頭角崢嶸，隱然為日本近代中國學的中心，又縱眼於世界漢學，成就京都中國學，與北京、巴黎並稱世界三大漢學中心。

　　復依錢婉約〈近代日本中國學的京都學派〉乙文，在《內藤湖南研究》第2章所載：京都學派以狩野直喜任所長；以內藤虎次郎、狩野直喜、高

瀨武次郎（1868－1950）、松本文三郎（1869－1944）、桑原騭藏（1870－1931）、小川琢治（1870－1941）、矢野仁一（1872－1970）、新城新藏（1873－1938）、石橋五郎（1876－1946）、新村出（1876－1967）、鈴木虎雄〔1878－1963；曾任職《臺灣日日新報》社〕、濱田耕作（1881－1938）、小島祐馬（1881－1966）、羽田亨（1882－1955）任評議員。〔東方文化學院京都研究所第1屆評議員，由各領域的權威學者擔任，負責學術研究〕。京都學派採取了「把中國作為中國來理解」「以與中國人相同的思考方法，與中國人相同的感受方式來理解中國」的態度，即承認中國歷史發展的主體性，依據中國文化發展的內在理路來認識和理解中國。主要反映在：1.對漢學有深厚的修養，鼓勵多了解中國學術界；2.重視對中國的實地考察和實際接觸；3.較多地保持與中國學者的聯繫與交流」的學術特性。

　　嚴紹璗《日本中國學史》乙書敘述「這一學派對中國文化研究中，強調確實的事實，注重文獻的考訂，推行原典的研究」並說狩野直喜引進實證主義的治學方法，「且使它與中國考據學結合，從而架構起了從傳統漢學到近代中國學的橋樑」。又指出京都學派的研究方法係「實證主義的治學方法」，「京都學派的精神主要來源為乾嘉考證學發展而來，並且由於清朝覆亡，羅振玉（1866－1940）、王國維（1877－1927）一起（羅、王兒女親家）亡命來到日本，他們也將自己的學術成果及所藏豐富的資料，供給京都帝大。使乾嘉考證學更發展到『二重證據法』，十分強調要發現能與原有文獻資料相互印證的新文獻和新文物，如甲骨、金石、古碑、銅鏡等為前提，否則就不是理想的考據學。」強調治學的關鍵在於材料的「發現」。董康也亡命住京都吉岡山東麓。3位中國親日派敦煌學家來到京都，也更激勵了日人敦煌學的研究。

　　陳寅恪《王靜安先生遺書・序》稱述王國維「其學術內容及其治學方法，殆可舉3目以概括之者。一曰取地下之實物與紙上之遺文互相釋證，凡屬考古學及上古史之作（中略）；二曰取異族之故書與吾國之舊籍互相補正，凡屬於遼金元史及邊疆地理之作（中略）三曰取外來之觀念與固有之

材料互相參證，分屬於文藝批評及小說戲曲之作。」這3方面即所謂「二重證據法」實際運用的3方面，「在京都學派都有運用和體現」。

　　那時京都大學文學部有「支語學支那文學」、「東洋史學」、「支那哲學史」等3個學科。這3個學科畢業的學生，原則上都必須到中國去留學。曾任京都大學文學院院長島田虔次（1917－2000）說：「京都中國學是與中國人（學者）相同的思考方法、與中國人相同的感受方式來理解中國為基本學風的。」「為此，如果不去中國留學，就不可能做好中國的學問，這已成了一種規則。」京都的漢學家與清末民初中國的古典學者有相當密切的交流。

　　服部宇之吉曾敘述，1909年（清宣統元；明治42）時，「有學生專攻漢文的學校，僅兩帝國大學文科大學、兩高等師範學校、早稻田大學、國學院大學、二松學堂等。其後帝國大學增設法文學部、私立高等專門學部的增設，專攻漢文或兼修國語，漢文的學生始顯著增加。是故漢籍的需求量大增，漢籍專賣店也因此增多，兼營漢籍銷售的書店也到處可見；相伴而來者的必然現象，乃東洋學研究熱潮的更新。」（金培懿譯）

　　1909年適富山房逐次刊行了由服部宇之吉為總編輯的《漢文大系》22冊（東京：富山房，1909.11－1916.10）問世，是一套系統的介紹38部中國古代基本典籍原典的叢書，側重經、子部（愛好中國諸子書尤甚於經書），忽略史、集部。採擇其具有權威性的原注而刊行，並彰顯幕府以迄明治年間日本儒者的研究成果，可說是「傳統漢學研究時代的句點」，目的在頌揚「我國先儒之美」，而「為本邦學者吐氣」。約在同時，早稻田大學出版部編輯的《漢籍國字解全書》4輯45冊（1909.10—1917），分4次預約出版，選擇名著（日本先哲遺著、口語翻譯），推廣漢學的流傳本，獲得空前地暢銷。

　　另以內藤虎次郎、狩野直喜為中心而創刊的《支那學》（弘文堂，1920.09－1947.08，編輯：青木正兒），為京都大學文學部機關刊物、中國學劃時代的期刊，提倡「具備中國當代考證學的學風和步調」的新學風。《支那學》

的問世，象徵着日本中國學界越過明治漢學而步入近代中國學之路。

當中國藏書界仍沉溺於宋元槧本，而日本中國學界一方面維繫江戶時代以來漢學的傳統素養，又見到中國的考據學術，一方面又要學習歐美語言，掌握歐美文化學術，熟諳西方治學的科學態度，已較中國更先認知晚近圖書資料的重要性，注重整理原始材料，且通過田野調查來驗證。

1933 年（昭和 8）9 月，周作人《日本期刊三十八種中東方學論文篇目附引得・序》裏，將日本的中國學分成兩大類：「其一是為學術的，雖然在思想方面稍有新舊之分，但是目的在於求知是一樣的；其二可以說是為實用的，而其實用又是拓殖的準備，所調查研究者大率以經濟風俗社會制度為多，其成績當然也不壞，可是居心卻不可問了。」

時日本學術界的研究，一向是配合日本的國家政策，具有「學術」與「政治」密切結合的特色。日人訪書的性質是先以經濟實力為後盾，「以學者為先驅」，配合國家對外擴展政策，有目地的來中國展開文獻調查、從事考察地理和考古，蒐集各種資料，建立符合國策的學術研究結論。以學者的理論，作為日本侵略擴張的包裝。繼之與侵略戰爭相結合，隨著武力所到之處，遂行文物圖書的占領、掠奪及破壞。圖書館、博物館、檔案機構受到日本及敵偽的控制，改掛敵偽的牌子，或派敵偽人員主持館務，或由日本軍部御用諳中華圖書文物的日本學者充當顧問，集中日人所掠奪的文物圖書，整理挑選，擇重要者移往日本。

（三）日本帝國大學講座制興

西方具有現代意義的大學誕生於 19 世紀初，1810 年 10 月（嘉慶 15年 9 月），洪堡昆仲（Wilhem & Alexander von Humboldt）在德國創立柏林洪堡大學（Humboldt-Universitat zu Berlin），認為現代大學應該是「知識的總和」，秉持「研究教學合一」的精神，以知識和學術為最終目的。爰實行講座制度，重視藉圖書館和實驗室為手段，達成設置大學的目的。大學最

基層的組織就是講座，係以研究任務為核心，把研究和教學統一在教授身上，強化教授在學術上的行政與管理職責，從而提升了大學學術研究的生產率，使德國一躍成為世界高等教育中心。德國大學的成功，引起英法等國紛起效法。

　　日本於 1886 年（光緒 12；明治 19）成立第 1 所東京帝國大學，1897 年（光緒 23；明治 30）成立第 2 所京都帝國大學；其後又成立了東北（仙台）、九州（福岡）、北海道（札幌）、京城（韓國首爾）、臺北（今臺灣大學）、大阪、名古屋帝國大學。日本 7 所帝大成立的目的，即「育成國家需要的人才」；殖民地帝大乃重在實施實業教育，避免給予高等普通教育。1893 年（光緒 19；明治 26）日本文部大臣井上毅（1844－1895）引入德國高等教育，建立學部和講座制。日本有名的研究型大學的最小單位是講座。每一講座初設 1 講座 1 教授（或 1 助教授）；到了 1926 年（大正 15）改為 1 名正教授負責，還包括 1 名副教授和 1 至 3 名助教。講座唯一的教授，也是負責人，被要求「明確化專攻責任」，必須集中心力「專攻 1 科」，在已有侷限的專業領域中，從事學問與研究的工作，這包括對學生的授課，及研究的指導，用以追求卓越的學術研究的業績。各講座均各有其研究室、經費及圖書設備。每一位擔任講座的教授有相當大的獨立性及權限，除了關係校方全局者外，均可自行決定。講座的教授自能決定選用人員，甚至他的繼承人。由於明治維新的國策戰略，講座制因可有效地促進大學的研究，和培養菁英人才，也保證教授個人和研究羣體研究和教學的自由，講座制遂在日本盛行。

　　以 1928 年（昭和 3）成立的臺北帝大為例，1944 年（昭和 19）共有 5 學部、17 學科、114 講座。1949 年（昭和 24）1 月傅斯年來臺接掌臺大，在該校 1948 學年度第 1 次校務會議報告：

日本人的辦法，是建立數十個講座，充實設備，妙選專家，1 位正教授，
如德國之 Ordinarius 帶著助手和學生工作。（中略）這些富於研究的空氣
和這樣的辦法確是歐洲大陸大學之正統的傳統。

（四）史學研究專業化現代化

日本要達成明治維新「文明開化、殖產興業、富國強兵」3 大改革的
目標，爰學習西方列強的教育制度與精神，積極模仿西方。除派遣大量的
留學生外，還聘請歐洲教授直接擔任日本重要大學教職。1886 年（光緒 12；
明治 19）原東京大學改稱帝國大學，該大學整個的教學與研究的改革，實
際上由延聘來自德法英美等國的 30 多名外國教師承擔。次年帝大文科大學
（文學部）開設史學科，透過德國駐日本大使館居中，聘請（德）史學家
利斯（Ludwig Riess，1861－1928）為客座教授，以引進西洋史學，前後
計達 16 年（1887－1902）之久。利斯是（德）蘭克（Leopold von Ranke，
1795－1886）的嫡傳弟子。日本近代史學的發展，遂深受德國的影響。
蘭克是德國 19 世紀影響最大的史學家。他的基本思想是重視原始資料
的利用與鑒別。蘭克史學的特點有 3：1.重視政治史。以 16 至 18 世紀的
歐洲各國為中心。他認為歷史生活的基本體現者是國家、民族和教會；三
者中以國家居首，把國家視為是具有特殊生命規律的個別生命實體。2.嚴
格考證史料。這也是蘭克史學的治學方法。在搜集大量的原始資料，並進
行嚴格的鑒別、分析、考證史料及其內容的真偽，務必用史料精確的敘述
歷史，從而使歷史研究建立在真實可靠的史料基礎上。因此特別強調原始
資料的重要性，重視檔案、政府文件、當事人的原始陳述、回憶錄、日記、
信件等。其餘資料只有當它們是以上述類型資料中直接引述者，或是與這
些資料價值相當時才會被引用。歷史學是以求真為目的的嚴謹科學研究。
3.不作價值判斷。史學家的任務是把過去發生的事，據事直書，不偏不倚，
如實客觀呈現，其間不需要摻入史學家任何個人主觀因素。蘭克的理論奠

定了 19 世紀下半葉西方史學的基礎，影響歐洲國家的史學發展。蘭克撰
History of the Latin and Teutonic Nations from 1494 to 1541（英譯）（《拉丁與
條頓民族史》）而聲名鵲起。他的其他主要德文著作有《教皇史》（1834－
1836 出版）、《宗教改革時期的德意志史》（1839－1847 出版）、《16、17 世
紀法國史》（1852－1861 出版）、《16、17 世紀英國史》（1859－1868 出版）
等，都以引用大量的檔案為著稱。被西方學者譽為「近代時期最偉大的史
學家」、「近代史學之父」，使史學成為獨立於宗教和哲學的一門專業學科。

　　利斯用英文上課，他在東大講授史學研究和世界史（萬國史）。他「重
視基本史料」、「開拓東西交通史」、「推進史料編纂事業」等，對日後日本
史學的研究方向產生了深遠的影響。他主張應將史學工作的重點放在編纂
史料。曾建議東大將海牙古文書館等未刊的日本荷蘭關係文書複製乙份，
以利研究。因為他來自歐洲，所以將歐洲檔案館裏關於日本的檔案介紹到
東京。他自己就利用荷蘭的檔案、西方傳教士的報告、書信等資料，撰寫
了 *Geschichte Der Insel Formosa*（Tokyo：Metteilungen Der Deutschen Ges,
1897. 43p.《臺灣島史》），次年即被譯為日文（吉國藤吉譯，《臺灣島史》，
東京：富山房，1898）；並發表了日歐交涉史論文。利斯參與了建立東大史
學科，倡導「如實直書」客觀史學，奠定日本近代實證歷史學的礎石。他
和史學科教授坪井九馬三（1858－1936）及接替他的教授箕作元八（1862
－1919），對日本近代史學的專業化、現代化的發展，都有很大的影響。坪
井和箕作兩氏同曾留學德國，深得德國史學的精髓，均堅持了蘭克史學的
傳統。史學科培養了日後日本史學重要的領導人物，如白鳥庫吉（1865－
1942）、幣原坦（1870－1953）、村上直次郎（1868－1966）等。

　　1889 年（光緒 15；明治 22）因修史局編纂《大日本編年史》，利斯應
帝國大學總長（校長）渡邊洪基（1848－1901）的諮詢，提出在文科大學
開設國史科，主要講授日本歷史，兼及中國歷史，形成了文科大學「史學
科」與「國史科」並存。同年，兩學科師生合組了「史學會」，以形成實證
史學的學風，推行史料考證與追求客觀事實的史學方法為旨，發行《史學

會雜誌》（後改稱《史學雜誌》），開創了日本近代史學。

1895 年（光緒 21；明治 28）史學科增設「支那史學」。新的史學觀念和新的史學方法，引進了中國歷史研究的領域。

1904 年（光緒 30；明治 37）進行體制改革，史學科下分為國史學、支那史學、歷史學（實為西洋史學）3 個分支。1910 年（宣統 2；明治 43）支那史學改稱東洋史學，西洋史學也正式獨立，3 個分科是國史學、東洋史學、西洋史學。東洋史學科設 2 個講座；市村瓚次郎負責歷代中國史的課程、白鳥庫吉講授東洋諸國（朝鮮、滿洲、蒙古、西域等）歷史。1897 年（光緒 23；明治 30）京都帝國大學成立，1906 年（光緒 32；明治 39）設立文科大學，次年成立史學科，其下亦分國史學、東洋史學、西洋史學 3 個分支。東洋史學也設 2 個講座，分別由內湖虎次郎（1866－1934）和桑原騭藏（1870－1931）擔綱。

（五）中國語教育

20 世紀三四十年代，日本開始將中國語作為一門外語而進行教育及研究。東京學派源於德國蘭克學派的實證主義學風；京都學派吸取清代乾嘉考證學風，殊途同歸地走向實證主義。東京學派崇尚西方實證主義；京都學派重視中國的實地考察和與中國的學者實際接觸，要能夠用中國學者一樣的思想方法來研究中國學術，都需要學習中國語的發音，運用中國語交流。這使研究中國學學界，要改變以往訓讀漢籍的傳統，直接按照中國語的讀音來閱讀中國漢籍。初以學習中國官方普遍使用的北京語音（「北京官話」或「官話」）。中國新文化運動之後，尋求讀音統一，先後有「注音字母方案」（後改為「注音符號方案」）、「國語羅馬字拼音法式」，前者受到政府支持。隨着日本侵華戰爭的擴大，「支那語」被加入中、高等學校（初中、高中）教育的外國語中的一門。倉石武四郎採用「注音字母方案」，編印了《支那語發音篇》、《支那語語法篇》、《支那語翻譯篇》、《支那語會話篇》、

《支那語讀本》等。（瑞典）高本漢（Klas Bernhard Johannes Karlgren，1889
－1978））的《中國音韻學研究》、《中國的文字》等書，也被翻譯介紹到日
本。一些中國語雜誌出現，如東京的《支那語》、《支那語與時文》、《支那
語雜誌》（後三者合併為《支那語月刊》）及大阪的《支那與支那語》（後改
名《支那語文化》）。

二、日本對華的調查與研究

　　日本明治維新之後走向軍國主義對外擴張的道路，逐步對朝鮮、中國、
太平洋和東南亞等國家或地區發動系列戰爭及殖民佔領，為服務戰爭和殖
民需要，日本對相關國家和地區展開了大量的調查與研究。從事這些調查
和研究的機關（構）包括了日本政府、軍部、大學學院、財團、報社等，
遍布於日本及各殖民地。

（一）上海日清貿易研究所

　　溯自 1878 年（光緒 4；明治 11）日本陸軍當局將參謀局從陸軍省分離
出來，成立參謀本部。荒尾精（1859－1896）曾習漢文，是大亞細亞主義
積極鼓吹者，畢業於日本陸軍士官學校，極力主張「日朝合併」。1885 年
（光緒 11；明治 18）加入日本陸軍參謀本部中國課，1886 年受命為了搜
集情報到中國赴任。

　　荒尾精在上海晤及「浪人」（明治維新「廢藩置縣」，武士瓦解，民間
出現了所謂「浪人」，即無職業者。來到中國尋求出路的浪人，大多希望中
日開戰）岸田吟香（1833－1905）。岸田兼修漢學與蘭學。1874 年（同治
13；明治 7）牡丹社事件時，他擔任《東京日日新聞》編輯，隨軍採訪。
撰寫〈臺灣信報〉、〈臺灣手藁〉兩專欄，前者紀錄日本軍隊在牡丹社的軍

事活動，後者以報導臺灣地理、風土、物產等。1878 年來到上海開「樂善堂書藥房」，銷售藥品，以眼藥水「精琦水」起家；兼營書籍印刷銷售，發行《樂善堂書目》，收載〈樂善堂發兌東洋本新舊書籍〉。創中日文人詩社「蘭吟社」，融入上海文化圈。以大量收集中文古籍在日本製版，然後交上海的工廠印刷，製為銅版袖珍書，因精美絕倫，攜帶方便，使人耳目一新，財源滾進。

岸田對荒尾精面授機宜，以漢口為九省通衢，作為通商口岸，可延伸到四川、雲南、貴州等中國遙遠的省份，漢口也是日本勢力還未到之地，正等待您和有志青年去開拓。荒尾得到岸田的資助，乃於 1886 年（光緒 12；明治 19）於漢口創設樂善堂分店，以此為掩護，進行情報工作和經濟滲透。以後，在北京、重慶、長沙、天津、福州等地置分部。招募日本「志士」與浪人，從事中國地理、社會、經濟、政治、軍事、交通、商業等的調查和情報蒐集活動，足跡遍布東北、湖北、湖南、江南、福建、四川、甘肅、貴州、雲南、西藏、內蒙古、新疆等，始終重視對中國內陸及邊遠地區的調查。

1890 年（光緒 16；明治 23）荒尾返國述職，向日本政府提了《復命書》（報告書），內容分 1.清國的廟謨（清朝的國策）；2.內治的腐敗；3.人物；4.兵事；5.歐洲 4 大國（英法德俄）的對清策略；6.結論。由於資料詳細，分析精到，成為當時日制訂對清政策的重要依據。

他在漢口樂善堂從事情報的蒐集與分析，成為他建構「中國觀」的主要依據。他提出「商權競爭論」的戰略目標，追求對於中國市場的支配和直接的政治干預相輔相成。他預見中日開戰後，隨著日本國際地位的提升，將形成與歐美各國在華利益的對立。要得到東亞安全的磐石，第一手段是要中日兩國經濟合作，以對抗歐美列強，則必須蓄備實力為急務；為期達到此目的，以從事對中日貿易實務人才的培養為先決事務。他強調「貿易是國家經濟之本，民生富饒的樞紐」，誰掌握了商權就確立了對中國的優勢和亞洲的主導權。於是主張在中國設立貿易研究所，並等待中國國內的變

化。經參謀次長川上操六（1844－1899）、陸軍次長桂太郎的斡旋，獲得首相黑田清隆（軍階為陸軍中將）、大藏大臣松方正義、農商務大臣岩村道俊的贊同，撥 4 萬圓資助。

　　荒尾乃於 1890 年（光緒 16；明治 23）9 月在上海英租界大馬路泥城橋畔設立日清貿易研究所，以振興兩國貿易，養成中國通。在日本招生，有 500 名報名，率所選 150 名學生由橫濱來到中國。在赴上海之前，荒尾對學生的訓話中講到：「研究所不是單純教授學問，打算做學問的應該去大學。有志於中國，打算一個人闖天下的去上海。」學制 3 年，主要學習漢語、商業地理、經濟等課程及實地調查與實業。旋（11 月）荒尾回國，以他在陸軍士官學校的上一期學長根津一（1860－1927）繼任所長。研究所的創辦宗旨雖是商務調查與研究，但其研究活動是離不開樂善堂的範圍，實為調查中國各種情報的機構。

　　1893 年（光緒 19；明治 26）8 月研究所因囿於經費，苦撐 3 年而停辦，畢業了唯一的一屆，有 89 名畢業生。1894 年（光緒 20；明治 27）爆發甲午戰爭，經「詢問該期畢業生是否願意從軍效力，結果有 72 名投入戰爭，隨軍通譯，其中 9 人在戰爭中身亡。」「因此，學生的去處與荒尾精預想的大相逕庭，研究所解散後，在中國從商的人僅兩三個，多數人是在中日戰爭中從軍當了翻譯，然後大部分又被安排到了臺灣總督府和法院等處從事翻譯工作。到了 20 世紀之初，因中國大量邀集日本教習，也有不少前往中國學堂擔任教授職務的。」（郭晶）

　　1892 年（光緒 18；明治 25），根津一乃將漢口樂善堂和上海日清貿易研究所實地調查所得的資料，在上海編印《清國通商綜覽》（一名：日清貿易必攜），2 編 3 冊 2 千餘頁（上海：日清貿易研究所，1892.08、1892.12），成為當時日本人從事各項貿易活動的百科全書。第 1 編的主要內容：
1) 商業地理：（1）總說；（2）18 省附北京、南京；（3）25 港附香港（包括淡水、雞籠、臺灣港=安平港、打狗）；（4）氣候；（5）風俗；（6）教育；（7）宗教。

2) 庶制：（1）政體；（2）歲出入；（3）鹽政；（4）茶法；（5）農田；（6）礦山；（7）新海關；（8）舊海關；（9）釐金稅；（10）貨幣；（11）度量衡；（12）郵政。

3) 運輸：（1）水運；（2）陸運；（3）漕運；（4）鐵道；（5）氣船；（6）倉庫料埠頭稅附水先案內；（7）保險及保險料。

4) 金融：（1）銀行；（2）諸為替；（3）貯金及貸借；（4）手形（民行紙幣）。

5) 交通：（1）郵便；（2）電信附電話。

6) 生業：（1）工業；（2）農業；（3）蠶桑業；（4）漁業；（5）牧畜業；（6）山林業；（7）外國貿易；（8）結論。

7) 雜記：（1）會館；（2）問屋及商店的組織；（3）棧房、號客；（4）訪問的規矩；（5）宴客的規矩；（6）渡航者心得；（7）借家的習慣；（8）呂宗票；（9）護照；（10）內地旅行者注意事項；（11）各地里程表。

第 1 編附錄。

第 2 編：包括工藝品、陸產物、海產物等。

1896 年（光緒 22；明治 29）荒尾精在臺灣因患鼠疫而去世。

（二）東亞同文會

甲午戰爭後，日本社會熱衷於中國研究。1898 年（光緒 24；明治 31）11 月 2 日合併以研究中國時局為目的的東亞會，和以啟發中國人匡救東亞時局為宗旨的同文會，改稱東亞同文會，成立的目的在協助中國改善時政，以共同保存東亞的同文文化，以近衛篤麿擔任會長，其成員大都來自漢口樂善堂。在其發展過程中，實際上是從事獲取軍事情報與進行經濟滲透對外侵略擴張的組織。許多軍官、學生以會員名義到中國「游歷」、「采風」，甚至創辦商社、報社等，實際上都是以此作掩護進行非法的間諜活動。

東亞同文會設本部於東京，而分（支）部遍設於日本國內及海外各主要城市，主要活動機關則佈局在中國北京、上海、漢口、福州、廣東，由

本部幹事兼任分（支）部長，分別是中西正樹、井手三郎、宗方小太郎、中島真雄、高橋謙（桑兵），以培養經略中國的人才，並進行各項調查，蒐集情報，隨時提供日本政府，無異為從事於日本侵華的情報工作。又在牛莊、庫倫、烏里雅蘇臺等處，設有通訊員，專注於俄國在東北及西北的動態。

　　1899 年（光緒 25；明治 32）3 月 14 日東亞同文會召開春季大會，制訂了 4 項建會綱領：1.「支那保全」；2.扶助中國及朝鮮的改善；3.研究中國及朝鮮時事，以期行動；4.喚起日本國內社會輿論。所謂「支那保全」乃因中國如被歐美列強瓜分，作為鄰國的日本將處境艱難，影響「大陸政策」的進行，因此為了日本也須保全中國。

　　1900 年（光緒 26；明治 33）由參謀本部出身的陸軍少佐根津一擔任幹事長，提出《對清經營策》、《對清經營助成施設案》、《對清貿易政策》等。他根據對中國形勢需要，提出一系列機構設置方案；1.在清國通商港口設置對清貿易誘導館，以便利日本商工業者來到中國；2.設置培養中國學生的商工學校，使兩國人頭腦、知識系統相近，漸次實現日清共同經濟經營；3.興辦一大漢字新聞（報紙），推動日本業務發展，冰釋對日本的誤解；4.置各省城駐在員，資助兩國民間交際，以培植有利根基；5.第 2 次中國旅行計畫案，使我邦悉知該國事務實情，此乃對清經營發展的最急要務；6.設置上海東亞同文書院農工科，使畢業後在清國從事殖產工業，內地旅行中收集各種原料以供實驗研究，鼓勵日本內地事業家及其他從業者開發清國的豐富資源；7.附設上海東亞同文書院內外務書記生養成部，使在外交、領事工作發揮其效能；8.指導在東京中國學生方法，鼓勵親睦且扶掖關係；9.派遣北京駐在員，對日後錯綜複雜的問題，可以居中調停；10.創設日清俱樂部，以利日清間疏通意見提升交情等 10 案。（李博強）用以實現「東洋和平大局，自身長遠利益之隆盛」而籌謀。

　　自 1899 年 4 月起，東亞同文會每年從外務省獲得日幣 4 萬圓津貼（國庫補助金）；同時外務省要求同文會向外務省匯報情況和報告。同文會始終

處於日本外務省的直接影響下，與日本官方保持特殊的關係，會員中曾出
任首相者，就有 6 人 8 屆之多。

東亞同文會主要的教育事業，分別是東京同文書院、天津中日學院
（1922.12 設立，原稱天津同文書院，1925 年改校名）、漢口江漢高級中學
（1922 設立，原稱漢口同文書院，1925 年改校名）、上海東亞同文書院等。
東京同文書院於 1899 年（明治 32）10 月在東京成立，專收中國留日學生，
作為進入高等專門以上學校（大學）的預備，授以日本語及中學課程，1922
年（大正 11）10 月結束，期間共招收來自中國留學生 3,000 人。天津、漢
口兩校的主要對象是在中國的日本人子弟，以學會流利的漢語為旨。上海
東亞同文書院招收的對象則以從日本招收學生為主（也有來自臺灣、琉球
者），學生從日本各府縣（1 府 16 縣）招考。

（三）上海東亞同文書院及其圖書館

1900 年（光緒 26；明治 33）5 月，得上海領事小田切萬壽之助、外相
青木周藏的認可，外務省資助，南京同文書院成立。院長乙職，原內定是
東亞同文會幹事長退役少將佐藤正；旋因參謀本部的反對，爰稱病請辭，
由根津一擔任。根津一與荒尾精關係密切，早在陸軍士官學校學習期間，
兩人便已結識，並成為摯友。委員為佐佐木四方志、山田良政，教頭（首
席教師）為山口正一郎。學生僅 15 人。

義合團運動起，1900 年 8 月下旬南京同文書院遷移上海，臨時校址為
前日清貿易研究所湧泉路所址，遂以上海為永久院址。院址時有遷徙，歷
經高昌廟桂墅里、赫司克而路（Haskell Road）、虹橋路、長崎、交通大學
臨時校舍（1938 年淞滬戰爭虹橋路校園遭砲火化為灰燼，4 月起侵占交大
校舍辦學迄 1945 年停辦）等時期，除短暫的半年回日本長崎，其餘都在上
海。1901 年（光緒 27；明治 34）8 月改稱上海東亞同文書院，院長仍為根
津一。1920 年（大正 9）設了中華學生部。1921 年 7 月 13 日，根據日本

政府第 328 號敕令，東亞同文書院為外務省直接管轄的專門學校。1939 年
（昭和 14）12 月 26 日東亞同文書院正式奉准改制為大學。根津一擔任院
長達 23 年之久，1923 年請辭回到京都，1927 年病逝。其後的院（校）長，
先後是大津麟平、近衛篤麿、大內暢三、矢田七太郎、本間喜一。

　　東亞同文書院的「創立要領・興學要旨」即「講中外之實學，育中日
之英才，一可以樹中國富強之基，而可以固中日輯協之根。期望保全中國，
制定東亞久安之策，立宇內永和之計。」「立教綱領」是「德育為經，智育
為緯」希望養成日本學生成為各自通達強立，國家有用之士，當世必需之
才。以訓練「中國通」，及蒐集中國各方面情報和實地調查為實務。

　　東亞同文書院常年經費來自日本中央及地方政府，主要是中央國庫補
助金和派送學生的府縣。從 1918 年（大正 7）起還有外務省、南滿洲鐵道
株式會社、華北交通銀行和《每日新聞》社提供經費。

　　東亞同文書院原只招收日本學生，成立之初分政治、商務 2 科，學制
3 年，1918 年（大正 7）政治科停止招生；1913 年（大正 3）增設農工科，
1922 年廢止該科。1920 年（大正 9）9 月起，至 1931 年（昭和 6）止，置
中華學生部，專門招收中國學生，設商務科。同年東亞同文書院將入學時
間由 8 月改為 4 月，學制由 3 年延長到 4 年。1921 年（大正 10）、1922 年
（大正 11）分別成立天津同文書院（中日學院）、漢口同文書院（江漢高
級中學），以教育中國學生中學程度課程為主。自「九一八事變」後，東亞
同文書院直接受命於日本政府，蒐集中國情況的相關資料。

　　東亞同文書院自成立以來，就非常重視藏書建設，特別注重中國古籍
及方志的蒐集，設有「調查部」、「支那研究部」。1922 年（大正 11）成立
圖書館，年購書費，日金 2,800 圓購買日本書，銀約 2,700 圓購各國書。
1937 年（昭和 12）「八一三」淞滬戰爭，東亞同文書院圖書館被燒，計有
中文書 52,000 餘冊，日文書 25,000 餘冊，西文書 8,200 餘冊，共計 85,200
餘冊被燬。1938 年起同文書院又成立復興圖書委員會重行建置書藏。依統
計，1940 年（昭和 15）3 月該館藏書有漢籍約 40,000 冊，日文約 20,000

冊，洋書約 5,000 冊，共計 65,000 冊。而至 1943 年（昭和 18）3 月，該
館入藏中文書（古籍）107,003 冊，日文書 30,170 冊，洋書 12,965 冊，共
計 150,138 冊。抗戰勝利該藏書為國立中央圖書館所接收，依據 1947 年 9
月〈國立中央圖書館復員以來工作述要〉記載，接收東亞同文書院圖書館
中日文書 240,207 冊、西文書 20,821 冊，共計 261,028 冊；另中文期刊合
訂本 335 種 1,943 冊、西文期刊 94 種 609 冊。

（四）上海東亞同文書院與「修學/大旅行調查」

　　日本學校重要的教育文化措施之一的是源起 1882 年（光緒 8；明治 15）
的「修學旅行」（畢業旅行）。但東亞同文書院的「修學旅行」，係承襲過去
荒尾精（1859－1896）開創的情報調查事業，從事於中國實地調查和資料
蒐集，作成報告（大旅行志），可稱為「修學/大旅行調查」。同文書院分別
透過上海的書肆及學生「修學/大旅行調查」在各地書肆訪書購書。

　　上海東亞同文書院重視學生「修學/大旅行調查」是期在列強瓜分中國
之際，能占得先機，為全面瞭解中國國情預作準備。依院長根津一在《支
那省別全誌‧序》：

> 我邦於中國政治、經濟上有特別重要之緊密關係，自毋庸贅言。況一戰
> 結束後，須知中國已成為世界問題之中心，國人須盡快熟知中國之國情
> 民物。夫深謀遠慮者，必在諸事未然時即籌劃其善後，不可無備。（中略）
> 然則今日明確中國之國情民物，豈非我國人之一大急務？獨憾缺乏對國
> 情複雜、民物繁錯中國研究之良書，是以我邦人士雖位居一衣帶水（一
> 葦渡江）比鄰位置，而精通中國情勢者甚鮮。（中略）從中國各地蒐集到
> 了大量的各地調查資料，使編輯出版這些資料成為可能。

「修學/大旅行調查」乃係作為掌握中國國情的情報蒐集行為。

　　自 1901 年上海東亞同文書院成立至 1945 年為止,「歷 45 年,招收 46 期學生,計達 4,646 人。」(黃福慶)(許雪姬稱:共有 4,368 人受教)。「修學/大旅行調查」即是書院重要課程之一,由學校定好特定的調查項目和地域,旅行結束後寫成調查報告書作為畢業論文提交給學校,同時保存相關的日記、日志、原始資料、票據、圖片和實物等。「每年通行慣例」,如每年約 3 月上旬畢業典禮;3 月下旬 1 年級學生寧波、杭州 1 週實習旅行;4 月上旬新生入學典禮;5 月上旬寮祭:新生歡迎會、大旅行壯行會;9 月下旬大旅行調查報告會; 11 月下旬大旅行返校歡迎會。(郭晶)自 1907.06-1944.07 年,每年進行「修業/大旅行調查」。在夏季由最高年級(3 年級)學生擔任中國社會狀況的實地調查旅行,遍及除西藏以外的中國所有省區(「內地 18 省」和新疆省,不含東三省及臺灣)。在中國踏過共 700 條不同行程的旅行路線的「大旅行」;有的還涉足東南亞、俄國西伯利亞及遠東。藤田佳久著,《東亞同文書院中國大調查旅行の研究》(愛知大學文學會叢書;5)(東京:大明堂,2000.03),可資參攷。「每次實施調查前,都由專業教師擬定調查題目,指導學生進行調查方面理論、方法及相關專業的學習,尤其是接受調查方法指導,然後編成旅行隊出發。如第 6 期生的晉蒙隊(班)、9 期生鄂川隊、10 期生香港北海隊、13 期生山東遼吉隊等。旅行調查的總方針,是院長根津一制定,而具體方案則由擔任經濟、商科教學的教授根岸佶製定。」「學生的調查旅行地與他來年的工作安排有一定的關係。」(高啓安)考察內容涉及中國各地經濟狀況、經商習慣、地理形勢、民情風俗、多樣方言、農村實態、地方行政組織。具體調查項目包括歷史、地理、政治、經濟、商業、交通、文化、風俗等各方面情況。記述的方法除文字外,還有圖表、素描速寫、照片等。他們數人組成一隊(班),旅行日期自 2 至 3 個月不等,足跡幾遍及中國每一角落。收集文獻資料,將見聞作成「調查報告書」及旅行日記。這批調查報告資料,每年印 5 份抄本,分別送存外務省、農商務省、陸軍參謀本部、東亞同文會、東亞同文書院等參考。對調查報告的要求是嚴守實證態度:1.寫真實的事;

2.不要空理論；3.不准剽竊他人；4.出處不明的曖昧東西算零分。這些學生
的中國調查旅行報告，各期均匯集編印《大旅行志》，每年刊行，第 7 期以
後每年以單行本問世。第 10 期至第 29 期各屆學生的「調查旅行報告書」
原件 707 冊，現存日本愛知縣豐橋市的愛知大學豐橋校區圖書館（東亞同
文書院（大學）被中國廢止後，該校校友會——滬友會，積極運作而創立）。

　　東亞同文書院「修學/大旅行調查」的機遇來自於外務省委託的新疆調
查旅行，共 274 天。肇因於 1902 年（光緒 28；明治 35）英日同盟締結以
後，為共同利益，雙方約定合作調查俄國在蒙古、新疆的勢力。英方負責
從印度到新疆西南之線的調查，日方調查從新疆伊犁到蒙古的庫倫之間的
地區。日外相小林壽太郎與書院院長根津一商議後，決定委派林出賢次郎
（調查伊犁地方）、波多野養作（甘肅地方）、櫻井好孝（科布多地方）、三
浦捻（庫倫地方）、草政吉（烏里雅蘇臺地方）等 5 名剛畢業的 2 期生學生
前往新疆進行調查。1905 年（光緒 31；明治 38）7 月 7 日林出賢次郎等從
北京出發，於 7 月 26 日抵太原。經西安、蘭州、安西，翌年 1 月 13 日抵
哈密。經吐魯番，2 月 8 日抵迪化。3 月 27 日從迪化出發，4 月 16 日直達
伊犁。9 月 16 日從伊犁出發，9 月 2 日至庫爾喀喇烏蘇蒙古東路土耳扈特
郡王府。11 月 1 日從郡王府出發，11 月 9 日抵塔爾巴哈臺。12 月 3 日從
同地出發，12 月 12 日又抵上開郡王府，2 月 23 日離去，12 月 31 日抵迪
化。1907 年（光緒 33；明治 40）3 月 4 日踏入回程，5 月 7 日抵北京。完
成《清國新疆省伊犁地方視察復命書》（1907.10），全書分伊犁部分、塔爾
巴哈臺部分、結論、附錄（包括新疆旅行日程）。波多野養作於 1905 年（光
緒 31；明治 38）9 月在蘭州待 1 個月後，12 月抵迪化，滯留 11 個月。翌
年 12 月經蘭州折向，於 1907 年 2 月抵青海省各地調查，6 月回東京。完
成《新疆視察復命書》（1907.08），全書分行程、交通、人種、喇嘛教、特
產及商業貿易、政治事情等 6 章，附旅行日程。另外 3 人分別赴科布多、
烏里雅蘇臺、庫倫等地，分別完成櫻井好孝《蒙古視察復命書》（分蒙古部
分、新疆部分）（1907.02）、三浦捻《外蒙古視察復命書》（6 章）、草政吉

《外蒙古視察復命書》（10 章）。（櫻井良樹）

　　東亞同文書院完成了這項負有國家重大使命的大旅行。外務省乃自 1907 年（光緒 33；明治 40）至 1919 年（大正 8），對「修學/大旅行調查」提供補助金，開啓了同文書院對蒙古的調查旅行並擴及中國各省區。從第 5 期生至 27 期生（16、17、21、26 期除外）都曾從事內蒙古調查旅行。

　　林出賢次郎（1882－1970）後任外務省通譯，1908 年（光緒 34；昭和 41）至 1910 年（宣統 2；明治 43）再度派赴迪化 2 年，並知遇於新疆布政使王樹楠，受聘擔任新疆陸軍士官學堂、法政學堂的教習。期間，獲外務省的指示，爰透過王樹楠的關係，請人抄了 1 部《全省圖說》，31 部鄉土志，帶回日本。這些鄉土志，是彌足珍貴的史料。林出賢次郎先後出任駐滿州國大使館二等書記（1932）；滿州國宮內府行走，曾任溥儀翻譯。著《扈從訪日恭記》（新京：滿洲帝國國務院總務廳情報處，1936.09）。

　　東亞同文書院各期學生「修學/大旅行調查」的調查報告資料經轉交東亞同文會東京本部調查編纂部，由其整理纂輯出版《支那經濟全書》第 1 至 12 輯凡 12 冊（東京：東亞同文書院，1907.03－1908.11）；《支那省別全誌》18 冊（東京：東亞同文書院，1917.04－1920.09），包括 1.廣東省（附香港澳門）；2.廣西省；3.雲南省（附海防）；4.山東省；5.四川省；6.甘肅省（附新疆省）；7.陝西省；8.河南省；9.湖北省；10.湖南省；11.江西省；12.安徽省；13.浙江省；14.福建省；15.江蘇省；16.貴州省；17.山西省；18.直隸省。宮房志郎總編，《新修支那省別全誌》9 冊（東京：東亞同文書院，1941.08－1946.09）；分別是 1.四川省上冊；2.四川省下冊；3.雲南省；4.貴州省上冊；5.貴州省下冊；6.陝西省；7.甘肅省、寧夏省；8.新疆省；9.青海省、西康省。以及馬場鍬太郎陸續出版的《支那經濟地理志》、《支那主要商品志》等。東亞同文會幹事長小川平吉在《支那省別全誌・序》：

　　　支那自古以來重視地志，是世界上所存地理書籍最齊備的國家。上代有
　　《禹貢》，漢代有《水經》，以後歷代志書尚可舉出如《太平寰宇記》、《大
　　明一統志》、《大清之一統志》等，真可謂汗牛充棟，浩瀚無垠。然而至
　　近世卻無完整的地志著作問世，尤其是缺乏現實情況的記錄，此不能不
　　為國內外人士深感遺憾。本會編輯本書正是基于以上原因，補闕拾遺，
　　以便于開展對支那的全面研究，應當務之急。而其大成工作，尚待來哲。

　　《支那省別全誌》、《新修支那省別全誌》是由日本人實地調查，並根據他
們自己的需要，去其糟粕，取其菁華，科學整理編纂而印行的中國方志，
以備日本的侵華行動。2005 年 4 月、5 月，分別由北京線裝書局（全 56
冊）、國家圖書館出版社（全 50 冊）予以影印出版。2006 年國家圖書館出
版社又編印了《東亞同文書院中國調查手稿叢刊》（全 200 冊）。

　　另 1900 年（光緒 26；明治 33）出版《同文滬報》（原《字林滬報》轉
讓）；自 1911 年（宣統 3；明治 44）起發刊的《支那》半月刊，每月 4、
25 日發行，是為該書院機關刊物，內容是有關中國形勢的分析和政策主張。
1942 年改名為《東亞研究》。1927-1934 年間，也發行不少年鑒、人名錄。
如《新編支那年鑒》、《最新支那年鑒》、《改訂現代支那人名鑒》、《現代支
那人名鑒》、《現代支那及滿洲人名鑒》、《中華民國實業名鑒》、《支那工業
綜覽》等。

　　1936 年（昭和 11）至 1943 年（昭和 18）東亞同文書院的旅行日志、
調查報告及其他校務資料，日本戰敗，由我政府接收，轉往南京國立中央
圖書館。1954 年 5 月移送北京圖書館，文革後一度移該館柏林寺分館（文
革後將雍和宮東側柏林寺作為北京圖書館分館，用於藏「民國文獻」，並不
流通），1987 年新館於白石橋路（今中關村南大街）落成後遷回。

　　又抗戰勝利，在重慶的交通大學復員，回到上海，1946 年 12 月 30 日
東亞同文書院（大學）歸還移交了自 1938 年 4 月以來所侵占的交大全部校
舍財產，包括少部分東亞同文書院留存圖書檔案資料。1956 年交大遷西安，

1959 年西安交大成立，東亞同文書院檔案（照片 3 個專輯 144 張和文書檔案 4 卷冊）亦隨校移往西安交大檔案館迄今（張小亞）。

根據 1938 年的調查，該院 2,684 名畢業生中，有 1,487 名留在中國；其中 415 名在日本在中國的南滿洲鐵道株式會社及蒙疆機關等服務，其餘的都在日本在華企業、銀行、商務等部門工作。曾任職外務省的有近 200 名之多。隨著日本侵華及發動太平洋戰爭，院長大內暢三曾極力鼓動學生參戰，他說：「我們忠勇義烈的軍隊，在中國語言不通，不熟悉地理，很不方便，你們書院學生要發揮作用，去做軍事翻譯或後勤服務，為祖國做出應有的貢獻。」1941 年東亞同文書院（大學）學生大量被徵入伍。以「學徒出陣，翻譯從軍」為名，偕同日軍作戰。「1945 年 8 月（日本投降月）20 日『現地入隊〔參加日軍〕』的學生漸次復員，達 300 人。」

戰爭結束，大學解散回國。校長本間喜一與林毅陸於 1947 年 4 月在愛知縣豐橋市創設愛知大學，將東亞同文會遺留下的資料及圖書資料移至該校。1991 年滬友會先後出版《上海東亞同文書院大旅行記錄：實錄中國踏查記》（東京：新人物往來社，1991）（楊華譯，北京商務，2000.01）和《大陸大旅行秘話：東亞同文書院學生》（東京：滬友會，1991.10）。2006 年愛知大學成立 60 周年，出資整理《東亞同文書院大旅行誌》33 冊。

（五）中國兵要地志

「兵要地志」的概念、形成及發展與方志有密切關係。唐憲宗時宰相李吉甫的《元和郡縣圖志‧序》：「古今言地理者凡數十家，（中略）至於丘壤山川，攻守利害，本於地理者，皆略而不書，將何以佐明王扼天下之吭，制羣生之命，收地保勢勝之利，示形束壞制之端。」明萬曆劉效祖的《四鎮三關志》記載建置（有各鎮地形圖、各種車器營臺圖）、形勝、軍旅、糧餉、騎乘、經略、制疏（卷帙最大，約占全書 2/5）、職官、才賢、夷部等 10 考，這類邊關志也屬之。今「兵要地志」屬軍事地理學（Military

Geography），從軍事需要出發，對有關地區的軍事、政治、地形、交通、氣象、水文等現況和歷史情況進行調查而編製的資料。主要供戰備準備、軍事訓練、擬定作戰計畫使用，是參謀人員了解、判定戰區地理條件和實施軍事行動的重要依據。

日本較早的研究有中根淑（1839－1913；香亭）《兵要日本地理小誌》線裝 3 卷（東京：陸軍兵學寮，1873.01），3 年後玉山堂又出版改訂版。陸軍大學、陸軍士官學校都有「兵要地學」（兵要地理）的課程。日本陸軍從事兵要地志調查編製的機關，有 1.中央機關，如日本陸軍參謀本部、大本營陸軍省；2.現地軍；3.部隊。兵要地志的編纂，賴蒐集現有相關文獻資料（「資料」）及實地調查（「走路」）報告書（兵要調查資料）兩者。依 1878 年（光緒 4；明治 11）《參謀本部條例》，陸軍參謀本部（1871 年原稱兵部省陸軍參謀局，歷經演變）第 2 部（情報）第 6 課（歐美課）下設有地圖班；第 5 課（蘇聯課）、第 7 課（中國課）下設有兵要地志班。1937年（昭和 12）日本依《大本營令》設置大本營陸軍部參謀部第二部第 5、6、7 課編纂兵要地志，其所需人員，大多數由上開陸軍參謀本部人員併入。其第 7 課所擔任的業務，乃是對中國作戰情報有關事項、測量、地圖調查製作、兵要氣象調查等事項。參謀本部製《兵要地理資源調查報告例規》（1938.02.01），備供參閱。所謂「現地軍」，即侵華日軍的一線部隊，如關東軍參謀本部各年度在中國東北、內蒙古等區域的兵要地志工作。又如北支那方面軍司令部，《昭和 15 年度北支那方面軍兵要地志調查計畫》（1940.02.02），為一件 6 頁的小冊子，說明兵要地志調查實施方針、調查要目、調查要目。係一份對為配合日中戰爭（支那事變）直接各戰場及將要西北作戰戰場的需要，下達各部隊應擔任調查的事項。復依石井部隊（即惡名昭彰的第 731 部隊，由中將石井四郎領導）村上少佐，《教育資料 兵要地志調查研究ノ着眼》手抄謄寫本 3 頁，載：1.地形地質；2.河川湖沼濕地；3.氣象；4.宿營給養；5.給水；6 住民地等 6 項的調查內容。參謀本部曾抽調各地從軍地理學專業的學生、召集人類學和民族學的學者（如國

分直一）參與調查工作。在中國東北兵要地志調查的對象，還包括與蘇聯
相鄰中國大興安嶺的東側地區和東部國境的區域，進行「參謀調查旅行」，
因軍官不足，曾請「滿鐵」支援。東亞同文書院「大旅行」所進行的調查，
應屬兵要地志「資料」的部分，為參謀本部侵華所作的戰場準備。

　　日本百餘年對中國兵要地志的製作範圍，如中國各省兵要地志、重要
方向兵要地志、中國江河兵要地志、中國邊疆省區的事情等，絕大部分被
日軍在投降之時以「極密」為由而銷燬。現有些藏於駒澤大學圖書館、日
本防衛部防衛研究所戰史室、國立國會圖書館等處。2016 年許金生主編，
《近代日本在華兵要地志調查資料集成》24 冊（北京：線裝書局），共收
錄 27 種兵要地志。

（六）日人在華辦報

　　西方傳教士最早開始在中國辦報，創報的目的由傳教通商而至於文化
政治等，報紙刊行時間也很久。日本在華創刊報紙為時甚晚，約在甲午戰
爭前後，卻漸後來居上，民國以後，發行數量在列強中屬最多，超越英美，
究各報開辦的目的雖較為複雜，但都有政治宣傳的意味，處不同的時期，
也就發揮了不同的作用。依吳文星統計分析，迄 1937 年七七事變為止，「日
本在華至少發行 125 種報紙，其中日文 95 種、中文 27 種、英文 3 種」，綜
合而言，辦報目的有：「1.供給日商關於中國的商情，以利日商與各國從事
商務競爭；2.假中日提攜之名，與中國官紳建立感情，培植日本在華的勢
力基礎；3.執行日本政府的政策，其目的一為從事蒐集中國的情報，作為
日本政府制定對華政策的參考，一為製造種種訛言，以擾亂視聽，而遂日
本政府之陰謀。」日本人在華經辦的第一份中文報紙，大多數認為是在漢
口的《漢報》。當時鄂省民智未開，該報的創刊者及後續的經營者幾度易手，
後由姚文藻讓售給（日）浪人宗方小太郎（1864－1923），自 1896 年 2 月
12 日（光緒 21.12.29；明治 29）至 1900 年 9 月 30 日止（光緒 26.閏 8.7；

明治 33）被禁辦轉售為止，長達 4 年零 7 個月。《漢報》從日方共得到 4,000
多日圓補助，係由海軍軍令部補助 1,000 日圓、外務省 1,500 日圓，東亞
同文會補助其餘。

　　日本自 1880 年代起，開始進行以中國為交戰對象的軍備擴張，1885
年 4 月 18 日（光緒 11.3.4；明治 18）中日簽訂《天津條約》（又稱《朝鮮
撤兵條約》）後，更加迅速地進行。在這一擴軍備戰期間，日本軍方不斷地
派遣人員在中國蒐集情報，在中國的日本浪人在這一波諜報活動也充當急
先鋒。宗方小太郎於 1890 年（光緒 16；明治 23）在荒木精、根津一主持
的日清貿易研究所擔任幹事並學生監督，1893 年（光緒 19；明治 26）任
海軍省囑託（顧問），1898 年（光緒 24；明治 31）參與東亞同文會設立。
他從 1890 年（光緒 16；明治 23）至 1923 年（大正 12），替海軍省在中國
做間諜工作長達 30 多年。《漢報》是他在華經營的第一份報紙，先後還與
井手三郎等在福州設《閩報》，策應臺灣總督府在福建的擴張活動，主持東
方通訊社（1914 年創設於上海，並任社長，主筆波多博）等機構，藉着新
聞採訪或調查之便，將中國的情報傳遞給海軍軍令部，計呈報告書約 700
篇，包括其中有編號的 1－628 號的定期報告，標注日期為自 1895 年 12
月 24 日（光緒 20；明治 28）至 1923 年 1 月 12 日（大正 12）；及臨時報
告、號外報告。內容包括政治、軍事、地誌、經濟、思想、羣眾運動、風
俗、文化等。宗方以甲午戰爭爆發時潛入威海衛軍港偵查北洋艦隊出入，
立下奇功。當他於 1923 年 2 月去世時，日本輿論界推崇他為「模範的國士」，
頌揚他「完成精查中國國情之大業，對我海陸軍之戰略厥功甚偉」（吳文星
譯）。他留下不少資料，如日記、遊記、調查報告書、書簡、詩稿、筆記等
文字資料和照片，分藏於上海社科院歷史研究所（「宗方小太郎文書」）、日
本國立國會圖書館憲政資料室（「宗方小太郎關係文書」）、東京大學法學部
近代日本法政史料中心（以縮微膠捲藏一部分宗方文書）。

　　宗方小太郎接辦《漢報》時，適逢甲午戰爭中國以戰敗收場，但在戰
爭中日軍攻陷旅順口後，日軍第 2 師團長山地無治下令屠城，血洗 4 天 3

夜（1894.11.21-24），2 萬多名平民被殺害。日本隱匿實情，操縱輿論宣傳，
掩蓋滔天罪行；清廷昧於事實，竟宣稱戰勝日寇，致此一嚴重的罪行，當
時世界卻一無所悉。中國對日本人厭惡至極，甚至有聯俄制倭的主張，這
對日本推行大陸政策不利。《漢報》急於扭轉不利的輿論、製造有利的輿論、
扶植親日勢力。該報的 3 大宗旨即「介紹日本之實情於中國官民」、「明唇
齒相依之義，行一脈相承之實」、「抑制舊黨，援助新黨」。

　　另一日本文化間諜、軍事特務中島真雄（1861－1943）於 1891 年（光
緒 17；明治 24）跟隨荒尾精來到上海，入日清貿易研究所。在華 40 年，
先後創辦《閩報》（福州；1897 年與井守太郎、前田彪創辦）、《順天時報》
（北京；原稱《燕京時報》，1901）、《滿洲日報》（營口；1905）、《盛京時
報》（瀋陽；1906），以報人的身分作掩護。

　　《順天時報》，1905 年創刊，為日本駐華公使館支配下的日商報紙。
1924 年 10 月，占領北京的馮玉祥將總統曹錕軟禁，解散了國會，顏惠慶
的內閣宣告辭職。國民軍支持黃郛組成了攝政內閣。紫禁城已為國民軍接
替了守衛。11 月 5 日，馮玉祥派鹿鍾麟、張壁與溥儀交涉《清室優待條件》
（全 5 條）修正事宜，其中第 1 條「大清宣統帝從即日起永遠廢除皇帝尊
號」、第 3 條「即日移出宮禁」，遂將溥儀驅逐出宮。溥儀倉促地避入其生
父醇親王戴澧府邸（北府），再被迎入東交民巷的日本公使館（公使芳澤謙
吉）。《順天時報》連續發出了對「皇室」無限同情，對攝政內閣和國民軍
無限激憤的消息和評論。內容裏面大量地使用了「逼宮」、「蒙難」之類的
字眼，以及「泰山壓卵」、「欺凌寡婦孤兒」、「綁票」等等比喻。甚至大力
渲染，如「旗人紛紛自殺」等故事，編造一些驚人奇聞（溥儀《我的前半
生》）。

三、學界在華訪書

（一）日本「中國通」學者的游歷與訪書

　　甲午戰爭後，日本人藉其地理之便及在華享有特權，大批來到中國及
滿蒙，如外交官及使館人員、中國各級政府顧問、商社駐華人員、商人、
學者、學校教席、技師、醫師、留華學生等，他們基於不同的動機或需要，
乘在華之便，或多或少收集漢籍及文獻資料。而其中與中國古籍和文獻的
流入日本，密切有關者，厥為有「中國通」之稱的漢學家，以近代歷史學、
考古學、人類學等社科人文領域學者為主；來華「支那」學科留學生及日
本書商，都扮演了重要的角色。這些人因為具有漢學的素養，瞭解中國古
籍及文獻資料的市場，又與中國學者交往，所以調查史蹟和文獻、訪書購
書的收獲也很大。

　　孫殿起《琉璃廠小志》引蔣芷儕《都門識小錄》摘錄〈永樂大典〉：「庚
子後，四庫藏書，殘佚過半，都人傳言：英、法、德、日四國運去者不少。
（中略）今者，學堂林立，學者非埃皮西替衣〔ABCDE〕，即阿伊屋扼我
〔あいうえお〕，而外人日以重價搜羅我舊板書籍，琉璃廠書肆，常有日
本人踪跡。」時善本、志書，因乏人過問，書價甚廉。隨著中國學研究的發
展，重視實證研究，對研究對象的實地調查和文獻收集，已屬重要的研究
方法。使得大批日本學者、教師、留華學生來到中國進行學術調查、收集
古物、訪書購書。葉德輝的《書林清話》、孫毓修《中國雕板源流考》、島
田翰《古文舊書考》（長澤規矩也曾指此書所敘錄的善本珍本不乏為島田所
捏造，告誡引用島田觀點時切需慎重）等，素為日本學者做為採訪的參考
工具。

（二）內藤虎次郎與滿蒙史料

　　清末被日本視為最懂中國古籍版本的學者專家，係內藤虎次郎（1866－1934；湖南）。由於內藤對文獻學的洞察力，率先向日本介紹甲骨文、敦煌文獻等新出史料，而開啟了日本甲骨學、敦煌學、滿洲學研究的端倪。內藤是 20 世紀初日本「支那學」的創始人之一，1907 年（光緒 33；明治 40）起在京都帝國大學主持「東亞史講座」20 年。〔但內藤也很難避免地被貼上是日本侵略政策建構學術理論者的標籤〕。

　　內藤早歲擔任雜誌報刊（東京《萬朝報》、大阪《朝日新聞》等）記者、主編、撰稿人。1897 年 4 月（光緒 23 年 3 月；明治 30）他抱著對日本新獲得的殖民地臺灣實況的關心，赴臺灣任新創刊的《臺灣日報》主筆一年，一再對臺灣殖民政策提出建言。《臺灣日報》發行人小島碩鳳，是大内青巒（1845－1918，佛教學者、思想家）的第子；大内也是內藤在東京的啟蒙老師。1898 年 4 月 17 日（光緒 24 年 3 月 27 日）內藤搭乘「臺中丸」返回日本。1898 年 5 月 1 日（光緒 24 年閏 3 月 11 日）《臺灣日報》和代表官方的《臺灣新報》合併為《臺灣日日新報》。

　　自 1899 年（光緒 25；明治 32）至 1933 年，內藤曾 10 次來過中國，其中有 6 次都與調查史蹟文獻及訪書有關，而其中有 5 次的活動地是奉天（瀋陽）。

　　1902 年（光緒 28；明治 35）內藤第 2 次中國行，在奉天喇嘛教寺廟黃寺（本名實勝寺，又稱皇寺），見到《蒙文大藏經》及一些滿洲史料；由於奉天瀋陽故宮為帝俄掌控，未能進入。1905 年（光緒 31 年 2 月；明治 38.3）日俄戰爭奉天會戰，日軍全面取勝，日本取得南滿洲的遼東半島和南滿鐵路的控制權，並以護路為由，駐軍在奉天、旅順、長春等鐵路沿線，已實際控制了東北局勢。內藤虎次郎在大阪《朝日新聞》撰文：

　　占領奉天，意味著掌握了東三省的政治中樞，同時也意味著打開了東洋

學術的寶庫，這應該引起我邦學者的深重注意。（中略）隨著奉天寶庫的開啓，展開滿洲史料的探險，該是最有意義和富有趣味的事業，這是作為學者能夠與赫赫戰功的我軍相比附的事業，也是我輩不得不奮發有為的所在。

內藤對日本時政的敏銳性，在日本軍方策畫「大陸政策」之際，關注滿洲，搶先竊取滿蒙史料。1905 年至 1906 年（光緒 31 年 6 月至 12 月；明治 38.7－39.1），內藤第 3 次來華。拿了軍政署開具的「拜觀宮殿」許可證，逐一流連瀋陽故宮翔鳳閣、飛龍閣、崇政殿、鳳凰樓、敬典閣、崇謨閣、清寧宮、文溯閣、大政殿等，及喇嘛教寺黃寺、北塔寺（法輪寺）等，開啓了內藤滿蒙史料的見聞。如翔鳳閣所藏《蒙古源流》（滿蒙漢三體精刻本）、《西清續鑒》（甲乙編）、《五體清文鑒》、《清文開國方略》、《舊清語》、《黃清職貢圖》寫本、《蒙古律例》、滿漢文各種地圖 10 多種；崇謨閣《漢文舊檔》、《滿文老檔》精抄本、《太祖實錄戰圖》（又名《滿洲實錄》）；敬典閣藏玉牒、實錄、聖訓及清帝肖像圖畫、高宗純皇帝行樂圖等。又如黃寺所藏《金字蒙文大藏經》寫本、《滿漢蒙番四體合璧大藏全呪》、《蒙古文藏經》、《西番文藏經》（甘珠爾、丹珠爾）、《西番文首楞嚴經》；太平寺《蒙古文藏經》、長寧寺《西番文藏經》；北塔《滿洲文藏經》殘缺本；萬壽寺《明北藏全部》（康熙年間刻印）、《清龍藏全部》（雍正年間刻印）等。內藤編《奉天藏經略解題》，著錄瀋陽故宮收藏文物並作提要。且取得了豐富且具文獻價值的滿蒙史料，如曬藍圖製版全部《漢文舊檔》（清太宗天聰、崇德年間的官文書）；拍攝《蒙古源流》蒙文部分；在日軍方出面下強行壓價買下黃寺收藏的明寫本《金字蒙文大藏經》，包括所發現北塔法輪寺《滿文大藏經》一起帶回日本（這兩部滿、蒙文藏經，歸東京帝國大學收藏，燬於 1923 年（大正 12）9 月 1 日 11：58 芮氏規模 7.9 的關東大地震）。此外，內藤與《朝日新聞》攝影記者大里武八郎合作拍攝了奉天、永陵重要史蹟，包括故宮宮殿照片 100 張，每張內藤予以解說文字（1908 年輯集出

版《滿洲寫真帖》，東陽堂出版）。

　　1906 年（光緒 32 年 7 月 5 日至 7 月 25 日；明治 39.8.24－9.13）內藤再訪黃寺、入崇謨閣、文溯閣，抄錄了《蒙古源流》滿文部分、《西域同文志》、《舊清語》等文獻資料，並拍攝《滿文長白山圖》、《盛京全圖》重要輿圖等。

　　1910 年 8 月下旬京都大學派遣內藤等 5 人赴北京敦煌文獻調查，盤桓 50 餘日。

　　滿清覆滅，1912 年（明治 45.3.23－5.17），內藤擔心文獻資料散佚，接受京都大學的委託，和羽田亨、富岡謙專程到奉天故宮拍攝史料。經疏通了奉天都督趙爾巽、奉天外務使孫寶縉，進行了竊取性照相拍攝了 1778 年（乾隆 43）重抄本加圈點《滿文老檔》180 冊，內藤、羽田亨、東亞同文書院畢業生 1 名、奉天永清照像館 2 個助手，共 5 人拍攝，在崇謨閣準備暗室。計 4,300 張，帶回日本，藏於京都大學文學部，先後復製 5 個副本，藏於南滿洲鐵道株式會社調查部白山黑水文庫、東洋文庫等處。及照相拍攝康熙敕修，至乾隆年間陸續成書的《五體清文鑒》抄本 6 函 36 冊（滿、藏、蒙古、維吾爾、漢文體）計 5,300 張〔究其內容可視為地區性百科全書〕、《三體蒙古源流》蒙文及滿文部分；抄錄部分文溯閣《四庫全書》珍本，如《禮部志稿》（由富岡謙藏主持，雇抄寫生每千字 30 錢）。

　　內藤訪書重心在瀋陽故宮滿蒙史料及各寺廟《大藏經》。前者係和那珂通世（1857－1918）、白鳥庫吉（1865－1942）等，為日本開拓滿蒙研究，並冀能獨步世界，而蒐集新材料。日本學者關於中國（「支那」）研究的立場，是強烈主張所謂「滿蒙」地域的「特殊性」，以「中國疆域應限於長城以內的十八省」，將研究導向「滿蒙」與「中國本土」相分離的結論，為滿蒙「建國」樹立合理化的理論依據。後者為內藤受高楠順次郎（1866－1945）的囑託，找尋滿文《大藏經》。高楠順次郎於日大正、昭和年間編印《大正新修大藏經》。

恭仁山莊

內藤虎次郎也是藏書家，有藏書樓「恭仁山莊」（占地 550 餘坪），藏
書約達 5 萬冊。以擁有宋紹興 9 年《毛詩正義》殘本（單疏本 17 冊，存 8
－40 卷，缺 1－7 卷）、北宋刊《史記集解》殘本（11 冊）、（日）平安時代
抄本《春秋經傳集解》（4 卷）、唐寫本《說文解字》木部的殘卷（「木部」
6 葉、「口部」1 葉），成為「恭仁山莊」四寶，並分別刻「寶詩移」、「寶馬
盦」、「寶左盦」、「寶許移」之印，以誌其所藏。（這 4 種珍本都被日本文部
省確認為「日本國寶」級重要文物）後者的流傳經過亦有趣，1863 年（清
同治 2 年正月），莫友芝（1811－1871）得到《說文解字》木部的唐寫本殘
卷，寫於 820 年（中唐時期元和 12 年），是比徐鍇《說文解字繫傳》（小徐
本）更早的版本。此書輾轉為端方（1861－1911）、完顏景賢（1876－1926）
之手；1925 年再轉入白堅（1883－？）。1926 年內藤從白堅手中購藏此書。
1934 年（昭和 9）內藤辭世。

京都大學人文科學研究所接受了內藤部分藏書，包括所收集中國有關
滿、蒙族的文獻資料，凡 161 部、1,591 冊，為「滿蒙研究」的重要史料。
1938 年（昭和 13）內藤家族將「恭仁山莊」中極品計刊本 67 部、寫本 31
部，包括上開「四寶」轉讓大阪經營醫藥的富豪武田家族。武田氏家原有
藏書樓，名曰「杏雨書屋」，以儲藏東洋本草藥醫書為主。1964 年（昭和
39）設公益財團法人武田科學振興財團；1977 年武田長兵衛（第 6 代主）
將「杏雨書屋」藏書，全部交武田科學振興財團管理。1984 年又將「恭仁
山莊」館舍及藏書一起轉讓了關西文庫（關西大學圖書館），以宋元刊本之
外的明刊本為主體。

（三）日本書商和學者的輸入

甲午戰爭後，日本書商為了滿足日本國內的需求，開始自中國輸入古
籍，較早的是東京嵩山堂。依該書商 1896 年（光緒 22；明治 29）12 月出

版的《古典聚目・例言》:「清國歷代書籍,本邦稱之為唐本。價貴、書稀者,尤為漢學者所珍貴。戰後,交通日益頻繁,漢學研究再度勃興。」「敝堂向清國派遣店員,到各都市、各港口視察,采購所得頗多,並建立了唐本輸入管道。」

田中慶太郎

1900 年(光緒 26;明治 33)義和團起,八國聯軍入侵,圖籍大量散出。該年末,田中慶太郎(1880－1951)、「文求堂」第 3 代經營者,剛從東京外國語大學中國語學科畢業,冒險第 1 次到中國蒐書,回日本銷售。「田中的古書買賣有利可圖一經傳開,以大阪的鹿田松雲堂為首,各類古籍書商開始競相追隨田中的足迹而來,」經常出沒中國各地書肆,利用日本的強勢地位和雄厚的資金收購中國古籍。1901 年(光緒 27;明治 34)田中將書店由京都移來東京,成為中國書輸日販賣的專賣店。1908 年(光緒 34;明治 41)至 1911 年(宣統 3;明治 44)住在北京經營。主要從北京買古籍版本。東京大地震後「新文求堂」落成,改為從上海購入現代版石印本新書,如新式標校點的國學基本典籍類圖書、最新研究成果的學術著作、中國語教學用書和辭書等語言類圖書。

孫殿起(1894－1956;字耀卿)《琉璃廠小志》撰〈日本書商來京搜書情形〉:

> 日本東京文求堂書店主人田中慶太郎,清光緒末葉,每年必至我國北京,搜羅書畫法帖一次或兩次。(中略)是時我國學者,多喜讀集部書,故對於府州縣志,無人過問;廠肆志書,多被他人買去。普通本以羅計,每羅一文明杖高,僅售現銀一圓。其他善本稀見者,如《三關四鎮志》,價亦相當低廉。其於書肆交易最密者,琉璃廠文友堂,隆福寺文奎堂。並經常托文友堂代搜《永樂大典》,每冊現銀壹百圓,購去數十冊;並介貴陽陳松山田〔陳田(1849－1921),字松山。室名「聽詩齋」,一改前人專嗜宋元之風,重明人著述收集。〕庋藏明板書數十箱〔依田中於 1913

年（大正 2）刊印《文求堂唐本書目》所附《陳松山舊藏明朝人詩文集》
共 587 部、4,087 冊，其中明刊本 357 部，鈔本 34 部，清順治康熙以下
刊本 196 部。標價日幣 8,500 圓。〕，其中明人集類居多數，全部細載
而去。〔適羅振玉在日，與田中熟識，購還。嗣又轉烏程蔣氏密韵樓，
歸上海商務印書館涵芬樓，卒燬於日寇閘北之火。〕此外舊本小說曲譜，
亦多為他人購去。至我國商務印書館以及各圖書館，購買志書、小說、
曲譜者，皆在其後。

　　田中在外國語大學與島田翰為同窗，並深受其影響。他精於鑒別中國
古籍版本，購得不少中國善本古籍轉售日本國內外，如《永樂大典》20 多
冊，其中賣給了美國國會圖書館 5 冊，前後 3 次賣給東洋文庫 15 冊。也購
買甲骨文、敦煌遺書等寄回日本出售。曾每年發行銷售目錄《文求堂書目》。
2015 年 3 月，北京國家圖書館出版《文求堂書目》16 冊（海外中華古籍書
志書目叢刊），由（日）高田時雄、劉玉才整理；收錄自 1901 年（光緒 27；
明治 34）至 1942 年（昭和 17）發行的書目 49 種，附錄《文求堂新書目》
收錄 1949 年至 1953 年發行書目 12 種、1954 年（昭和 29）《文求堂展觀書
目》1 種和田中著作《羽陵余蟫》及 3 篇文章〈文求堂主的氣焰錄〉、〈敦
煌石室中的典籍〉、〈漢籍書店的變遷〉（由賈永會譯）。

蒐集《永樂大典》

　　案《永樂大典》正副兩部寫本。正本係 1407 年（明成祖永樂 5）大學
士解縉奉敕纂修告成者（永樂本），總計正文 22,877 卷，凡例和目錄 60 卷，
分裝 11,095 冊，後隨遷都，自南京移入北京文淵閣；副本係 1562 年（明
世宗嘉靖 41）至 1567 年（穆宗隆慶元年）間按原書的冊式、行款重新鈔
錄者（嘉靖本）。正本或被焚於明亡之際。副本在清修《四庫全書》時，發
現已缺 2 千多冊；《大典》移藏翰林院後，絡續被盜，快速流失。

　　《大典》正本下落，眾說紛紜，竟不知所蹤，或毀於明清交替之際；
副本或燬或盜或掠奪，經李闖之亂、英法聯軍、八國聯軍等變亂，幾散失

殆盡。庚子拳亂後，清末翰林院掌院學士陸潤庠（1841－1915）一度下令追繳，只追回 64 冊，存放在陸潤庠府邸。1909 年（宣統元），學部籌建京師圖書館；1912 年 7 月 16 日，教育部函告京師圖書館，國務院准將原翰林院所存《大典》這 64 冊殘本，移交教育部儲藏。教育部酌留 4 冊，存置其圖書室，「以資展覽，藉留紀念」，京師圖書館得 60 冊，及至 1929 年，教育部始將這 4 冊撥歸國立北平圖書館。1926 年、1934 年北平圖書館典藏《大典》分別已增加到 85 冊、93 冊。該館所藏《大典》隨善本南遷、運美，幾經周折，又自美運臺，現存臺北故宮 62 冊。新中國成立後，北京故宮藏有 161 冊。以 2011 年時，《大典》存世約 400 冊，分藏於中國、日本、美國、英國、臺灣等處。2014 年，美國洛杉磯聖馬利諾（San Marino）杭廷頓圖書館（The Huntington）發現藏有《永樂大典》副本乙冊，是《大典》存世的第 419 本。係 1968 年由懷特（Mabel Whiting）女士捐贈。當義和團之亂，焚燒了翰林院時，其父約瑟夫（Joseph）時為長老會傳教士，於北京東教民巷使館區獲得該《大典》。

　　民國初琉璃廠一帶書肆有《大典》密售，開始每冊僅 50 元，後來各地竟相爭購，書價抬至 100、200 元。1918 年 9 月張元濟得知清宗室寶熙（1868－1942；瑞臣，光緒 18 年進士）要售出一批古書，內有《永樂大典》數冊，立即致函傅增湘及商務北京分館經理孫壯就近代購，魚雁往還十餘次。一天，他接到孫壯來信，告以寶熙已將 8 冊《大典》以千餘元高價，售予日本文求堂田中慶太郎。（柳和城）。

日本書商

　　日本書商很多，但主要集中在東京、京都、大阪。除嵩山堂、文求堂、松雲堂之外，較出名者還有「滙文堂、琳琅閣、文雅堂、支那書社、山本書店、臨川書店、中西屋、宇宙堂、井上書店、北澤書店」等。中國書商與日本人來往較密切者，有文有堂、文奎堂外，還有「修綆堂、文祿堂、文殿堂、開明書店、來薰閣、羣玉齋、中國書店、文學山房、百雙樓、交通書局」等。日本書商除直接派人來華訪書購書外，大多購買中國各書店

編印出版的舊書銷售書目，再從中選購，由於中國各書店提供通信郵購服務，因此大受日本書商歡迎。

　　日本書商主要銷售與中國學研究相關的大學、研究機構、圖書館等。依嵩山堂於 1898 年（光緒 24；明治 31）4 月出版的《古典聚目》第 2 集（定價金 15 錢）版權頁載：「東京帝國大學、京都帝國大學、帝國圖書館、高等師範學院、第一高等學校、學習院、陸軍幼年學校御用書肆」。

　　滙文堂第一代主大島友直精於漢籍版本鑒別；滙文堂不僅售賣中國古籍，還發行出版日人學術著作。大正年間，當時「京都學派」漢學的勃興促進了滙文堂的發展；而滙文堂搜羅的各種漢籍版本為學者們提供了重要的基礎。1927 年（昭和 2）4 月出版了青木正兒《支那文藝論叢‧自序》（京都：弘文堂書房）載：「民國以來中國新學漸起，滙文堂書莊敏察其氣象動態，舶來新刊書籍以增益學界。每有新書至，吾黨食指大動，漸入佳境。」

　　1900 年（光緒 26；明治 33）至 1909 年（宣統元；明治 42）內藤虎次郎透過大阪松雲堂，便收藏了宋刊《眉山七史》、元刊《玉篇》殘本、《中州集》（後與董康交換他本）、《三國志》、《南史》、《北史》、《隋書》、《唐書》、《五代史》、《君臣圖像》及日本平安時代（794－1185）寫本《春秋左氏傳》、「五山版」《唐才子傳》等。1915 年又自文求堂以 1,500 圓巨貲購得《史記集解》殘本，推測為宋仁宗版本。

　　石田幹之助運用三菱財閥的豐富資金，從文求堂、滙文堂、琳琅閣等書店大量為東洋文庫購入漢籍，補充在原先並無漢籍收藏的東洋文庫。還有在北平的松村太郎先後在琉璃廠松筠閣和福隆寺街文殿閣購入古籍藏東洋文庫。

長澤規矩也

　　長澤規矩也（1902－1980）畢業於東京帝大文學部支那文學科，知書又通華語，目錄學家、版本學家，曾為日本 30 多家藏書機構整理編目和漢古籍。他自 1927 年至 1932 年，每年都有兩三個月或近半年時間在中國收購漢籍善本，對中國的書業行情頗為瞭解。曾撰〈中華民國書林一瞥〉、〈中

華民國書林一瞥補正〉歷數了上世紀三十年代中國北方和東南部古舊書業。
〈一瞥〉（錢婉約、宋炎輯譯），介紹了 1930 年（昭和 5）北平、上海、天
津、南京、蘇州、杭州、揚州等地舊書肆的情形。該文提及：

> 書肆裏銷路比較好的舊書，除了受流行的目錄學研究和新設圖書館影響
> 的一些書目外，圖書館青睞於叢書，個人學者喜好雜家隨筆的書。戲曲
> 小說雖一時不被看好，但珍本亦價值不菲。府縣志過去並不被重視，現
> 在國內外的圖書館都爭相購買。清朝考證學家的集子也備受中外學人青
> 睞。近年金石書的行情開始抬頭。總體來說，宋元板備受重視。（中略）
> 善本日漸稀少，書價年年暴漲是事實。美國人的不論書名一概購入，日
> 本人的不論內容大肆搜書，大概也是造成書價暴漲的一個原因吧。

　　該文也談到舊書商與日本人間的舊書買賣關係，如「目前在北平最活
躍的就是修綆堂和文祿堂。北平的橋川時雄和大連圖書館的松崎鶴雄十分
鐘愛這裏」；「開明書局的杜氏和大連的松崎鶴雄關係很好，到江南搜集新
印的木板書，在北平這家的書價最低，近來好像特別在日本人中找銷路。」
「保古齋殷氏，今年購進陳士可的藏書，其大半賣給了東方文化圖書館，
一部分善本賣給別處，獲利豐厚。」
　　長澤規矩也曾任靜嘉堂文庫幹事，歷次來華訪書購書，也同時為靜嘉
堂文庫採購書籍。及晚年回憶錄（收書遍歷），即記述他在中國及日本蒐求、
購買漢籍的經歷。
　　北平來薰閣的陳杭（1902－1969）於 1928 年至 1930 年（昭和 3－5）
間，應長澤規矩也等人邀請，先後 4 次東渡日本，在東京、京都、大阪、
神戶、九州、福岡等地開圖書展賣會，直接行銷，並結識了日本專營中國
古籍的文求堂、臨川書店、滙文堂等書店老闆，走訪了一些學者、藏書家、
圖書館，從而將中國古舊書業務，擴及東瀛，名振一時。
　　長澤規矩也在日本即將戰敗之際，在東京上野帝國圖書館受同窗岡田

溫（1902－2001）部長（後晉升為館長）的邀請，整理編目一批被日軍從
香港馮平山圖書館掠奪運來的古籍；這批書正是國立中央圖書館在淪陷區
所搶救的古籍，原意經馮平山圖書館，轉運寄存美國國會圖書館，以避戰
火，不料太平洋戰爭起，日本迅速的佔領香港，不及運出，為日軍所奪。
長澤從 1944 年（昭和 19）1 月 25 日開始到圖書館上班，經常是早上 7：05
到館，在地下室撰寫解題。他將貴重的書先抽出來，盡快撰寫解題，從易
類開始；其他的書則以四部分類排序。即使拉響了空襲警報也不逃避，也
不到圖書館外面，過着鼴鼠般的生活。日本戰敗，長澤竟受託從中將較珍
貴部分，送到高部屋村小澤元村長家的倉庫藏匿，以避免被查獲歸還。

神田喜一郎

　　神田喜一郎（1899－1984；祖父神田醇，香巖，1854－1918）京都帝
大文學部史學科畢業，師從內藤虎次郎，研習中國史學；先後任職於大谷
大學預科、宮內省圖書寮、臺北帝大文政學部。

　　1922 年秋至 1923 年春，他到中國訪書旅行，參訪了北京傅增湘雙鑑
樓、上海蔣汝藻密韵樓、商務印書館涵芬樓藏書，著《中國訪書談》；1937
年以後多次赴中國境內淪陷區（日本占領地）調查文獻。

　　1928 年（昭和 3）3 月正式成立的臺北帝大，該校初設文政、理農兩
學部，各分 4 科，共 35 講座。藤田豐八（1869－1928）為文政學部長；翌
年，神田喜一郎為文政學部東洋文學講座。藤田豐八曾在廣州，從岳雪樓
藏書中，精選精本 33 萬卷，往售東瀛；在臺灣取走有關高山族、紅頭嶼的
資料，後贈送給東洋文庫。神田任講座 16 年之久，曾參與烏石山房文庫及
久保文庫的購入工作。依張寶三引用時曾參與其事擔任史學科助手的前嶋
信次在〈談論先學－藤田豐八博士〉座談會中回憶云：

　　（前略）（藤田）先生曾帶惋惜地說：「漢籍的搜集工作，難道不是該由
　　大學來做嗎？」結果不久，長沙的葉德輝給殺害了，有人到臺北來兜售
　　整批葉氏的舊藏書，先生看到目錄之後，頗為動心，認為一定要整批買

下來。（中略）這之間，有某個日本人介入，說將用船把書從長沙運到上海，再從那裏轉運到臺北。總督府方表示，依規定要書運到臺北以後才能付錢，但是仲介者表示，這中間有許多費用需要支付，希望能先收一些前金。總督府這邊表示有困難，無法答應。這期間，葉氏舊藏運到了上海，然後就四處分散了。後來藤田先生也去世了。1929 年（昭和 4）秋天，有一天晚上，久保天隨、桑田六郎、今林玩道、神田喜一郎、後藤俊瑞等與中國文學、史學、哲學有關的教授們，聚集在臺北市某日式餐廳中商談對策。原來那時候在福州有一名林熊祥的人，這個人居中介紹交涉，聲稱福州龔氏舊家有藏書要賣，意下如何等等，這就是烏石山房的藏書。

（中略）此藏書今已全數歸臺北帝國大學所有。

烏石山房藏書，始藏者為龔易圖，祖籍福建閩縣，1859 年（咸豐 9）進士。上開 1929 年（昭和 4），神田與前嶋信次同往福州洽談購書之事。臺北帝大自龔易圖之孫龔綸，購入烏石山房藏書 2,099 部、34,803 冊，包括經史子集各方面書籍，內容廣泛，有不少明版善本，以美金 16,800 元購買之。

另久保文庫圖書 7,000 冊，臺北帝大文政學部東洋文學講座教授久保得二（1875－1937；天隨）去世，其藏書經神田氏主其事，由臺北帝大收購，共購入圖書 894 部 7,427 冊。臺北帝大遺留《久保文庫目錄》稿本乙部，僅按「文庫番號」順序登錄。久保氏為戲曲研究名家，又工漢詩，其藏多有關中國文學的古籍，大多戲曲善本。臺灣光復後，久保文庫依內容散入各相關部類，分藏臺大圖書館特藏組中文善本書區及普通本線裝書區。有周延燕編《臺灣大學圖書館館藏久保文庫漢籍分類目錄》（臺大出版中心，2012.10）著錄 737 部，以清刊本 569 部為多，其中又以集部 405 部居多；和刻本 89 部居次；其他為日本、朝鮮、越南人著述。

四、日本財閥蒐購文物

清代私家藏書是中國古代藏書業的全盛時期，繼承明代藏書家留傳下來的豐富藏書，尤其是康雍乾時期，國家富庶，社會穩定，宣揚文治，提倡程朱理學，文化發達，據李萬健統計：「有清一代，就有藏書家 2,100 家；其收藏在萬卷以上者有 540 多家，藏書數萬卷者有 220 多家，藏書 10 萬乃至數 10 萬者有 70 多家」，可見藏書之盛，遠邁前代。及至晚清 4 大藏書家，即江蘇常熟瞿氏鐵琴銅劍樓（瞿紹基，1772－1836）、山東聊城楊氏海源閣（楊兆煜，1768－1838）、及浙江杭州（錢塘）丁氏八千卷樓（丁申，1929－1887；丁丙，1832－1899）及浙江歸安（吳興）陸氏皕宋樓（陸心源，1834－1894）等四大藏書樓，自是日本人首要覬覦目標。

（一）日本財閥

日本明治政府推行殖產興業，基礎產業興，漸形成了財閥（Zaibatsu）。財閥在「天皇制」法西斯主義侵華過程中扮演著重要的角色。第二次世界大戰前，日本的大型企業之中，有一種係金融資本集團和濃厚血緣的家族企業相結合，多角經營，交叉持股，這個金融資本集團，日本習慣稱「財閥」。也有稱「財閥」是日本在二次大戰之前存在的「康采恩」（Konzern）集團。時日本有三井、住友、三菱、安田 4 大財閥及 10 餘家中小財閥。二戰前，各財閥藉著不平等條約所取得的特權在中國進行各種掠奪活動，如礦產、鐵路、銀行貸款等；戰時，投入到後勤服務竭盡全力，如軍事運輸、農產品的收購、重及化工業軍工生產等。

三井財閥就是壟斷日據時期臺灣經濟的鮮明例子。日本占據臺灣之初，日本殖民者先成功地將西方經濟勢力排擠驅逐，而控制了臺灣貿易與航運。

漸日本資本在臺灣居控制的地位；如日資占臺灣製造業資本的 90.7%、採礦業約 71.6%、500 萬以上的較大企業絕大多數為日本人所有（1938－1941年，日占 97%）。又將樟腦、鴉片、菸草、鹽、酒等重要商品實行專賣制度，使從西方商人手中轉入三井或政府專門機構中，進出口貿易也由日資輸出商壟斷。三井等壟斷了臺糖的輸日，對日輸出量占臺灣糖產量的比例為 60%，也常有超過 80% 者，臺糖供應了日本消費量的 80% 左右。稻米的輸日由三井、三菱等 4 家日資公司控制 90% 臺米輸日，供日稻米占臺灣生產量的 20%－38%。香蕉對日輸出占生產量一般在 60% 以上，最高達 88%。這也顯示日本與臺灣工農業垂直分工的貿易結構。

　　可以說日本發動的整個戰爭，各財閥都參與其中。雖然在二戰後，盟軍司令部認為財閥是侵略戰爭的經濟基礎，在 1946 年 10 月 16 日發布聲明，期望日本政府能自發性實施解散財閥（「財閥解體令」），復於 11 月 2 日下令凍結日本 15 大財閥的資產，11 月 4 日日本政府提交財閥解體計畫，如三井被拆分為約 200 家公司，三菱為 139 家，但是隨著冷戰及韓戰的爆發，執行的並不徹底，財閥又再度死灰復燃，以「集團」（Group），或稱「系列」（Keiretsu）再生。

　　在日本軍部保護下，財閥挾其充沛的財力，在「中國通」的專家學者的協助下，取得中國古籍古物，自行創立各種文庫、美術館、博物館。

（二）靜嘉堂文庫

　　日本著名的私人藏書樓、靜嘉堂文庫，就是三菱財閥第 2 代主（社長）岩崎蘭室（1851－1908；字彌之助）、第 4 代主岩崎小彌太（1879－1945）父子兩代所創設。1892 年（光緒 18；明治 25）岩崎彌之助在東京近郊駿河臺東紅梅町家邸內創設靜嘉堂文庫，開始蒐集中國和日本的古籍，延其恩師重野安繹（1827－1910；重齋）主其事。

　　除由上海購入乙批漢籍 82 部、4,473 冊（1896）外，先後獲得青木信

寅、楢原陳政、中村敬宇、宮島藤吉、鈴木真年、田中賴庸、小越幸介、山田以文、色川三中、高橋殘夢、松方正義、竹添光鴻、島田重禮等舊藏，使書藏達 8 萬餘冊。其後購得中國陸心源的藏書，為該文庫生色不少，奠定了文庫的基本藏書。

　　溯自 1900 年 6 月 11 日（光緒 26 年 5 月 15 日），慈禧太后使清軍與義和團聯合進攻北京東交民巷使館區，1900.6.21（5 月 25 日）下詔與外國宣戰。八國聯軍自大沽口登陸，1900.7.14（6 月 18 日）攻陷天津，1900.8.15（7 月 21 日）聯軍破北京城，慈禧挾光緒帝倉皇逃離北京。從大沽、天津至北京的路段，凡是聯軍行軍路過之處，盡成廢墟，城鎮均已是斷牆殘瓦，空無一人，「可感受到了一種莫可名狀的荒蕪破碎」。戰爭中將中國夷為荒蕪，其中「日本軍隊的傳統是對此種破壞毫無顧忌」。及入北京，「先是清軍潰勇大肆搶劫，後則聯軍燒殺搶掠，土匪繼之，城內外車馬驢騾搜劫一空，錢舖糧店被搶者大半，被槍擊刀砍身受重傷者，不計其數，人心恐怖，日不安生」。北京陷入「無主之城」，京城大亂，「官商之流離顛沛者殆不下數十萬人」。上海報載，南方在北京的官紳士商被迫南返，沿途遭遇極為悲慘。陸心源去逝後，家中一切為長子陸樹藩（1868－1926；純伯）主持。陸樹藩很為在京浙籍舊同事擔憂，期成立救濟善會，效法西洋紅十字會的形式行事。未幾，上海一些具實力的紳商，在盛宣懷支持下，成立「東南濟急善會」，以展開救援京津庚子受難的活動。1900.10.15（光緒 26 年閏 8 月 22 日）陸樹藩創設「救濟善會」以董事長身分，帶領人員共 28 人，包括「德國醫官貝爾榜、德人喜士、陳季同、嚴復、德文翻譯洪中（肇生）」，由滬啓行，先開出吳淞口停泊，次日展輪往津，人員川資薪水均由陸氏捐給，不取善會分文。北上以後，陸氏一方面營救在京津的南方人士返歸；另一方面在京津對北方災民發起平糶、捐衣、就診、掩埋屍體等義舉。到 1900.12.17（光緒 26 年 10 月 26 日）徐氏返滬，1900.12.22（11 月 1 日），在申報刊登〈「救濟善會」籌辦京津善後事宜〉對救援活動總結」。依陸氏撰《救濟日記》載：「是役也，共援出被難官民 3,583 人，運回旅柩 136 具，

安埋碎棺 48 具，醫藥惜字等項另有細單」。陸氏又按李鴻章等人的意思，又接手了順直災賑，但因募捐困難，此事遂由盛宣懷支持的濟急善會接辦，但他也未停止此項工作。」1904 年（光緒 30；明治 37），日人發明了人造絲，大量傾銷東南亞，蘇杭等地生絲絲行銷售欠佳，紛紛倒閉，而不少繅絲廠也因此被迫停工，甚或倒閉。陸氏瑞綸繅絲廠也在這一波倒閉之列，由於繅絲廠占用了錢莊的大量資金，錢莊也隨著破產。「而陸氏任董事長原救濟善會賑上留有欠款及在順直災賑中籌集之款為他人挪用，也必須由他認賬歸還及補齊。」這樣使陸氏的經濟陷入了困境。張元濟在得知陸氏經濟窘境後，1906 年（光緒 32；明治 39）春，張氏去京與軍機大臣兼學部尚書榮慶（1859－1917；華卿）相商，希望由清政府撥款購買，作為京師圖書館館藏的基礎，惜未受重視。商務印書館夏瑞芳（1872－1914）雖「公司資金才數十萬元，慨然許以 8 萬」，支持張氏竟購陸氏藏書，但終因價格出入而事未成。

　　陸心源一生嗜書，收藏廣泛，其中不乏名家舊藏；名家舊藏多有題跋。及至 1906 年（32）春，已藏有典籍 4,000 餘部、40,000 餘冊（徐楨基稱有 4,172 部、43,996 冊），所藏皆宋元舊版和明以後的秘刻精鈔本、精校本。他將湖州舊居（月河街），一個大藏書樓樓上分作兩部分，一部分稱「皕宋樓」，藏宋元舊刻；表示所藏宋版書倍於黃丕烈「百宋一廛」所藏 100 部（皕宋樓書入靜嘉堂後，經島田翰重加鑒定，確定為宋本 110 部，元本 155 部）；另一部分稱「十萬卷樓」，則藏明清刻本與名家手校、手抄本及稿本。另於湖州城東蓮花莊北築潛園，建守先閣，藏普通刻本與抄本，對外開放，藏書上均蓋「歸安陸氏守先閣書籍稟請奏定立案歸公不得盜賣盜買」藏書印。總藏書量達 15 萬卷以上。此外，另蒐集古銅器（如鼎、彝、散、尊、盤、壺等）、瓷器、玉器、石碑拓片、漢磚、書畫、其他古董。

　　陸樹藩除變賣了一些在滬的不動產與動產外，尚有所欠，同時考慮到上海、湖州兩處大家庭的開銷，只有出售藏書乙途。他確定了藏書只能全部轉讓，不得分散出售的原則，意識到在國內無論公私藏家或無財力，遂

興起將其藏書完整地以高價售於日本宮廷的想法，於是託其在日留學的堂弟向日本聯繫。希望日本宮內省收購，但未成功。時宮內大臣田中光顯及靜嘉堂文庫長重野安繹相繼為岩崎彌之助出謀，岩崎也認識到這批書貴重的價值，有意願收購。1906 年（光緒 32；昭和 39）3 月，文庫派遣文庫員書誌學者島田翰（1879－1915；彥楨）前往皕宋樓實地調查。島田翰是島田重禮（曾是東京帝國大學漢學（書）科第一講座，培養一批卓有成就的漢學家，如服部宇之吉、狩野直喜等，將其學風於東京、京都帝大發揚光大）的次子。1907 年（光緒 33；明治 40）4 月，陸樹藩以 10 萬清銀元（約 12 萬日圓），讓售皕宋樓、十萬卷樓、守先閣之書。5 月文庫職員小澤隆八和書商寺田弘來湖州清點。6 月舶載盡歸於東京岩崎氏靜嘉堂文庫。書至日本經依陸氏提供清單《皕宋樓宋元書目》、《十萬卷樓書目》點驗後，總計 4,146 部、43,218 冊（胡艷杰稱：4,079 部、41,632 冊）。皕宋樓乃是江南藏書中的菁華，來自江浙一帶舊藏書家的宋元舊槧，就這樣地東渡日本。島田翰《皕宋樓藏書源流考》，以為日本原藏漢籍多經、子二部，而史、集不足，陸氏藏書適補其缺。1910 年（宣統 2；明治 43）河田烋（1842－1920）、小澤隆八撰《靜嘉堂秘籍志》3 冊 50 卷，分兩部分著錄，卷 1 至 12 為〈陸氏皕宋樓舊藏〉，卷 13 至 50 卷為〈陸氏十萬卷樓舊藏〉，但擇版本較精善或內容較重要者，並非陸氏運日舊藏全部，兩部各按四部排列，多為宋元舊刻、影宋抄及明清精刻、明人稿抄校本，為一善本書志，1917 年（大正 6）印行。《靜嘉堂秘籍志》載陸氏所藏明清名人批校題跋本共 211 種 1,182 部，以黃丕烈（1763－1788）、何焯（1661－1722）、鮑廷博（1782－1814）、顧廣圻、勞氏（勞經原、勞檢、勞權、勞格兄弟）校跋本最多。1921 年（大正 10）聘諸橋轍次（1883－1982）為文庫長，飯田良平為司書。

　　1923 年（大正 12）關東大地震，書架倒榻，藏書散亂。1924 年（大正 13）小彌太在其家廟傍建造了現代建築的文庫，由櫻井小太郎設計，以保存圖書。文庫當時「位於玉川電車遊園地北方的山上，冰川神社之鄰。此地初本定為岩崎氏瑩葬之域。後以之建築文庫。玉川流域一帶風景甚佳。」

1926 年（大正 15）6 月 13 日竹越與三郎（1865－1950，筆名竹越三叉）
參觀靜嘉堂文庫，稱文庫藏書已達 15 萬冊，言及：「四庫全書為中國文學
之淵藪以帝王之力蒐集而成，學者以得其目錄為榮誇。今以靜嘉堂文庫藏
書比之四庫全書，四庫所有而靜嘉堂所無者 300 餘部，靜嘉堂有而四庫所
無者 177 部。即此一事可以推知其藏書之豐富而有餘也。」竹越與三郎於
1904 年（光緒 30；明治 37）應後藤新平的邀請來臺訪問，次年出版宣揚
殖民政績的《臺灣統治志》（東京：博文館，1905），兩年後又出版英文譯
本，《臺灣日日新報》〈雜報/臺灣統治批評〉（1907.8.14 & 16.；1907.9.5-6.）
轉載了國外報章雜誌對本書的評論。宣統元年（1909；明治 42）他展開南
方視察，前往上海、香港廣東、新加坡、爪哇（荷）蘭領諸國、佛（法蘭
西）領印度支那等，回國後出版《南國記》（東京：二酉社，1910.04），提
倡南進論。

　　1926 年（大正 15）至 25 年（1936；昭和 11）長澤規矩也（1902－1980）
任職靜嘉堂文庫，主要從事點驗藏書和編目工作。1927 年至 1932 年（昭
和 2－7）的 6 年半，每年都有兩三個月或近半年前往中國北京、揚州、南
京、蘇州、杭州等地舊書舖，大批購買中國珍本舊籍，以 1928 年（昭和 3）
購入 349 部為最多。也曾受友人請託，代購某種珍籍，如杏雨書屋武田長
兵衛購進宋版醫書等。他曾先後為靜嘉堂文庫等 30 多家藏書單位搜集和整
理古籍。1930 年 12 月（昭和 5）編《靜嘉堂文庫漢籍分類目錄》2 冊（砧
村（東京府）：靜嘉堂文庫）。1940 年（昭和 15）正式設立為財團法人。1948
年（昭和 23）作為國會圖書館支部。1951 年（昭和 26）出版《靜嘉堂文
庫漢籍分類目錄續編》（東京：國立國會圖書館支部靜嘉堂文庫。1970 年
（昭和 45）重新恢復由三菱財團經營。

　　依據《靜嘉堂文庫宋元版圖錄》2 冊（東京：靜嘉堂文庫，1992），靜
嘉堂文庫宋元版書中，原屬陸心源皕宋樓宋版約占 88%，元版為 81%。

　　1992 年靜嘉堂文庫美術館開幕，為一有系統收藏東洋古美術品，如中
國瓷陶等的博物館。

關於陸氏書籍以外的收藏品，書畫古董等，雖已由陸心源 4 子均分分家，但因在湖州、上海都有家，都留部分書畫古董在湖州。1937 年（昭和 12）八一三事變，11 月 5 日日軍由金山衛、全公亭間登陸，11 月 24 日，日軍進入湖州，對陸家收藏大肆搜查，將陸熙績（1891－1950；陸樹藩長子）所藏書畫及古董等幾乎全部劫走（包括吳漁山、石濤、任伯年、文徵明、唐寅、仇十洲、王石谷、孫雪居、馬遠等畫 66 幅），古瓷器被擊碎。陸熙咸（陸樹屏長子）存湖州老屋的部分書畫亦被日軍所劫。1942 年（昭和 17）偽軍孫團長驅使部下馬排長逮捕陸熙績及其長子陸增榮夫婦全家和孫陸鍾祥，嚴刑拷打，逼問賣書時還有無藏留，應速速交出。致增榮妻談氏因酷刑屈死，連帶其幼女因無人照護，也遭死亡。偽軍徹底查抄陸家（時陸心源長媳周氏已變賣孫衙河頭住屋，借居內姪私宅），將剩餘古玩及所有物強行搜去。勝利後，日軍對陸家書畫古董的掠奪，偽軍對陸氏後裔的迫害，都未得昭雪。新中國成立後，湖州千甓亭僅剩的漢磚，由陸熙欽（陸樹聲長子）捐贈給浙江省博物館。

（三）覬覦南瞿北楊藏書

皕宋樓藏書售日後，學子、輿論對清廷有較多的指摘。

八千卷樓

1907 年（光緒 33 年），陸氏藏書東渡之際，端方（1861－1911）任兩江總督，適錢塘丁氏（丁修甫）欲售其藏書，日人虎視眈眈，繆荃孫言於端方，以事關國粹，不忍其繼皕宋樓藏書後，再淪於東瀛，遂籌款 73,000 餘元，購其嘉惠堂（丁氏藏書處總稱）全部藏書 60 萬卷，於是八千卷樓、善本書室的藏書至金陵，就前惜陰書院（時稱上元縣高等小學堂）添築後樓二幢典藏，定名為江南圖書館。1908 年端方上奏朝廷，於江寧省城刱立圖書館，並延聘繆荃孫（1844－1919）為圖書館總辦，陳慶年（1863－1929）為坐辦。

　　案丁申丁丙昆仲八千卷樓積其祖丁國典、其父丁英三代藏書，所藏之
書多為修《四庫全書》的底本，多有日本、朝鮮刻本，多名人精寫稿本，
多明清藏書樓所藏之書。1928 年 9 月出版館長柳詒徵撰《國立中央大學國
學圖書館小史》載：「清光緒中，海內屬收藏之富，稱瞿、楊、丁、陸四大
家。然丁氏於文化史上之價值，實遠過瞿、楊、陸三家。」

江蘇省立國學圖書館

　　武昌起義之後，江南圖書館隨著時代的變遷，館名屢有更易。1928 年
5 月易名為國立中央大學國學圖書館，1929 年 10 月復更名為江蘇省立國學
圖書館（國學館）。1936 年 6 月 30 日統計，該館所藏圖書，有線裝書 18.45
萬冊、平裝書 3.4 萬冊，總數約 22 萬冊。1937 年平津、淞滬的局勢嚴峻，
館長柳詒徵（1880－1956）請托故宮院長馬衡，於 8 月 14 日及 16 日將館
藏善本甲庫（八千卷樓珍藏者）、善本乙庫（該館歷年續置者）中的精本和
名人手札共裝 110 箱，率皆宋元明版及海內孤本、稿本、鈔本，為當時全
國僅次於北圖的善本藏書，寄存於朝天宮故宮南京分院地庫。南京淪陷前，
未及運出。1938 年 5 月 8 日馬衡復柳詒徵函：

> 同屬國家文物，本無人我之分，惟就責任言，不能不先己後人，此應請
> 見諒者也。假使溫州船能停泊碼頭一日，不特本院文物悉數運華，即各
> 家寄存之物，亦可附帶運清矣。

1940 年 2 月被日軍發現後，劫移至偽圖書館專門委員會（原實業部中央地
質調查所），闢專庫貯藏，並編《八千卷樓善本補遺目》（油印本）。
　　抗日戰爭爆發，1937 年 11 月下旬報奉省教育廳同意將方志和叢書共
107 箱 36,000 冊古籍運往蘇北興化縣，由張逢辰、王必旺、謝德淦等隨船
押運，隨後分藏於縣城北門觀音閣，及安豐鎮羅漢寺、乾明寺 3 處佛寺。
1940 年 5 月，興化縣被日軍攻陷，觀音閣所藏 20 箱書 6,803 冊方志、及
木刻叢書和寺廟全部被日軍焚燬；另存於盛莊民宅 6,825 冊藏書，全部散

失；1943 年 4 月，後兩寺所藏又被汪偽和平軍副師長馬幼銘奪去。

　　其他存南京者：1.國學館館舍（龍蟠里）還有 15 萬餘冊；清代咸同光宣間江南各公署檔案 6,486 宗（另 60 餘簍仍未整理）；淮南和江楚書局印行書籍的印書機器及書版；繆荃蓀等寄存書版，均被日偽劫掠或焚燬。2.密藏於館舍與馬公祠間夾弄內，因雨夾牆倒塌，名貴字畫為汪偽梁鴻志劫去；藏書被移貯偽立法院。偽政權官員也伺機強索古籍；被日偽掠奪的圖書也有出現在書坊，被人輾轉求售，如上海傳新書店，蘇州文學山房。八年戰禍，故籍星散。汪偽國民政府成立後，國學館改稱為（偽）「國立中央圖書館」。

　　抗戰勝利後，經柳詒徵極力追回被盜及散失圖書，先後從偽中央圖書館及玄武湖分館、偽立法院、偽文物保管委員會、偽圖書館專門委員會、偽天文氣象專門委員會等處發還運回，及從上海、蘇州等地攤收購散失的館藏善本書，據 1948 年統計，計有藏書 19.28 萬冊、書版 8,516 片、字畫輿圖 131 軸。八千卷樓藏書大部尚存，「真是神靈呵護」（柳詒徵）。

　　新中國成立，1950 年 2 月，將國立中央圖書館改名為國立南京圖書館。1952 年 10 月 1 日，江蘇省立國學圖書館併入國立南京圖書館。1954 年 7 月改國立南京圖書館為省級圖書館，稱南京圖書館，遂使南京圖書館的歷史可追溯到 1907 年。

　　清末中國 4 大藏書家，陸氏藏書歸諸日人靜嘉堂文庫，丁氏藏書歸諸江南圖書館。鼎革後惟瞿氏、楊氏藏書獨存。以兩家藏書豐富，古書授受各有源流，俱五代相承，時間長達百年以上，時人有「南瞿北楊」之稱。瞿楊兩藏書，雖然咸豐間咸遭兵燹，但是因藏書四處分藏，徐圖恢復舊觀。

鐵琴銅劍樓

　　日本既得皕宋樓藏書後，又覬覦瞿氏鐵琴銅劍樓藏書，端方議購留瞿氏書，供京師圖書館庋藏，「雖竭力圖之，瞿氏不允」，遂飭令其酌量呈獻所儲圖書。1909 年（元）5 月，學部爰派江南圖書館總辦繆荃孫兼任京師圖書館正監督，與瞿氏談進書事；繆氏「將書目詳加選擇，就其中孤本或

鈔本；外間尠流傳者，摘出 71 種，囑即精鈔，並益以舊刊本，足成百種，
俟抄畢一併呈進。」1911 年（宣統 3）3 月，繆氏再奉派回江南催瞿氏進
呈書，5 月返京，得瞿氏進呈書 50 種，包括所抄 37 種及舊刊本 13 種。

日本侵華，瞿氏將愛文義路租屋的藏書移上海租界。1937 年秋，日機
狂肆轟炸，瞿氏常熟城裏的住宅及古里老宅，除古里老宅第一進（臨街門
廳）和第二進（恬裕齋所在）房屋倖免於難，其餘齋室堂舍及所留書籍 1,000
多部、3,000 多冊，悉成灰燼。迨抗戰期間，瞿家因迫於生計，不得不賴
售出，所藏精品有部分外流，如中央圖書館及沈仲濤研易樓均有所得，惟
仍縮衣節食保守子遺，以先世遺藏，不敢傷及毫髮。1949 年以後，瞿氏 3
昆仲將所藏先後 3 次捐贈北京圖書館，其中精品藏書 595 部、4,000 多冊。
另藏一部分 933 部、3,366 冊捐入常熟市圖書館；一部分捐給上海圖書館。
部分名人書札、文物拓片拓本捐給常熟博物館。

常熟瞿氏鐵琴銅劍樓，自紹基（1772－1836；蔭堂）恬裕齋藏書甲吳
中，鏞（1794－1846；子雍）繼承父業，益肆蒐羅，秉淵（1820－1886；
鏡之）、秉清（1828－1877）昆仲承其世業，太平天國起，載書避難，屢經
播遷，幸保存了藏書精華，啓甲（1873－1940；良士）仍守世藏秘笈，以
迄濟蒼（1900－1972）、織邦（1905－1980；旭初）、耀邦（1908－1987；
鳳起）3 兄弟，閱時五世，長達一百五六十年，而歸北京圖書館等，可謂
世守其業。

海源閣

至於北方大藏書樓海源閣藏書，隨著捻軍、盜匪、軍閥、日寇兵燹，
其藏書被焚、被掠、被燬，乃至書散閣燬。幸時海源閣較珍貴者，多已先
被第 5 代主楊承訓（1900－1970；敬夫）移藏。先是 1911 年，袁克定（父
袁世凱）垂涎海源閣藏書，曾思攫為己有，楊氏嗣母王少珊將海源閣樓上
部分宋元珍本移置臥室。1927 年楊承訓移藏天津部分宋元秘笈；1928 年楊
氏將臥室中部分宋元本捆載 10 餘大箱運抵禹城，然後運往天津英租界西安
道寓所，為楊氏善本書籍最精者。繼之，1930 年底土匪去後劫餘的明清版

本典籍，予以裝箱先運至濟南東興里寓所，再轉藏北平宣武門外山東會館。

　　楊承訓在天津以旅居耗產，亦出所藏，以求善價。1927 年先是存津書中拋售宋本 26 部，其中「二孟一黃」3 部（《孟東野詩》、《孟浩然詩》、《類編增廣黃先生大全》）為李盛鐸（1858－1935）捷足先得；其餘 23 部（其中 1 本為明本），依北平書肆「售書總單」，每部開價，最少 1,300 元，最多 1 萬元，合洋 85,300 元，一時社會喧騰，甚囂塵上，國內藏書家咸奔走相告。北圖袁同禮等雖議定價額 75,000 元，但傅增湘（1872－1949）估價，低以半數，未成。日本在東北的「滿鐵」大連圖書館透過北平琉璃廠藻玉堂經理王子霖（1896－1980，後自改名王雨），以 20,700 元購得宋本子集書 6 部，即北宋本《荀子》（20 卷 10 冊 1 函，4,200 元）、《淮南鴻烈解》（21 卷 12 冊 1 函，4,500 元）；宋本《管子》（24 卷 10 冊 1 函，4,000 元）、《說苑》（20 卷 10 冊 1 函，3,500 元）、《康節先生擊壤集》（15 卷 6 冊 1 函，3,000 元）、《三謝詩》（1 卷 1 冊 1 函，1,500 元）其餘除 1 部宋本未能出售者外，其他 22 部分別為周叔弢（1891－1984；原名暹）、劉占洪（？－1978；少山）、莫伯驥（1878－1958）、潘復（1883－1936）、王獻唐（歸山東省立圖書館）購得。

　　京津傳言日本人欲收買海源閣藏書，國人鑒於「皕宋樓」藏書的教訓，紛紛建議政府早日設法保存國寶。1930 年 12 月山東省立圖書館館長王獻唐（1896－1960） 呈文山東省教育廳，並擬「楊氏海源閣書籍協議大綱草案」3 項，俾與楊氏商磋。這 3 項辦法是：1.楊氏委託山東省立圖書館代為保藏全部書籍；2.楊氏減收書價，作半捐半賣性質，歸圖書館保存；3.平價收買，圖書館照書籍所值公買公賣。王氏並分別擬具詳細具體措施。並稱此 3 項辦法得由楊氏自由選擇增減，即完全不同意，而另提他項辦法，圖書館亦願酌量接受。甚至概予拒絕，表示無商量餘地，圖書館亦不勉強。只是期待楊氏為仁人孝子，為山東文化作義舉。「惜楊氏拒絕，但表明心志，不會賣給日本人，『甘冒天下之大不韙，尚弟不配此資格也』」（依李勇慧〈王獻唐年譜〉）。

1931 年爆發「九一八事變」，楊承訓為自謀生計，爰投資工礦事業，亟需資金，天津藏書中含鎮庫之寶宋版「四經四史」在內，凡 92 部、1,207 冊珍貴宋元版古籍，由藻玉堂王子霖介，以大洋 8 萬圓的價格，抵押給天津鹽業銀行。因經營失敗，到期無力贖回。為防止流出國門，潘復（1883－1936）商諸天津市長張廷諤（1890－1973）及旅居平津人士潘復、常耀奎（1875－？；朗齋）、王紹賢、張廷鍔等人組織「存海學社」（意即保存海源閣藏書），集資贖實，仍存該銀行。

1945 年 11 月中，國立北平圖書館以平津故家文物散失堪虞，亟應收歸國有，以資保存。該批古籍報經教育部部長朱家驊批准，經與該學社多方協商，適院長宋子文視察平津，經與張市長面洽，決定作價國幣 1500 萬元撥款收歸國有，計宋元善本書 92 部、1,207 冊，分裝 7 大箱，1946 年 2 月 1 日運交北平圖書館收藏（中國第二歷史檔案館）。此外，楊氏同時也零星出售，從未間斷，書賈出入其門，絡繹不絕。

另 1930 年被匪劫掠海源閣藏書星散，廠賈四出奔走，竭力窮蒐，萃積於平津、濟南書肆，待價而沽，也有計葉論價者。如河北保定奎文堂（蒐集最多）；北平文友堂、文祿堂、藻玉堂；濟南敬古齋等。部分公藏機構及私人藏書家自書肆各購得部分珍品。如國立北平圖書館竭力搜羅，購得 60 餘部；其他尚有零星收購（依王紹曾統計，今該館包括各藏書家捐贈，藏 261 部；其中 36 部於抗戰期間移存美國國會圖書館，50 年代初移存臺北國立中央圖書館）。國立中央圖書館、山東省立圖書館亦分別各購得 10 部、27 部。

藏書家為保護而搶購者，如周叔弢、劉占洪、邢襄（贊亭）、王貢忱、陳清華（1894－1978；澄中）、傅增湘、莫伯驥，潘宗周（1867－1939；明訓）、張鈞衡（1872－1927；石銘）等，及沈仲濤。新中國成立後，大都捐贈北京圖書館，以周叔弢57部、劉少山20部為最多。沈仲濤(1891－1980)，研易樓主人，沈復燦（1779－1850）後人，經商，訪舊搜遺、累藏宋元明珍本。1979 年將隨身遷臺所藏 90 部、1,169 冊悉數捐贈臺北故宮博物院，

有宋本 32 部，元版 17 部。其中有 9 部海源閣遺書，計宋版 2 部、元版 4 部、明版 3 部（史部、集部各 4 部，子部 1 部），編有《國立故宮博物院藏沈氏研易樓善本圖錄》（臺北：故宮，1986）。據沈氏言及，遷臺時另一批與捐「故宮」等值藏書，惜隨太平輪沈沒。依國圖昌彼得稱：「雖同一時期中央圖書館也在上海搶購，但論精好則不如沈先生所獲。」

　　楊承訓原藏濟南，復藏北平典籍，30 年間，其岳父勞之常為謀得出任偽山東省長，一再對楊氏威脅利誘，百般慫恿，欲將以 300 萬圓聯合儲備銀行偽幣售與日人，為楊氏所拒。1944 年濟南人士辛鑄九、苗蘭亭、張蔚齋等集資 300 萬圓偽幣，將這些書籍購藏，運回濟南，存道德總社；抗戰勝利，這些書籍經代理館長羅復唐斡旋，商得同意，於 1945 年 10 月悉數捐贈山東省立圖書館。依當時參加點收的邵養軒所撰《山東圖書館點收海源閣藏書繕本書目序》，「共計善本書 590 部、9,802 冊。凡元版書 5 部、明版書 382 部、精鈔本 22 部、清精刻本及聚珍本 175 部、叢書 6 部」。1945 年 11 月，北圖收購海源閣私人藏書 92 種、1,207 冊，作價 1500 萬元，於 1946 年 2 月送到該館保存。1948 年秋，王子霖（王雨）將楊氏最後一批存放法源寺書，大部分為一般版本及宋元明零本，由王氏出面邀藻玉堂、文奎堂、文淵閣、多文閣、東南閣、修文堂等 6 家書店合股 2000 萬法幣買下，在文昌會館舉行一週拍賣會。之後 6 家商定分予個人保存。

　　海源閣藏書，既已散出，誠如傅增湘〈海源閣藏書紀略〉所指「楊氏之書聚積萬籤，保藏三世，今乃一朝散佚，海內聞之，罔不歎惋。若欲網羅尋訪，使復舊觀，誠非易事。」1957 年楊氏向山東省文化部門捐獻有關海源閣歷史文物 37 種 85 件。1966 年秋，海源閣被視作為「四舊」全部拆除，改建成辦公室與機關宿舍。1992 年 10 月聊城市政府仿舊制重建。今山東省圖書館海源閣專藏約 2,280 部、32,000 冊，約占海源閣現存藏書 2/3。

　　聊城楊氏海源閣，肇自楊以增（1787－1855：至堂）父兆煜（1768－1838）的厚遺堂，至海源閣而規模始宏，其後，經紹和（1830－1875；勰卿）、保彝（1852－1910；鳳阿），迄於承訓，閱時亦五世，百有餘年。因

地方不靖，人謀不臧，而藏書終不能守，實屬不幸。1999 年初版王紹曾《山東省圖書館館藏海源閣書目‧序》稱：「山東省圖書館以海源閣遺書別闢專藏，是海源閣雖已成為歷史遺跡，名亡而實不亡也。」

（四）東洋文庫

　　1917 年（大正 6）9 月，繼皕宋樓藏書流失靜嘉堂文庫之後，岩崎家族（三菱財閥第 3 代主，岩崎久彌，1865－1955）又以 35,000 英鎊，購得北京（英）莫理循（George Ernest Morrison，1862－1920）的「莫理循文庫」（The Asiatic Library）。莫理循誕生於澳洲維多利亞州季隆市（Geelong, Victoria），於 1897 年（光緒 23）至 1912 年任英國倫敦《泰晤士報》（*The Times*）駐北京記者；1912 年至 1920 年任總統袁世凱政治顧問。1918 年 12 月他以中國代表團顧問前往法國參加巴黎（歐洲）和會，時因重病纏身，退休回英國，旋去逝。

　　「莫理循文庫」初藏於北京東交民巷使館區中央，係馬建忠故宅；義和團起事時移轉至肅親王府，後遷至所購王府井大街原「倫貝子府」（溥倫、溥侗）的西廂房，在邸宅建築適用的耐火平房書庫乙棟，以保存藏書。因允許學者閱覽，因此莫氏文庫之名，早已遠播在外。而報章雜誌也有揭其館藏內容，故世人知之者益多。莫理循經營該文庫，典藏了以中國為核心的各種有關外文圖書約 24,000 冊，包含 1485 年安多華刊本最古的馬可波羅東方紀行 40 餘種、明末清初耶穌教傳教士所撰的中國文物研究及時事報告等、在華傳教士在 17 至 19 世紀所編中國方言辭書約 500 種、關於日俄戰爭的圖書 500 冊、近代地理學上考古學上的探險報告蒐集幾無遺漏、中國及東亞的專門性刊物 110 種、5,000 餘冊與 6,000 冊的小冊子等。還有地圖、版畫（以關係於東洋的歐美人肖像為主，描寫時事的圖畫次之）合計約 1,000 張。

　　館藏特色是莫理循在中國 20 餘年（1897－1917）全面和系統的蒐集，

把 18 至 20 世紀歐洲人關於中國的評述「大之如鴻篇鉅製，小之如寸紙片
楮，靡不具備。」「藏書中有英、法、德、俄、荷蘭、拉丁、意大利、西班
牙、葡萄牙、瑞典、丹麥等 11 種文字。此外尚有挪威、希伯來、芬蘭、波
蘭、土耳其、匈牙利、威爾士之書籍數種」；但不包括中文、滿文、蒙文及
維吾爾文等中國少數民族的文獻。「有多種書籍，如記述中亞細亞、西伯利
亞、日本、暹羅、安南、印度、印度支那、菲律賓等事者，雖其中不及中
國事，然以與中國有關，故亦搜羅及之。」這些論著涉及政治、外交、法
制、經濟、軍事、歷史、考古、藝術、地理、地質、動物等領域。這些文
獻中有大量的極為重要的中國近代史資料，如中國海關的中外貿易《季報》、
《年報》、《10 年報》（1882－1891 為第 1 個 10 年）；美國政府的《遠東外
事匯報》；英國政府的關於中國議題的《藍皮書》；歐洲各國駐華使館的《報
告》等。莫理循嘗自稱：「故吾所藏之書籍，實不啻一部亞細亞叢書也。」

　　約在 1916 年前後，莫理循私下進行出售情事，欲將文庫讓予適當的人。
曾與美國的哈佛大學、耶魯大學、加州大學、荷蘭大使館等洽商，由美國
各方面多有表示購買之意，但條件終未商定。中國學術界雖有一些有識之
士主張將這批文獻保存在國內，但財力不足。遂為日本所購得，由日本橫
濱正金銀行中國支行監理小田切萬壽之助（1868－1934）代岩崎氏簽約。
1917 年（大正 6）8 月，由東京帝國大學文科大學助手石田幹之助（1891
－1974）等共 3 人點檢圖書。8 月 29 日在莫理循文庫「舉授受式」並攝影
以為紀念。岩崎氏乃將莫理循所藏全部藏書，分裝 57 個大木箱，由石田押
運。先從北京鐵路搬運至天津塘沽，然後乘日本「高砂丸」郵輪到達日本
橫濱，再由鐵路運至東京，先存放在一座三菱倉庫，與「岩崎文庫」（由書
誌學專家和田維四郎主持蒐集，堪稱善本眾多的和漢書第一大收藏）5,300
部日本珍本古書合併，成立「東洋文庫」（the Toyo Bunko）。1924 年（大
正 13）11 月在今東京都文京區由櫻井小太郎（1870－1953）所設計監造書
庫竣工；撥款日金 355 萬元作營運基金；並請白鳥庫吉（1865－1942）任
理事及研究部長，以「東洋」為其研究對象，旨在研討中國的歷史社會文

化。該年也編印 *Catalogue of the Asiatic Library of Dr. G.E. Morrison, Now a Part of the Oriental Library, Tokyo, Japan.* 2 vols.（Tokyo：Oriental Library, 1934.）

　　東洋文庫在石田幹之助參與下，在中國書肆大量購入中國古籍，特別是重視中國地方志書、族譜家譜等書籍，東洋文庫館藏明清地方志書約 600 部、3,000 餘冊；並接受藤田豐八、小田切萬壽之助、中山久四郎等學者或藏書家的收藏，奠定了中國漢籍典藏的基礎。

　　東洋文庫除了以莫理循文庫、岩崎文庫為基礎外，並持續收集第一手資料。東洋文庫更重要者，是著重於發表得自東洋文庫館藏資料所得的研究成果，對亞洲的現狀與歷史寄以關心，展開了日本亞洲研究的端倪。那柯通世（1851－1908）提倡將舊式的「支那史」（中國史）改名為「東洋史」，白鳥庫吉就藉東洋文庫研究部以實現在日本成立以研究「東洋學」為專業的獨立研究所。研究以中國為中心的東洋各國和東洋各民族的獨特歷史及文化的學問。研究部有研究員池內宏（1879－1952）、加藤繁（1880－1974）、津田左右（1873－1961）、羽田亨（1882－1955）、原田淑人（1885－1974），1925 年（大正 14）整理編印《東洋文庫論叢》5 冊。1926 年（大正 15）復因認為應將日本所出的「東洋學」研究成果向海外介紹，發行《東洋文庫歐文紀要》〔*Memoirs of the Research Department of the Toyo Bunko*（The Oriental Librarty），1926－to date.〕。這些出版物免費提供國內外各大學及研究機構和圖書館。同年 5 月為推廣和傳播研究的成果，舉行第 1 次公開演講會，講題是「漢魏時代的西域」。上開這樣的傳統也保留到現在。

　　此外，資料的蒐集範圍也從中國，逐步擴大到滿洲、西藏、東南亞等地，如得到前間恭作所藏的朝鮮古籍、永田安吉的越南古籍、河口慧海的西藏經典等珍藏。隨著收藏資料範疇的擴大，東洋文庫的研究領域及對象，也跟著增大，典藏及研究的內容也就變得更加豐富。

　　1945 年 5 月至 8 月，為了避免美機空襲，東洋文庫疏散到宮城縣地區。二戰結束，日本戰敗，「滿鐵」的股票頓然作廢，使東洋文庫的營運基金來

源枯竭，財務困難。1948 年 8 月 1 日，日本國立國會圖書館善意的接管了東洋文庫，任命東洋文庫圖書部長岩井大慧（1891－1971）同時擔任國會圖書館支部東洋文庫庫長。從這一年開始懸掛財團法人東洋文庫、國立國會圖書館支部東洋文庫兩塊招牌。

　　1953 年美國洛克菲勒基金會首次撥款給東洋文庫，在研究部中設立「中國近代史研究委員會」。20 世紀 60 年代，美國亞洲基金會和福特基金會共同向東洋文庫撥款 32.7 萬美元（折合日幣 1175 萬日圓）計劃將東洋文庫成為美國在日本的「中國研究中心」，此舉引起日本學術界爭議，認為東洋文庫應該拒絕，以捍衛日本學術的獨立和尊嚴。經協商後，東洋文庫不以這筆資金投入研究部的營運，而是委由日本的學者，利用這個款項，到歐洲（葡、西等）攝製（複製）早期在中國的傳教士所帶回為日本所缺的相關文獻典籍，供日後研究之用。如中國方志及 15 世紀以來中國經濟史資料（地契、賣身契、典當行票等）等。在市古宙三（1913－2014）、榎一雄（1913－1989）的運籌下，有關近代中國圖書的蒐集活動尤為引人矚目。1968 年 3 月東洋文庫擴建了書庫，次年 11 月建造了研究大樓。

　　迄今「東洋文庫」仍維持設置研究部的傳統，如中國研究部（分東亞考古、古代史研究、敦煌文獻研究、宋代史研究、明代史研究、近代史研究委員會）、日本研究部、東北亞研究部（分滿洲蒙古研究、朝鮮研究委員會）、中亞伊斯蘭西藏研究部、印度東南亞研究部等 5 部 10 數個委員會。該文庫是世界五大亞洲學收藏和研究中心之一；其他為大英圖書館、法國國家圖書館、莫斯科東方學研究所、哈佛燕京圖書館。

莫里循文件

　　莫理循在中國期間蒐集的實物、攝製的圖片，及他的日記、回憶錄、備忘錄、筆記、剪報、與各界人士的通信資料等，在他生前即囑託其夫人羅賓（Jennie Wark Robin，1889－1923）贈與澳洲雪梨的米歇爾圖書館。1970 年榎一雄曾往該館調查「莫理循文件」，為東洋文庫複製了大批莫理循書簡。米歇爾圖書館曾編 *Guide to the Papers of George Ernest Morrison in*

the Mitchell Library, Sydney.（Sydney：Library Council of New Wales，1977.）
英國曾整理乙套「西方人眼中的中國」的原始資料，製成縮影微捲，即
William R. Perkins Library. *China Through Western Eyes：Manuscript Records
of Traders, Travellers, Missionaries and Diplomats, 1792-1942.*（Marlborough,
England：Adam Matthew Publications,〔1996- 〕.） 其中 pt.7 中，有 *The
Diaries of G.E. Morrison（1862-1920）...from the Mitchell Library, State of
New Wales.* （Rells numbered 104－123.）2002 年中國國家圖書館從澳洲購
得「莫理循文件」縮影微捲 71 盒，採購了其中與中國有關的 5 個部分，分
別是日記、通信（包括備忘錄）、簡報、專題檔案、其他雜項資料。

　　澳洲國立大學東亞歷史學系（Dept. of Far Eastern History, Australian
National University）教授駱惠敏（Hui Min Luo，1922－2006）自 1960 年
起，開始研究莫理循手稿，為時 30 年。他一字一字地把莫氏潦草的英文改
寫成印刷體；並對莫氏日記、書信進行了辨識工作，對日記中涉及的各種
人名、地名以及莫氏陳述的事情一一作出注釋。1976 年駱惠敏編，*The
Correspondence of G.E. Morrison*（Cambridge：Cambridge University Press,
1976-1978）2 冊。1986 年中科院近代史所翻譯室陳霞飛邀北京一些資深的
翻譯工作者予以翻譯出版，即劉桂梁等譯，《清末民初政情內幕：《泰晤士
報》駐北京記者、袁世凱政治顧問喬‧厄‧莫里遜書信集》2 冊（上海：
知識出版社，1986.11）。駱氏已做了 6,000 張注解，惜在 2001 年他因健康
不佳，不克繼續工作。2004 年駱夫人、海倫（Helen）依駱氏的意願，將
他複製的莫理循手稿，識讀、整理、研究的成果及部分藏書，全部捐給戴
逸（1926- ；戴秉衡）、中國國家清史編纂委員會，由戴寅負責運回北京，
約 150 箱。溯自 2002 年 8 月中國開啟了清史纂修工程，12 月 12 日成立「國
家清史編纂委員會」。該會一度構想在美日俄英德設立 5 個「海外工作站」，
以蒐集散落海外的文獻檔案資料，雖然這個想法後來被擱置，但對在國外
相關圖書檔案等史料的蒐集仍然是重要的一環。

（五）三井文庫

三井文庫源自 1891 年（17；明治 24）三井家族的修史事業。1903 年
（光緒 29；明治 36）三井八郎右衛門高棟成立「三井編纂室」（三井家家
史及事業史編纂方），1918 年（大正 7）三井文庫創立，由三井同族會事務
局管理。1923 年（大正 12）燬於關東大地震。這使得三井家族將資料遷入
別邸重建。二戰期間，三井圖書疏散。戰後因三井財閥解體，被美柏克萊
加州大學購走 10 萬冊中日韓文圖書。這些中文書由中國流入日本，又被美
國購入。1965 年 5 月改制為財團法人三井文庫，7 月三井文庫書庫落成，9
月全部資料遷入。1985 年三井別館開館。

今三井文庫圖書資料除三井家族史史料外，還有本居文庫（約 8,600
冊）、鶚軒文庫（土肥慶藏，約 28,000 冊）、淺見文庫（淺見倫太郎，約
6,000 冊）、今關文庫（今關天彭，約 19,800 冊，中國清代刊本為主）、小
川文庫（小川琢治，約 200 冊，中國宋元版本史籍為主）、聽冰閣文庫（三
井高堅，約 2,000 冊）等。

三井高堅（1867－1945）好藝事，嗜鑒藏，挾雄厚之資，委著名篆刻
家河井荃廬（1871－1945；仙郎）往中國大肆搜羅金石碑版，獲得各類舊
拓善本百餘種，其中唐字孤本十數，宋拓則逾半百，皆秘藏其聽冰閣，一
時名播遐邇。今關天彭（1884－1970）在三井支持下，在北京成立「今關
研究所」，也曾擔任三井洋行顧問。三井文庫經今關之手，購入數十種嘉業
堂舊籍；他以三井合名會社到中國赴任，其間專門蒐集明清刊本。

五、南滿洲鐵道株式會社的調查

（一）南滿鐵路

　　甲午戰爭後，中俄簽訂密約，協定清俄協防日本。將西伯利亞大鐵路橫穿中國東北，自俄國赤塔，經過中國滿洲里、哈爾濱、綏芬河，連接到海參威，這一段鐵路在中國境內者稱大清東省鐵路（簡稱東清鐵路，後稱中東鐵路；以俄國軌距 5 英尺=1,524 毫米鋪設）。同時，從該幹線南下修築了通往南部港口旅順的支線鐵路。東清鐵路遂以哈爾濱為中心，西至滿洲里，東至綏芬河，南至大連、旅順。

　　日俄戰爭結束後，日本繼承了沙皇俄國在中國東北南部即南滿的權益，包括了 1.遼東半島即關東州的租借權；和 2.東清鐵路自長春寬城子以南至旅順的鐵路及附帶的港灣等事業經營權。關於前者，日本先是設立軍政合一的關東都督府，後又實行軍政分離，分別設立了關東廳和關東軍司令部。關於後者，則設立南滿洲鐵道株式會社。關東廳、關東軍、南滿洲鐵道株式會社（The South Manchuria Railway Co.,Ltd；日文簡稱「滿鐵」），被認為是日本統治旅大，控制東北的 3 大侵略機關。

　　東清鐵路南部線長春到旅順的鐵路被日本改稱為「南滿鐵路」。這段鐵路（含一些附帶的支線）原有軌道 703.7 公里上的所有鐵道設施；還有鐵路兩側擁有 16.7 公尺至 3,000 公尺不等的附屬地（南滿鐵道附屬地）管轄權，總面積達 482.9 平方公里，全歸日本；日本後又向中國索得其所強行增築的安奉鐵路，全長 303.7 公里，在鴨綠江橋傍的安東（今丹東）與朝鮮鐵路接軌，建立了日本滿朝鐵路網。其間，美國曾一度想插足南滿鐵路的經營，美國聯合太平洋鐵路公司（Union Pacific Corporation）董事長哈

里曼（Edward Herny Harriman，1848－1909）與首相桂太郎訂立《關於南滿洲鐵路的預備協定備忘錄》（1905.10.12），但遭日本朝野反對而擱置，乃由日本獨資經營，獨霸「南滿」。日本將南滿視為自己的勢力範圍，威脅了美英等列強的利益。尤其美國為向遠東擴張，採取各種手段企圖進入東北，終為日本強加阻擾而屢遭失敗。民國成立，東清鐵路改為中東鐵路，1935 年（昭和 10）3 月 23 日，蘇聯將中東鐵路以日幣 1 億 4 千萬及俄籍員工退職金 3 千萬，售予偽滿洲國。偽滿再將俄軌改為 4 英尺 8 又 1/2 英寸（1,435 毫米）的國際標準（International Union of Railways Codes）軌距（track gauge）。滿鐵不斷的鯨吞鐵路權益，取得經營實權，最終實現對中國東北鐵路及北朝鮮鐵路的壟斷經營。七七事變後占領了華北全部鐵路，成立華北交通會社。滿鐵交通事業是多角經營，鐵路外，還包括港灣、水運和公路運輸業。

日本在九一八事變前，以滿鐵掌握了政治、經濟、交通等，建立了關東軍、日本官員和財閥殖民統治的模式。九一八以後，完全控制東北，再「以華制華」炮製一個傀儡政權，基本統治模式不變。這種模式也曾複製在華北。日本顧慮俄軍捲土重來，及考量歐美列強「門戶開放，機會均等」主義，時哈爾濱的交通便利，包括美、德、波蘭等國家的僑民、銀行、各類企業等也紛紛進駐，爰採用避免直接領土控制的條件下，把握每一個能擷取利益的機會。

（二）南滿洲鐵道株式會社

1906 年 6 月 7 日（光緒 32.4.14；明治 39），日本政府以第 142 號敕令公布了奉日本天皇裁可的《南滿洲鐵道株式會社之件》及 8 月 1 日（光緒 32.06.02）遞信、大藏、外務大臣下達的三大臣命令書，在東北建立南滿洲鐵道株式會社，在作用上是代表日本國家意志和代行政府職能的機關。11 月 26 日（32.10.11）滿鐵在東京成立。根據 1907 年 3 月 5 日敕令第 22

號，滿鐵本社從東京遷往大連。滿鐵的總裁和理事都由日本政府任命，滿鐵也由政府監督。滿鐵與軍部，特別是與關東軍相輔相成，以實現侵略擴張國策為目的。如第一次世界大戰時，滿鐵即派理事藤田虎力率 2 百餘人隨軍侵入山東半島，取代德國，佔領膠濟鐵路和淄博煤礦、金嶺鎮鐵礦等。滿鐵參加了作為關東軍重要備戰的歷次參謀旅行。滿鐵也曾協助關東軍參謀本部編製「中國兵要地誌」的工作。發動「九一八事變」是關東軍和滿鐵的共同行動，並聯手「創建」了「偽滿洲國」傀儡政權。1935 年（昭和 10）6 月及 11 月，日本在華北的「支那」駐屯軍製造「華北獨立（自治）」，兩次對華武力威脅，陳兵山海關，都由滿鐵動員將關東軍迅速運到，使分別達成所謂「何梅協定」及成立「冀東」偽政權。滿鐵的作用，可見一斑。

　　滿鐵的始作俑者是曾為臺灣總督府總督兒玉源太郎（1852－1906）及其民政長官後藤新平（1857－1929）。兒玉在日俄戰爭時任滿洲軍總司令部（1904=光緒 30 年=明治 37 設置，總司令大山巖）總參謀長，戰爭初見勝利，便興起模仿英國東印度公司統治滿洲的想法；後藤在日俄戰爭甫停，即至滿洲考察後，提交《滿洲經營策梗概》，開宗明義聲稱：「戰後滿洲經營的惟一要訣在陽為經營鐵路，陰為實行各種政治發展措施。」這即滿鐵的「特殊使命」。依此，將租借地的統治機關與鐵路的經營機關截然分開，而鐵路經營機關應妥為掩飾為除鐵路外與政治、軍事毫無關係。滿鐵是替代日本政府經營南滿洲，它的經營並不限於這條鐵路，包括實行鐵路的營運、路線的守備、（煤鐵礦業）礦山的開採、移民的獎勵、地方的警察、農工的改良、與俄國及清廷的交涉、情報的蒐集和整理等等措施，推行日本政府的殖民政策，並為侵略戰爭提供資源。1937 年（昭和 12）時滿鐵的重要公司有 27 個，其所經營的企業，還包括工、商、農、土地、林、鹽、礦、運輸、港灣、金融、旅館、報紙、移民等，幾乎涉足所有工業領域，實際上控制了東北的經濟命脈。到 1945 年 3 月，滿鐵投資的關係會社達 71 家，它是「假公司之名，行機關之實，代替政府經營南滿洲」，遂行日本國策。

（三）滿鐵本社調查機關

　　首任總裁即是後藤新平，他倡議殖民主義「文裝武備」理論，「用『文事設施』，以備他人侵略，一旦有緩急之事，俾能幫助『武裝(力)的行動』」。乃以「文裝」的招牌，鞏固和加強「武備」的力量，以進行侵略活動。後藤進一步闡述「文裝武備」即「以王道之旗，行霸道之術」的殖民政策。所謂「王道之旗」就是發展經濟、學術、教育、衛生等各種事業，以此使殖民地的人心「歸依帝國」，否則，只靠武力而不知致力於文化的統治，一旦發生戰爭，則得不到民眾的支持，必然會立即陷於崩潰。那麼，對於滿鐵而言，怎樣才能建立起「文化的統治」，後藤認為最重要的手段就是建立調查機關。「凡近代企業，應以科學的調查研究作為其合理經營的基礎，尤其負有特殊使命的滿鐵，其專業範圍極其廣泛，為了推展公司業務，當然需要多方設置調查機關。」「凡近代企業，應以科學的調查研究作為其合理經營的基礎，尤其負有特殊使命的滿鐵，其專業範圍極其廣泛，為了推展公司業務，當然需要多方設置調查機關。」調查機關旨在為滿鐵的「特殊使命」服務。

　　滿鐵設立伊始，即重視調查事業，廣泛地進行調查情報活動，漸漸地擁有了龐大的調查機關。滿鐵本社的調查機關大略可分為一般調查機關、社業調查機關、科學技術研究試驗機構 3 類。這 3 類以外，另設有情報部門、東亞經濟調查局、滿鐵公所和事務所之類的現地調查機關 3 類。除了上述本社的調查機關外，滿鐵各主管業務部門根據主管業務的需要，也設有各種調查機關。以滿鐵鐵路總局為例，（例示：）總局的附業課產業系（主管產業情況調查）、附業課學事系（教育方面調查）、經理處用度課計畫系（市場調查及商品研究）、運輸處汽車課計畫系（汽車運輸調查）等等；所屬的奉天、吉林、哈爾濱、齊齊哈爾鐵路局及各局所屬的各處，都設有調查機構。滿鐵是國策會社，為侵略中國而進行對中國國情的調查，調查機關同時兼有調查和情報的雙重任務。滿鐵調查機關與日本軍部及調查情報

機關均有密切的關係。軍部所「委託」滿鐵的調查，更難與情報分割，甚至與政治的謀略政策的意圖息息相關。滿鐵調查報告是為政府決策服務的產物，政治性高於學術性。

有關滿鐵本社的調查機關的歷史，滿鐵調查部編印《滿鐵調查部概要》（1942），對其自身的沿革史，分為滿鐵調查創設時期（1907-1922）、滿鐵調查確立期（1923-1931）、滿洲事變與經濟調查會（1931-1935）、產業部與大陸開發（1936.10-1937）、大東亞戰爭與調查部（1937 以後）。解學詩著有《評滿鐵調查部》（2015），揭開了滿鐵調查機關的內幕與本質，將滿鐵調查機關的變遷及調查活動，也分為調查部、調查課、經濟調查會、產業部、大調查部等 5 個時期來敘述，本節多有參考。

滿鐵調查部

後藤新平在臺灣任民政長官時期（1898-1906），1898 年 9 月設立臨時臺灣調查局，並自任局長。在臺灣當時還設有土地調查局、戶口調查部、臺灣舊慣調查會、臺灣研究所。後藤在擔任滿鐵總裁的不到兩年內（1906.11.13-1908.7.14），滿鐵先後設立了調查部、東亞經濟調查局、滿鮮歷史地理調查部（滿鐵重要的文獻調查機構，白鳥庫吉主持，1913 年 8 月出版了《滿洲歷史地理》）、中央試驗所、地質調查所。他十分重視社會調查，認為滿鐵需要考察中國（特別是東北地區）的政治制度、民俗習慣，調查工礦農商、交通等一般經濟情況以及與之有關的亞洲和世界政治經濟情況，以便發展滿鐵，並對日本政府和軍部提供決策的參考資料。

一般調查機關的的滿鐵本部調查機關與滿鐵相始終，38 年間，雖然其名稱、規模以及調查內容等方面曾多次變遷，但是機關始終存在。

後藤於 1907 年（光緒 33；明治 40）4 月 23 日發布《本社分課規程》，滿鐵設立 5 個部，其中包括「調查部」（1907.04-1908.12），首任部長岡松參太郎。惟調查部下不設課，只規定一般經濟調查、舊慣調查和圖書保管等 3 項業務，成員只有 13 人。1908 年已有 34 人。

調查課

1907 年 7 月 14 日後藤新平入閣（桂太郎第 2 次組閣，任遞信大臣）
離開滿鐵。1908 年 12 月 7 日，調查部改為「調查課」（1908.12-1932.01），
下轄經濟調查、舊慣調查、俄國等 3 個調查班，掌理 1.關於業務檢查事項；
2.關於規定審查事項；3.關於各種調查及統計事項；4.關於從業員的培養及
訓練事項；5.關於營業報告及年報編纂事項；6.關於圖書、報紙、雜誌的
訂購及保管事項。6 項中第 1、2、4 項均與調查無關。1914 年 5 月 15 日調
查課再下降為部室下屬的第二級機關，先後隸屬總務部事務局、總務部、
社長室、庶務部、總務部，直到 1932 年 12 月撤銷，始終是滿鐵調查活動
的中樞。

1920 年前後，世界形勢劇烈動蕩，蘇聯十月革命、中國辛亥革命、第
一次世界大戰、世界經濟恐慌等接踵而來，日本加緊對華擴張與侵略。1918
年 1 月的「職制改革」，規定調查課的職掌，只限於「關於各種調查及統計
事項」，排除了與調查業務無關的工作。1923 年 4 月又將調查事項，增列
鐵路、交通和一般情報；將以北滿為中心的調查事項劃歸新設立的哈爾濱
事務所調查課（1927 年 11 月撤銷）。

調查局的工作人員，以 1920 年為界，此前一般是 4、50 人，以後多數
年份是 7、80 人；以 1923 年 87 人，1925 年 77 人為最多，1909 年 33 人，
1917 年 38 人為最少。另自後期，囑託（顧問）人數也增多，以 1928 年 20
人，1926 年和 1929 年 18 人為最多。日本軍部高層擔任滿鐵囑託者不乏其
人，如高柳保太郎、河本大作、甘粕正彥、佐藤勇助等；滿鐵的木村正道、
松本俠、駒井德三任軍部的囑託。九一八事變前調查課時期的調查，以一
般經濟、政治調查為主，調查活動帶有情報性質，採取各種間諜特務的手
段，竊取情報。

1923 年 4 月調查課設情報系，1927 年總裁室建立情報課（1930 年 6
月撤銷），更加強化了情報業務，同時擴大依據個別情報為基礎的進行綜合、
整理的調查活動。就調查業務而言，在調查地區方面，以滿洲及蒙古為中

心，以與其有重大關係的中國本部及西伯利亞和歐俄為副。在調查事項範圍方面，涉及政治、法律、經濟、交通、文化等方面，但自 1926 年起，勞動、學務、衛生、社會等各項，分別歸人事課、學務課、衛生課、社會課所管。

經濟調查會

依據 1930 年 6 月 14 日的《本社分課規程》，調查部再度隸屬於總務部，承擔滿鐵業務部門所需的一般調查和統計活動。1931 年 8 月 1 日實施的新職制中，調查課設庶務、經濟調查、政法、俄羅斯、資料（含情報）、統計等 6 系。1932 年（昭和 7）1 月 26 日滿鐵應關東軍參謀長三宅光治的要求，以調查課的基礎成立了「經濟調查會」（1932.1.26-1936.09.30），由十河信二任委員長，下初設第 1 至第 5 部，第 1 部為綜合性業務，調查滿蒙經濟現況、滿洲和日華俄的經濟關係、世界經濟的一般狀況；決定滿洲經濟根本方針；綜合各部所作相關領域起草的計畫或對策方案。第 2-5 部分別負責產業及移民；交通、治水和城市規劃；商業、貿易、金融；法政及一般施政等領域。其後又設第 6 部，負責東亞經濟、亞細亞北部經濟。

1932 年 2 月 2 日和 2 月 9 日關東軍成立特務部取代統治部（1931 年 12 月 15 日關東軍成立的「指導九一八事變行政善後處理」機構）由參謀長擔任部長。關東軍要求特務部和經調會密切合作結為一體，特務部指示調查方針，命令滿鐵經調會進行調查（課題立案）或提供資料，及對已完成的調查進行審查和決定為偽滿洲國或滿鐵執行計劃或方案。這使滿鐵經調會作為制定滿洲經濟建設政策的專門調查和政策起草機關，擬定各項經濟政策、方針和計畫，被稱為「關東軍經濟參謀本部」，並為偽滿洲國財政部的指導。經調會設於奉天，1932 年 11 月隨關東軍司令部的遷移，改設於「新京」。經調會直屬總裁，由委員會（正、副委員長和委員）、幹事室（幹事長）、部、班（調查役）組成。正、副委員長、幹事（長）都兼任關東軍囑託。1932 年 1 月，調查課因大量的業務轉到經調會，該年底遭撤銷。

1933 年 8 月 8 日日本閣議決定推出《滿洲國指導要綱》，經調會開始

轉入「滿洲經濟的根本研究」，進行資源普查，包括「國防資源」、地區性資源、兵要調查、軍需給水調查、農村實態調查等。1934 年以後，因日本進行「華北自治」的侵略，經調會的調查重點也包括了華北，如冀東農村實態調查。

　　經調會還有自身的調查，發行「經調資料」、《滿鐵調查月報》（1931 年 9 月創刊）、《滿州經濟年報》（1933 年創刊）。

產業部

　　偽滿州國建立後，滿鐵歷年所承擔的在滿洲政治活動的任務已告完成，1932 年 8 月武藤信義接任關東軍司令官，同時兼任了關東長官和駐滿大使，即實行了「三位一體」制。1933 年 10 月 25 日《滿洲日報》披載了關東軍「滿鐵改組計畫」，意欲將滿鐵置於關東軍一元化監督下的純經濟會社，因遭到滿鐵社員會、日本財界經濟界工商會議的反對，被迫中止。1934 年 9 月 14 日日本內閣作出決定，撤銷關東長官乙職，在關東州設敕任級州知事，另行建立關東軍在背後對偽滿的控制體制，而使滿洲國空有「獨立國家」的外衣。1935 年 8 月 9 日閣議決議在偽滿撤銷治外法權和轉讓滿鐵附屬地行政權。該月松岡洋右接任滿鐵總裁，政治敏銳度高，進行滿鐵改組。1936 年（昭和 11）10 月 1 日，滿鐵成為鐵路和產業兩大體系，分由新設的鐵道總局和產業部統轄。「產業部」（1936.10.01-1938.03.31）將產業機構和調查機構等統合歸其領導，由滿鐵理事阪谷希一任部長，下設庶務、商工、農林、礦業、交通等 5 課及資料室和調查役（分機械、動力、農機、發電、電力、電業、無機化學、有機化學、燃料、冶金等 10 系），及地質調查所、滿蒙資料館、獸疫研究所、農業試驗所。另新設經濟調查委員會和技術委員會。前者替代經濟調查會，作為關東軍的經濟調查、起草和諮詢機構，負責制訂偽滿的產業開發計畫，並為日侵略華北提供軍事和經濟服務。後者則擔任社內技術方面重要計畫審議等業務。產業部初設時，人員有 1,206 人，其中資料室和調查役共有 200 人。

　　七七事變後，更加強了促進軍閥與財閥的結合，滿洲產業五年開發計

畫，在資金、技術和經營有求於財閥，1937 年 10 月 29 日日本和偽滿共同
發布，為經營滿洲國的重工業，將由偽滿和日產會社共同成立國策會社。
12 月 27 日成立滿洲重工業株式會社，打破滿鐵壟斷性的經營，滿鐵必須
將其鋼鐵、煤炭和其他重工業分離出來，使得以設立重工業會社，也反對
滿鐵全面進入華北。1938 年 4 月 1 日，隨着地質調查所、獸疫研究所、農
業試驗所等移交偽滿，滿鐵宣布撤銷產業部。

大調查部

　　1938 年（昭和 13）4 月 1 日，滿鐵是代行國家職能的國策會社，配合
政府的政策變化，重新調整調查機關，組織「調查部」（1938.04.01-1943.05，
有稱「大調查部」），繼承產業部的調查業務，機關組織修正為庶務、資料
2 課和調查役，使成為日本「國策調查機關」。除調查部本部外，和原來直
轄的北滿經濟調查所（哈爾濱）、滿洲資料館（大連）、大連圖書館外，還
有華北經濟調查所（北京）、張家口經濟所和中央試驗所。調查業務劃歸調
查部統一管理的有東京、新京兩支社的調查室、上海事務所調查室、鐵道
總局調查局、東亞經濟調查局等。1940 年 4 月 1 日，調查部人員多達 2,345
人，財政預算達 800 萬日圓。但是 1942 年（昭和 17）後，隨着日本在戰
場的失敗而蕭條。

　　大調查部最重要的調研任務，即「綜合調查」。這種綜合調查，在調查
部的組織推動下，由各現地調查機關按統一的計畫與方法，分工協力進行
的整體調查計畫。隨著戰爭的擴大，「會社將廣泛的全東亞政治經濟社會進
行全面綜合性調查研究作為當務之急。」軍部為擴大對華戰爭，而有「中
國抗戰力調查」；為穩定對中國經濟，而有日滿華北華中「通貨膨脹調查」、
「戰時經濟經濟調查」、「世界形勢調查」等；為實施中國淪陷區政治統治
的需要，有「中國慣行調查」：十年調查計劃、華北農村慣行調查、華中商
工慣行調查、城市不動產的慣行調查；為侵略戰爭的需要，而有宣撫班農
村實態調查和工業調查、作戰資源與兵要地誌調查，對蘇戰備調查與情報、
南洋軍政調查、對猶太人調查。

1943 年 5 月，滿鐵調查部改組為調查局（1943.05.01-1945.9.21），設於新京，在新京支社調查局的基礎上成立。因日本戰爭已走向強弩之末，對資源強烈要求，調查重點在礦產資源、農產品、交通，及對蘇聯戰情調查。1945 年 8 月 10 日關東軍全線撤退，夜間即向通化轉移，偽滿皇室和政府、滿鐵、日僑等，紛紛乘滿鐵的列車向通化、臨江及北朝鮮撤退。1945 年 9 月 21 日蘇軍接管了滿鐵。

（四）滿鐵調查部人員

滿鐵的調查方法是運用文獻調查和實地調查。滿鐵一直以各種手段來攫取文獻資料，抗日戰爭期間，滿鐵也曾在北平和上海一帶對文獻文物檔案大劫掠。調查部的調查人員起初以來自東亞同文書院者為主，自 1919 年起，延攬了京都帝大、東京帝大的畢業生。首任課長川村鉚次郎，曾參加臺灣舊慣調查，認為「調查首先要用腿跑路」。第 4 任石川鐵雄對調查課作了根本改革。他建立資料室，主要蒐集滿洲和中國政治、法律、經濟等方面的書籍和報刊雜誌，製作資料卡片與目錄索引，展開報紙剪輯業務，引進科學的調查方法，並大量延攬「囑託」人員。第 5 任佐田弘治郎更致力於職制的改革，制定調查課的機關和調查方針，確立各擔當的體系，並按此計畫蒐集資料，將成果陸續發表。

滿鐵調查人員把「調查」和「資料」看作是一輛自行車的兩個輪子。新進的前兩年，主要工作是從事報刊的剪輯和讀書，力求滿鐵的圖書館，想讀的書應有盡有，包括左派共產主義類禁書，圖書館找不到而需要的書，提出要求基本上都會設法採購。之後，被允許出外調查，調查對象或研究問題由調查人員自己來決定。「當時調查部的兩個特點是『自由』和『田野』，特別是走路這一傳統（只靠資料來東拼西湊寫報告，那是絕對不允許的），一直延續到戰爭結束。」（草柳大藏）因而特重視調查人員的中文語文能力。滿鐵調查人員都須參加「漢語」考試，分為一二三等。三等及格

者發給「獎勵津貼」，否則，就是「準職員」的待遇。

（五）滿鐵調查部事件

　　自七七事變後，隨着日本軍事上的擴張，調查部承擔的研究課題也激增，調查部從產業部獨立以來，規模也急遽擴大，因為課題堆積如山，所以進用調查人員已「不拘一格」，遂從 1939 年開始，在日本國內失勢的左翼知識分子菁英紛紛到滿鐵調查部工作，進行在國內不可能進行的馬克思主義方式的社會調查及分析。在日軍國主義體制下，研究實踐馬克斯主義理論，引起關東軍憲兵隊為中心的滿洲治安當局對調查部嚴密監視。1942年 9 月 21 日與 1943 年 7 月 17 日，憲兵隊等兩次的大逮捕行動中，共逮捕 44 名，有 40 人以違反滿洲國《治安維護法》被起訴，憲兵隊將案件移交給偽滿檢察廳，1945 年 5 月 1 日最後判決。其中「15 人保釋，5 人病死獄中（大上末廣、西雅雄、發智善次郎、守隨一、佐藤晴生），其餘都得以從輕發落」（小林英夫、福井紳一）此即「滿鐵調查部事件」。1943 年關東軍憲兵隊審訊資料，如供詞、反省書、憲兵隊處理意見等，先收藏在吉林省公安廳，1982 年轉歸吉林省檔案館。吉林省檔案館藏有關東軍憲兵隊檔案（1931-1945）。

（六）其他調查機構

　　此外，於 1908 年（光緒 34；明治 41）1、9 月在東京分社分別成立「滿州及朝鮮歷史地理調查部」、「東亞經濟調查局」。前者，因白鳥庫吉倡導「區域研究」要使用史料考據與實地考察同時並進的研究方法，說服後藤新平而設；1914 年（大正 3）1 月該部被撤銷，由東京帝國大學接續，仍得到滿鐵的資助。白鳥等人繼續了內藤虎次郎、市村瓚次郎的腳步，前來中國進行「滿鮮」史料發掘。研究成果，主要刊載於《滿洲歷史地理》2 卷（1913

年＝大正 2）出版）及《滿鮮地理歷史研究報告》13 冊（1934 年＝昭和 9），兩出版品共收錄與「滿洲」有關的研究報告 54 篇。後者著眼蒐集調查與滿洲有關的世界經濟，特別是東亞經濟的資料，以資研究經營殖民滿蒙的業務，分資料、編輯 2 課。資料課設新聞、雜誌、圖書、庶務、營業報告 5 系；編輯課設調查、編輯 2 系。重視資料和資料工作方法。「1931 年（昭和 6）時，藏有西文圖書 3 萬冊，日文圖書約 4 萬冊，雜誌索引卡片 20 餘萬張，以及大量的新聞剪貼等。」及至大川周明（1886－1957）於 1929 年（昭和 4）擔任該局理事長，「東亞經濟調查局」開始淪為製造侵略「滿蒙」輿論，配合日本軍部和各種右翼團體推進侵華活動的重要機構。

還有滿鐵分設在各地的代表機關，即滿鐵公所、事務所，應需要陸續成立，各有謀略或目標。如九一八事變前所設奉天、北京、吉林、鄭家屯、洮南、齊齊哈爾公所，和上海、天津、紐約、巴黎事務所；九一八事變後，公所被改稱事務所。必要時再派出出張所或派出所，把觸角伸向中國各地。公所、事務所是滿鐵「現地調查駐在機關」。

（七）滿鐵資料

學術界所通稱的「滿鐵資料」是指「滿鐵成立期間（1906－1945）形成、收集以及撰寫之文字資料的總稱」（羅琳）主要分 3 個部分：滿鐵調查報告、滿鐵檔案、滿鐵收藏的圖書資料等。

滿鐵調查報告

「滿鐵調查報告之總量約 8 萬種」（羅琳），主要收藏在中國科學院圖書館，分 24 個門類。滿鐵報告的形式有鉛字排印本、鉛字打字油印本、蠟紙刻板油印本、謄寫本。究其內容，一部分涉及政治、人口、經濟、工業、農業，以及外交、邊疆、軍事、戰爭時局分析等；一部分是詳細的田野報告，涉及到對一個村莊的人口數量、各種糧食產量、大牲畜數量、降雨量、河流道路、山川峽谷、鄉規民俗、地方武裝等。

　　1945 年日本戰敗，滿鐵大連圖書館（今魯迅路大連市圖書館）與滿鐵
調查部資料室（世紀街瀋陽鐵路管理局公安處大連分處）一併由中蘇共營
中長鐵路局科學研究所接管，蘇軍經駐旅大司令部從調查部資料室奪走了
1 萬餘種滿鐵調查報告，主要是關於蘇聯遠東地區和與蘇聯外交有關的調
查報告，迄今未見公開。劫餘部分，在 1957 年時，將有情報價值者，與政
治相關資料歸中央編譯局圖書室，約圖書 1 萬餘種；其餘歸鐵道部鐵道科
學研究院。鐵道科學院將有關鐵路的滿鐵報告留下後，其餘移交中國科學
院圖書館。

　　中科院圖書館接收了約 4 萬 5 千種、7 萬冊，多為調查報告。中科院
編，《中國科學院現存旅大圖書資料目錄（原「南滿洲鐵道株式會社調查部
藏書」》日文目錄 7 冊（其中夾雜少量中文）、西文目錄 1 冊（北京：編者，
1958）。1960 年初，鐵道科學院再將其中與鐵道無關的調查報告移中科院
圖書館，內容主要是東北、華北等地區的經濟調查資料及少數社會科學及
自然科學方面資料，有 4,475 種、7 千冊。中科院編，《中國科學院圖書館
藏日文資料目錄》（非賣品；1960.05）。中科院共接收調查報告約 5 萬種、
7 萬 7 千冊。

　　除大連本社調查部外，滿鐵在其他地區派出及分支機關也有滿鐵調查
報告，吉林省社會科學院匯集了大部分。解學詩總編審，高書全、宋玉印、
龐慧如主編，《滿鐵調查期刊載文目錄》3 冊（長春：吉林文史出版社，2004），
收錄社科 67 種期刊，著錄篇目 3 萬條目，分 15 類排列；馬萬里、陶統秀
主編，《滿鐵調查報告目錄》2 冊（長春：吉林文史出版社，2005），收錄
調查資料 12,790 項，其中單行本 4,373 項、叢書（有編號的連續出版物）
5,936 項、「保號」資料（非鉛印稿本性調查資料）2,481 項。兩者為吉林
省社科院研究員解學詩擔當《評滿鐵調查部》課題研究時，同時所進行資
料研究的成果。

　　美國楊覺勇（John Young，1920－2013）編著，*The Research Activites on
the South Manchurian Railway Company, 1907-1945：A History and*

Bibliography《南滿鐵道株式會社研究項目，1907-1945：歷史與書目》（New York：East Asian Instutute, Columbia University，1966），對日本 25 所和美國 10 所圖書館進行調查，認為滿鐵的調查報告共 6,284 種，及為研究收藏圖書雜誌和剪報 5 萬多件。此項調查報告數字自不包括中國所保存者。

滿鐵檔案

　　主要指滿鐵本社及其派出機構在其各項活動中形成並歸檔的文件資料。滿鐵 40 年，組織多次變化。1907 年 4 月在大連，設總務部、調查部、運輸部、礦業部、地方部（滿鐵附屬地）等 5 部，之後陸續設置經理部（1920 年代設立）、計劃部（1930）、興業部（1923 年撤礦業部之後）、商事部（1931）、產業部（1936）等部門。其間，部門裁撤、重組、名稱變遷多有。現存滿鐵檔案依部分存，各部檔案再按門—類—目—卷，分類編號排放。所組成的案卷，兼顧機構、內容和時間的 3 者結合。某一個事件、某一次會議、某一項活動的所有文件都放在一起，透過一組文件就可有系統完整地反映這一事務的全過程。這一組文件，可能幾組合成一卷，可能單獨組成一卷，也有可能組成數卷。

　　日本投降前，銷燬了大量的檔案。1945 年 8 月 22 日蘇聯軍隊進入大連，滿鐵各機構隨即被蘇軍接管。9 月 21 日中蘇共同經營的中長鐵路局理事會在長春成立，蘇軍代表中將加爾金以中國長春鐵路為名接管滿鐵，並將滿鐵中央試驗所鐵道技術研究所（沙河口），改名中長鐵路大連科學研究所。1946 年 5 月，滿鐵調查部資料室所藏滿鐵檔案和滿鐵資料移交中長路大連科學研究所。中長路雖稱中蘇共營（為期 30 年），實際上中方僅獲得主權，經營方面全由蘇方掌控，局長由蘇方人員擔任。1947 年又交給大連鐵路局，迄 1950 年歷經該局總務科、文化處接管。該批滿鐵檔案和滿鐵資料，歷經輾轉轉移，歸屬多變，管理鬆弛，滿鐵檔案損失嚴重，存世檔案僅近 2 萬卷，已不能反映滿鐵的全部活動。1952 年 12 月 31 日蘇聯退出中長路經營，交還給中國。

　　1960 年 5 月 26 日遼寧省委決定建立瀋陽檔案館集中管理遼寧省圖書

館所保存東北舊歷史檔案（「舊記」）和大連鐵路局所保存滿鐵調查部的檔案資料，業務上由遼寧省檔案局負責指導。1960 年 6 月 13 日瀋陽檔案館改稱東北檔案館，7 月 7 日正式成立。1969 年 11 月裁撤東北檔案館、併入遼寧省檔案館（瀋陽皇姑區）。

　　滿鐵檔案大部分保存在遼寧省檔案館，「所藏包括其會社內部總體、地方、經理、興業、產業、計劃、商事、鐵道、調查等 9 大部分及 10 條鐵路線的檔案，共有 18,308 卷。」（《遼寧檔案館指南》，1994.04）另詠仁稱「遼寧省檔案館有南滿檔案（1906-1945）8,768 卷，10 個鐵路局檔案（1910-1934）4,308 卷。」（偽滿州檔案），《圖書館學與資訊科學大辭典》，撰於 1995.12），此外，還有「財會檔案、技術圖紙、株主名簿檔案等 4,000 卷」（羅琳）

　　廣西師範大學出版社「滿鐵」相關文獻出版工作持續了 20 年，自 1999 年以來與黑龍江省和遼寧省兩檔案館合作陸續影印出版了一大批滿鐵資料，共分《滿鐵密檔》及《滿鐵調查報告》兩個系列。《滿鐵密檔》系列，由遼寧省檔案館編，4 種：1.《滿鐵與侵華日軍》21 冊（1999.06 出版）；2.《滿鐵與移民》（分卷一）6 冊、（分卷二）6 冊、（綜合卷）8 冊（2003.06）；3.《滿鐵與勞工》（第 1 輯）10 冊、（第 2 輯）8 冊（2003.08）；4.《滿鐵機構第 1 卷，獸疫研究所》24 冊（2004.08）。《滿鐵調查報告》共 8 輯 198 冊，收錄近 1 千種各式調查報告。第 1-2 輯，由黑龍江省檔案館、曾凡剛主編，每輯各 24 冊（2005.05-2005.08 出版）；第 3-8 輯，由遼寧省檔案館主編，每輯各 25 冊（2008.06-2016.04）。編排上分經濟、政治、社會 3 大類，兼及時間地域。各輯之間，按時間順序排列。

滿鐵收藏的圖書資料

　　滿鐵收藏圖書資料的目的，在成立殖民地圖書館；及為撰寫滿鐵調查報告提供背景資料，入藏都是公開出版物。中國大陸現存滿鐵圖書資料，主要收存在中國科學院圖書館、遼寧檔案館、吉林省社會科學院滿鐵資料館、大連圖書館。

　　遼寧省檔案館接收滿鐵檔案時，還入藏有關中國東北調查的日文資料

51,852 冊。這是日本侵略東北，經由滿鐵、各地駐屯軍、偽滿各行政機關等各種管道蒐集和調查尤其東北各方面情況，形成的內部文字資料，內容涉及政治、經濟、軍事、礦產、地質、土地、河流、氣候、風俗習慣、宗教信仰等。

　　吉林省社科院（1978 年成立）滿鐵資料館編，《吉林省社會科學院滿鐵資料館館藏資料目錄》3 冊（長春：吉林文史出版社，第 1 冊 1995.07、第 2、3 冊 2003.04），共著錄約 12,000 種、28,709 冊（件，不含複本），其中日文 27,160 冊、西文 1,549 冊。

　　大連圖書館編，《大連圖書館藏滿鐵資料目錄》（大連：遼寧人民出版社，2002）。

　　滿鐵圖書館的藏書，主要收藏於今大連圖書館魯迅分館，現存滿鐵圖書約有 40 萬冊。

　　中國近現代史史料學會滿鐵資料研究分會（北京交通大學負責行政及相關事務等工作）、滿鐵資料編委會編，《中國館藏滿鐵資料聯合目錄》30 冊（上海：東方出版中心，2007.01），著錄 56 個圖書館和檔案館等收藏單位，所藏滿鐵資料 28 萬餘件，著錄中日文 22 餘萬件、西俄文及其他 5 萬件。第 23-26 冊為題名索引、著者索引，第 27-30 冊為西文俄文部分及其索引。本目錄先編製《滿鐵原編目錄數據庫》，以滿鐵大連圖書館和調查部歷年藏書目錄，共 50 種書本式目錄作基礎，完成《中國館藏滿鐵資料數據庫》，再據以完成書本式聯合目錄。

　　「滿鐵剪報叢刊」編委會，《中國社會科學院近代史研究所藏「滿鐵剪報類編」：第 1 輯》100 冊、總目 3 冊（北京：國家圖書館，2016.10）；第 2《輯》100 冊、總目 3 冊（北京：國家圖書館，2017）。係根據滿鐵調查部自 1918-1945 年就 170 份中日西文報刊，涉及中國（包括日本、朝鮮半島）相關文章剪輯，分 20 餘大類，近百小類排列，有剪輯本 3,587 冊，交接中科院近史所 3,510 冊（今中國社科院近史所），失去了 77 冊。剪輯本開本有多種，較多的是 41X27 厘米大開本 22x16 厘米小開本。

遼寧省檔案館編，《遼寧省檔案館藏滿鐵剪報譯稿》，已獲得「2018 度國家出版基金」資助，將由遼寧教育出版社出版。

　　1944 年末，太平洋戰爭勝利已初露曙光，美國軍方成立華盛頓文獻中心（Washington Document Center；WDC），作為專門接收日本資料的機構。1945 年 8 月 14 日日本天皇在御前會議上決定停戰，頒發停戰詔書。隨即內閣會議決定物質的緊急處理；及參謀本部總務科長和陸軍省高級副官向全體陸軍部隊發下奉諭焚燒機密文件的通知。以在市谷高地陸軍中央指揮部所在地為例，即從 14 日午後一直持續到 16 日都在焚燒機密文件。當時日本政府全面「燒燬文書」。日本投降，美軍海軍於 8 月 27 日上午 10：30 進泊相模灣（關東南部的海灣），9 月 2 日 9：08 密蘇里艦上日本投降簽字，盟軍始進駐東京，使日本政府有充裕的時間，從容的焚燬了大部分的機密文件，包括戰爭罪證。

　　1945 年 11 月 29 日華盛頓文獻中心入駐東京郵船大樓，從外務省、陸軍省、海軍省、東京警視廳、滿鐵東京分社、東亞經濟調查局、東亞研究中心等處接收大批書刊、檔案、文件，一直到 1946 年 3 月 31 日結束工作。1948 年 2 月華盛頓文獻中心被解散，其保管的日本官方文書移交給美國國家檔案局，圖書期刊類轉給國會圖書館。美國國防部、美國戰略情報局（Office of Strategie Services）等政府部門也將相關資料移交國會館，國會館迄今沒有具體的統計數字。1957.10-1958.7 國會館挑選部分檔案製成含有 40 萬頁的 163 個縮影微捲。1958 年 2 月，美國將大部分的日文文獻歸還日本。

　　滿鐵在東京分社共藏有 10 萬冊的書刊資料（其中西文佔 3 萬冊），經華盛頓文獻中心接收後，有 6 萬冊被搬到美國國會圖書館。其中日文 2.5 萬冊、中韓西文 3.5 萬冊，依語文別，分別送日中韓西文組入藏。有些分配到法律圖書館、地理及地圖部、圖片及照片部、電影及錄音部等。該館亞洲部李華偉主政時，始由中國蒙古小組團隊王慶琳（Jeffrey Wang）將中文圖書整理出來，送往編目部編目，共有 1,128 種 13,392 冊，大多為明刻

清印本、清末刊本、民國刊本。請參考 List A. The South Manchuria Railway Company Chinese Collection 488 種、6,896 冊（https：//www.loc.gov/rr/asian/WdcList/SMR.php）；List B. The Arrearage Collection 640 種、6,496 冊（https//www.loc.gov/rr/asian/WdcList/Arrearage.php）。

（八）滿鐵圖書館

　　1907 年（光緒 33；明治 40），調任滿鐵理事、東京帝國大學教授岡松參太郎，在大連主持「滿鐵調查部」，並在該部成立了圖書室。岡松聲稱要在滿鐵建設一個東亞一流的，具有近代建築美的理想圖書館。於是在 1911 年（宣統 3；明治 44）8 月圖書館開始動工，建築工程計分 3 期。1918 年（大正 7）1 月 15 日將圖書室改隸滿鐵，是為「滿鐵圖書館」；1919 年（大正 8）10 月 1 日正式開放。1922 年（大正 11）6 月 19 日又改稱滿鐵大連圖書館。1928 年（昭和 3）12 月圖書館全部工程完工。此外，滿鐵自 1907 年（光緒 33；明治 40）至 1919 年（大正 8）先後成立圖書館及分館凡 24 所，其中 16 所分布在鐵路沿線各大站，其他為大連圖書館分館 8 所，用以蒐集各地域風情及資源文獻。滿鐵在關內各地所建事務所，事務所下設調查課，而調查課下一般均設有規模不等的圖書室。依島田道彌《滿洲教育史・滿鐵圖書館》稱：「圖書館的主要任務就是用所藏圖書，配合當時的形勢，發揮其作用。」「九一八」爆發，滿鐵各圖書館自館藏挑出與事變有關圖書，組成「時局文庫」；滿鐵奉天圖書館（館長衛藤利夫（1883－1953），1946 年擔任日本圖書館協會理事長）依關東軍總司令部參謀部第 4 課（掌調查、情報、宣傳）所需，特闢「時局文庫」閱覽室，為關東軍提供服務。1932、1935 年滿鐵圖書館業務研討會還編輯《全滿二十四圖書館共通滿洲關係和漢書件名目錄》（大連：右文閣，1932=昭和 7）、《續編》（大連：編者，1935=昭和 10），收錄全滿 25 圖書館）贈送關東軍、關東廳，偽滿等機構。其後，各館都設有「滿蒙時局文庫」（收藏有關東北、蒙古、西伯利

亞等地的地方文獻）。1937 年（昭和 12）12 月 1 日，圖書館的數量達到 31
所。滿鐵除保留大連、奉天、哈爾濱 3 處，改隸滿鐵調查部，其他都移交
偽滿，直到日本投降。

大參考圖書館

　　1937 年 12 月 1 日滿鐵沿線附屬地的行政權轉讓給偽滿，附屬地各圖
書館改為各市鎮街的公共圖書館。改隸滿鐵調查部的 3 館，依當時的分工，
以滿鐵大連圖書館作為東亞學術研究綜合專業部，滿鐵奉天圖書館係以交
通為中心的滿鐵業務書館，滿鐵哈爾濱圖書館為東北北部（北滿）及北方
（蘇聯東北亞部分）研究的專業圖書館，作為滿鐵圖書館的支柱，分別為
日本殖民當局實施殖民統治和制定決策的參攷部門。

　　滿鐵大連圖書館最具規模，為其中央館、調查研究參考圖書館，逐步
成為滿洲開發研究的文獻中心、滿洲情報調查研究中心。其採訪文獻政策
有二，1.作為母機構滿鐵的參考圖書館，即「以廣泛蒐集古今中外的圖書
資料，供給會社業務的參考」為旨。2.收集東洋學（中國學）文獻。後者
即以中國珍善本及罕見本圖書為主要蒐集對象。該館漸漸形成了專題性、
地區性的圖書資料的「文獻保障」體系。館藏以「廣泛搜集古刊漢籍類文
獻，搜集中國通志、府、縣志類文獻，搜集有關西文出版的中國方面的文
獻」3 大體系。（冷綉錦）1922 年（大正 11）滿鐵社長室調查課石川鐵雄
即根據館藏，匯編《滿蒙全書》6 卷附錄 1 卷（大連：滿蒙文化協會，1922-1923）
問世。

（九）滿鐵大連圖書館

　　1920 年（大正 9），松崎鶴雄（1868－1949；柔甫）經大川周明的推薦
下，任大連圖書館司書，擔任圖書蒐集整理、編目、典藏。松崎早歲，作
為《大阪朝日新聞》的通訊員（大致與內藤虎次郎同時在該報社）來到長
沙，先後從王闓運（1833－1916）、王先謙（1842－1917）、葉德輝（1864

－1927）學。葉氏精於版本目錄之學，時他有兩個日本弟子，另一位是盐谷溫（1878－1962）。18 年（1929；昭和 4）松岡洋右出任滿鐵副總裁，開啓了滿鐵採購典籍的黃金時代。滿鐵大連圖書館有豐裕的資金，以精通漢學的松崎，蒐集了數量龐大的中國古籍，使該館可以與「東洋文庫」媲美。

　　大連圖書館經費的情形，依巴兆祥引用遼寧省立圖書館於 1929 年（昭和 4）印行的《參觀大連圖書館報告》：「1929 年上半年度滿鐵各館經費，計共日金 45 萬餘元，而大連圖書館則占 20 餘萬元，幾及全額之半。但該館經費在 1923 年度才 12 萬 6 千元。5、6 年來，竟增加 7 萬餘元。日人之注意經營，可見一斑。該館逐年購書費約占總額三分之一，即每年約 6 萬元，每月約 5 千餘元。」此外，1917（大正 6）、1922、1923、1925、1927（昭和 2）、1928、1929 年，各年還另撥購書專款。例如 1923 年（大正 12）2 月撥專款旨在「網羅東北地區的方志、地圖、圖繪、稿冊以及政治、經濟、地質資源、風土人情等有關資料。對政府、學會等出版的一般不經售的重要業務上調查資料，尤為重視。單就方志，連同 1940 年（昭和 15）左右與奉天圖書館交換者在內，就有 2,300 餘部（不包括複本），形成了比較完整的關於中國東北、蒙古和遠東、東南亞、猶太等地方文獻以及專題文獻資料體系。」又如 1925 年（大正 14）購得義大利駐北京公使館一等祕書勞斯（Giuseppe Ros，1883－1948）在中國 30 年收集約 600 幅中國地圖（包括南懷仁《坤輿全圖》、清寫圖、西域地圖 40 餘幅等）及回教有關圖書 360 冊。「1929 年（昭和 4）1 月撥款 10 萬日圓巨款，派專人〔館長柿沼介與司書松崎鶴雄〕到京津滬一帶搜購大量中國古籍，其中珍貴的精抄名刊甚多，計有宋版 8 部、元版 10 餘部，包括海源閣舊藏；清版《古今圖書集成》；1 千餘部、4 千多冊中國醫學古籍。」（中華協會）這些圖書極其珍貴，當時中國政府不准其外流。松崎鶴雄常到北平訪書購書，時日本在天津有中國（支那）駐屯軍，乃將書籍從北平運到天津，再用船艦祕密運往大連。也透過北平的書商，如修綆堂、文祿堂、藻玉堂、開明書店等及滿鐵在各地事務所購書。即使在 1944 年，還申請「有關貴重漢籍營業支

出預算追加」，購入大宗漢籍 123 部（漢籍 85 部、滿文 34 部、其他 4 部）
825 冊，29 張圖和家譜之類，共計日金 183,797 元。

　　1933、1934 年間（昭和 8、9）東洋文庫在中國書肆訪購《永樂大典》，
聞嘉業堂欲將其所藏《大典》一次出售，不分批零售；時日本正處昭和恐
慌（經濟大蕭條），東洋文庫無力購買，但決定「非入日本之手不可」，乃
多方設法。岩崎氏先與松崎鶴雄商議，復徵得總裁松岡洋石的同意，由「滿
鐵」大連圖書館購入 39 冊。其後，1937 年（昭和 12）12 月侵略日軍佔領
南京，席捲杭嘉湖一帶。滿鐵覬覦嘉業堂已久，松崎鶴雄積極辦理。1939
年至 1940 年（昭和 14－15）松崎與王季烈（1873－1952；參與偽滿）、許
汝棻（1863－？；任偽滿文教部次長，自稱「既耄贅民」聯繫，接著滿鐵
上海事務所渡邊赴南潯查對書籍，甚為積極。「柿沼介曾過早地宣布，『嘉
業堂舊藏的珍籍，已由我們大連圖書館收藏』」。但因事情暴露，《武漢日報》
披載社論，題名〈文化威脅〉，引起社會各界的強烈抗議，密謀未得逞。1940
年（昭和 15）3 月 30 日汪偽國民政府成立，依大谷武男的回憶「因華中政
府反對就中止了」，滿鐵意欲接收嘉業堂藏書樓，汪偽政府鑒於各界的壓力，
持反對的態度。1940 年，松崎開始寓居北平，任「華北交通公司」（「華北
交通株式會社」）總裁顧問（囑託）。

　　滿鐵大連圖書館聘請松崎鶴雄及黑田原次（1886－1957）、島田好等漢
學家收集中國古籍。1937 年（昭和 12）3 月，該館藏書已達 270,024 冊，
其中中文古籍線裝書就有 182,456 冊，特別重視中國地方志、叢書、明清
小說的收羅。收集方志被視為「滿鐵「最大的任務」，30 年間（1910－1940）
共收集中國通志各省府縣地方志，達 2,000 餘種，其數量豐富，版本珍稀，
可與當時收藏方志有名的上海涵芬樓相比美。叢書藏約 250 部。善本書中
明清時代所刻明清小說 150 部。此外，還有西文（俄文除外）30,420 冊；
訂有中外文雜誌 652 種、報紙 57 種，包括東北刊行的期刊全部。另，又聘
請羽田亨收集有關西文和俄文出版的中國文獻。

　　1925 年（大正 14）11 月正式得到大谷光瑞（1876－1948）原係抵押

寄存而轉讓所藏（柴田幹夫引用張本義的看法），此即大谷文庫。大谷於
1902 年（光緒 28；明治 38）至 1924 年曾 4 次「探險」，掠奪了大量的西
域文物及敦煌卷子，以運回日本，收藏在京都龍谷大學者，就有 7,733 件。
在大連圖書館的大谷文庫為大谷的藏書，其中包括中國古籍 5,000 餘冊，
外文書約 300 冊，日刻本 170 餘種，中日抄本 25 種。中國古籍幾包括經史
子集叢各部類的書籍；尤其以明末清初小說戲曲、方志、子部佛類藏書具
有史料及版本價值。旅順博物館則典藏大谷收藏的文物。

明清小說書目

　　孫楷第（1898－1986；子書）「以傳統小學（聲韻、文字、訓詁）、文
獻學（版本、目錄、校讎、輯佚）等，貫以數十年時間進行中國小說和戲
曲的研究。」（龔敏）1930 年孫氏入北圖服務，編纂《中國大辭典》。奉命
纂輯通俗小說書目，以為近代語文庫的參考資料，是為編纂《中國大辭典》
蒐集詞頭的工作。1930 年，孫楷第與馬廉（1893－1935）就馬廉及孔德學
校的相關藏書，編成《近代小說書目提要》。1930-1931 年，孫氏工作之餘，
根據北圖所藏小說，完成該《提要》增編為 3 卷。1931 年 9 月，北圖和《中
國大辭典》編纂處合派孫氏前往日本東京、大連，進行小說書目實地調查
編纂的工作，編有《日本東京大連圖書館所見中國小說書目提要》8 卷（北
平：國立北平圖書館、《中國大辭典》編纂處，1932）1933 年再增修定名
為《中國通俗小說書目》（北平：國立北平圖書館、《中國大辭典》編纂處，
1933）。孫楷第為中國古代小說目錄學奠定了基礎。鄭振鐸《中國通俗小說
書目・序》，對孫楷第寄寓厚望，提及：

　　最後，我有一個提議，此書著錄中國小說，既甚美備，但專以國語文寫
　　成的通俗小說，而不錄傳奇文和文言的小說，仍留有一個闕憾在（中略）
　　又，天下之大，何地無才，此書所著錄者，皆為北平、大連、東京數地
　　的收藏，但像上海、蘇州、杭州、寧波、福州、廈門、廣州、太原、濟

南諸地，當也必有收藏中國小說的人們在。（中略）我們期待着子書先生
的一部比此書更為美備的「中國小說書目」的出現。

1954 年作家出版社希望《書目》予以修訂出版，惜孫氏以病情嚴重，得王
重民介紹張榮起為助手協助，出版重訂本 10 卷（北京：作家出版社，1957）。
1982 年再出版新訂版 10 卷（北京：人民文學出版社，1982.12），便於學
者翻檢參考。

迄 1981 年，始有袁行霈、侯忠義編，《中國文言小說書目》《北京：北
京大學出版社）出版。所謂「文言小說」，依該書序：「區別於宋元以後之
白話通俗小說，專指以文言撰寫之舊小說，實即史官與傳統目錄學家於子
部小說類所列各書。」乃 1990 將「見於各正史藝文志、經籍志、各官修目
錄、重要私人撰修目錄及主要地方藝文志，不論存佚，盡量收羅，共計二
千餘。」

其後，較主要的出版品有 1990 年，江蘇省社科院明清小說研究中心、
江蘇省社科院文學研究所編，《中國通俗小說總目提要》（北京：中國文聯
出版公司，1990.02）；1996 年，寧稼雨編，《中國文言小說總目提要》（濟
南：齊魯書社，1996.12）；2004 年，石昌渝主編，《中國古代小說總目》3
冊（太原：山西教育出版社，2004.09），分白話卷、文言卷、索引卷；2005
年，朱一玄、寧稼雨、陳桂聲編《中國古代小說總目提要》（北京：人民文
學社，2005.12）。

蘇聯接收東北

1945 年（昭和 20）8 月 9 日上午零時蘇聯依英美蘇於 2 月 11 日雅爾
達（Yalta，在蘇聯領土克里米亞半島，今烏克蘭南部）高峯會議所簽署《蘇
聯參加對日作戰協議書》（Agreement Regarding Entry of the Soviet Union
Into the War Against Japan，即雅爾達密約，直到 6 月 15 日美使才將密約全
部要求轉達中方，且尚非全文）出兵，蘇軍分 3 路進入中國，越過邊界，
向日關東軍發動突襲和迅速進擊。美軍分別在 8 月 6 日、9 日在廣島、長

崎投下原子彈。14 日日本天皇在御前會議上決定停戰，頒發停戰詔書。8
月 15 日正午天皇親自播送停戰詔書。日本正式宣布無條件投降，東北由蘇
聯受降。8 月 19 日關東軍參謀總長秦彥三郎中將和遠東蘇軍最高司令官華
西列夫斯基元帥之間達成停戰協定。蘇聯進入東北，9 月 3 日蘇軍完全占
領東北全境。依雅爾達協定，將中國的外蒙古與東三省兩鐵路（中東、南
滿）兩港口（大連、旅順）的權益畀與蘇聯。中國迫於國內外情勢，於 8
月 14 日與蘇聯簽訂《關於中國長春鐵路之協定》（全 18 條），將中東、南
滿兩鐵路合併改稱中國長春鐵路，以哈爾濱為中心，西至滿洲里，東至綏
芬河，南至大連，呈丁字形分布，總長 2,400 餘公里，歸中蘇共有並共同
經營，以取代不平等條約的用語－租借。實際上蘇聯掌控經營權，並擅自
將中東鐵路改為俄軌，使東北境內火車再度無法運用中長鐵路，以利其大
肆搶劫和掠奪，大規模拆運工礦設備卸運蘇聯。

　　1945 年 10 月滿鐵大連圖書館被蘇聯紅軍接管，改稱中國長春鐵路局
大連圖書館，由柿沼介與斯普利普卡交接，時藏有古今中外的珍本秘籍達
40 餘萬冊。1947 年蘇聯派遣了所謂「波波夫調查團」來檢查圖書，名為借
閱有關蘇聯與近東中外資料，依庫逐架檢查半月之久。當抽出一批中外珍
貴圖書近 5,000 冊，其中中文貴重書 199 部、2,781 冊；中文哲學社會科學
圖書 462 種、1722 冊；西文歷史、地理等重要圖書 140 種、451 冊，由館
員日本人大谷武男（1900－1999；健夫）造冊存館。這些珍貴圖書被綑裝
了 50 個大木箱，運往蘇聯莫斯科列寧圖書館。這一批所謂借書，包括宋本、
一些元刊等善本、輿圖、手稿、地方文獻等貴重資料；其中最為世人所珍
貴的《永樂大典》55 冊、海源閣舊藏宋本子集 6 部也在內。該批《大典》，
依 1944 年（光緒 33；昭和 19），島田好〈本館所藏稀見書解題〉，《書香》
16：3，計所藏已達 55 冊。但其來源，說法較多，莫衷一是。茲綜合前人
說法，包括原購自琉璃廠述古堂 2 冊；1939 年（昭和 14）從嘉業堂購入
39 冊、吳興丁氏百一齋買入 5 冊、文安王氏 1 冊、不確定來源 1 冊；其後
又入藏 7 冊。依 1944 年 12 月 26 日北京事務所給大連圖書館館長的急件，

《永樂大典》乙冊日元 2 萬元）。

蘇聯歸還東北

　　1950 年 2 月 14 日總理周恩來（1898－1976）與蘇聯外長莫洛托夫（1890－1986）在莫斯科簽訂中蘇《關於中國長春鐵路、旅順口及大連的協定》（全 4 條），於是中長鐵路於 1952 年 12 月 31 日歸還中國，1955 年 10 月 1 日歸還旅順口。

　　中長鐵路局大連圖書館於 1950 年 11 月由大連市人民政府接管，次年與旅大文化宮圖書室合併稱旅大圖書館。《永樂大典》被蘇聯劫走後，1954 年 6 月 17 日才經由中共外交部從蘇聯中央列寧圖書館轉歸還北京圖書館 52 冊（所缺為卷 482、483－484、2190－2191 等 3 冊），可惜仍未見「所借」海源閣 6 部及其他珍貴圖書資料還來。1981 年旅大圖書館改稱大連圖書館迄今。

　　大連圖書館館長張本義於 1997 任職以來，館藏相關出版物例示如下：

　　張本義主編，《大連圖書館藏古籍書目》4 函 24 冊（桂林：廣西師範大學出版社，2009.06）。

　　張本義、孫福泰主編，《大連圖書館藏孤稀本明清小說叢刊》67 函 55 種 290 冊（大連：大連出版社，2000.04）。另出版《總目錄》1 函 1 冊。

　　楊豐陌、張本義主編，《大連圖書館藏少數民族古籍圖書綜錄》（瀋陽：遼寧民族出版社，2006.01）。

（十）旅順博物館

　　旅順博物館是日本在中國建立的殖民地博物館。甲午戰爭導致日本進入了遼東半島。1895 年（光緒 21；明治 28）8 月，以鳥居龍藏為代表之一批年輕考古學者受東京帝國大學之委派，踏上遼東半島，從東至南進行一系列有組織地考古調查。日俄戰爭後，日本自 1906 年（光緒 32；明治 39）起，便以滿鐵調查科，調遣日本國內考古人員和相關學者深入到東北、內

蒙古等地區進行所謂「考古調查」活動。各種調查都是執行國策以尋求滿洲與中國本土分離之理論基礎。調查所得的「收集品」因需要一個整理和展示的場所，1915 年（大正 4）11 月 26 日在旅順千歲町（今萬樂街）原帝俄「俄清銀行」舊址成立「物產陳列所」1917 年（大正 6）11 月遷至松村町（今列寧街 22 號），改稱「關東都督府滿蒙物產館」，以強調滿蒙歷史不同於中國的獨特面貌。1919 年（大正 8）4 月，隨關東廳制的施行，又改稱「關東廳博物館」，將原「物產陳列所」舊址改為博物館的圖書部，「滿蒙物產館」改為博物館的考古分館，專門收藏展示考古品。

　　1917 年（大正 6）11 月關東都督府在大伯町（今列寧街 42 號）原俄國「陸軍將校集會所」的基礎上，改續建為一座博物館，即現在之旅順博物館大樓（日人稱「本館」）。1921 年（大正 10）5 月 6 日「旅順要塞戰績紀念陳列所」（1905＝光緒 31 年＝明治 38 建，收藏日俄戰爭之遺物）改稱「關東廳博物館紀念館」。1925 年（大正 14）又增「關東廳博物館附屬植物園」；將考古分館的考古品和陳列品全部調整至「本館」，並將博物館的圖書部遷至考古分館。這樣地經過 10 年的機構調整及組合，迄 1935 年（昭和 10）始稱旅順博物館，是為以「本館」為主與紀念館、植物園、圖書館合一的綜合性博物館；其主要藏品是大連地區考古品、大谷光瑞「收集品」、私人藏家徵集品。

　　從 1906 年（光緒 32；明治 39）至 1942 年（昭和 17），日本以滿鐵調查科、東亞考古學會（1926 年 5 月成立）、關東廳博物館、旅順博物館、日本學術振興會等名義，組織考古專家、人類學家、大學教授等在東北、內蒙古、大連等地區進行大量的考古調查和發掘，以大連地區出土物為旅順博物館藏品的主要來源。先後參加人員如滿鐵調查科島村孝三郎、小林胖生、八木奘三郎等；東京大學原田淑人、駒井和愛、田澤金屋、八幡一郎、長谷部言人、藤田亮策，京都大學濱田耕作、澄田正一、島田正彥（後為旅順博物館）、清野謙次、金關丈夫、三宅綜悅、梅原末治、小林行雄、水野清一，關東廳博物館（後為旅順博物館）內藤寬、森修等。凡調查考

古發掘，大多編寫出版了大型單行本《報告》，或分別發表在東亞考古學會《東方考古學叢刊》（甲種、乙種）、《考古學雜誌》、《人類學雜誌》、《滿州學報》、《滿蒙》、《歷史與地理》、《滿州史學》、《愛知學院大學人間文化研究所紀要》等日文和中文期刊。考古藏品，除日本學術振興會於 1941 年、1942 年大型發掘得到的「標本」，分別藏於東京大學、京都大學外，大都為旅順博物館的館藏。

　　大谷光瑞三次中亞、西域考察隊等的「收集品」，涉及中國內地、內蒙古、西藏、雲南等地文物資料，陸續運回日本。第 1 次考察隊（1902—1904）所獲文物存放在京都本願寺和京都帝室博物館（1924 年因賀皇太子昭和天皇結婚，改稱恩賜博物館，今京都國立博物館）。第 2、3 次考察隊（1908—1909、1910—1914），由於所獲文物數量龐大，1909 年（光緒 35；明治 42）本願寺在神戶六甲新建別邸—二樂莊，存放大谷收集品。其後二樂莊被變賣，收集品分散。

　　從現在收藏情況看，大谷收集品主要分 3 個部分：1.東京國立博物館。原存放京都恩賜博物館，1944 年(昭和 19)為木村貞造所購後贈與博物館；2. 韓國首爾國立博物館。1915 年（大正 4）由橘瑞超開列目錄，售予時任朝鮮總督府總督寺內正毅；3.旅順博物館。大谷於 1915 年 6 月移居旅順，將包括「大谷文書」（發現於新疆和甘肅兩地的紙質文書）在內的收集品，先是寄存，後是售給關東廳博物館。依旅順博物館所藏的大谷文書，其中有吐魯番地區漢文佛經殘片 26,000 多片，敦煌藏經洞佛教經卷 700 多件。新中國成立，1953 年將其中 620 件（包括漢文佛經 410 件、藏文 210 件）上交文化部，現存北京中國國家圖書館。另大谷藏書部分，1.經滿鐵交給滿鐵大連圖書館，以明清珍本小說為主，現為大連圖書館所藏；2. 原藏關東廳博物館圖書閱覽室，後該閱覽室獨立為旅順圖書館，為該館藏書，約 3,500 冊，多為西文原版書，現已佚失。

　　日俄戰爭以後，許多日本國內收藏家僑居大連，他們的收藏品逐漸入藏旅順博物館。私人藏家羅振玉，於武昌起義後，應京都大學內藤虎次郎、

狩野直喜等邀請，與王國維攜眷及所藏流寓京都異域。羅氏自 1911 年（宣統 3；明治 44）11 月至 1919 年（大正 8），遂一住 8 年；透過藤田豐八名義，在京都淨土寺馬場町購地，營建宅邸，以「商遺」自號，將新居命名為「殷禮在斯堂」，庭園名「永慕園」，以藏北朝初寫本《大雲無想經》將書庫名「大雲書庫」。借京都大學與王國維清點整理所藏，有古器物及其標注拓本數千件、上萬片甲骨、藏書 50 餘萬冊；展開了研究及著述生活，每年必成書數種，文若干篇，有時一年成書多達 10 多種，甚至 1 月成書兩三種，如出版《鳴沙石室佚書》（京都：羅氏宸翰樓，1913）、《流沙墜簡 3 卷、考釋 3 卷、補遺 1 卷、補遺考釋 1 卷》（同前，1914）、《殷墟書契考釋》（京都：永慕園，1915），堪稱羅氏潛心學術研究的高潮時期。13 年（1924；大正 13）奉溥儀詔，入值南書房。溥儀被逐出清宮，羅氏等保護溥儀微服到天津。21 年（1932；昭和 7）羅氏隨溥儀赴長春，籌建偽滿洲國，並充當臨時政府督辦、監察院長等偽職。

　　羅氏於 1928 年（昭和 3）遷居旅順（今太陽溝洞庭街），1932 年（昭和 7）在住家後面購置土地新建「大雲書庫」（一座 3 層藏書樓）；還藏有古籍圖書計 10 餘萬冊，四部圖書皆備，尤其注重歷史和小學方面的書籍。羅氏收藏注重古籍的史料價值，較不計較版本年代是否久遠。1940 年（昭和 15）羅氏逝世。1945 年（昭和 20）8 月 15 日日本宣布無條件投降，8 月 22 日蘇軍進駐了旅大，派員接管旅順博物館，改稱旅順東方文化博物館，地質學家朱可夫擔任館長；1951 年 2 月蘇聯政府將該館交還，1954 年再改名旅順博物館。

　　蘇聯徵用了羅氏的藏書樓大雲書庫，羅家匆促被迫搬出，遂使其舊藏古籍佚失一些，大部分圖書存放在旅順一廢廟裏。1947 年旅大關東公署成立後，又將圖書轉運到大連。大連主管文化部門邀羅振玉之孫羅繼祖對這批書進行了整理。1948 年圖書整理完畢後，羅繼祖與其堂弟羅承祖受祖母命，將全部藏書捐給了國家。一部分善本書調到遼寧省圖書館，其餘 8 萬冊古籍存放在大連市圖書館。

旅順博物館收藏羅氏舊古藏 3,500 餘種、歷代書畫 100 餘帖、內閣大庫檔案 230 件、刊印圖書 282 種、手稿近 70 種。

六、外務省東方文化事業總委員會推波助瀾

（一）東方文化事業總委員會及其圖書館

　　1922 年（大正 11）2 月華盛頓會議後，日本和平派主張排除中日惡感的論調，漸見得勢，一轉為中日親善運動。迄 1927 年（昭和 2）4 月田中義一（1864－1929）任首相兼外相後，日本親善運動遂告完全終止。

　　由於美、英等列強根據其對華戰略的需要，紛紛將「庚子賠款」的一部分「退還」給中國，在華用之於興辦文化事業，日本決定比照。1923 年（大正 12）3 月 30 日，日本公布《對支文化事業特別會計法》（全 10 條），表示將用庚款辦理以下 3 項事業：1.關於日本在中國所辦教育、學藝、衛生、救洫及其他相關文化事業；2.對居留日本的中國國民所辦與前項相同的事業；3.在日本所辦有關中國的學術研究的事業（第 5 條）。該法的主要財源係以庚子賠款（餘額日幣 7210 萬 8776 圓，償付期限為 1945 年）、膠濟鐵路及公有財產補償國庫證券的本利、山東鑛山公司補償金為主，用於中國發展文化事業。歲出以 250 萬圓為限，1926 年經修定增加為 300 萬圓，餘款作為積金。政府每年應制定特別會計歲入歲出預算，送請國會審議。5 月 5 日外務省設置「對支文化事務局」（局長由外務省亞細亞局長兼），後易名「文化事業部」（部長由外務省內高級官員中遴選），掌管對華文化事業的一切事宜；還設置「文化事業調查會」，作為諮詢機構，審議對華文化事業。1924 年（大正 13）2 月 6 日中國駐日公使汪榮寶與日本「對華文化事務局」局長出淵勝次簽定《關於庚子賠款辦理對華文化事業協定》（全 9

條），在對華文化事業之一是決定在北京設立圖書館及人文科學研究所（用地由中國政府免費撥給）、在上海設立自然科學研究所。另設留學生補助費，以中國留日學生及在中國的日本學生、研究員為補助對象。

　　1925 年（大正 14）10 月 9 日，在北京北海靜心齋成立「中日文化委員會總會」，由中國代表 11 人、日本 7 人組成，中國委員柯劭忞、熊希齡（辭後由梁鴻志補任）、江庸、王式通、賈恩紱、湯中、王照、胡敦復、鄧萃英（離京後由楊策繼之）、鄭貞文、王樹枏，日本委員入澤達吉、服部宇之吉、大河內政敏、太田為吉、狩野直喜、山崎直方、瀨川淺之進。在北京召開第 1 次會議，一致推舉柯劭忞（1850－1933；自稱遜清遺老，國學、史學家，因著《新元史》獲東京帝國大學名譽文學博士學位）任委員長。1926 年（大正 15）7 月 27 日在北京第 1 次臨時總會議，中國代表反對「對支文化事業」乙辭，乃將委員會正式定名為「東方文化事業總委員會」，並推舉鄧萃英、瀨川淺之進為總委員會總務委員，江庸、大內暢三為總委員會建築臨時特別委員；11 月 19 日至 22 日在東京臨時總會議決定籌設「東方文化事業圖書籌備處」；1927 年（昭和 2）召開第 2 次會議，經江庸的介紹，以 30 萬銀元購定在王府井大街東廠胡同原「黎元洪邸宅」為其事務所。並制定了《東方文化事業圖書籌備處辦事細則》（全 15 條），聘請柯劭忞、王樹枏（1851－1936）、服部宇之吉、王照、賈恩紱、王式通、梁鴻志、江庸、胡敦復、楊策、瀨川淺之進、李盛鐸、傅增湘為圖書籌備處評議員，另聘徐鴻寶為圖書籌備處事務主任，瀨川淺之進為日方籌備委員。籌備處成立後，立即從事「編纂、調查、蒐集將來應儲存於圖書館及要與《四庫全書》補遺、《續修四庫全書總目提要》之書籍」，大肆購買古籍，尤其是清乾隆以後問世的學術著作。東方文化圖書館購古書部分，依「自 1926 年至 1937 年（大正 15-昭和 12）購書情況」載：12 年共得 15,420 部、165,999 冊。

　　時南北書籍之價正廉，而主持買書者，又為版本目錄專家徐鴻寶、倫明

二氏。於是東方所藏凡經二人之手者，莫非佳槧，幾集北京圖書館之精美，其性質純為學術之書。尤以名校精抄稿本最多。（中略）在數量上雖不足與北平圖書館比，而其精粹，則不相上下，洵孤本秘籍之大觀矣。

孫殿起《琉璃廠小志‧概述》載：「日本人喜研究漢文書籍，1931 年（昭和 6）左右，東方文化委員會搜購經史考據之書，即如《皇清經解》，所購動至數十部，書賈雖因而大飽欲壑，而國粹外流，至可痛惜也。」1926 年 7 月 5 日梁啓超館長任內致信副館長李四光、圖書部長袁同禮：「頗聞日人之東方文化會眈眈於方家舊籍，吾館似不能不乘此時急起直追。」

（二）北京人文科學研究所與續修《四庫全書提要》

1927 年（昭和 2）12 月 20 日北京人文科學研究所成立，柯劭忞為總裁，王樹枏、服部宇之吉為副總裁。該研究所的事業主要為：1.新字典編纂方法的調查；2.編纂《四庫全書》補遺及續編；3. 編纂《十三經注疏》通檢。暫以續修《四庫全書》為主，再漸次及於其他兩項。天津赤山工程局於 1934 年（昭和 9）3 月 1 日至 1935 年（昭和 10）8 月 30 日在總會事務所，完成了興蓋一座 3 層土黃色的「東方文化圖書館」書庫樓（建築總面積為 1,876 平方公尺，基地面積約 48 畝），調查及蒐集圖書，作為該所續修《四庫全書》之用。

依《北京研究所暫行細則》：「續修《四庫全書》分兩階段進行。第一階段為調查在乾隆年間所選輯的《四庫全書》中所失載的各書。第二階段為將乾隆至宣統年間的各著書中，選定其著錄書目。」「所選定的著錄書籍，由研究所向圖書館籌備處申請購買或鈔錄」。正當陸續展開編目，開始購求古書之際，1928 年（昭和 3）5 月 3 日發生「濟南慘案」，5 月 13 日總委員會中的全體中國委員開會決議，一致聲明退出該會，於是這一事業日方只得單獨進行，「東方文化圖書館」圖書保管之權，收歸日本職員擔任。

1931 年（昭和 6）6 月間，編目工作暫告一段落，接著進行提要的編纂。因當時日本逐步侵略中國，續修《四庫》，也就拖沓十餘年，逐步停息。祇剩下在橋川時雄（1894－1982）自 1933 年（昭和 8）至 1945 年（昭和 20），主持之下，「據檔案與現存原稿核實，從 1931.07-1945.07，參加《提要》撰稿工作的共 71 人，如王式通、王重民、江瀚、向達、何澄一、柯劭忞、柯昌泗、胡玉縉、孫楷第、孫人和、倫明、高鴻達、傅增湘、楊鍾羲、董康、趙萬里、羅振玉、羅福頤、羅繼祖等」（羅琳），以私人關係（被聘為「囑託」）參與為續修而撰寫的乾隆以後著述提要「稿 31,833 篇，及擬修書目 28,000 種、待修書目 8,000 種。」

　　1945 年（昭和 20）10 月 5 日教育部特派員沈兼士從重慶飛北平，接收續修《四庫全書提要》原稿及其編纂經過及計畫等說明（約 300 頁）。完成接收後由中研院史語所圖書館收藏；新中國成立遞藏於中國科學院圖書館。

　　東洋文庫藏《續修四庫全書提要》編纂資料，分交稿記錄 3 函 48 冊、書目記錄，3 函 40 冊。前者，即各撰稿人所交提要原稿的篇目及時間記錄；後者，即各撰稿人與研究所擬定的提要書目。這兩記錄均以「人」立冊，人各 1 冊或 2 冊，分別著錄《續修提要》篇目 13,000 餘種、書目 19,000 餘種。該批編纂資料，就相關資料整理後有下列 1.-3.較主要的出版品；及另行編印出版的 4.-5.《續修四庫全書》及其目錄索引：

1) 《續修四庫全書提要》12 冊、索引 1 冊（臺北：臺灣商務印書館，1972.01-1973.03）。當年北京人文科學研究所作為與東京大學東方文化研究所的對應機構，提要初稿油印本都會寄送東京東方文化研究所交流。戰後經平岡武夫的協助，將油印本攝製成顯微膠片，在王雲五主持下，按四部加以重新整理，著錄古籍 10,070 種，由臺灣商務出版。

2) 中科院圖書館整理，《續修四庫全書總目提要・經部》2 冊（北京：中華書局，1993.07）。

3) 中科院圖書館整理，《續修四庫全書總目提要》37 冊、索引 1 冊（濟南：

齊魯書社，1996）。

4) 《續修四庫全書》編審會編，《續修四庫全書》1,800 冊（上海：上海古籍出版社，2002.03）。為國家重點出版工程，歷 8 年（1994－2002.4），收錄 5,213 部，分裝經部 260 冊、史部 670 冊、子部 370 冊、集部 500 冊。

5) 《續修四庫全書》編審會、復旦大學圖書館古籍部編，《續修四庫全書總目錄　索引》（上海：上海古籍出版社，2003.05）。

（三）上海自然科學研究所

　　因為五三慘案，中國政府命中國委員一概退出東方文化事業總委員會上海委員會，中國官方已不承認上海自然科學研究所是中日共同的研究機關。1928 年（昭和 3）8 月該研究所在法租界徐匯路（肇嘉濱路）、祈齊路（岳陽路）路口開工建造，面積 2 萬坪，1930 年（昭和 5）竣工，1931 年（昭和 6）4 月 1 日研究所正式成立，6 月開始營運，分醫學、理學 2 部，首任所長為橫手千代之助，1936 年（昭和 11）後為新城新藏、森喬、佐藤秀三。該所設中央圖書館；9 個研究部各設分館，自行管理。同年 6 月，該所藏書 7,500 種、54,000 冊，漢籍有類書、叢書、方志等。

（四）東方文化學院

　　因 1928 年（昭和 3）5 月 3 日發生濟南事件，強占濟南及附近地，全國國民莫不同懷憤慨，中方委員特於 5 月 13 日開會決議，一致聲明，全數退出「東方文化事業總委員會」。1929 年（昭和 4）4 月日本外務省自「庚款」調撥經費，決定在日本籌備設立研究機構——東方文化學院，其下分設東京研究所和京都研究所。東京研究所初借東京帝國大學附屬圖書館籌備；1931 年（昭和 6）4 月在東京小石川區大塚兵器廠遺址建築研究樓，

1933 年（昭和 8）8 月竣工，11 月 19 日舉行研究所開所儀式。京都研究所
借京都帝國大學文學部陳列館籌備；1929 年（昭和 4）6 月在京都左京區
北白川購地興建，1930 年（昭和 5）11 月落成開所。根據《東方文化學院
規程》學院設理事會，由服部宇之吉任理事長。服部宇之吉、授野直喜分
別擔任東京所、京都所所長。出版《東方學報‧東京》、《東方學報‧京都》
專刊。東方文化學院創社宗旨是「開展以中國為中心的東亞諸文化的學術
研究，以及普及其文化知識為目的」，努力蒐集圖書資料。

京都研究所

　　京都研究所主要收藏有購進陶湘「涉園」舊藏、甲骨文字、石窟資料。
倉石武四郎（1897－1975）和吉川幸次郎（1904－1980）在北京留學期間，
均接受東方文化學院京都研究所和京都大學文學部等機構委託，代購中國
古籍。他們以張之洞《書目答問》作指引，在北京舊書店如來薰閣、文奎
堂等，大量購進漢籍舊版書。倉石曾於 1929 年（昭和 4）8 月協助京都研
究所以 3 萬圓購得天津藏書家陶湘（1871－1940）涉園所藏善本 574 部、
27,939 冊，以叢書為主，奠定了該所館藏基礎，也確定了日後以蒐集清考
據學研究成果的採訪政策。陶湘曾為北平古舊書業修綆堂開設出資建基。
陶氏晚年涉園書藏漸四散。

　　依倉石所撰《述學齋日記》，記他在中國留學的最後 8 個月的讀書生活，
自 1930 年（昭和 5）元月 1 日至 8 月 6 日；本日記即為倉石訪書日誌，記
他在大學聽課、與中國學者來往及遍及北京琉璃廠及宣武門小市舊書店訪
書購書校書（請人抄錄，在晚間親自校閱）的經過。

　　吉川幸次郎與倉石同時在北京，吉川在《我的留學記》敘述：

〔留學〕頭一年之後第 2 年〔1930 年＝昭和 5〕正趕上中國銀價有史以來
的爆跌。我每月的獎學金〔上野育英會獎學金〕是日本錢 200 日元，比
文部省派遣的留學生的費用要少，但在最好的時期可相當於中國錢的兩
倍半。即日本錢 200 日元相當於中國錢 500 元。這 500 元中，生活費還

　　不到 100 元，包括我住在中國人家裏，房費、飯費和交通費（電車、人
力車）。其餘的 400 元，全部用作買書。

吉川有足夠的資金，在北京各大學去聽課〔旁聽生〕，與書店打交道。吉
川和倉石的興趣相同，都在考據學，兩人競向奔波兩大古書街－城外琉璃
廠，城外隆福寺，特別是通學齋、來薰閣和文奎閣買書。倉石作為文部省
派出的留學生，每月的獎學金比吉川還要多。倉石於 1929 年（昭和 4）秋
季學期在北大、北師大、私立中國大學均旁聽課程，北師大距琉璃廠極近，
故放學後必往訪書。當時北京琉璃廠和隆福寺的舊書店還是按老規矩給客
人送書上門。琉璃廠書肆已視倉石、吉川為常客，與中國學者一樣，一般
先由書商將一部書的第 1 冊用布包袱包著送上門來，4、5 天後，再來詢問，
要，就把全套書送齊；不要，就把這第 1 冊取回。至於購書的書款，往往
固定在端午、中秋、春節前夕，一年分 3 次收款。

　　1935 年（昭和 10）該所為蒐集中國學資料，編輯《昭和 9 年度東洋史
研究文獻類目》起，每年出版乙冊，收錄日本、中國和歐美學者相關研究
成果；自 1963 年（昭和 38）起改書名為《東洋學文獻類目》迄今。

　　1937 年（昭和 12）中日戰爭爆發，應日本軍部要求東方文化學院於
1938 年（昭和 13）4 月被改組，從東方文化學院分離出來，改稱東方文化
研究所，狩野直喜離職。該所下設「經學文學、宗教、天文曆算、歷史、
地理、考古學」6 個研究室，以松本文三郎（1865－1944）為所長。

　　1949 年（昭和 24）將東方文化研究所與人文科學研究所舊．人文研
（1939 年（昭和 14）8 月創立）及西洋文化研究所（1934 年（昭和 9）創
立)3 個研究所整合成立人文科學研究所。此外還接受了松本文三郎藏書、
內藤虎次郎部分藏書、中江丑吉（1889－1942）與村本英秀的舊藏書；在
文學部還有鈴木文庫、狩野文庫、今西文庫等個人文庫。

　　京都大學人文科學研究所藏甲骨文片 3,609 片，得自黑川幸七（456
片）、上野精一（2,997 片；購自羅振玉，為小屯出土品）、貝塚茂樹（146

片）、橋本美雪（10 片）。還有水野精一（1905－1971）、長廣敏雄取自龍
門、雲岡石窟資料 5,600 件。

東京研究所

　　1929 年（昭和 4）10 月 17 日外務省請杭州日本領事館（領事內山庸
夫）出面，由「對支文化事務局」依上開《特別會計法》支應款項 34,000
圓（時銀價持續走低，金價上漲，市價匯率對以金本位的日元十分有利。
1929 年 8 月 28 日上海金銀行市：日金 100 日元兌換銀 113 元），「購得浙
江青田徐氏（徐則恂；1874－1930）東海藏書樓，計得其所藏古籍 2,176
部、47,137 冊，其中元刊本 3 部，明刊本 300 部，包括閩本《十三經注疏》
335 卷（明正德間李元陽刻本）全 120 冊，舶載而東。惟甲乙方點檢書籍
後，日方以當時大藏省白銀匯價為銀 1 元兌換日金 99 錢，乃要求書款通過
郵政匯兌的方式，在上海支付，匯率由雙方協商解決，爰修改原合同為當
由日方支付書款洋日金 28,850 圓正，簽約時間則仍然不變。使日方賺取匯
率價差，短少支出。

　　東京研究所在東京大塚兵器庫遺址的建築，斥資日銀 38 萬圓，占地
911 坪，為 3 層的日式建築。設有研究室 33 間，書庫 200 坪，可容書 20
萬冊，時有藏書漢和書 64,300 冊及洋文書若干冊。所長是服部宇之吉，其
下有研究員 12 名，指導員 7 名，助手 15 名，從事各種研究。

　　東京研究所二次大戰後併入東京大學東洋文化研究所。1967 年（昭和
42）外務省將原管轄東方文化學院所藏漢籍 103,500 餘冊移交文部省，文
部省交給該所；包括上開東海樓藏書。此外該所還藏有大木幹一、下中瀰
二郎、松本忠雄（1887－1947）、長澤規矩也（1902－1980）「雙紅堂文庫」、
仁井田陞（1904－1966）、倉石武四郎等人舊藏。

（五）日本近代科學圖書館

　　1936 年 5 月，日本特別議會提出 1936 年度新事業預定經費，其中上

海和北京近代科學圖書館助成金額各為 6 萬元，包括圖書收集購入費 5 萬元，設備費 1 萬元。

　　1936 年 11 月，日本外務省文化事業局在上海開始籌建上海近代科學圖書館，1937 年 10 月落成啓用。其目的在於「收藏關於商、工、農業等技術的、實用的圖書，供給中華人士公開閱覽。舉行有關日本事情的演講、發表、宣傳，並介紹日本近代文化產業部門，通過此類活動，實施日支經濟提攜。」創辦之初，藏書 10,378 冊，中英日文報紙 27 種，雜誌月報 322 種，小冊 450 種。1939 年該館由興亞院接管，到 1942 年又改隸大東亞省。抗戰勝利，1946 年由國圖接收其館藏中日圖書 28,901 冊。

　　北平近代科學圖書館，1936 年 12 月 5 日成立，1937 年 6 月 7 日西城分館開館。日本戰敗，該館與東方文化事業圖書籌備處的藏書都由中研院史語所北平圖書館史料整理處接收。清點後，整理出 13 本書本式目錄，約 6 萬冊書刊。1950 年中國科學院成立，接收了北平圖書館史料整理處藏書。

七、偽滿洲國的圖書館事業

（一）偽「滿洲國」國立奉天圖書館

　　日軍發動「九一八事變」，強占東北。1932 年（昭和 7；「偽滿」大同元）3 月 1 日日本成立「滿洲國」，首都設於新京（原長春改名），領土包括「奉天、吉林、黑龍江 3 省全境（不含「關東州」，即旅順大連為中心的遼東半島南端租借地；即使「滿洲國」獨立，仍持續與「滿洲國」租借）、熱河東省特別區、蒙古各旗盟等」。日本殖民統治者重視大連，認為「大連港作為滿蒙之門，為開拓帝國的光輝未來，正擔負重要使命。」日本於「關東州」初設關東督都府，下轄民政部、陸軍部。後廢關東督都府，將民政

部改為關東廳，陸軍部改為關東軍司令部。以關東軍總司令部、關東廳（後改為關東局）、南滿洲鐵道株式會社為日本統治旅大，控制東北（滿洲）的3大侵略機關，分別扮演軍事佔領、政治統治及經濟掠奪的角色。

1932年（昭和7；大同元）6月18日關東軍將張作霖（1875－1928）、張學良（1901－2001）父子在瀋陽的舊邸（張氏帥府，時占地面積29,146平方公尺，建築面積27,570平方公尺）改設為偽「滿洲國」國立奉天圖書館；9月隸屬於偽滿文教部和民生部管轄，由「滿洲國」參議府參議袁金鎧（1870－1957）兼任館長，金毓黻（1887－1962）任副館長。後者於1936年（昭和11，康德3）4月以考察文物為名前往日本，想以此為契機從上海進入內地，最終如願以償。他在日本進行了3個月訪書活動，考察了一些在東京的學術機構和藏書館。如東洋文庫（往還30餘次）、靜嘉堂（10餘次）、尊經閣（2次），還去過東方文化學院東京研究所、上野圖書館，每日以典籍為伍，發現了許多稀見或中國亡佚的典籍。

將當時東三省博物館（瀋陽故宮）的內府藏書（清入關明文規定，凡內府武英殿刻書處，每刻印乙種，至少有乙部恭送盛京宮闕尊藏，絕大部分是沒有裁切的毛裝書）、《清實錄》、《滿文老檔》等（以上仍存瀋陽故宮原處）；東北大學圖書館；馮庸大學圖書館；萃升書院；張學良「定遠齋」收藏圖書書畫及散佚瀋陽故宮各處的文獻圖書約10萬餘冊接收進館。為進一步豐富其館藏，又先後從北平購書，還有少部分接受捐贈，如日本學者稻葉岩吉（1876－1940；研究遼東及朝鮮）捐贈所藏古籍約500部；在偽滿任職參議、監察院院長等職的羅振玉，捐唐檔6件、清內閣大庫部分明代兵部檔案及清代檔案67,271卷；偽奉天鐵路局局長闞鐸（1875－1934）贈藏書800多部等。抗戰勝利，收回東北，成立國立瀋陽故宮博物院圖書館，上述「殿本」書成為該館的藏書；1948年（昭和23）11月「殿本」又為遼寧省圖書館接收。

1932年（昭和7；大同元）9月偽滿奉天省長臧式毅（1884－1956）訓令將文溯閣《四庫全書》、《欽定古今圖書集成》劃歸國立奉天圖書館。

緣起於瀋陽故宮文溯閣《全書》，先是滿鐵奉天圖書館主事衛藤利夫（1883－1953）、館員植野武雄（1897－1949）委請滿鐵奉天公所（所長粟野）及奉天地方維持會（委員長袁金鎧）出面警戒，未幾由日奉天特務機關長、奉天臨時市長土肥原賢二（1883－1948）下令接收；衛藤積極向關東軍建議以「逆產」的名義處理。曾任職東方文化事業總委員會圖書館的杉村勇造（1900－1978；松崎鶴雄女婿，曾跟徐鴻寶學）向外務省爭取經費，希望該《全書》能在「滿洲國」內設立圖書館以利存放。1932年（昭和7；大同元）6月20日「滿洲國」公布《逆產處理法》，將關東軍所「接收」的各項資產交予「滿洲國」政府。1935年（昭和10；康德2）該館以文溯閣多年失修及保護閣內藏書為由，在文溯閣前西南處修建乙座鋼筋水泥結構的二層樓書庫（稱為「新閣」，俗稱「水泥庫」）；1937年（昭和12；康德4）6月，將文溯閣《四庫全書》和《古今圖書集成》全部移藏該庫以封存。

　　1937年（昭和12；康德4）5月28日偽滿國務院發布第37號訓令，「關於統一整理舊記之件」，令各官署將分散保存在東北各地的各官署及地方自治團體保存的「舊記」（偽滿建國以前的文書資料），全部集中到該館，統一管理；1938年（昭和13；康德5）3月設「國務院舊記整理處」（處長彌吉光長）進行統一收集編目整理。因同年10月偽滿「國立中央圖書館籌備處」成立於長春；乃將國立奉天圖書館改為「國立中央圖書館籌備處奉天分館」。12月該「舊記整理處」也隨圖書館改隸國立中央圖書館籌備處。1939年（昭和14；康德6）6月偽滿雖發布該館官制，圖書館隸國務院直轄，但迄未成立；惟國立奉天圖書館改稱國立中央圖書館奉天圖書館。截止1945年8月，「共登記上架檔案250萬卷卷宗，形成了726冊精裝大本目錄」。（《遼寧檔案館指南》，1994.04）

　　勝利復員，1947年1月1日奉教育部令成立國立瀋陽博物院籌備委員會，即合併東北區教育復員輔導委員會所接收的偽滿國立中央圖書館奉天分館及國立中央博物館奉天分館，改為該籌委會圖書館、古物館。同時將

偽滿國務院舊記整理處也隸屬於籌委會，改稱檔案編整處。

古物館於偽滿時共有藏品 37,832 件，光復後經蘇聯軍等的破壞，藏品損失泰半，陳列櫃等，則幾全為破壞。1946 年秋接收時，僅得 19,499 件。

圖書館原係九一八事變後，1932 年 5 月經日本軍之手，集中了瀋陽故宮博物館、東北大學、馮庸大學、萃升書院、張三爺堂的藏書共計 20 餘萬冊；因設於舊城內，光復時並無軍隊佔據，典守人員盡責，接收時幾無損失。復接收長春偽帝宮藏宋元善本書籍 92 種。擁有藏書 219,908 冊 385 包，包括(1)善本書：①宋元明善本 1,450 冊；②文溯閣《四庫全書》36,313 冊；③崇謨閣所藏滿文實錄聖訓老檔 5,086 冊、漢文實錄聖訓 4,651 冊、玉冊 32 冊、玉牒 385 包；④清代殿版書 57,223 冊；(2)普通書 7,285 種、112,325 冊；(3)地圖 1,122 冊；(4)拓片 1,706 張。及(5)雜誌共 17 萬餘冊，總計 389,900 餘冊。西文書厥無。

檔案處的舊檔：1.北平故宮內閣大庫明清檔案，為羅氏捐贈者，計明檔 525 件，清檔 64,347 件，共 64,872 件；2.瀋陽故宮所藏盛京內務府檔案 48,703 件；3.清末至九一八事變時止東北各省縣公署卷宗約 2,062,779 件，3 者總計共約 219 萬餘件。

（中國第二歷史檔案館）

1948 年 8 月 15 日東北圖書館在哈爾濱開館，1949 年 2 月遷至瀋陽，1955 年改稱遼寧省圖書館，「舊記」為遼寧省圖書館接收，專設檔案部進行維護與整理。1960 年 5 月 26 日中共遼寧省委決定建立瀋陽檔案館集中管理遼寧省圖書館所保存東北舊歷史檔案和大連鐵路局所保存滿鐵調查部的檔案資料，業務上由遼寧省檔案局負責指導。1960 年 6 月 13 日改稱東北檔案館（館址在張作霖大帥府），接收了東北歷史檔案 220 萬卷（冊）。1969 年 11 月，遼寧省革委會作出決定，撤銷東北檔案館，將檔案一分為三，吉林省檔案館得 70 萬卷，黑龍江省檔案館 40 萬卷，遼寧省檔案館 110 萬卷。

（二）偽滿洲國帝宮圖書館

「偽滿洲國」在新京原吉黑榷運局（吉黑兩省鹽務）舊址立為「帝宮」
（「偽宮」）。

1912 年 2 月 12 日（宣統 3.12.25）清廷接受《清室優待條件》，溥儀
（1906-1967）在退位後，依《條件》「暫居宮禁」、「尊號仍存不廢」，開
始了遜清小朝廷的生活。至 1922 年（宣統 14）小朝廷內已可說是從上而
下地對宮中存放的古玩字畫等寶物，明目張膽地以偷盜、抵押、標賣、借
出鑒賞、藉由賞賜等方式劫掠，因此溥儀乃整頓內務府，清點古玩字畫，
以嚇阻蠶食鯨吞的掠奪；同時溥儀也乘機從「內務府大臣和師傅選出的最
上品中挑出最好者」，於 1922 年 6 月至 8 月（宣統 14.7.13-9.25）先後 41
次以賞賜其弟溥傑（1907-1994；溥儀的漢學伴讀）為名，將故宮昭仁殿
所藏部分善本書 210 部，盜運出宮。可參見《故宮已佚書籍書畫目錄之一·
序》（北平：故宮，1946.12）。有賞堂弟溥佳（英文伴讀）者，因未發現賞
單，不知其詳。溥儀《我的前半生·第 3 章紫禁城內外》稱，略以：

> 我「恢復祖業」行動的第一步是籌備經費，方法是把宮裏最值錢的字畫
> 和古籍，以我賞賜溥傑為名，運出宮外，存在天津英租界的房子裏去。
> 溥傑每天下學回家，必帶走一個大包袱。這樣的盜運活動，幾乎一天不
> 斷地幹了半年多的時間。運出的字畫古籍，都是出類拔萃，精中取精的
> 珍品。運出的總數大約有 1,000 多件手卷字畫，200 多件掛軸和冊頁，200
> 種上下之宋版書。1924 年我出宮後，「清室善後委員會」發現了「賞溥
> 傑單」，付印公布，其中說賞溥傑的東西，「皆屬琳琅秘籍，縹緗精品，
> 天祿書目所載，寶笈三編所收，擇其精華，大都移運宮外」，這是一點不
> 錯的。

就這樣「琳瑯祕籍，縹緗精品，皆屬《天祿琳瑯》所載，《寶笈三編》所收，

則其精華，大都移運宮外，國寶散失，至堪痛惜。」另溥儀根據宣統年間
由恭親王溥偉醇親王載灃掛銜所編《昭仁殿書目》抄本，「提起」昭仁殿藏
書，調至養心殿，或賞賜帝師、后妃，或借機盜運出宮。帝師也有以「借」
為名而據為己有者，如漢文師傅陳寶琛（1845－1935；太傅，鼓動復辟）、
朱益藩（1862－1937；歿後，賜謚「文誠」）等。

　　1924 年 9 月，第 2 次直奉戰爭爆發，10 月 23 日，吳佩孚部的馮玉祥
突然倒戈，回師北京，發動「北京政變」，11 月 4 日攝政內閣代理內閣總
理黃郛（1880－1936）召開國務會議，決定議決修改《清室優待條件》，要
求溥儀移出宮禁，並令北京警衛總司令鹿鍾麟（1884－1966）、警察總監張
璧（1885－1946）、代表李石曾（1881－1973；煜瀛）等人共同執行。11
月 5 日下午 2 時溥儀被逐出紫禁城。11 月 6 日令國務院組織「清室善後委
員會」，會同清室近支人員，協同清理公產私產，昭示大公。李石曾獲聘為
委員長，委員代表政府者有汪兆銘（易培基代）、蔡元培（蔣夢麟代）、鹿
鍾麟、張璧、范源濂、俞同奎、陳垣、沈兼士、葛文濬等 9 人，清室方有
紹英、戴潤、耆齡、寶熙、羅振玉等 5 人；另設監察員，以京師警察廳、
京師高等檢察廳、北京教育會為法定監察員；又特聘社會名流吳敬恒、張
繼、莊蘊寬為監察員；另外，國務院與國務院所屬各部院各派 2 人為助理
員到會，以使工作昭信於國人。旋於隆宗門清小軍機處設辦事處，次第劃
分宮殿區域，並予封鎖。11 月 24 日善後會由乾清宮、坤寧宮開始正式展
開清宮物件典查。1925 月 9 月 29 日善後會集議，決議依照法德皇室博物
館先例，成立故宮博物院，並定 10 月 10 日舉行開幕大典。善後會對紫禁
城文物進行清查整理、分類編目、登記造冊，制定嚴謹的規範步驟，奠定
了故宮收藏品典藏和管理的基礎。清點結果編印了《故宮物品點查報告・
1925－1930》分 6 編 28 冊（故宮叢刊；1）。2004 年，北京線裝書局又重
印，分裝 10 冊。

　　溥儀攜眷離紫禁城，先住入後海得勝橋生父醇親王戴灃府邸（號稱：「北
府」，今西城區後海北沿 44 號），再被迎入東交民巷的日本公使館（公使芳

澤謙吉）。1925 年 2 月 23 日晚，由公使館書記官池部政次（1877－1925）和便衣日警陪同，出了公使館後門，步行到北京前門車站，車到天津，日本駐天津總領事吉田茂和駐屯軍官兵幾十名將溥儀接下車，遷入天津日本租界張園（張彪宅第），5 年後，復遷靜園（陸宗輿宅第；原名乾園，溥儀改名，寓以「靜觀變化」、「靜待時機」之意）。1931 年 11 月 10 日，溥儀悄悄地離開了靜園，進入敷島料理店，由日方車輛，駛入英租界碼頭，搭日軍司令部運輸的船「比治山丸」，到了大沽口換乘商輪「淡路丸」，13 日早晨到了遼寧省營口「滿鐵」碼頭，在湯崗子溫泉療養區入住滿鐵企業翠閣旅館。後換火車到旅順，住大和旅館。1932 年 3 月 9 日溥儀出任共和制「滿洲國」的「執政」，1932 年關東軍司令官菱刈隆通知偽滿國務總理鄭孝胥，日本政府同意滿洲國改為帝制。1934 年 3 月 1 日，溥儀著「滿洲國陸海空元帥服」登基。

　　在關東軍司令部中將參謀吉岡安置(1890－1947)和羅振玉的協助下，將上述從宮中所盜善本及文物運往「偽宮」東院圖書樓（小白樓），併及溥儀在長春購買或收贈的，共達善本 250 部，還有一些普通本，總計 2 萬多冊。日本投降後，偽滿洲國解體，「御藏」的文物和圖書遂流散。抗戰勝利，溥儀所盜宮中善本，經「東北行轅經濟委員會收拾殘餘得書籍 92 種，分裝13 箱，自長春運回瀋陽暫存。其餘文物多數散落民間，由商民等輾轉運至平津京滬一帶販賣。」（古董商人稱這些文物為「東北貨」）。1947 年 1 月至 6 月間，故宮呈請政府撥款收購，先後購得《故宮已佚書畫目》著錄的本屬清宮舊藏文物。新中國成立後，除 92 種、1,450 冊蓋有「天祿琳琅」、「天祿繼鑒」印璽的善本存北京圖書館外，其餘絕大部分藏於遼寧省圖書館。

（三）其他收藏

　　陶湘（1871－1940）藏閔凌刻本 130 種（不含子目），其中大部分售予

偽滿中央銀行總裁榮厚（1874－？）。新中國成立後也為遼寧省圖書館收藏；當時接收了90種、200餘部。這是明中葉以後，浙江烏程（吳興）閔齊伋（1580－1661）、凌蒙初（1580－1644）採用先進的套本印刷技術和紙質精良的白棉紙，分別輯、評、校、刻的朱墨兩色，以至再加藍紫黃五色的套印本。當時因刻書成本較高，印數不多，套印的目的在便於初學者利用，為學者所不屑收藏，故流傳較少，至民國時價如宋元本。

　　稍早，1933年（昭和8；大同2）3月4日關東軍與「滿洲國」軍隊共同對熱河作戰，佔領承德，5月3日設置熱河省公署，熱河遂為「滿洲國」所支配。總理鄭孝胥據報告，在熱河尊經閣發現雍正敕版，銅活字本《古今圖書集成》，遂有8月15日水野梅曉（1877－1949；上海同文書院第1期學生）與杉村勇造的熱河之旅，前往調查。遍訪避暑山莊及其周圍寺廟、孔廟、尊經閣等處。在承德避暑山莊殊像寺，發現孤本滿文《大藏經》108函，普陀宗乘之廟（布達拉廟）和須彌福壽之廟（札什倫布廟）保存著藏文蒙文等《大藏經》等。尊經閣除《集成》外，尚藏有乾隆內府刊本幾千冊。日本東方文化學院派關野貞（1868－1935）、竹導卓一（1909－1992）也前往熱河考察，在義縣發現了遼代的古建築，還調查了北魏時代的石窟。

　　1933年（昭和8；大同2）10月17日應關東軍臨時顧問矢野仁一、羽田亨聯繫內藤虎次郎等京都學者所起草的請願書，成立「滿日文化協會」（半官方組織），用以降低日本「侵略」意味，也合乎「滿洲國」文治旨趣。日本藉以彰顯「日滿兩國民的親善融合」與「滿日文化協會」「合作」機制，樹立了結合軍事、政治、文化為一體，由軍部主導，逕行「進出」「滿洲國」無礙，進行考古開挖、調查考察。羅振玉倡議集資影印存瀋陽故宮的清列朝實錄，內藤虎次郎時為日方理事，首附議贊同，經關東軍同意，乃得印行。1941年《大清歷朝實錄》1,220冊，由東京單式印刷公司印刷、大藏出版公司出版，偽滿國務院發行，用以塑造偽滿洲國的「源遠流長」的正統形象。

（四）日俄諾門罕事件

1939 年（昭和 14；康德 6）5 月 11 日至 9 月 16 日在中國內蒙境內海拉爾接壤的外蒙古諾門罕爆發日俄軍事衝突事件。由於地緣政治上的衝突，滿洲國與蒙古國為鄰，並各自有日本及蘇聯駐軍；自 1935 至 1938 年（昭和 10-13；康德 2-5）滿蒙時有邊界糾紛，不斷發生衝突與爭議，終導致蘇蒙與日滿間為爭奪諾門罕地區，進行規模相當大的陸、空戰鬥。戰況激烈，以朱可夫為主帥的蘇蒙軍擊敗了以小松原道太郎的關東軍。東京要求關東軍自重，派東鄉茂德與蘇方交涉，達成雙方就地停火，進行測定境界的協議，避免了日蘇斷交情事。自此之後，關東軍沒有再對蘇出手。所謂「北進」的戰略策略，漸形擱置。1940 年（昭和 15；康德 7）3 月 30 日日本扶植了「汪偽政權」，汪兆銘（1883－1943）在南京舉行「國民政府還都典禮」。1941 年（昭和 16；康德 8）4 月 13 日日蘇簽署《日蘇中立條約》，日本用以解除其揮師「南進」的後顧之憂。12 月「汪偽」支持日本「大東亞戰爭」。

（五）溥儀退位

1945 年 8 月 9 日，蘇聯對日宣戰。10 日溥儀偕同各大臣從新京遷至臨江（通化東 80 公里）。14 日午後天皇下達了停戰決定。15 日正午日本天皇親自廣播停戰詔書，16 日復對全國陸海軍部隊發布。日本宣布無條件投降。17 日午夜 18 日清晨溥儀宣告退位。19 日晨溥儀一行動身去日本，計畫從通化乘小型飛機到瀋陽（奉天），再轉大型飛機。但在瀋陽東塔機場轉機之際，為蘇聯軍俘虜。先後拘留於赤塔、伯力。1946 年 8 月出庭遠東國際軍事法庭審判作證。1950 年 7 月，溥儀等偽滿戰犯在綏芬河車站交接中國，入撫順戰犯管理所。1959 年 12 月 4 日溥儀被特赦。

八、敵僞政權蒐藏古籍

（一）「華北交通公司」與蒐集方志

依據《辛丑條約》，除賠款外，還有駐軍。該約約定「北京的大使館區內中國人不得居住，各國可以派兵保護」「外國可以在北京至山海關之間駐紮軍隊」，可稱北京門戶洞開。日本在中國派駐軍隊。在華北方面，1935年（昭和 10）7 月 6 日中國北平軍事分會委員長何應欽（1890－1987）被迫接受日本天津駐屯軍司令官梅津美治郎（1882－1949）的最後通牒，接受日方要求。主要內容包括取消河北境內國民黨的一切黨部，撤出駐河北的中央軍和東北軍。此即通稱的《何梅協定》。接著進一步，1936 年（昭和 11）1 月 13 日日本陸軍中央制定「華北處理大綱」下達中國（「支那」）駐屯軍司令官。該「綱要」的重點是完成華北冀察魯晉綏五省獨立「自治」脫離中國，首先要使河北和察哈爾兩省實行「自治」；鑒於過去由關東軍強制實行的分離華北工作，招致了中國民眾的強烈反抗，決定要在中央控制下，由中國駐屯軍司令官負責策動推行華北「自治」。5 月 1 日日本派田代皖一郎（1881－1937）繼任中國駐屯軍司令官，並增兵華北，使華北日軍達 8,000 多人。9 月田代皖一郎向駐守平津地區的中國第 29 軍軍長宋哲元（1885－1940）提出中日經濟合作計畫，包藏禍心，遭宋拒絕，日本決意用武力奪取華北。

1937 年（昭和 12）7 月 7 日（實際發生在 7 月 8 日的凌晨）中國駐屯軍挑起七七事變，步兵旅團第 1 聯隊長牟田口廉也大佐（1888－1966）在蘆溝橋事變發出第一槍，引爆了中日戰爭，中國開始全面抗日。日本軍部和政府在「九一八事變」後對中國擴大侵略，挑起戰爭，造成中國莫大的

傷害，帶給人民巨大的損害和痛苦。

　　1937 年（昭和 12）7 月 29 日北平淪陷，30 日天津失守。8 月，中國駐屯軍改編為「北支那方面軍」，與關東軍並列，由寺內壽一出任首任司令官。日軍隨著武力的發展，在我淪陷區，大肆有計畫掠奪中國書籍器物。依清華大學校長梅貽琦〈抗戰期中之清華〉載：

> 10 月 3 日，日本特務機關人員及竹內部隊長來校參觀，臨行將土木系的圖書，氣象臺圖書、儀器、打字機、計算機等，用大汽車裝載以去，是為敵軍自由竊取本校雜物之始。自此每日參觀，每日攫取，雖經保委會交涉，完全無效。

　　12 月，在北平成立以王克敏為首的傀儡政權──「中華民國臨時政府」。

　　1938 年（昭和 12）11 月 7 日，在日本國會立法保障下成立「華北開發公司」（「北支那開發株式會社」），總社設東京，支社在北京東城東交民巷，由日本政府與三菱、住友等財閥組成，資本額 3.5 億元，為一軍閥與財閥相結合的龐大的經濟掠奪體系。該公司下有子公司和關係公司高達 64家，其中 1939 年（昭和 14）4 月 17 日在北京長安街 17 號設「華北交通公司」（「華北交通株式會社」），以「滿鐵」的人員和資本為中心，統管華北鐵路、汽車、內河運輸（1944 年=昭和 19 年 5 月起兼管華北各港口）及其附屬相關事業為設立目的，並奉日本政府之命，經營「戰爭推行上的緊急事業」。「華北交通公司」也從事收購府縣志和有關史料文獻，抗日戰爭勝利後由交通部接收，1949 年隨政府播遷來臺，輾轉最後歸臺北故宮博物院收藏。

　　溯自 1968 年 7 月，交通部將疏散花蓮所藏的方志 1,133 部、10,556 冊，全數移贈陽明山國防研究院，該批方志以華北、西北、西南等地區為主，版本涵蓋明清兩代，其中不乏稀有的稿本或鈔本，在書中多數鈐有「華北交通株式會社」藏書章。復依《國防研究院善本書目》和《普通本線裝書

目》，著錄館藏方志 1,091 部，包括善本 141 部、普通本線裝書 950 部。國
防研究院奉命結束，線裝書除原係屬中山文化教育館所有者，移歸國父紀
念館孫逸仙圖書館外，其他則由國防部史政編譯局保管；後因故宮博物院
院長秦孝儀的爭取，爰於 1983 年由史政編譯局移藏故宮普通本線裝書 101
部、6,337 冊，及方志 1,089 部、9,565 冊。依章以鼎根據《國防研究院普
通本線裝書目》核對，迄未移藏者「仍有 367 部，數量亦不算少」。

（二）敵偽政權蒐集古籍

自李盛鐸所藏內閣大庫明清檔案、敦煌寫經，分別散去後，1937 年（昭
和 12）2 月李盛鐸逝，其子李滂出任偽職；1939 年（昭和 14）在日本人的
壓力下，李滂被迫答應將「木犀軒」轉出，由偽「中華民國臨時政府」以
40 萬元買下，存藏北大文學院。「木犀軒」館藏散盡。1946 年始開始編目，
由趙萬里主持；參加編目者，有宿白、常芝瑛、冀淑英、趙西華等，1956
年出版《北京大學圖書館藏李氏書目》3 冊，依經史、子、集、叢排列，
收錄 9,309 部、59,691 冊；其中善本書 5,005 部、32,367 冊。

曾任京師大學堂總監督劉廷琛逝，家道開始中落，抗戰軍興，劉氏潛
樓藏書和書畫，全部運往北平出售，為書舖瓜分，不及一個月，變賣殆盡。
其藏敦煌部分，依曾任職國立北京圖書館分館尚林敘述，先歸劉氏親戚張
子厚，再被華北偽臨時政府內務總署署長吳甌悉數購去。1953 年遭法院予
以沒收，移文化部社會文化事業管理局（今國家文物局），依其《財產登記
冊》註記為「接字第 3880－3959」，共 80 卷。1954 年再交北京圖書館藏。

此外，偽政府王克敏（1873－1946）、梁鴻志（1882－1946）、陳羣（1890
－1945）都好藏書，亦乘機收集古籍。

太平洋戰爭爆發，北平書肆一片蕭條。陳羣任汪偽政府內政部長期間
築澤存書庫，大量買書，凡送去書單，基本上都照單全留，也不計較價格，
也不注重版本，因此北平的許多古舊書店都到滬寧送書給他，促使古舊書

又從北往南運。上海漢學書店為郭石祺（1889－1962）和楊金華所開。郭石祺是精通目錄學、鑒別古籍版本的專家，經常走訪滬、蘇、杭、甬之間著名藏書家。楊金華就經常進出內政部為陳羣送書，可說是送多少要多少，開價多少算多少。別的書店送到陳家的書，有時還要徵詢楊氏的意見以定取捨，所以以後北平同業帶來的樣書，也就直接委託楊氏代辦。陳羣買書雖多，但少精品。

第三章　美國漢學資料的蒐藏

一、西方漢學的發展

　　學者張西平《傳教士漢學研究》乙書，認為西方漢學的發展過程，歷經「遊記漢學時期」、「傳教士漢學時期」、「專業漢學時期」3 個不同發展階段。並指出「傳教士漢學」是最重要的一個階段，它與「遊記漢學」相承接，而且奠定了「專業漢學」的基礎，為後者準備了基本的材料和文獻，它的研究方法也直接影響了「專業漢學」。在「專業漢學」發展的初期，它也曾長期與「傳教士漢學」並存。

（一）遊記漢學時期

　　所謂「遊記漢學」是指關於中國的訊息，多係來自西方商人、旅行家、探險家、傳教士、外交人員等所寫的遊記、日記、札（雜）記、書信、報告等，這些文獻都可稱之。其中最著名、影響最大的是（意）馬可孛羅（Marco Polo，1254—1324）的遊記。《馬可孛羅遊記》（*The Travels of Marco Polo*；或譯《東方見聞錄》），記述他在亞洲許多國家和中國（元朝）的見聞。西方透過旅遊到中國認識中國，這是西方漢學的萌芽期。石田幹之助《歐人之漢學研究》提到：

（前略）關於中國的事務，直到 13 世紀中業，都是從阿拉伯學者手裏記
錄下來的。那時正當蒙古民族勃興，侵入歐洲，到處促進歐華間的直接
交涉，數百年間，隔斷的東西間的接觸，到這時才復興。羅馬教士、法
蘭西王等的使節，先後來到戈壁漠北，結果關於北方邊境的中國，先進
了歐人的耳目。不久，馬哥孛羅的《東方見聞錄》出，中國內地的情形，
傳布才稍詳確，對於從來的知識，給與一個大革新，同時見聞也大為增
富。

莫東寅《漢學發達史》也說到：「從來歐洲人關於東方的知識，多得於旅行
的見聞，或事業的報告，至十六世紀東印度航路發現，耶穌會士東來，於
東方文物，始進入於研究之域。」

（二）傳教士漢學時期

「傳教士漢學」起源，開端於南歐的葡萄牙、西班牙、意大利。14 至
16 世紀，隨着歐洲社會和經濟的發展，民族國家興起，葡、西兩國最早崛
起，法、英、俄等繼之。接着新航路、新大陸的發現，使西方與東方之間
的交流有了新的管道。在歐洲社會所發生巨大變化之際，面臨了宗教改革
運動，使為數甚多的基督教徒宣布脫離天主教會，成立新的教派，如路德
派、喀爾文派等，統稱為新教。羅馬天主教會爰對內進行改革，整頓古老
的修會，創辦一些新修會；對外將傳教士派到海外傳播福音，將「在歐洲
失去的，在海外補回來」。（西）羅耀拉（St. Igntius Loyola，1941－1556）
成立耶穌會（The Society of Jesus），響應教宗的號召，向海外派出傳教士。
16 世紀初，歐洲傳教士隨著商船和戰艦來到中國，掀開了一個新的中西交
流的序幕。

歐洲的耶穌會

1549 年（嘉靖 28；日後奈良天皇天文 18）耶穌會士（西）沙勿略

（Francisco Xavier，1506－1552）到日本傳教，認識到日本文化原來深受中國文化的影響，對中國文化敬佩有加，所以要使日本人信仰天主教，就應該先到中國，將福音傳中國。當時明朝禁止外人進入內地，中國嚴禁傳教士入境傳教，沙勿略在廣東台山縣正南的上川島，始終不克進入中國，亡於上川島。1554 年（嘉靖 33；天文 23），葡人獲得廣東地方政府默許，得澳門，商人和傳教士湧入。

　　1573 年（萬曆 1）耶穌會遠東視察教務司鐸（意）范禮安（Alexandre Valignani，1538－1606）來到澳門，得知中國是一個大國，地廣人稠，急欲進入內地傳教，但一直不得要領，始終未能踏進內地一步。范禮安認為既然中國是一個有着悠久文化傳統的文明國家，到中國去的傳教士就應入境隨俗，必須精通漢語，能夠用漢語與中國百姓士紳交往，啓發他們了解並接受基督教的道理。（意）羅明堅（Michel Ruggieri，1543－1607）、（意）利瑪竇（Matteo Riicci，1552－1610）、（意）巴范濟（Francisco Pasio，1551－1612）等在澳門一起學漢語，了解中國的風土人情和歷史文化。他們舉止彬彬有禮，頗合中國禮儀，一口流利的漢語贏得了當地官員的好感，允許居住，天主教在中國的傳教活動由此獲得成功。羅明堅和利瑪竇成為明末最早學習漢語的外國人，進而成為西方最早來華的漢學家。

　　「傳教士時期」傳教士的「傳教事業」和「漢學研究」是不分離的。來到中國的傳教士，為了傳教及生活的方便，需要學習漢語及了解他們所生活的中國。因此，對中國語言、社會生活及中華文化內涵作有系統的研究也就自然的展開。16、17 世紀來到中國的傳教士，對中國經典的研究，開啓了對漢學的研究。其中最為著名的是羅明堅、利瑪竇、（意）熊三拔（Sabathin de Ursis，1575－1620）、（法）金尼閣（Nicolas Trigault，1577－1628）、（意）艾儒略（Julius Aleni，1582－1649）、（德）湯若望（Jean Adem Schall von Bell）、（比）南懷仁（Ferdinand Verbiest，1623－1688）以及隨後陸續來華的耶穌會教士，他們主要的動機是宣教，但也將西方科學和制度帶到中國，他們與中國學者合作學術著作漢譯；同時，把中國經籍（如

《四書》、《五經》等）譯為西方語文，將中華文化傳到歐洲。以羅明堅和利瑪竇為中心的耶穌會，推動了西學東漸和中學西傳。茲以羅明堅為例，他編寫《葡漢辭典》，用中文寫出第一篇天主教教義《祖傳天主十誡》、《天主聖教實錄》、《教義覽要》，將《大學》譯成拉丁文在羅馬發表，出版《中國地圖集》。利瑪竇來華後繼續學習中華文化，對經史子集都有涉獵，結交各級官員，被尊稱「泰西儒士」，以介紹西方科技既有的成果為傳教的手段。徐光啓（1562－1633）與利瑪竇合作，譯古希臘數學家歐幾里得（Euclid，前 325－前 265）《幾何原本》（*Elements*）前 6 卷平面幾何部分，又奏設曆局，先後延攬李之藻（1565－1631）、李天經，及西方教士（意）龍華民（Nicholas Longobardi，1559－1654）、（瑞士）鄧玉函（Johann Schreck，1576－1630）、湯若望、（意）羅雅谷（Giacomo Rho，1593－1638）進京修曆，即《崇禎曆書》46 種、137 卷。傳教士漢學是西方專業漢學的奠基人。

英國倫敦傳教會

1792 年(乾隆 57)，基督教新教傳教運動的先驅，卡瑞（William Carey）建立浸理宗廣傳福音會（The Particmlar Baptist Society for Propagating the Gospel Among the Heathens），接着倫敦傳教會（The London Missionary Society，1795 年創立）、聖功會英國傳道會（The Chunch Missionary Society）等海外傳教組織成立。後兩會分別派馬禮遜（Robert Morrison，1782—1834）、史丹頓（Stanton）來華。1810 年（嘉慶 15）美國公理宗牧師總聯合會成立了美國海外傳道部（American Board of Commissioners for Foreign Missions），裨治文（Elijah Coleman Bridgeman）來華。由而開始了英美基督教對華傳教活動。

歷史上記載第一位赴中國傳福音的基督教新教（Protestant Church）傳教士、英國倫敦傳教會派駐廣州的馬禮遜，於 1807 年 9 月 8 日(嘉慶 12.8.7)抵達，揭開了新教（Protestantism）在華傳播的序幕。他曾任英國喬治三世所派阿美士德（William-Pitt Amherst，1773－1857）使節團觀見嘉慶皇帝

的隨行翻譯。由於清政府禁止外國傳教士在華活動，本次來華的名義，也是英屬東印度公司和英國商務監督譯員。

馬禮遜是漢語學習與研究領域的拓荒者。他在 1812 年（嘉慶 17）完成了 *A Grammar of the Chinese Language*（《通用漢言之法》（印度孟加拉 Serampore：Mission-Press，1815），本書得到了東印度公司的資助。1814 年（嘉慶 19）又編成 *A Dictionary of the Chinese Language in Three Parts*（《華英字典》），收錄 4 萬個漢字，分 3 部 6 卷（4,595 頁）。交由英國東印度公司澳門印刷所印行，1815 年（嘉慶 20）出版第 1 卷，1823 年（道光 3）陸續出齊。第 1 部分 3 卷，按漢字部首排列，主要是依據《康熙字典》為基礎，並參考《唐韻》、《韻滙》、《字滙》、《正字通》、《分韻》、《五車韻府》等。第 2 部分 2 卷，按漢字拼音排列。第 3 部 1 卷英文與中文皆具。這是中外史上第 1 部英漢對照字典。接着 1816 年（嘉慶 21）在澳門印刷所出版 *Dialog and Detached Sentences in the Chinese Language，with a Free and Verbal Translation in English*（《中文對話與單句》）。1828 年（道光 8）出版 *A Vocabulary of the Canton Dialect*（《廣東省土話字滙》）（London：Ganesha Publishing Ltd）。

馬禮遜於 1818 年（嘉慶 23）在馬六甲創建「英華書院」（Anglo-Chinese College），「以交互教育中西文學，及傳播基督教教理為宗旨」；1825（道光 5）在倫敦成立「倫敦東方語言學校」（London Oriental Institution），專門教授漢語，開辦了 3 年。

他於 1815 年 8 月（嘉慶 20.7）創辦 *Chinese Monthly Magazine*（《察世俗每月統紀傳》），1823 年（道光 3）在馬六甲正式出版了《新舊約全書》中譯本。

馬禮遜在 1823 年曾回英國一次，攜回大批漢文書籍，1836 年（道光 16）捐贈倫敦大學學院（University College ，London），該校也遵照馬禮遜的遺願設立漢語講座（Chair of Chinese）；1837 年（道光 17）指定牧師基德（Rev. Samuel Kidd，1799－1844）為中國語言與文學教授（Professor in Chinese Language and Literature）為期 5 年。1842 年（道光 21）期滿後中斷。馬禮遜藏書現藏於倫敦大學亞非學院（School of Oriental and African Studies）。

其後，代表性的人物有麥都司（Walter Henry Medhurst，1796—1857）。他於 1835 年（道光 15）到上海，設立墨海書館（London Missionary Society Mission Press），這是中國第一個近代印刷所；著有 *Chinese and English Dictionary*（《漢英詞典》）（1843）、*English and Chinese Dictionary*（《英漢詞典》）（1847）、《中文課本》、*China：Its State and Prospects，with Special Reference to the Spread of the Gospel*（《中國：目前狀況及其展望》）（1838）等。

（三）歐洲專業漢學時期

在利瑪竇之後，法國耶穌會士在西方的來華的傳教士中佔有重要地位，如洪若翰（Jean de Fontanry，1643－1710）、李明（Louis Le Comte，1655－1728）、張誠（Jean F. Gerbilon，1654－1707）、白晉（Joachim Bouvent，1650－1730）、劉應（Claude de Visdelou，1656－1737）等。歐洲「專業漢學」是由法國人創立的，法國在第二次世界大戰前，漢學研究上也一直執世界的牛耳。

1814 年 12 月 11 日（嘉慶 19.10.30）巴黎的法蘭西學院（College de France；1530 年創）開設第一個漢語講座——「漢語和韃靼與滿州語言暨文學講座」（Chair de Litterature Chinoises et Tartars-Manchous），成為西方「專業漢學時期」研究的濫觴。「專業漢學」逐漸取代「傳教士漢學」，流風所及，1825 年（道光 5）英國倫敦東方研究院開始教授中文，1837 年（道光 17）帝俄喀山大學設立漢語教研室，1855 年（咸豐 5）荷蘭萊頓大學設漢學講座，使得漢學在法國以及歐洲大學，被認為是一門專門學科。另 1822 年（道光 2）法國亞洲協會出版了《亞洲學報》（Journal Asiatique），1890

年（光緒 16）荷蘭萊頓大學發行《通報》（*T'oung Pao*），是為漢學研究成果發表的園地，兩刊均發行迄今。

法國法蘭西學院首任中文講座教授雷慕沙（Jean Pierre Abel Remusat，1788—1832），為法國專業漢學研究的奠基人，曾編 *Elements de la Grammaire Chinoise*《漢語語法基礎：中華帝國通用的共同語言官話》，並首開中國西行求法高僧游記譯注，撰 *Foe Koue Ki, ou Relation des Royanmes Bounddhiques*（《佛國記：佛教國家之紀錄，釋法顯在四世紀末於中亞、阿富汗及印度的旅行》）（依許尤娜將法文題名直譯）。雷慕沙因霍亂而逝時，已完成大半，由 Julius Heinrich Klaproth（1783－1835）和 Jean Pierre Landress 補述，於 1836 年在巴黎初版。講座繼由儒蓮（Stanislas Aignan Julien，1797—1873）、德林文（Hervey de Saint-Denys，1823—1892）、沙畹（Emmanuel Edouard Chavannes，1865—1918）等主持；圖書館收藏 3 萬多卷中文典籍。

20 世紀初的國際漢學泰斗沙畹認為漢學是由法國傳教士所開創，並由法國學者雷慕沙與儒蓮等人所組成的一門科學。而傅斯年則稱：「漢學在西洋的演進，而沙畹始成一系統的專門學問。」沙畹和他的弟子伯希和、馬伯樂（Henri Maspero，1883—1945）、葛蘭言（Marcel Granet，1884—1940）等開創了 20 世紀法國漢學繁榮的局面。李思純（1893—1960）在〈與友論新詩書〉提到：「西人之治中國學者，英美不如德，德不如法。」美國、日本等國專業漢學研究大都採取了法式漢學研究方法。

隨着漢學教學和研究的需要與發展，歐洲主要圖書館開始蒐藏中文圖書，如法國國家圖書館、東方語文學院（Ecole des Langues et Civilisations Orientales）、法蘭西學院漢學研究所；英國牛津大學（Bodlein Library，Oxford University）、大英圖書館、倫敦大學亞非學院、劍橋大學；德國國家圖書館、巴伐利亞邦立圖書館、漢堡大學中國語文研究所、波昂大學中文系、華裔學誌社附設圖書館；荷蘭萊頓大學漢學研究院；比利時皇家圖書館（Royal Library of Belgium）、比利時高等漢學研究院（Belgisch Instituut von

Hogere Chinese Studien）；瑞典古特堡大學（Goteborgs Universitets Bibliotek）
（高本漢藏書）、瑞典東亞圖書館（King Gustaf Adolf VI's Library for Far
Eastern Research）等。依據錢存訓〈歐美各國古籍簡介〉提及：

> 歐洲許多圖書館內的中文書籍都是在17、18或19世紀初年便開始收藏。
> 不僅歷史悠久，保存了許多資料，現在他處已經罕見。同時由於許多資
> 料來源是私人所藏，原主為漢學家、傳教士或外交官，因此這些收藏都
> 有其專業性和特色。至於19世紀末至20世紀初，一些重要文獻或是巧
> 取或是強奪，至今仍在西方。

　　美國高等教育深受歐洲的影響，許多大學課程都仿照歐洲，許多美國
學生到歐洲留學，歐洲漢學研究的學術傳統也為美國的大學所沿襲。

二、美國傳教士漢學時期（18世紀末—19世紀下半葉）

（一）美國獨立

　　美國立國晚，漢學研究的開始也較日本和歐洲為後。1775年4月19
日（乾隆40.3.20），美國獨立戰爭爆發，英屬北美（British North America）
十三州殖民地召開大陸會議（Continental Congress），組織北美聯合殖民地。
1776年7月4日（乾隆41.5.19），北美聯合殖民地發表《獨立宣言》（United
States Declaration of Independence），宣布解除殖民地與英王的隸屬關係，
脫離英國獨立，美國於焉誕生。1778年2月6日（乾隆43.1.10），美國與
法國、西班牙、尼德蘭（Netherlands；荷蘭）結盟，共同對抗英國，並於
1781年10月19日（乾隆46.9.3）擊敗英國。1783年9月3日（乾隆48.8.7）

英國與美國簽訂《巴黎和約》（Treaty of Paris），英國承認美國獨立，戰爭結束。再經過 1812 年 6 月 18 日（嘉慶 17.5.10）至 1815 年 2 月 24 日（嘉慶 20.1.16）的第 2 次英美戰爭，美國始徹底擺脫英國政治和經濟的壓迫，鞏固了美國的獨立，從而展開擴張領土及產業革命。經過併吞、購買、戰爭等手段，到了 19 世紀中葉，美國已成為東臨大西洋，西瀕太平洋，北接加拿大，南連墨西哥的領土遼闊的大國。

（二）商人首航

　　美國獨立之初，面積 32 平方公里，人口 200 萬，內外債 3800 萬美元，國庫空虛；英國、西班牙、法國在北美都占有殖民地和勢力範圍，並不願意看到獨立的美國成為自己的對手，對美國並不友善，設下貿易障礙，使美國經濟困難。對外貿易的對象，美國較好的選項，就是直接與中國來往。但美國政府無力，只有聽任美國商人去中國發展，這與英國有東印度公司的國策公司來保護海外的商人是迥然不同的。中美雙方關係的發展，是由商務而演進到政治關係。

　　中美兩國的接觸始於 1784 年 2 月 22 日（乾隆 49.2.2），美國商船「中國皇后號」（The Empress of China）成功地自紐約首航中國。美國獨立後的第 2 年，紐約商人迫不及待地要前往中國。曾任大陸會議（the Continental Congress）最高財政監督摩里斯（Robert Morris，1734－1806）和派克（Daniel Parker）等一羣商人合資購置並把原為配備了 10 門火砲的美國私掠船（Privateer）改裝成一艘 360 噸遠洋三桅武裝帆船，由船長退役海軍上尉格林（John Green，1736－1796）、貨艙總監（Business Agents，Supercargo）獨立戰爭炮兵少校山繆‧蕭（Samuel Shaw，1754－1794；山茂召）和蘭多（Thomas Randall，1723－1797）率領，自紐約出海，穿行大西洋，繞過好望角，跨越印度洋，駛入南中國海，於 1784 年 8 月 28 日（乾隆 49.7.13）抵廣州黃埔港，所載貨物在 4 個月內由中國代理商行全部售罄，淨賺美元

37,700 元，令衆人喜出望外。1784 年 12 月 28 日（乾隆 49.1117）離開廣州，於 1785 年 5 月 11 日（乾隆 50.4.3）再回到紐約，開啓了中美直接通商的歷史。此後，美國人的商船前往廣州是絡繹不絕，帶給美國巨大的經濟效益。蕭的中國商業之行，還有 1786.2.4-1789.7.5；1790.3.28-1792.1；1793.2-1794.5.30。美國政府自 1786 年 1 月（乾隆 50.12）任命山繆·蕭為首任駐廣州領事之後，所派駐廣州及各地領事大多以曾為在「廣州的商人」為多。1847 年（道光 27）由昆西（Josiah Quincy，1772－1864）就蕭的日記，編了 *The Journals of Major Samuel Shaw, the First American Consul at Canton*（《美國首任廣州領事山繆·蕭少校日記》）（Boston：W.M. Crosby and H.P. Nichols），是為美國人直接到中國，有關中國社會及其人民最早的觀察及其印象的詳細紀錄。

（三）販賣鴉片

1789 年（乾隆 54）秋，波士頓地區的普金斯昆仲（James & Thomas Handasyd Perkins），以他們的姓，組織普金斯公司（J. & T. H. Perkins Co.），1806 年（嘉慶 11）在廣州設普金斯洋行（Perkins & Co.），委由普金斯的外甥約翰·顧盛（John Perkins Cushing）經營，漸漸地成為廣州最大的美國商行。由於貿易商品的大宗，毛皮、檀香木的供應量日漸減少，乃開始販賣鴉片，輸入中國。由於英國獨占了來自印度的所有鴉片，顧盛只得另闢與英國不同的蹊徑，也幾乎壟斷了土耳其鴉片市場。1824 年（道光 4）旗昌洋行（Russel & Co.；原係 1818 年康州商人 Samul Russel 創辦的羅塞爾洋行改名）正式在廣州誕生，至 1827 年（道光 7）該洋行已成為美國在華最大的鴉片走私貿易商，進口的各種商品內，包括了普金斯洋行在珠江口鴉片躉船（浮動的貨棧）上的鴉片。1830 年 1 月（道光 9.12），顧盛將旗昌洋行和普金斯洋行合併，旗昌洋行主導了中國沿岸的中美貿易；以他的表弟賓奈特·福貝斯（Robert Bennett Forbes）操縱旗昌洋行的鴉片貿易。

賓奈特‧福貝斯估算「一艘來自土耳其的鴉片，10 萬磅之鴉片，以每磅 3 元收購，可獲利 37.5%」。巨大的利益使他無視販賣鴉片在中國的禁令，並誆稱鴉片對人們的傷害已減低到十分微小的程度，甚至可能比不上烈酒；又獲得了波斯鴉片，因而大力推行鴉片貿易。美國已是僅次於英國的第二大鴉片貿易國；時除了同孚商行（Olyphant & Co.）和短暫涉入鴉片又退出的魏特摩洋行（Wetmore & Co.）基於堅持宗教信仰和道德外，其他在華美國洋行和商人莫不積極介入鴉片貿易。

（四）中美望廈條約

　　1839 年（道光 19）欽差大臣林則徐命令所有鴉片必須繳出，「當時英國商務監督義律（Charles Elliot，1801－1875）繳出 20,283 箱；美國人交出 1,540 箱，其中屬於旗昌洋行的有 1,440 又 3 分之 2 箱」，林則徐予以全部銷燬。因為「1832 至 1842 年鴉片占美國輸入中國貨物的 10 分之 1，但英國則 3 分之 2 是鴉片」，所以美國人自然願意在鴉片問題妥協。反而在英國商人退出廣州後，作為英國商人的代理商，在仲介貿易中，獲得暴利；又得到中國官方的好感，因未隨著英商一起退出，被認為是「良夷」。然而美國商人暗中也要求美國政府一如英國派兵艦來華宣揚國威保護他們。美國傳教士伯駕（Peter Parker，1804－1888）適在華府，建議總統泰勒（John Tyler，1790－1862）遣使來華。1839 年至 1842 年（道光 19-22）鴉片戰爭，清朝失敗，被迫簽定了《南京條約》、《虎門條約》。美國覬覦在華利益，立即接踵而至，以戰爭恫嚇和外交訛詐手段，由約翰‧顧盛的堂弟加雷‧顧盛（Caleb Cushing，1800－1879）和耆英（1790－1858）於 1844 年 7 月 3 日（道光 24.5.8）簽定了《望廈條約》（Treaty of Wanghsia；又稱《中美五口通商章程》）。顧盛鑒於中英簽約有英國傳教士馬禮遜（Robert Morrison，1782－1834）相助，爰邀請美國傳教士裨治文（Elijah Coleman Bridgman，1801－1861）、伯駕出任使團（The American Legation to China）中文祕書

（Chinese secretaries），還聘請裨治文為使團隨從牧師（chaplain）。後來又
聘請了衛三畏（Samuel Wells Williams，1812－1884），幫忙中文函箚事宜。
比較中美和中英所簽兩不平等條約，「當時在華歐美人士都公認《望廈條約》
對西方人士在華權益的規定，較之《南京條約》、《虎門條約》不僅周詳細
密得多，而且新增加了許多權利。」郭廷以著《近代中國史綱》第 1 卷分
析該條約：「除無割地賠款等外，所有中英《南京條約》的事項應有盡有，
且有為英約所無而更為精詳者；如領事裁判權適用範圍擴大，關稅例則需
與美國議允；中國港口官員須負責接待美國兵船；准美人在五口自建教堂、
墓地；條約每 12 年一修，美國享有最惠國待遇。顧盛自稱將中國門戶更為
放寬。」由於清政府向來嚴禁中國人教外國人學中文，否則視為漢奸，處
以極刑。清廷亦嚴屬禁止外國人用漢字稟事，及購買中文書籍。乃有該約
第 18 條條款：

> 准合眾國官民延請中國各方士民人等教習各方語音，並幫辦文墨事件，
> 不論所延請者係何等樣人，中國地方官民等均不得稍有阻撓陷害等情；
> 並准其採買中國各項書籍。

> It shall be lawful for the officers or citizens of the United States to employ
> scholars and peoples of any part of China without distinction of persons to
> teach any of the languages of the Empire, and to assist in literary labors；and
> the persons so employed shall not for that cause be subject to any inqury on
> the part either of the government or of individuals, and it shall in like manner
> be lawful for citizens of the United States to parchase all manner of books in
> China.

將「採買中國各項書籍」列入條約，可稱是一項創舉；這是中美文化交流
的伊始。 繼美國之後，法國、荷蘭、比利時、丹麥、普魯士、西班牙等

國傚尤，紛紛要求以《望廈條約》為藍本與中國訂立不平等商約，允按新章程互市。

　　美國在「廣州的商人」，富有後大都選擇衣錦還鄉，活躍於美國商界、政界和參與慈善事業，對聯邦及地方政府都具有一定的影響力；他們參與各項建設，尤其在紡織業、鐵路運輸業、運河、工業、銀行業、保險業、礦業、土地買賣等，提供了美國所需要的資本，有助於美國資本的累積，發展工商貿易及基礎建設，奠定了美國以商立國的基礎。

（五）基督教傳教士與漢學研究（1830－1911）

　　19世紀初，美國為了對外擴張，乃效仿法、英，成立基督教差會向海外傳教。據王立新《美國傳教士與晚清中國現代化》乙書統計，「自1830年至1905年美國基督新教來華教差會共35個。」

　　基督教傳教運動的原始動機是宗教的。很自然地，美國早期來華的一些傳教士開啓了美國漢學研究（Sinology）的大門。

　　傳教士來華，首要工作為學習中文，了解中國，為了傳教和文字工作，在語言方面作準備；為傳播福音，翻譯及印行中文聖經。他們久居中國，學習華語（或兼習方言），經年鑽研逐漸提升了中文水準；又善於觀察和研究，勤於瞭解及認識當代的中國，追求有關中國的歷史、文化、習俗，兼及當代政治、社會有關人文學、社會科學方面的學問，遂成為精通中文的「中國通」（China Expert，或被尊為漢學家）。在早期中美外交及處理商務等各種事務，如簽訂《望廈條約》、《天津條約》的過程中，「中國通」傳教士自然擔任美方文書翻譯、從事獻策獻計的條約談判前期準備工作，「擔負著為美國國家利益服務的使命」。美國傳教士在19世紀中美外交關係，扮演著極為重要的角色。

　　鴉片戰爭以前，清朝允許西方商人在廣州經商，但是禁教，不同意傳教士傳教。傳教士來華後，得隱藏身份，冒充商館職員，才得以居留，秘

密進行傳教；英美商人支持傳教士在華活動所需經費。這使得大部分傳教士支持列強以武力打開中國的大門，打破中國教禁政策，而能順利推動傳教事業。傳教士、外交官和商人來華，各自獨立運作，又相互密切合作。

　　第一個真正學會講和寫中文的美國人是亨特（William C. Hunter，1812－1891）。他在 1825 年（道光 5）13 歲時抵達中國。先在麻六甲的英華書院研讀中文。他寫過 *The Fan Kwae at Canton before Treaty Days 1825-1844 by an Old Resident,* 1882（《廣州的番鬼》）和 *Bits of Old China*, 1885（《中國拾萃》或《舊中國雜記》）（London：Kegan, Trench, 1885）。

　　19 世紀美國傳教士學者中，其中最為傑出者，依教差會分述如下：

（六）美國公理會

　　美國首先成立的基督教差會是美國公理會海外傳道部（The American Board of Commissioners for Foreign Missions，ABCFM；中文文獻通常簡稱「美部會」）於 1810 年（嘉慶 15）成立，總部設在波士頓。1820 年（嘉慶 25）美部會聘請馬禮遜擔任該會通訊會員，提供有關資訊和協助。

裨治文

　　美部會因為獲得美商廣州同孚商行（Olyphant & Co.）奧立芬（David Washington Connecticut Olyphant）的鼓勵和資助，爰聘請美國阿莫斯特神學院（Amerst College）及安得福神學院（Andover Theological Seminary）畢業的牧師裨治文，為該會、也是美國第一位派往中國的傳教士。1829 年 10 月（道光 9.9），他搭「羅曼號」（Roman）從紐約出發，在旅途中遇到了亨特。亨特自願從部首開始教他中文。裨治文於 1830 年 2 月 19 日（道光 10.1.26）抵達澳門。他到中國以後，曾經參與林則徐的禁烟活動、《望廈條約》的簽訂、與美國駐華公使麥連（Robert Milligan McLane，1815－1898）偕行考察太平軍占領的南京等活動。裨治文畢生傳教，除於 1852

年（咸豐 2）一度回美國 4 個月，計在華逾 30 年之久；17 年在廣州，13
年在上海。此後，相繼有大批傳教士被派往中國各地。

　　廣州為滿清對外開放唯一的貿易商港，歐美商人多在十三商行（夷館）
進行交易，其中不少外商信奉基督教，但並無宗教組織。裨治文遂與馬禮
遜發起「廣州基督徒聯合會」（The Christian Union at Canton），以聯絡信徒，
設立圖書館，出版華文聖經教本為旨。

　　在馬禮遜倡議及英美在華商人資助下，裨治文於 1832 年 5 月（道光
12.4）在廣州創辦英文刊物 The Chinese Repository（《中國叢報》），這是一
份專向西方人士介紹中國的歷史、文化、文學、文字研究和其他人文情況；
翻譯中國典籍，兼及亞洲遠東各國概況（其中涉及澳門者亦復不少）；評論
中國當代政治、經濟、社會等問題的刊物，為西方讀者了解中國提供了重
要訊息。裨治文也為該雜誌寫了很多文章，翻譯了許多中國私塾所用的課
本。就今日而言，該刊提供了鴉片戰爭前後 20 餘年間西方在華傳教士關於
中國社會各個方面的考察調查研究，同時提供了有關西方人在中國活動情
況、中外關係演變，以及傳教工作推展等方面的史料。該《叢報》自 1832
年 5 月至 1851 年 12 月（道光 12.4-咸豐 1.10），每月出版 1 期，24 開本，
共出了 20 卷、232 期，先後由裨治文、裨雅各（James Granger Bridgman）、
衛三畏任主編，其內容大致可分為論說、書評、報導、時事、宗教消息。
1833 年至 1851 年（道光 13-咸豐 1），還有廣州 Printed for the Properietors
出版每卷合訂本，每卷有 500 餘頁，各卷冠該卷索引（Index），以助檢。
這個刊物可視為美國漢學的發端。日本東京丸善株式會社（Maruzen Co.Ltd.）
鑒於該刊史料價值極高，於 1941 年至 1943 年間予以覆刊。若為檢索計，
張西平主編；顧鈞、楊慧玲整理，《《中國叢報》篇名目錄及分類索引》（桂
林：廣西師範大學出版社，2008）乙書，可資利用。

　　裨治文又譯出了 Brief Geographical History of the United States of
American（《美利堅合省國志略》）等史地書，出版了 A Chinese Chrestomathy
in the Canton Dialect（《廣東方言中文文選》，也有譯為《廣東方言撮要》，

或《粵語漢集》）是早期利用羅馬字拼音作為學習中國語言的一種專書。

　　馬禮遜逝世後，1836 年 9 月（道光 16.7）特成立「馬禮遜教育會」（The Morrison Education Society），其宗旨為「在中國開辦和資助學校，教中國青少年讀中文和英文，並通過媒介將西方各種知識傳遞給他們」。裨治文呼籲英美兩國派遣教師來華辦學，獲得耶魯大學一些師生的回應，他們推薦的校友牧師勃朗（Samuel Robbins Brown）於 1838 年（道光 18）來華，在澳門開辦了馬禮遜學堂。1848 年（道光 28）勃朗返美時特地攜帶容閎（1828 －1912；本名達萌）、黃勝、黃寬赴美繼續升學。容閎先入孟松預備學校（Monson Academy），後入耶魯大學，為中國留學第一位大學畢業生。1849 年（道光 29）學堂解散。

衛三畏

　　1833 年 10 月 25 日（道光 13.9.13）衛三畏受美部會差遣來到廣州，主要為印刷及編輯《中國叢報》，從此開始了他在中國長達 40 年的工作生涯。1848 年（道光 28），美國戰勝墨西哥，得到了位於太平洋沿岸的加里福利亞，開始積極的向東亞擴張。衛三畏通曉華語，並略懂日文；1853 年 7 月 8 日（咸豐 3.6.3）及 1854 年 3 月 31 日（咸豐 4.3.3）因被美東印度艦隊總司令海軍准將伯里（Matthew Calbraith Perry，1749－1858）在澳門雇為首席翻譯，帶著中文祕書老薛（逝世於艦隊第 1 次訪日途中）、羅森（第 2 次訪日協助簽訂《美日親善條約》），兩度隨同艦隊，駛抵江戶附近的浦賀，強迫日本打開對外貿易的大門。伯里第 2 次遠征日本，曾派海軍上校阿不特（Joel Abbot）率馬歇德尼亞號（The Macedonian）、沙布華號（The Supply）兩艦從日本下田到臺灣雞籠，調查雞籠煤坑埋藏處，返美後極力向國務院提出以武力佔領臺灣雞籠的主張。衛三畏以後遂長期在美國駐華使團任職，脫離美部會，專任美國外交官員，擔任過美國駐華公使館一等參贊和代理使館館務。為了幫助來華西方人學習漢語，他著有下列教材及字辭典分類手冊：1. *Easy Lessons in Chinese：or Progressive Exercises to Facilitate the Study of That Language, Especially Adapted to the Canton*

Dialect（《簡易漢語教程》，有譯《拾級大成》）、2. *An English and Chinese Vocabulary in the Court Dialect*（《英華韻府歷階》、3. *Tonic Dictionary of the Chinese*（《英華分韻撮要》）和 4. *A Syllabic Dictionary of the Chinese Language*（《漢英韻府》或譯《中文綴音字典》）（這是最早研究中文學者普遍採用第一部中英字典），以利神職人員學習漢語。

衛三畏專著很多，有 *Chinese Topography, Being An Alphabetical List of the Provinces, Departments and Districts in the Chinese Empire with Their Latitudes and Longitueds*（《中國地志》）、*The Middle Kingdom；A Survey of the Geography, Government, Education, Social Life, Arts, Religion, & C., of the Chinese Empire and Its Inhabitants*（《中國總論；中華帝國的地理、政府、教育、社會生活、藝術、宗教及其居民現況》）、*Our Relations with Chinese Empire*（《我們與中華帝國的關係》）、*A History of China：Being the Historical Chapters from the Middle Kingdom*（《中國歷史》）等。

其中《中國總論》2 冊是他的代表作。該書於 1848 年（道光 28）由紐約 Wiley & Putnam 公司出版，介紹了中國的地理、歷史、政治、社會生活、風土人情、文學藝術等，並試圖將中國作為一個整體文明來進行的「綜合研究」。1883 年（光緒 9）又較大幅度修訂再版，內容增加了三分之一。書名的副標題有些微不同，章節的安排未動。

1846 年（道光 26）他加入美國東方學會（American Oriental Society），1881 年至 1883（光緒 7-9）任該會會長。

伯駕

1834 年 10 月 26 日 （道光 14.9.24）伯駕來到廣州；1835 年 11 月 4 日（道光 15.9.14） 開設在中國首家近代西醫醫院眼科醫局（博濟醫院的前身）正式開門應診，為美國新教差會派遣到中國第一位醫學傳教士。新教傳教士在宣道同時兼行施醫贈藥，國外研究者把伯駕的工作算作在華行醫傳教事業的正式發端。伯駕在華傳教十來年，一直熱衷於中美外交事務。1843 年（道光 23）公理會因不滿他在傳教方面的成績，撤銷了與他簽訂的

協議。眼科醫局交由美國來華傳教士嘉約翰（John Glasgow Kerr，1824－1901）經營。

伯駕自 1844 年（道光 24）起先後出任美國顧盛使團中文譯員、祕書、駐華臨時代辦（前後計 5 次，其中第 3 次任職長達 2 年 8 個月）、公使（1855－1857）等職。1854、1855 年（咸豐 4、5 年），在他擔任駐華公使時，曾 3 次（1856.12.12、1857.2.12、1857.3.10）致函美國政府，建議美國佔領臺灣，把臺灣變成獨立的殖民地。但美國政府瀕於內戰邊緣及國力尚無法與歐洲列強抗衡，無意對外擴張領土。1857 年（咸豐 7 年）8 月卸任回美國。

盧公明

繼之，如盧公明（Justus Doolittle，1824－1880）於 1849 年 5 月 31 日（道光 29.4.10）抵福州，開始了在華 20 餘年的傳教生涯。先後開辦了格致書院、文山女中。一生著述頗多。1861 年 4 月（咸豐 11.2）香港出版英文報紙《中國通訊》，他陸續發表〈關於中國人的速寫〉，經彙總於 1865 年（同治 4）出版了 *Social Life of the Chinese：with Some Account of Their Religions, Governmental Educational and Business Customs and Opinion*（《中國人的社會生活》）2 冊，以他在榕城 10 多年見聞為題材，附 136 幅插圖，包括圖畫及速寫。1872 年（同治 11）出版 *A Vocabulary and Handbook of the Chinese Language*（《英華萃林韻府》），收晚清福州方言俗語。

明思溥

明思溥（Arthur Henderson Smith，1845－1932）於 1872 年（同治 11）來華，在華生活 54 年（1872－1920），選擇在中國農村地傳教，兼任 *North China Daily News*（《字林西報》）通訊員。著有 *Chinese Civilization*（《中華文明》）、*Chinese Characteristics*（《中國人的性格》）、*Village Life in China；A Study in Sociology*（《中國鄉村生活：一項社會學研究》）、*China in Convulsion*（《動亂中的中國》）、*Proverbs and Common Sayings from the Chinese*（《漢語諺語俗語集》）、*Rex Christus：An Outline Study of China*（《基

督之王：中國研究大綱》）、*The Uplift of China*（《中國的社會進步》）、*China and America Today：A Study of Conditions and Relations*（《今日的中國與美國》等。其中，《中國人的性格》是被認為美國中國學的重要代表作，先在《字林西報》披載，後才有出版社出版了 1890 年及 1894 年兩個版本。

他於 1906 年回美國協助海外傳道會籌款時，向總統羅斯福（Theodore Roosevelt Jr.，1858－1919=老羅斯福總統）建議退還部分中國庚子賠款用於在華創辦美式大學或資助中國學生到美留學。1908 年 5 月 25 日，美國國會通過退還部分中國庚子賠款，並由美國政府正式宣布。

何天爵

何天爵（Chester Holcombe，1844－1912）於 1869 年到中國後，在北京公理會所辦的教會學校工作，1871 年辭去教會職務到美國駐華使館任職，歷任翻譯、首席參贊、署理公使等職。他參與了 1880 年 11 月 17 日（光緒 6.10.15）簽訂《修訂中美續修條約》及《中美續約附立條款》的起草，修訂《蒲安臣條約》，規定對華工赴美，美國「可以或為整理，或定人數、年數之限」，限禁來美華工，為美國排華政策奠下法律的基礎，1882 年美國國會通過《排華法案》（Chinese Exclusion Act of 1882），禁止華工入境。梁啓超著《記華工禁約》，詳本事原委。該法案直到 1943 年 12 月 17 日始被廢止。2009 年 6 月 23 日加州眾議院、2009 年 9 月 1 日舊金山市議會及 2011 年 10 月 6 日美國參議院、2012 年 6 月 18 日眾議院先後通過決議案，就《排華法案》，這項種族歧視性法案，向全體美國華人致歉。何氏也參與了 1882 年 5 月 22 日（光緒 8.4.6）簽訂的《朝美修好通商條約》起草工作。

他著有 *The Real Chinaman*（《真正的中國佬》）、*The Real Chinese Question*（《真實的中國問題》）等書。前者是他根據他在華 16 年的見聞、經歷和觀察寫成；後者的出版正是義和團興起、八國聯軍侵入北京之際，歐美人士對義和團運動感到震驚，不知道這一切發生的原因。何天爵針對這個問題，強調要用寬廣的視野來判斷，對近 60 年的中國作了全面的觀察和分析研究。1885 年他返美。

（七）美國長老會

美國長老會（American Presbyterian Mission，North）麥嘉締（Divie Bethune McCartee，－1899）、丁韙良（William Alexander Parsons Martin，1827－1916）先後於 1844 年（道光 24）、1850 年（道光 30）來寧波傳教。

麥嘉締

麥嘉締於 1840 年（道光 20）自賓州大學（University of Pennsylvania）獲得了醫學博士學位後來到中國，他在中國和日本渡過 55 年，影響中日兩國的現代化很深，扮演了各種角色，如傳教士、醫生、教師、外交官、漢學家等。在中國建立了第一所基督教男子學校，即之江大學的前身；在寧波用拉丁字母將聖經翻譯成寧波方言；發行《平安通書》向中國介紹西方的自然科學；曾出任中國第一任駐日公使的顧問。在日本開成學校等多個學院講課，協助賓大醫學院招收日本學生，開成學校即日後發展成為東京帝國大學；著作中文《真理易知》乙書譯成日文，對明治早期的基督教團體影響很大。他將自己的部分藏書贈送美國東方學會圖書館；大部分的藏書約 1,000 冊中日文圖書，包括明本書，以遺囑的形式捐送母校，賓大建立了以他命名的圖書館－The McCartee Library。因為當時賓大並無東亞圖書的需求，這個館藏並未引人重視而逐漸被人淡忘。

丁韙良

丁韙良在華生活 62 年。研習儒家經典及漢語方言、音韻、訓詁之學。在北京創崇實中學。先後擔任北京同文館、京師大學堂西學、武漢兩湖大學堂總教習。翻譯（美）惠頓（Henry Wheaton）的《國際法原理》（*Elements of International Law*），初名《萬國律例》，後增訂改為《萬國公法》；及向中國介紹西方自然科學、社會科學、人文學新知和基督教文化；並將中國歷史、宗教、文學、古代發明等介紹給西方。有中文著譯 42 部、各種報章雜誌上發表 153 篇文章及英文著述 8 部，如譯著《格物入門》（*Natural*

Philosophy）；專著：*The Chinese　；Their Education, Philosophy and Letters*
（《中國人：他們的教育、哲學和文學》）、*The Cycle of Cathay：or, China,
South and North, with Personal Reminiscences*（《花甲憶記——位美國傳教士
眼中的晚清帝國》）、*The Lore of Cathyor, The Intellect of China*（《漢學菁華
——中國人的精神世界及其影響力》）、*The Awakening of China*（《中國的覺
醒》）。

　　《花甲憶記》在紐約 Fleming H. Revell 公司出版 1896、1897、1900
版；其中初版還同時在英國愛丁堡及倫敦出版。該書主要書寫從鴉片戰爭
到 19 世紀末一個甲子時間的歷史，他在中國南方、北方的活動，包括學習
漢語，各省旅遊見聞，參加簽訂《天津條約》等外交活動，講述孔子、中
國歷史和文化的特色及參加同文館的工作。

　　他於 1858 年及 1864 年先後加入美國東方學會（American Oriental
Society）、英國皇家亞洲學會華北分會（North China Branch of Royal Asian
Society），並於 1885 年 5 月發起成立了北京東方學會（Peking Oriental
Society）擔任首屆會長。

（八）美國監理會

　　監理會（American Southern Methodist Episcopal Union）林樂知（Young
John Allen，1836－1907）於 1859 年 12 月 18 日（咸豐 9.11.25）搭船自紐
約啟航，於 1860 年 7 月 13 日（咸豐 10.5.25）抵達上海，在中國生活了
47 年。1861 年（咸豐 11）美國爆發南北戰爭（American Civil War，1861
－1865），他與派遣教會失去了聯繫，頓然失去了經濟來源，長達 4 年之久。
爰先後做過煤和米經紀人（broker）和棉花銷售（buyer），在領事館兼職通
譯。1863 年（同治 2 年）他在上海同文館（後改名廣方言館，其後併入江
南機器製造總局翻譯館）謀得教習一職，當時（英）傅蘭雅（John Fryer，
1839－1928）描述他「每日上午在館內教英文，午後赴江南製造總局翻譯

外文書，夜間編輯報紙，主日則到處布道，10 年間從未有片刻閒暇」。他共譯書 47 部和《萬國地圖》乙冊。1868 年 9 月 5 日（同治 7.7.19）在上海創刊《中國教會新報》（*Church News*），該刊於 1874 年 9 月 5 日（同治 13.7.25）更名《萬國公報》（*Chinese Globe Magazine*），1889 年 2 月（光緒 15.1）復刊，更改英文刊名為 *A Review of the Times*，1907 年 5 月 30 日（光緒 33.4.19）停刊。1882 年（光緒 8）在上海法租界創辦中西書院（Anglo-Chinese College，1900 年=光緒 26 年併入東吳大學），1892 年（光緒 18）興辦中西女塾（McTyeire High School）。1896 年 4 月（光緒 22.3）他將在《萬國公報》上發表關於甲午戰爭的翻譯撰著系列文章，按一定體例編纂，出版《中東戰紀本末》（由蔡爾康纂輯），及至 1900 年（光緒 26）編為初續三編，合計 16 卷，為一詳細紀錄中日甲午戰爭始末及分析評論的書籍。1903 年（光緒 29）陸續出版了 *Women in All Lands*（《全球五大洲女俗通考》），全 21 冊，附圖片 1 千餘幅，比較了中國婦女與西方婦女。

（九）傳教士中文譯著

中英《南京條約》簽訂後，1843 年（道光 23），倫敦傳教會（英）麥都思（Water Henry Medhurst，1776－1857）從南洋巴達維亞（Batevia；今印尼雅加達）來到上海傳教，也將那裏的印刷所轉移，定名為「墨海書館」（The London Missionary Society Presss），是為中國最早的翻譯機構。聘請了偉烈亞力（Alexander Wylie，1815－1887）、艾約瑟（Joseph Edkins，1823－1905）、韋廉臣（Alexander Williamson，1829－1890）、慕維廉（William Muirhead，1820－1900）、美魏茶（William Charles Milne，1815－1863）、合信（BenjaminHobsin，1816－1873）及中國人王韜、李善蘭、張福僖、管嗣復、蔣敦復在館中任職；除了翻譯《聖經》等宗教書籍外，還翻譯了不少的科學著作。

同樣地，在華美國新教傳教士的首要工作，自是傳道宣教。大多採取

致力於翻譯聖經（官話、方言、土白譯本等）、編寫傳教小冊、開辦學校和醫院、傳播西學等傳播福音途徑，著書立說，產生了一批中文著作，其中大部分在中國各地出版。因為來華傳教士都將其著作交給所屬的教會出版，所以也主要藏於海外。英國傳教士中文著作主要藏於大英圖書館、牛津大學圖書館，美國則是國會圖書館、哈佛大學哈佛燕京圖書館。

（十）美國專業漢學研究的先驅

馬士（Hosea Ballou Morse，1855－1934）來華任職海關衙署近 35（1874－1909）年，其間，1892 年 3 月至 1895 年 7 月 29 日（光緒 18.2-21.5）曾署理淡水海關稅務司，也曾為臺灣巡撫邵友濂、唐景崧外務諮詢對象，1903-1909 年擔任上海海關總稅務司統計局秘書長。潛心研究專注於中國近代史和對外經濟貿易史，1910 年（宣統 2）、1918 年分別出版 *The International Relations of the Chinese Empire*（《中華帝國對外關係史》）第 1 及第 2、3 冊。1926 年至 1929 年又出版 *The Chronicles of the East India Company, Trading to China 1635－1834*（《東印度公司對華貿易紀事》），計 5 冊，載於 *Britain and the China Trade 1635－1842*（《英國與中國貿易》，全 10 冊。1928 年與 Harley Farnsworht MacNair 合著 *Far Eastern International Relations*（《遠東國際關係史》）等，為西方漢學、歷史學、經濟學研究的經典之作，運用了英國檔案、中國海關檔案和第一手資料，開拓了美國漢學研究的新領域。

這個時期是美國商人、傳教士、外交官來到中國，親自觀察到中國，從事中國國情資料的蒐集和探討，並紀錄中國，是美國漢學研究的醞釀開創時期。

美國漢學研究的先河和歐洲一樣也是傳教士，19 世紀 30 年代基督教新教傳教士，開始進入了中國。他們與早來的歐洲耶穌會傳教士對中國文化的嚮往是不同的，他們是基於考量美國本身的利益。歐洲人的

漢學研究，在傳統上是以文獻研究和古典研究為中心；這對美國人來說，會覺得過時且無用，為追求功利，主要以研究存在於他們眼前的事實和狀況的「現實問題」，強調研究的實用性。歐洲傳統的漢學研究屬於人文學的範疇，而美國早期的漢學研究是帶有社會科學研究的特點。或可以說漢學作為一種學術研究，有「傳統漢學」（Sinology）和「現代漢學」（Chinese Studies；「中國研究」）之分，前者以法國為中心，後者興於美國。基督教差會（神差遣人去傳遞福音的團體）派駐來華傳教士，一方面進行印刷聖經及「福音傳道」的宗教活動，一方面也在業餘性研究中國，瞭解中國，把中國介紹給美國，提供了他們對中國社會的切身觀察和研究。整體來說，傳教士在華活動，也可以說是憑藉以「船堅炮利」和商業貿易的政商力量，強行打開中國的門戶，是美國勢力向外擴張的一部分。幾乎所有的傳教士都致力於漢語的學習和對中國的研究，他們的著作成為 19 世紀美國人了解中國資訊的主要來源。

美國傳教士漢學家來華時正值中國處於衰敗時期，大部分來華美國傳教士以美國為中心、美國人的思維、美化歐化的取向，認為中國只有接受西方的基督教文明，才能進入現代化國家之林，認為「落後的」、「停滯的」中國，需要西方的推動，才能進入現代的社會。也有一些美國傳教士認識到中國的的地大物博、儒家文化深厚，得以長期的閉關自守，使中國與外界文明缺乏交流而故步自封，最後導致落後西方。這些傳教士，包括亦有轉任外交官者，是美國漢學研究的先驅。這個長達將近 100 年的發展，是美國漢學研究的早期。傳教士為着傳教的需要，爰對中國進入深入的探索，引進猶為新學的社會學方法，經過在口岸及沿海地區的實地觀察、調查，蒐集資料和系統的研究，由了解一般社會狀況，進而考察中國的歷史與文化，注意中國現實的社會結構、民族性格及當代的中國政治、中國經濟問題。

傳教士的漢學研究多具有「業餘」的性質，對中國歷史、文化等的論

述，屬於一種見聞報導和研究，較缺乏科學的考證和嚴密的分析，可稱美國漢學研究的萌芽。這些著述忠實紀錄了傳教士在華活動，使歐美讀者能透過傳教士的眼睛來觀察中國和亞洲，提供了第一手的資料。但其中也有一些著作，已不再是紀錄實態，而是較深入的研究中國，如衛三畏、明恩溥、何天爵、丁韙良等的作品，另者，清季美國人在華任職的馬士，哈佛大學畢業後來華一展才華，他被公認是西方漢學學者的先驅。時美國較沒有東亞研究的傳統，也沒有支持這方面研究的具規模的機構。

三、美國專業漢學時期與中文書籍的蒐藏（1867－1949）

美國早期學術界的漢學研究，深受歐洲的影響。「美國學術界對於中國的興趣，以語言研究為先，繼則社會、風俗、歷史，宗教和其他科目」。依錢存訓《中美書緣》稱：

西方國家對中國語文發生興趣，主要的原因有四：基督教義的傳播、商業發展的需要、外交人才的培養、學術研究活動的鼓勵。真正對中國書籍作有系統的搜求，主要是對中國文化作深入的了解，即所謂「漢學」研究為其導因，只有研究中國文化各方面的專題時，才需要浩如煙海的中文典籍，作為研究之基礎。

最初西方對中國文化的追求，可能出於好奇或仰慕，希望以中國思想中的人文主義補充西方文化中的缺陷。（中略）其後在歐洲的高等學院中，一般都設有非西方語言的學術講座，因此中文也加入了這種講座，奠定了研究近東、印度和遠東三足鼎立的「東方研究」（Oriental Studies）的基礎。一般說來，西方所謂「漢學」（Sinology）乃是他們「東方研究」

的一支，二次大戰以前「漢學」研究的對象是傳統中國文化中的語言、歷史、哲學、宗教和制度，主要是基於研讀中國經典原著，以西方治學的方法作出分析、闡述和結論。

　　美國因應美國教會向亞洲和中國的發展、高等教育和漢學研究的需要、新興學術會社團體和基金會對中國的興趣與投入，使得一些圖書館致力於漢學典籍的蒐藏。北美著名的大學圖書館與歐洲不同，係將來自中國、日本和韓國的圖書另成一體，獨自陳列，即今所稱的東亞圖書館。美國東亞圖書館的發展始於近代，在第 2 次世界大戰結束前，美國只有 18 所東亞圖書館，較為著名者：美國國會圖書館（Library of Congress，「國會館」，1800 年 4 月創立）、耶魯大學（Yale University）、哈佛大學（Harvard University）、柏克萊加州大學（University of California，Berkeley）、哥倫比亞大學（Columbia University）、康奈爾大學（Cornell University）、普林斯頓大學（Princeton University）、芝加哥大學（University of Chicago）。

　　東亞語文資料的傳入美國，「依其發展情形，在自第二次世界大戰結束（1945）前，依錢存訓稱，約可分為 3 個時期。自 1869 年（同治 8）至 1900 年（光緒 26）間是為中文書籍進入美國圖書館的引入期，其流傳的方法，主要以贈送或捐送為主。1901 年（光緒 27）至 1930 年是東亞資料蒐集更進一步的發展期，包括日文、滿文、蒙文、藏文等各科書籍，流傳的方法大致是透過購買或交換。1931 年以後，東亞資料徵集的數量、種類、形式各方面都有著急劇的增加，就是資料的系統化與專門化方面，也都有顯著的進步。」上開各圖書館進行資料的整理及目錄編製，奠定了東亞館藏的基礎。周欣平稱：

　　回顧北美中文館藏的發展史，最令人欣慰的是他們幫助培養了一代又一代的漢學家、東亞問題專家和文化使者。在館藏發展過程中，華人學者和圖書館專家做出了重大貢獻。

　　第 1 個時期，美國中文書籍的來源，主要靠中美兩國書籍交換、中國的餽贈，以及兩國外交官、學者、商人（包括校友）的私人捐贈。

（一）中美圖書第一次交換

　　美國對中文圖書的收藏，與日本不同，是從「零」開始。依王冀稱：「在美國大陸，中文圖書之收藏據說始於 1840 年代〔1842=道光 22 年〕，由顧盛（Caleb Cushing）及牧師詹克斯（William Jenks）、裨治文等 3 人以 140 冊中文圖書捐贈美國東方學會。」

　　首次中美出版品交換乙事，源起於美國聯邦政府。近現代「出版品國際交換」的理念起源於歐洲。19 世紀初，（法）瓦特馬賀（Alexandre Vattemare）因緣際會萌生了「出版品國際交換能開啓全球人民溝通的管道，使人熟知他國的法律、風俗習慣及智慧；經由彼此善意與禮貌的互動，開發和平尊重的精神與良善意識」的理念。瓦特馬賀在歐洲推動「複本交換」不遺餘力，並將之推廣至美國，開啓美國官方文獻國際交換之門。（李筱眉）瓦特馬賀成功地遊說美國國會，1840 年 7 月 20 日通過了「公共文書與外國出版品交換聯合決議」（Joint Resolution for the Exchange of Public Documents for Foreign Publications），授權由美國國會圖書館進行複本交換，並規定「凡依參眾兩院命令出版或裝訂的文獻，均提交 50 份供國際交換。」1846 年因得到（英）史密遜（James Smithson，1765－1829）的遺產，美國政府經立法（史密遜學會組織法＝ Smithsonian Act of Organization）後，在華府成立史密遜學會（Smithsonian Institution；或譯史密森尼博物院），以「促進人類知識的發展與傳播」為創立宗旨。史密遜學會在開幕宣言中指出，「為了出版品的傳播而建立交換系統，但並非為圖書館累積無用的複本，而是交換人類智慧的產品」。（李筱眉）1867 年 3 月 2 日（同治 6.1.26）美國國會又通過了國際圖書交換案（Resolution），「凡兩院命令印製的出版品，須提交 50 份給圖書館聯合委員會，經由史密遜學會寄發國外交換，交換所得

存放於國會圖書館。」

　　1867 年開始，史密遜學會經由國務院請美國駐華使館向中國政府接洽，美國駐華代辦衛三畏向清總理各國事務衙門請求辦理，但是未獲得清廷積極的回應。時美國農業部鑒於中國農產豐富，幾千年來給養如此龐大的人口，甚需獲得此方面資訊以供借鏡。1868 年 9 月 4 日（同治 7.7.18）農業部駐華特派員上校薄士敦（Charles Poston）偕同衛三畏晉謁恭親王奕訢（1833－1898），親自遞送攜華五穀、蔬菜、豆類種籽及有關於美國農業、機械、採礦、地圖及測量太平洋鐵道的報告書等書籍，「更望將中國書籍穀種互換等語」。

　　當總理衙門於 1868 年 10 月 4 日（同治 7.10.4）上奏仍等待諭旨之時，美國國務院又因聯邦土地局之請，再度於 1869 年 3 月 25 日（同治 8.2.13）訓令其駐華公使，向中國政府請求道光年間的戶籍調查資料。經總理衙門奉欽准以後，乃於 1869 年 6 月 7 日（同治 8.4.27）將購得的書籍種籽一併具函致送美國使館，表示還答美國政府贈書及穀種的盛意。美國公使勞文羅斯（John Ross Browne）於 1869 年 6 月 10 日（同治 8.5.1）函復恭親王致謝，略謂各件已照單點收。至於有關戶籍調查資料，係由各省每年造冊，報送戶部存查，並未印成書，故不克致送。

　　清朝政府回贈《皇清經解》等 10 部、934 冊（冊數引用錢存訓〈中美書緣：紀念中美文化交換百周年〉，據國會館 Edwin G. Beal, Jr. 及吳光清代為詳核）130 函中文書籍，自是以當時的清刻本為主，如順治、康熙、雍正刊本各 1 部；乾隆、道光刊本各 3 部；還有 1 部明永樂刊本。依其內容分，半數為醫、農、算學等類，其他為經解、禮經、小學、性理等類；僅有經子兩部，而無史集之書。除此之外，又選有花卉（花子 50 種）、五穀（穀子 17 種）、豆類（豆子 15 種）及蔬菜（菜子 24 種）種籽計 106 種。這批書先運到史密遜學會，再轉運國會館保存迄今，是為國會館第 1 批中文藏書，也是中美兩國圖書交換的發軔。

（二）大學漢學講座

　　美國大學認為講座制將使學科分化越分越細，雖然有利於學科往深層發展，但由於講座制規模太小，不利於跨學科之間聯繫、交融與整合（Interdisciplinary），美國乃將系科制與講座制兩種制度融合在一起，創立了學系制。

　　美國主要大學圖書館的東亞藏書，大都以發展中文藏書為先。因為最早擔任中文（漢語）教學的教師，以及許多大學的畢業校友，會將他們的私人藏書捐贈各該學校，所以形成許多大學東亞語文藏書的初基。最早參與美國大學圖書館建設中文館藏的華人是容閎（1828－1912）。

耶魯大學

　　1842 年 4 月 7 日（道光 22.2.27）美國東方學會（American Oriental Society；AOS）成立。耶魯大學校長伍爾西（Theodore Dwighy Woolsey）擔任學會副會長，人文學方面許多學者加入該會；會員范內姆（Addison Van Name，1835－1922）館長以東亞語言學專家而著名，他率先在美國大學推動東亞語言的教學及建立東亞館藏。耶魯也是美國第一個把中文列入課程的大學。1854 年（咸豐 4）容閎畢業。1877 年（光緒 3）他將藏書 40 部、1,280 冊，包括《康熙字典》（1716 年版＝康熙 55 年）和其他善本，全部捐獻耶魯，並敦促校方另外聘請一位精通中文的教授。美國早期大學漢學講座的教授較多為曾是在華傳教士；或延攬歐洲的漢學家。1878 年（光緒 4）耶魯聘請了剛從中國返美的衛三畏擔任中國語言及文學教授席位，這是美國歷史上首位漢學教授，也是美國開始建立專業的漢學研究。該年（1878）也恰是容閎贈送母校《古今圖書集成》1728 年版（雍正 4 至 6 年間武英殿銅活字本；插圖用雕版印刷）乙部，該《集成》正篇 1 萬卷，目錄 40 卷，分訂 5,020 冊（含目錄 20 冊），裝 522 函（含目錄 2 函），時共印 64 部（另樣書 1 部），此即其中之一。耶魯大學圖書館開始建立東亞館藏，也是東亞

藏書在美國大學中的發端。

　　容閎去世後，他個人的藏書再次捐給耶魯。衛三畏去世後，藏書也捐贈耶魯。（日）朝河貫一於 1907 年（光緒 33）返回耶魯母校歷史系任教並兼任耶魯中日館藏部第一任部長。1927 年他任命漢學家甘迺迪（George A. Kennedy）擔任中文館藏的副部長。然而「當時耶魯大部分館藏的發展都相對無所作為，使耶魯的東亞館藏在數量和人力資源上都遠遠落後於同類大學。」（Ellen H.Hammond＝韓愛倫）

　　直到二戰後，1961 年 4 月，耶魯邀請常石沃倫（Warren Tsuneishi）重回主持東亞館藏部，東亞館藏再度重行發展。該年耶魯成立「東亞學術研究理事會」（The Council on East Asian Studies）。1963 年在斯特林紀念圖書館（Sterling Memory Library）2 樓設立了「東亞閱覽室」（East Asian Reading Room）。1971 年，香港中文大學教授簡又文捐贈太平天國史料 320 種、640 冊書籍及錢幣與官印等文物。1981 年金子英生稱「當前館藏的 2/3 是在過去 20 年中獲得的。」

　　2007 年，張充和（1913－2015；曾於 1961-1985 在耶魯藝術史系執教）為東亞閱覽室，書寫「東亞圖書館」匾。

哈佛大學

　　1877 年（光緒 3）在中國牛莊（今遼寧省營口）經商且擔任美國等多國駐牛莊領事或副領事奈特（Francis P. Knight），以他在華 15 年的見聞，感悟到中美文化經濟交流的重要性，爰寫信給哈佛大學校長，提出了籌募基金在哈佛設立中文講座的建議，為有志於前往中國的專業人士提供學習中文的機會，以促進中美兩國之間的商務和外交往來；一共募到 8,750 美元。哈佛委請曾在中國海關任職的杜德維（Edward Bangs Drew）物色教師。1879 年（光緒 5），哈佛大學聘請曾在美國駐上海領事館和英國駐寧波領事館工作的戈鯤化（1835－1882）任中國講席，自中國前來開設中文課程，1879 年 10 月 22 日（光緒 9.8）正式開班授課，揭開美國知名大學競相開設中文課程的序幕。不幸 1882 年 2 月 14 日（光緒 7.12.26）戈氏病逝，中

文課程夭折；他在美國只教了 4 或 5 個學生。一直到 1921 年至 1926 年先後由趙元任（1892－1982）、梅光迪（1890－1945）到哈佛執教中文才重新恢復。戈鯤化隨身攜來一批中文書籍，也因此沒有人過問，並未進入哈佛館藏。

柏克萊加州大學

1872 年（同治 11）舊金山律師、大學董事湯普金森（Edward Tompkins）鑒於「加州與亞洲間貿易的繁榮」與「適應此種需要乃大學的任務」資助柏克萊加州大學東方語言系（Dept. of Oriental Languages）設置以研究東方語言及文學為主的「阿加西東方語言文學講座」（The Louis Agassiz Professorship of Oriental Languages and Literature；「阿加西氏講座」）教授席位。但直到 1896 年（光緒 22）才由（英）傅蘭雅（John Fryer，1839－1928）受聘該大學擔任第一位「阿加西氏講座」教授。傅蘭雅是英國聖公會傳教士、漢學家，來華 35 年，曾擔任江南製造局編譯館譯書（首席口譯人）28 年（1865－1896）。他一共譯書（包括合譯）129 部，其中 77 部在江南製造局出版，占該局出版總數 163 部的 47.2%；包括基礎科學 57 部、應用科學 48 部、軍事科學 14 部及社會科學 10 部。他捐贈譯書 100 種、約 1,100 冊。創辦「格致書院」，創刊科技雜誌《格致滙編》，開辦「格致書室」（營銷科技圖書儀器，代製鑄字銅模）。也曾推動中國「時新小說」徵文活動，依周欣平主編《清末時新小說集》（*New Age Novels of the Late Qing Dynasty*） 14 冊（上海：上海古籍出版社，2011），收投稿 150 件。

哥倫比亞大學

哥倫比亞大學校長羅薩斯（Seth Low）因該校校友卡朋蒂埃（Horace Walpole Carpentier，1824－1919；在加州國民自衛隊服務時被稱為「將軍」）及其管家丁龍（Dean Lung）的捐款，並認同他的理念，決定成立漢學系，1902 年（光緒 28）設立「丁龍漢學講座」（Dean Lung Professorship of Chinese Studies）。先邀請英國劍橋大學的翟理斯（Herbert Allen Giles，1845－1935）

於 1901 年至 1902 年（光緒 27-28）來校作了 6 場關於中國文學、歷史、語言和傳統的講座。

　　翟理斯是漢學家，曾與威妥瑪（Thomas Francis Wade，1818－1895）先後擔任劍橋大學漢學教授（Professor of Chinese），一起發明漢語羅馬化的「韋傑士拼音系統」（Wade－Giles System）。另整理出版 *A Catalog of the Wade Collection of Chinese and Manchu Books in the Library of the University of Cambridge*（《劍橋大學圖書館威妥瑪文庫漢滿書目錄》）（Cambridge：Cambridge University Press, 1898.） 國父孫中山倫敦蒙難時，他正在編 *A Chinese Biographical Dictionary*（《古今姓氏族譜》）（London：Bernard Quaritch；Shanghai：Kelly & Walsh, Limited, 1898），爰向國父邀自傳稿。1911 年（宣統 3）編《古今圖書集成索引》。他也是領事官，曾任英國駐淡水、寧波等地領事。其弟翟蘭思（Lancelot Giles，1878－1934）生於廈門鼓浪嶼，1899 年（光緒 25）入英國駐華領事界，著有 *The Siege of the Peking Legations：A Diary*（《北京使館被圍日記》）等。

　　哥大於 1902 年聘請（德裔美籍）漢學家夏德（Friedrich Hirth，1845－1927）來美主持「丁龍漢學講座」，講授漢語，並負責中文圖書的蒐藏。夏德曾於 1870 年（同治 9）至 1897 年（光緒 23）來華任職中國海關 27 年。研究中外交通史和中國古代歷史，旁及中國文字、藝術、工藝等，有關漢學的德、英文著述多，主要的，如 *China and Roman Orient*（1885）（《大秦國全錄》）、*Ancient History of China to the End of the Chou Dynasty*（1908）（《中國古代史─遠古至周》）。他在哥大講授中國歷史和中外關係史；認為要了解現實的中國，就要研究中國的歷史淵源及歷史的發展。擔任漢文系主任 15 年（1902－1917）。他還建立了一個有用的館藏。

　　美國駐華大使康格（Edwin H. Conger，1843－1907）代表哥大向中國求書，清廷贈送《古今圖書集成》乙部。本《集成》是係 1890 年（光緒 16）上海同文書院據雍正原版照像石印（價 7,000 美元），共印製 100 部。每部分訂 5,020 冊，又新增《考證》24 冊，合計 5,044 冊。該校「中文圖

書館」（Chinese Library；北美第一所直接以中文圖書館命名者，1935 年始更名東亞圖書館）與中文系（Chinese Department）一起成立，奠定哥大成為漢學研究的重鎮的基礎。

其他，較早開展漢學教學，設立中文講座或東亞語言文化或亞洲系教職的，如密西根大學、康奈爾大學、夏威夷大學、芝加哥大學等。

四、漢學學術團體成立（1842－1949）

1842 年（道光 22）中英《南京條約》簽訂後，五口通商，打破了中國閉關自守的局面。面對中國向西方開放的新形勢，西方列強與中國來往，亟需了解中國。美國新成立學術團體，開始有組織的漢學研究；並在大學次第設立漢學講座，開始了專業性的漢學研究。由於學者講學及研究的需要，中文書籍遂開始流入各大學。

（一）美國東方學會

1842 年 4 月 7 日（道光 22.2.27），美國傳教士裨治文、衛三畏等和美國外交官顧盛（Caleb Cushing）、伯駕等於波士頓創設了「美國東方學會」（American Oriental Society），依所訂「會章」（Constitution of the AOS），該會旨在促進對亞洲、非洲、玻利尼西亞羣島（Polynesian）的學術研究，廣泛涉及語言學、文學、歷史、考古、哲學、宗教、藝術和民俗等領域，並建立圖書蒐藏。1843 年（道光 23）創刊 *Journal of the American Oriental Society*（《美國東方學會會刊》）。東方學會成立之初，該會雖可被視為美國漢學的發源地，但對漢學的研究，尚屬非主流。1853 年、1855 年（咸豐 3 及 5）東方學會及其圖書館分別南遷康州紐海文（New Haven）與耶魯大學關係密切。東方學會維護漢學研究的傳統，將其學術目標定位於對古代東

方文明進行以歷史學為主要手段的文獻學和語言學研究。

　　1870－1890 年是美國所謂「鍍金時代」（The Gilded Age），美國實現了大規模的工業化，創造了驚人的財富。大約 1910 年之後，美國一些富豪開始成立各種公益性基金會。相當於這個時後，一些與漢學研究相關的學術團體和基金會相繼成立，如美國現代語言學會（Modern Language Association of American，1883 成立）、美國歷史協會（American Historical Association，1884）、美國亞洲協會（American Asiatic Association，1898）、美國社會學學會（American Sociological Society，1905）、美國卡內基國際和平基金會（Carnegie Endowment for International Peace，1910）、美國洛克菲勒基金會（The Rockefeller Foundation，1913）等。

　　20 世紀以來，在該會《會刊》投稿者，有裨治文、衛三畏、伯駕、勃朗、咩士（William A. Macy）、 義華業（Alexander H. Everett）、丁韙良、夏德(Friedrich Hirth)、勞費爾(Berthold Laufer)、姜別利(William Gamble)、柔克義（William Woodville Rockhill）、福開森（John C. Ferguson）、顧立雅（Herrlee Glessner Greel，1905－1994）、賓板橋（Woodbridge Bingham，1901－1986）、德效騫（Homer Hasenpflug Dubs，1892－1969）、卜德（Derk Bodde）、恆慕義（Arthur William Hummel，1884－1975）、傅路德（Luther C. Goodrich）、帥福壽（Edward W. Syle）、白漢理（Henry Blodget）、哈巴安德(Andrew Patton Happer)、麥嘉諦(D. B. McCartee)、懷特(Moses Clark White)、 廷德爾（E. C. Taintor）等。在 1930 年時，漢學經慘澹經營，在東方學會地位已經提高，而「中國研究」（Chinese Studies）在漢學研究的基礎上逐漸萌芽。

　　在兩次世界大戰期間，美國出現不少新興的與漢學研究相關的學術團體，如美國學術團體聯合會(American Council of Learned Societies，ACLS，1919.02)、美國太平洋學會（The Institute of Pacific Relations，1925.07）、哈佛燕京學社（Harvard-Yenching Institute，1925）、美華協進會（China Institute，1926）等。而卡內基金會、洛氏基金會、福特基金會（1936）

等著名基會對於促進漢學的研究，有很大的推動作用。

　　ACLS 的使命為促進人文學與相關社會科學所有領域的人文研究，並努力於加強學術團體間的關係和學術團體的成立。20 世紀 30 年代間，在 ACLS 的主導下，東方學會於每年年會中，和 ACLS 聯合召開多次討論中國的特別會議。1928 年 4 月 10-12 日東方學會第 150 次會議聲明：「本會盼望科學的漢學研究能夠在美國得到有力的扶持，因此，本會決定鼓勵在《會刊》刊行漢學文獻並在年會上探討漢學事宜」（孟慶波譯）。

　　1928 年 12 月 1 日 ACLS 在紐約哈佛俱樂部發起成立「美國中國學研究促進會」（The Committee on the Promotion of Chinese Studies），洛氏基金會提供資助，費勞爾、恒慕義、賴德烈（Kenneth Scott Latourette）、伯希和等參加成立會議。費勞爾任主席，請伯希和指導。洛氏基金會的資助計畫還包括編一部世界漢學家人名錄、設立培養青年漢學家獎學金、舉辦以遠東學為主的討論會（資中筠）。1929 年 ACLS 美國中國學研究促進會第 2 屆會議在東方學會年會上召開，成立了遠東研究委員會（Committee for Far Eastern Studies）。東方學會與遠東研究委員會合作，1930-1933 年，雙方聯合舉辦東方學會年會。遠東研究委員會就是遠東學會（Far Eastern Association）的前身。

（二）遠東學會

　　美國對中國的研究雖然是從 19 世紀開始，但主要教授大都是歐洲學者，或是通曉中國語文的傳教士。真正建立漢學研究的第一代美國學者是從 20 世紀 30 年代產生。1940 年代起，美國「中國研究」才開始脫離歐洲漢學的蕃籬，走向獨立，逐漸成為西方「中國研究」的重鎮。哈佛大學教授費正清（John King Fairbank，1907－1991）被稱為美國當代中國研究之父，開創了美國中國近代史這個研究領域，將「『區域研究』（Area Studies）模式——充分利用社會科學的方法，集中對世界某一特定地區進行更專門的

跨學科領域的研究」，推廣到全美。

費正清於 1917 年進入哈佛大學求學時，深受（英）韋伯斯特（Charles Kingsley Webster）的影響。韋伯斯特建議他去研究中國，重視利用學術檔案，如清官修《籌辦夷務始末》，並以曾在華任職海關的馬士（哈佛大學 1874 級畢業）為師。1929-1931 年，費正清獲得羅茲獎學金（The Rhodes Scholarship）遠赴英國牛津大學研究東亞問題。1931 年，他開始在為他的博士論文查閱檔案資料，並作為馬士的私淑弟子；1932 年，為博士論文的撰寫，來到中國清華大學、燕京大學研究中國歷史，調查考察海關貿易。後在清華大學、稅務學校兼課，並獲得哈佛燕京學社、洛氏基金會獎學金。在北平收集資料時，結識了蔣廷黻、袁同禮等，並得到他們的幫助。1936 年他以 *The Origin of the Chinese Maritime Customs Service, 1850－1858*（《中國海關的起源：1850-1858》）論文，獲得牛津大學哲學博士學位。該文從中國近代史、外交史、制度史 3 個方面進行綜合考察，為美國現代漢學開闢了新方向。1937 年起為哈佛大學歷史系所聘，開設東亞文明課程。他以為要了解今日的中國，必須要了解中國的過去，主張深入發掘中國的史料，使用中國的檔案、中國的原始資料來研究中國的歷史。

因為日本偷襲珍珠港，發動太平洋戰爭，美國政府缺乏亞洲及太平洋地區歷史及文化的了解，以及對人員遠東語言培訓的需求，這些來自非學術界的迫切需求，提升了社會科學家在漢學研究的地位。美國的漢學研就開始脫離歐洲傳統漢學的途徑。

1941 年 6 月 9 日，為了適應美國在亞洲利益的需要，倡導學術新趨勢，以費正清、威爾遜（Howard E. Wilson）為代表的一批學者發起成立「遠東學會」，同年 11 月創刊 *The Far Eastern Quarterly*（《遠東季刊》），將漢學轉向近現代中國研究；得到福特基金會（The Ford Foundation）、洛氏基金會的贊助，很快地成為美國研究中國問題最重要的機構。

1946 年，哈佛大學展開「區域研究」（Area Studies），馬凱（Don Mckay）啓動了「國際與地區性研究」（International and Regional Studies），帕森斯

（Talcott Parsons，1902－1979）、梅森（Edward S. Mason，1899－1992））
等學者組成了專業委員會，發起區域研究計畫，設 9 個研究部門。費正清
是中國項目的主持人。

　　費正清倡導新的研究方法，即以歷史學為核心，運用多種檔案、多種
語言，採用各種社會科學的方法，如政治學、經濟學、社會學、人類學等，
對近代中國進行綜合的研究。研究所注重的是中西方的交流，及攸關美國
戰略利益的議題。在費氏等人的推動下，運用多學科方法研究現當代中國，
漸成為美國漢學界的主流。從採用各學科專家的「合作研究」、「地區性研
究」（Regional Studies），逐漸演進到跨多學科領域的「區域研究」的新途
徑。

　　費正清培養了許多漢學家和中國通，如史華慈（Benjamin Isadore
Schwartz，1916－1999）、列文森（Joseph R. Levenson）、柯文（Paul A. Cohen）、
孔飛力（Philip Alden Kuhn，1933—2016）等，形成「哈佛學派」。1955 年
在哈佛大學及卡內基基金會、福特基金會的資助下，成立了東亞研究中心
（Center for East Asian Studies），費正清出任主任。該中心創建之初，即建
立圖書館。

　　1956 年遠東學會更名亞洲研究學會（The Association for Asian Studues），
發行 The Journal of Asian Studies 　（《亞洲研究》）。1967 年成立亞洲學會東
亞圖書館委員會（Committee on East Asian Libraries，CEAL），以解決東亞
圖書館發展的問題。

五、重要學術圖書館蒐藏（1869－1949）

　　1893 年（光緒 19）柔克義自中國回美再度供職於國務院外交部，擔任
助理國務卿。1901 年（光緒 27）代表美國政府與中國簽署《辛丑條約》，
1905 年（光緒 31）任美國駐華公使館公使。早於 1898 年（光緒 24）美國

已占領菲律賓羣島，捲入了遠東事務；以其未曾參預「瓜分中國」的超然立場，出面要求列國開放在中國的勢力範圍的門戶，大家利益均霑。柔克義起草了美國「門戶開放政策」，經總統麥金利（William Mckinley，1843－1901）批准並經國務卿海約翰（John Milton Hay，1838－1905）向各國發表一系列照會，闡明「任何列強不得干預中國各條約口岸、既定利益或勢力範圍；中國關稅適用於所有商品；港口與鐵路費用也一律平等」；其後又主張維持「中國領土與行政完整」，反對進一步瓜分中國。其目的是在保護美國在中國的利益。美國為了維護其在遠東的利益，就得重視遠東，認識中國。對中國的歷史、文化以及當前的問題的認識。第一次世界大戰後，美國各大學競設漢學講座，多項基金會支持中國研究，及建設學術圖書館的中文藏書。

　　當美國中文館藏發展之際，先是清政府，遭歐美列強以船堅砲利打開了中國的門戶，被迫開放口岸，割地賠款；主權喪失又賠款金額龐大，國力日益積弱。繼之日本侵略，戰亂、兵燹籠罩了整個中國。中國部分公、私立圖書館以及私人家傳的善本古籍、抄本、名人手稿、方志、家譜族牒等文獻或燬於戰火，或相繼流傳海外，或以極低的價格，被外國機構或人士蒐購，覆巢之下並無完卵，文物書籍亦不能免。美國遂得以有系統的選擇蒐購中文館藏。

　　美國對中國研究雖從 19 世紀便已開始，但主要教授大都是歐洲學者，或是通曉中國語文的傳教士。真正建立漢學基礎的第一代美國學者是從1930 年代才產生。由於美國學術團體聯合會（ACLS）、美國東方學會的倡導，以及哈佛燕京學社和洛氏基金會等的支助，一面在美國主要大學開設中國語文、歷史等課程，一面派遣研究人員到中國訪問學習。要對中國文化作高深的研究，必須要有充實的圖書資料作為基礎。

　　吳文津撰〈美國東亞圖書館協會的歷史沿革〉乙文（1996.8.28 發表於北京 IFLA 年會，提到：

雖然美國有些大學在二次大戰前就開始蒐藏東亞語文書刊，如耶魯大學（開始於 1878 年）、哈佛大學（1879）、柏克萊加州大學（1896）、康奈爾大學（1918）、哥倫比亞大學（1920）、普林斯頓大學（1926）、芝加哥大學（1936），但是迅速增長卻是 1945 年以後的事。如今被認為東亞資料主要收藏的密西根大學、胡佛研究院、洛杉磯加州大學都是 1940 年代才開始的。而伊利諾大學、印第安娜大學、威斯康辛大學等等則遲至 1960 年代才成立。如今總共有 80 幾個東亞圖書館，其中最大的就是國會圖書館，於 1869 年開始蒐藏中文資料。

本文選當中 7 個最重要的東亞圖書館——國會圖書館及哈佛大學、柏克萊加州大學、康奈爾大學、哥倫比亞大學、普林斯頓大學、芝加哥大學，主要為敘述其在自二次大戰前以來東方圖書館的中文館藏建設。

（一）國會圖書館東方部

　　1869 年 6 月 7 日（同治 8.4.27）中美官方第一次圖書交換；中國贈書 10 部 934 冊，置於國會館。該館因而成為美國收藏中文典籍的第一個圖書館。國會館早期（1941 年太平洋戰爭以前）收藏中文典籍較為著名的來源為美國駐華官員顧盛（Caleb Cushing）、柔克義（William Woodville Rockhill，1854－1914）、傳教士姜別利（William Gamble，1830－1886）的藏書，萬國博覽會中國贈書及施永格（Walter Tennyson Swingle，1871－1952）、恆慕義（Arthur William Hummel，1884－1975）在中國大肆蒐購。

國會館中文館藏初基
　　顧盛曾代表美方，於 1844 年（道光 24）在澳門附近望廈村普濟禪院，簽署了美國與中國第一個條約《望廈條約》，損害了中國領土主權和利益。
　　國會館於 1879 年（光緒 5）購得顧盛中、滿文藏書 237 部、2,547 冊；該館編輯《顧盛藏書目錄》（手抄本）乙冊。顧盛係透過來華傳教醫生伯駕

和傳教士裨治文的協助採購古籍。顧盛藏書內有太平天國（1850－1864）印書 10 部，包括曆法、詔書、禮制、啓蒙讀本等，及「《太平天國幼學書》、《太平天國三字經》、《太平救世歌》、《天父上帝言題皇詔》、《天命詔旨書》、《天條書》、《太平詔書》、《太平禮制》、《頒行詔書》、《太平天國癸好三年新曆》；這批文獻均首尾完整無缺。」（沈津）係由裨治文經由「美國勸世小書會」（American Tract Society）購得。

　　另藏有照像本《建天京於金陵論》、《貶妖只為罪隸論》、《詔書蓋璽頒行論》、《天朝田畝制度》4 種（沈津）。太平天國將印書稱為詔書，1885年建都天京後，建立「旨準頒行詔書總目」制度，1860 年時已有 29 種。由於戰爭及禁燬的原因，所刊圖書存世不多。

　　柔克義是外交家也是漢學家，精心蒐集中國書籍，醉心於西藏和蒙古文化。1884 年（光緒 9）首次來華，任美國公使館參贊（二等秘書）並兼任駐朝鮮代辦。在公使館工作期間，他學會了藏語和漢語。1888 年至 1889年（光緒 14-15）、1891 年至 1892 年（光緒 17-18）他為史密遜學會兩度到蒙古、青海、西藏進行「科學探險」，1913 年至 1914 年，他又私人旅行至北京及蒙古，收藏了漢、滿、蒙、伊斯蘭文字書籍 6,000 餘冊，在 1915 年全數捐贈國會館。

　　1904 年（光緒 30）國會館得到清政府捐贈因參展美國聖路易斯萬國博覽會（Lauisiana Purchasl Exposition）的圖書 198 部、1,965 冊，多為湖北省崇文書局、湖北官書處印刷圖書，及湖北洋務譯書局、湖北翻譯學塾譯書。國會館編《聖路易賽會中國捐贈書目》（*List of Chinese Books Comprising the St. Louis Exposition Gift to the Library of Congress*）；該項博覽會係由國務院邀請，為紀念慶祝 1804 年美國向法國購得路易斯安那屬地。2010 年，上海古籍出版社出版了任職國會館亞洲部居蜜（Mi Chu）所編《1904 年美國聖路易斯萬國博覽會中國參展圖錄》（*Chinese Participation in the 1904 St. Louis Exposition an Illustated History*）（全 3 冊）。1908 年（光緒 34）清政府又贈書，是為了答謝美國政府退還一部分庚款，派遣特使唐紹儀帶到華

府贈送一部《古今圖書集成》1890 年（光緒 16）上海同文書局照相石印版，
共 5,020 冊，及其《考證》24 冊。

　　此外，國會館還積極採訪中文典籍，如在 1913、1914 兩年中，植物學
家馮景桂（Hing Kwai Hung）為該館購進 17,208 冊，其中包括不少叢書；
1923 年春「國會館購得《永樂大典》（1562-1567 年《大典》重錄本副本）
29 冊，連同先前已擁有的 4 冊，時共有 33 冊；其後又陸續得到 8 冊，共
41 冊」；1928 年芝加哥克雷拉圖書館（John Crerar Library）轉給國會館由
勞費爾（Berthold Laufer）在中國蒐購的漢滿蒙藏文書籍 666 種 12,819 冊；
1929 年詹森（Nelson T. Johnson）贈有關中國法律的書籍 1,000 餘冊；1929
年梅隆（Andrew W. Mellon，1855－1937）捐贈了購自天津王樹枏（書庵）
藏書 1,644 部、22,100 冊，包括明清稿本約百冊、明刻本不下 300 冊；其
後又捐贈明清製中國地圖 40 餘幅。

　　1938 年，又得姜別利藏書（The William Gamble Collection）所藏珍貴
的中文書 277 種、493 冊及英文及其他語言書籍 120 種。「中文書籍絕大部
分為近代來華基督新教傳教士的中文出版物，其中以有關《聖經》的翻譯、
教義解釋、教史介紹等傳教類書籍為主，有相當多的小冊子。」姜別利係
1858 年（咸豐 8）北美長老會派往中國的傳教士，在浙江寧波主持華花聖
經書房（The Chinese and American Holy Classic Book Establishment）；1860
年（咸豐 10）將書房移往上海改稱美華書館（The American Presbyterian
Mission Press）。1869 年（同治 8）姜別利離開中國。1895 年（光緒 21）
美華書館取代了墨海書館（The London Missionary Society Press），成為當
時上海規模最大的現代化印刷廠。

恆慕義與國會館東方部

　　國會館第 8 任館長普特南（George Herbert Putnam，1861－1955）任
職館長長達 40 年（1899－1939），認為國會館應廣徵世界重要書及供應學
術研究，特別是東方書籍。乃於 1928 年成立「中文部」（Division of Chinese
Literature），並聘請恆慕義擔任首任主任，開始了有計畫地收藏中國書籍。

其後該部門名稱更異頻繁。1931 年改稱「中日文部」(Division of Chinese and Japanese Literature)、1932 年擴大為「東方部」(Division of Orientalia)、1942 年又稱「泛亞洲部」(Asiatic Division)、1944 年又改回「東方部」(Orientalia Division；該年 8 月，國立北平圖書館特增「玉海珠淵」匾額為賀)。1978 年改稱「亞洲部」(Asian Division)。

恆慕義因「美部會」的贊助，在 1914 年 11 月來到北京，花了一年時間學習中文。1915 年起即在山西汾州的明義教會男子中學教英文，並擔任一些行政工作達 10 年之久，其間致力於研究明清歷史，閒暇蒐集中國古錢及古地圖；同時繼續學習華語，並因與研究中國語言有關，他經常看汾州府志及鄰近地區的方志。1924 年任北京華北協和華語學校(Yenching School of Chinese Studies) 教師。1927 年返美國，後來成為國會館的一員後，對中國線裝書、方志、古地圖更是勤於蒐集。1934 年 4 月底，恆慕義又來到中國，便中為國會館購書，收得 7,721 冊中文典籍，包括購得方志 300 多部。

恆慕義從 1928 年被任命為中文部主任起，直到 1954 年退休為止，在東方部長達 27 年之久。他主持了與國立北平圖書館（簡稱「北圖」）建立書刊交換關係，在中國和日本大力蒐購，使中文典籍的收藏，由 10 萬冊（Luther Carrington Goodrich＝傅路德，指為 10,000 冊，此或係指 20 世紀初的國會館中文藏書量），增加到 29 萬 1472 冊；建設了在善本、叢書、方志、輿圖等方面豐富厚實的館藏。1940 年 3 月 7 日恆慕義在華盛頓發表講話：

> 中國珍貴圖書，現正源源流入美國。舉凡稀世孤本，珍藏秘稿，文史遺著，品類畢備，國會圖書館暨全國各大學圖書館中，均有發現。凡此善本，輸入美國者，月以千計，大都索價不昂，且有贈與美國各圖書館者。蓋不甘為日本人所攫，流入東土也。即以國會圖書館而論，所藏中國圖書，已有 20 萬冊，為數且與日俱增。由此種情形觀之，中國時局今後數

年內，無論若何變化，但其思想文化，必可綿延久遠。（中略）若干年前，
北平有文化城之目，各方學者，薈萃於此，誠以中國四千餘年以來之典
章文物，集中北平各圖書館，應有盡有，自今而後，或將以華盛頓及美
國各學府為研究所矣。

其間，恆慕義完成了重要的著作，由他主編、〔房兆楹（Fang Chaoying，
1908－1985）與夫人杜聯喆（1902－1994）協編；依胡適 1943.05.25 序，
指 8 年協助完成〕，鄧嗣禹、（日）百瀨弘等撰 *Eminent Chinese of the Ch'ing
Period（1644-1912）* 2vols.（Washington D.C.：Government Printing Office,
1943-1944）（《清代名人傳略（1644－1912）》，記載了 800 多位清代重要人
物。

館藏善本

恆慕義大力倡議整理中文善本古籍，獲得洛氏基金會及美國學術團體
聯合會（ACLS）的資助，設立了一個中文編目專家的職位，邀聘王重民
（1903－1975），於 1939 至 1947 年在該館鑒定整理中文古籍，完成初稿 2
冊；1957 年袁同禮就該稿縮影微捲整理，彙輯《美國國會圖書館藏中國善
本書錄》（*A Descriptive Catalog of Rare Chinese Books in the Library of
Congress* ）2 冊，在華府影印出版。依該目錄，著錄宋本 11 部、金本 1
部、元本 14 部、明本 1,518 部、清本 70 部、朝鮮本 11 部、日本本 11 部、
拓本 1 部、鈔稿本 140 部，共計 1,777 部善本書及其提要。1972 年臺北文
海出版社據以影印出版。2014 年又有桂林廣西師範大學出版社刊行。

王重民攜回手稿本意交北大出版，但苦無機會。1975 年王重民逝世，
「文革」結束後，其夫人劉修業，友好傅振倫、楊殿珣整理遺稿，將手稿
併北圖、北大圖書館館藏善本資料，於 1983 年 8 月由上海古籍出版社出版
《中國善本書提要》。該書共收錄 3 館所藏善本書 4,400 餘種。依楊殿珣（序）
估著錄國會館館藏 1,600 部。另於 1991 年 12 月由北京書目文獻出版社發
行《中國善本書提要補編》，收錄史部提要 770 餘篇、子部 10 篇。

　　自王重民回中國後，國會館又入藏了不少中文古籍。最為重要的是來
自二戰結束後在日本的蒐集。美軍占領日本，沒收了政府及軍事機關大量
中日韓西文文獻書刊，包括滿鐵東京分社、東亞經濟調查所、蒙古研究所
等，由美國政府陸續轉交國會館，其中不乏善本。以滿鐵東京分社為例，
接收 10 萬冊，估 6 萬轉入藏國會館，2005 年有關中文部分經整理為滿鐵
中文特藏目錄 The South Manchuria Rilway Company Chinese Collection，收
錄 488 種 6,896 冊，大多是晚清刻本和明版重印本。1950 年後還有詹森
（Nelson Trusler Johnson，1887－1954；外交家，1929-1941 年任駐華大使）、
施永格夫人（Maude Kellerman Swingle，1888－？）、恆慕義等個人捐贈。
2003 年至 2008 年曾擔任國會館亞洲部主任李華偉以為「王重民的目錄未
能全面反映國會圖書館善本收藏情況，40 年代以來，善本書的定義也有所
放寬，粗略估計國會圖書館的善本應接近 5,000 部。」國會館官網稱，亞
洲部藏有 1796 年（乾隆 61 年）以前刊行的中文古籍善本 5,300 部。（https：
//www.loc.gov./collection /chinese-rare-books/about-this-collection）

　　2011 年 8 月，范邦瑾編，《美國國會圖書館藏中國善本書續錄》（The
Continuation of Descriptive Catalog of Rare Chinese Books in the Library of
Congress），由上海古籍出版社印行，可作為王重民所編《美國國會圖書館
藏中國善本書錄》的補篇，續補館藏古籍善本 886 部，計北宋刻本 16 部，
南宋刻本 5 部，遼刻本 1 部，元刻本 1 部，明刻本 306 部，清刻本（含印
本）257 部，太平天國刻本 10 部，民國印本 2 部，朝鮮刻本 20 部，日本
刻本（含印本）34 部，鈐印本 11 部，稿本 10 部（含日本稿本 1 部），寫
本 45 部，鈔本 144 部（含朝鮮鈔本 5 部、日本鈔本 6 部）257 部，彩繪本
21 部（含日本鈔彩繪本 1 部）。另載（王重民《美國國會圖書館藏中國善
本書錄》訂補），就其 138 部書 1.筆誤；2.行字誤數；3.著錄與原書有差異；
4.疏漏；5 印章闕載；6.據所記筆記整理相混淆；7.受當時資料限制；8.叢
書零本未著明等 8 種訛誤疏漏訂補。2017 年，居蜜、梁紹傑、王粹人、楊
文信編《美國國會圖書館藏中國古籍鈐記選萃》3 冊，由杭州西冷印社出

版。

　　2005 年 5 月，國會館和臺北的國家圖書館簽署了中國善本書數位化合作協議，自 2005 年至 2012 年，共計完成了 2,025 部、1,032,401 影幅的善本古籍數位化作業。

館藏方志

　　國會館收藏不少方志。前述顧盛藏書、清朝贈書、柔克義贈書中，就包含有部分方志。柔克義曾以考察為名，深入四川省採購大量四川方志，因為有些方志載有少數民族的語言資料。而方志館藏的建置，開啓於施永格，成就於恆慕義。

　　20 世紀初，美國著名農林學家施永格從事改良美國柑橘品種，而逐漸了解中國《本草》及有關植物專譜以及方志中植物及穀類紀載素質甚高，力勸國會館大事收藏方志。他代表國會館自 1915 年至 1926 年內，曾 3 次到中國廣為蒐羅，採購到為數頗多的中國地圖和方志、農書、類書、叢書計達 68,000 冊，包括方志 1,500 部及另一部《古今圖書集成》。該部《集成》，光緒 10 年（1884）由（英）美查兄弟（Major Brothers）（Ernest Major，1830－1908 和其兄 Federick Major）等開創《申報》館所附設的上海圖書集成印書館鉛活字排印本 1,620 冊，另目錄 8 冊（因所用鉛字為 3 號扁體，又稱「扁字本」，雖存放攜帶方便，但校勘不精，訛脫頗多，不稱善本），為國會館奠定中國方志館藏的基礎。施永格回國後，仍透過商務印書館張元濟在華購書，繼續為國會館採購方志，一直持續到 1928 年。

　　1929 年恆慕義委託羅克（Joseph Francis Charles Rock，1884－1962）採購中國方志。由於羅克當時受美國農業部委派，到中國西南地區考察植物，收集標本，乃收購到西南各省方志 1,070 部。

　　1933 年國會館又透過曾在該館中文部編目的清華大學圖書館主任王文山，搶在德國駐青島領事館之先，購得山東濰縣高鴻裁（1851－1918；翰生）藏山東全省府州縣志 118 部，這是國會館入藏的最大宗的中國地方志。其他如抱經樓、稽瑞樓、鐵琴銅劍樓等藏書中的一些方志也流入國會

館。

　　1934 年恆慕義也親自到中國購買了 300 多種方志。

　　1939 年 10 月，朱士嘉應恆慕義邀聘到國會館整理館藏方志，編《美
國國會圖書館藏中國方志目錄》（*A Catalog of Chinese Local Histories in the
Library of Congress*），1942 年由美國華府聯邦政府印刷局（Government
Printing Office）出版。因本書完稿後，適逢珍珠港事變，不及寄送中國排
印，由朱氏抄錄付諸石印，書名由胡適題簽。依該目錄朱士嘉〈序例；國
會圖書館採訪方志的經過〉載：著錄方志 2,939 部，其中修於宋代 23 部、
元 9 部、明 68 部、清 2,376 部、民國 463 部。而以河北、山東、江蘇、四
川、山西各省為多。「所藏方志遍及各省、府、州、縣、鄉鎮，十分齊全，
其中不乏難得一見的珍品。」（李華偉）朱士嘉認為「無論國內國外的公私
藏家所收藏的方志，除了國立北平圖書館以外，沒有再比國會豐富的了。」

　　依據曹亦冰、盧偉主編，《美國圖書館藏宋元版漢籍圖錄》（北京：中
華書局，2015.01）乙書載：

> 國會圖書館收藏有中國古籍善本約 2,300 餘種、5 萬餘冊，另有近 4 千種、
> 6 萬餘冊的中國地方志，其中有 100 多種是孤本。目前該館所藏中文善
> 本中，有宋刻本 16 種，金刻本 1 種，元刻本 14 種，明刻本約 1,800 種、
> 2 萬餘冊，清初至乾隆朝刊本約餘 300 種、2 萬餘冊。（中略）國會圖書
> 館所藏宋元版漢籍中，有一些是珍稀本。（盧偉）

館藏中文古地圖

　　經恆慕義之手（85 幅）及在他主政東方部之下，國會館藏中文古地圖
亦復不少。2002 年 6 月至 10 月，北京大學歷史學和歷史製圖學教授李孝
聰應國會館地理與地圖部（Geography & Maps Division）和亞洲部的邀請，
前往該館對所藏來至中國本土繪製的中文古地圖進行鑒定、整理和編目。
地理與地圖部計劃李氏將在 30 多年前夏威夷大學教授章生道（Sen-dou

Chang，1928）前期工作的基礎上，編纂一個完備的中國古地圖綜合目錄。章氏於 1949 年 9 月暨南大學畢業，擔任臺灣省立師範學院史地學系助教，次年 8 月赴美進修，1961 年獲華盛頓大學博士學位。曾經以兩個夏天時間，對國會館 154 幅中文古地圖作過鑑定，但他並未編出一份完整的目錄。李孝聰編有 *A Descriptive Catalogue of the Traditional Chinese Maps Collected in Library of Congress*《美國國會圖書館藏中文古地圖敘錄》（北京：文物出版社，2004.10）。本敘錄載該館地理與地理部所收藏被稱為 Vault Maps Collection 的中文古地圖特藏及亞洲部非特藏地圖屬清朝後期至 20 世紀初期的中文地圖。共計著錄 230 幅冊，其中區域圖 129 幅冊，包括世界圖、全國總圖及省、府、州、縣單幅圖或地圖集；專題圖 101 幅冊，包括城市圖 23 幅，園林、交通、軍事營汛圖 17 幅，河流海岸圖 61 幅。這些中文古地圖特藏的繪製時代，多數係清朝中後期，以嘉慶、道光至光緒年間的作品為主；也有一些明代和清康熙、乾隆時代的彩色繪本圖，依該敘錄載，其中有乙幅 1684 年至 1722 年（康熙年間）《臺灣輿圖》（未見圖題）；及另乙幅康熙年間繪製的 4 幅彩色地圖裱裝在一個長卷，其中第 3 幅也未具題名係描繪臺灣與澎湖列島。國會館收藏最早者，係於 1929 年購自華爾納（Langdon Warner，1881 − 1955；盜剝敦煌壁畫者）10 幅冊中國和朝鮮的地圖和地圖集，依李氏推斷第 3 幅中國地圖集的繪製時間為明代後期的 17 世紀上半葉。

　　李孝聰在國會館時，對 1900 年（光緒 26）以前日本人在中國境內的實測圖和其他外國人繪製的中國地圖，也做了初步的鑑別和編目。

館藏藏傳佛教經典

　　國會館是世界上蒐藏藏文圖書文獻最多的圖書館之一，藏傳佛教經典的蒐藏極為豐富。該館早期的藏文文獻，來自柔克義、藏學家（德）勞費爾（Berthold Laufer，1854 − 1914）、植物學家羅克。1915 年，柔克義捐贈國會館他於上開 1888 年至 1889 年（光緒 14-15）、1891 年至 1892 年（光緒 17-18）年間，在蒙古、西藏蒐藏的許多佛學經典。費勞爾幾次來西藏

探勘，購得不少藏文典籍，後為國會館所購〔案勞費爾是 1898 年到美國，
自 1908 年至 1923 年，曾參加 4 次中國考察團、前後歷時約 15 年，帶回中
國歷史文化器物及其資料。他能掌握中、藏、蒙文等東方語言，1930 年擔
任美國東方學會會長，一生所發表的學術論文和專著 200 餘種，為美國扎
下漢學研究的重要基礎〕。羅克先後在中國西部山區生活了 27 年，被視為
西方研究東巴文化的鼻祖。1925 年至 1927 年羅克曾在甘肅西南部安東藏
區卓尼禪定寺兩年，為國會館攜回卓尼版《大藏經》，裝在 92 個木箱裏，
馱運至蘭州，3 年後運到美國。〔其中《甘珠爾》（意譯「佛語部」、「正藏」，
Kanjur）於 1721 年（康熙 60）至 1731 年（雍正 9）全部刻完；《丹珠爾》
（意譯「論疏部」、「續藏」，Tanjur）從 1753 年（乾隆 18）至 1772 年（乾
隆 37）刻竣。〕國會館也藏有不同版本的蒙文《甘珠爾大藏經》和《丹珠
爾大藏經》的注釋。

館藏納西族象形文字資料

國會館還購得羅克和羅斯福（Quentin Roosevelt）蒐集的 3,342 卷來自
雲南納西族的象形文字資料。這被稱為「古代納西東巴文獻手稿」（Ancient
Naxi Dongba Literature Manuscripts），在 2003 年 8 月被教科文組織列入「世
界記憶名錄」（Memory of the World Register）。

納西族的象形文字是一種比較古老的象形圖畫文字。納西族信奉東巴
教，牠是一種原始的多神教，在藏族苯教的影響下，逐步發展形成的民族
宗教。東巴教的祭司（稱「東巴」），廣泛采集納西族民間古老神話、傳說、
詩歌、謠諺等，用該象形文字（「東巴文」）來寫經傳教。用「東巴文」寫
下的「典籍」，主要用於東巴教作道場時口頭念誦之用，故稱為「東巴經」。
東巴經的內容除了記載教規、義外，還有有關納西族政治、經濟、歷史、
天文、曆法、醫學、文藝、哲學、倫理、宗教、民俗風情等歷史的資料的
內容。東巴經依內容和用途可分為 1.祭祀經；2.超薦經；3.讓解經；4.占卜
經；5.東巴舞譜與樂譜；6.東巴畫冊等。有些東巴經附有「跋語」，是東巴
在該經的末尾（也有少數寫在正文中）書寫的記述性文字，或是說明書寫

經書的經過，或是一些抒發胸臆的文字。而大部分「跋語」的內容是抄寫的時間、地點、東巴祭司的村名、戶名、人名、寫經的年齡、祝願詞、諺語、格言等。

羅克是對東巴經蒐集最多、用功最深的學者。1922 年，他受美國農業部之託到雲南採集植物標本，接觸到東巴文化後變專注於此，在納西族地區 27 年，先後蒐集了 8,000 多冊東巴經，並勤於研究，先後發表專著，被西方稱「納西學研究之父」。1933 年，羅斯福到麗江調查，也蒐集了東巴經，1,861 冊。羅克及羅斯福曾將所得東巴經賣給國會館、哈佛燕京圖書館等機構。

李霖燦（1913－1999）畢生致力納西族（時稱：麼些族，讀音：moso）的象形文字的調查及研究。1938 年他杭州藝專畢業後，到麗江去做邊疆民族藝術的調查，1939 年至 1943 年在玉龍雪山下考察，凡 4 年。期間，1941 年 7 月受聘於中央博物院籌備處，1943 年 11 月攜回納西經典 1,231 卷，抵川東小鎮南溪縣李莊鎮中央博物院整理。編了 2 部麼些文字字典，手寫石印本，又完成了 6 種經典譯注。如下：

李霖燦編著、張琨標音、和才讀字，《麼些象形文字字典》（國立中央博物院專刊乙種之二）（李莊：該院籌備處，1944.06）；《麼些標音文字字典》（國立中央博物院專刊乙種之三）（李莊：該院籌備處，1945）。

象形文字字典，收字 2,120 號，分 18 類排列。標音文字字典，收字 2,234 個，按字形分為 15 類。讀音者和才（東巴），注音者張琨（任職中研院歷史語言研究所，是李方桂的弟子）。因「收集字數全面，字釋詳細，注音精準，字類豐富，字形分析合理，查閱方便」而獲得學術界極高的評價，稱李霖燦為「麼些先生」。

李霖燦編、張琨記音、和才讀經，《麼些經典譯注六種》（臺北：中華叢書編審委員會，1957）；《麼些經典譯注九種》（臺北：中華叢書編審委員會，1978）。

李霖燦、張琨、和才 3 人在 1941 年即開始對納西經典一邊注音，一邊

譯注。1948 年 12 月 26 日南京下關車站備有開往衡陽「首都機關遣送在京眷屬專車」，李霖燦與和才分別。每部經典都分原文（形）、國際音標注音及漢字直譯（聲）、漢文意譯（義）、注釋（注）等 4 部分。

1949 年 1 月，李霖燦護送中央博物院籌備處文物到北溝，繼續研究並發表成果於《中研院民族所集刊》、《歷史語言研究所季刊》、《大陸雜誌》等刊物。1955 年 12 月，他接受美國國務院邀請赴美國國會館整理該館收藏的納西族象形文字資料，經他統計入藏國會館經卷為 3,038 卷，予以分成 9 類，並闡述每一類經卷的用途。發現了國會館收藏的經卷有 61 冊注有年代，上起康熙 7 年（1688）（李在中認為是康熙 10 年），下迄 1938 年。他將3,038卷整理編製了一套一冊一卡的卡片式分類目錄，著錄經典名稱、時代、行列字數、文字類別、念誦旳儀式道場、頁數、大概來源地、內容提要，揭示經典的外在特徵和內容屬性。李霖燦撰，《美國國會圖書館所藏的麼些經典：一個初步的報告和研究》，《中央研究院民族學研究所集刊》6（1958.09），頁 131－165。

1998 年國會館亞洲部居蜜獲財團法人蔣經國國際學術交流基金會（蔣經國基金會）的贊助，邀雲南省博物館朱寶田來館翻譯納西文為漢字，於 2001 年翻譯完成。李華偉主持亞洲部時，再將其全部數位化公諸於網路。

亞洲部改組

2003 年 2 月 10 日，李華偉擔任美國國會圖書館亞洲部主任，改組了亞洲部，由 2 個功能性團隊和 5 個區域性小組形成矩陣式（Matrix Model）的管理體系。在組織結構中，縱向方面，分設學術服務（Scholarly Services）和藏書管理（Collection Management）兩個行政團隊；橫向方面，將原來按照語言分組，所設立的中文、日文、韓文和南亞文 4 個組，重新劃分成為中國和蒙古、日本、韓國(南北韓)、東南亞、南亞 5 個地區小組團隊(Team)。原有在各分組的經濟、政治、歷史、地理、語言、文化等專家，組成新的地區小組團隊，同時在兩個功能團隊管理下開展讀者服務和藏書管理。另者，將蒙古和中國兩組合併成中國蒙古小組團隊，並將原歸屬南亞組的西

藏藏書，予以回歸到中國蒙古小組團隊。

　　楊陽《書籍殿堂的智者——傑出圖書館學家李華偉傳》在國會館亞洲部〈中蒙文館藏〉說道，略以：

> 中國、蒙古和西藏的古籍善本都是「千金難求」的寶貝，橫跨宋、金、元、明、清各個朝代。其中印於 975 年的佛經《一切如來》是 1924 年雷鋒塔塌陷時，從雷峰塔地基的有孔塔磚中發現的；41 卷《永樂大典》抄本是目前僅存於世的 400 卷抄本中的十分之一；此外還有 3 套早期版本的《古今圖書集成》。（中略）中蒙文收藏中包括 3,344 本雲南納西族的象行文字手稿。（中略）中蒙文館藏的西藏出版物堪稱世界領先，收藏了 8 世紀至今，西藏文獻發展過程中具代表性文獻，包羅萬象，（中略）尤其藏文佛經的收藏非常之豐富。

（二）哈佛大學哈佛燕京學社

　　促進美國和中國國內漢學研究，在東西文化交流上舉足輕重的哈佛大學哈佛燕京學社（Harvard-Yenching Institute），是由美國鋁業公司（Aluminum Company of America）創辦人霍爾（Charles Martin Hall，1863－1914）的遺產捐贈而建成的。霍爾來自傳教士家庭，發明用電分離鋁土礦石取得鋁的方法而致富。遺命立意將遺產的三分之一捐作基金會資助教會在亞洲興辦高等教育事業和美國的亞洲研究，包括日本、亞洲大陸、土耳其和歐洲巴爾幹半島等地區。霍爾基金會的主持人為美國鋁業公司總裁戴維斯（Arthur V. Davis）及律師長約翰遜（Homer J. Johnson）。

　　燕京大學成立於 1916 年，由 5 個基督教差會——美國長老會、美以美會、美以美婦女會、公理會、英國倫敦會所合辦，由北京匯文大學（前身為 1870 年所創的匯文學校）、通州華北協和大學（前身為 1869 年所建的潞河書院）、北京華北女子協和大學和北京的一所神學院合併組成。合併後的

燕京大學，1919 年 1 月 31 日聘請了時在金陵神學院任教的司徒雷登（John Leighton Stuart，1876－1962）任校長。及至 1926 年燕京大學在中國教育部備案，依定規外國人在華設校不得自任校長，乃延聘清翰林吳雷川出任校長（Chancellor），司徒雷登為校務長，對外仍為 President，採用所謂雙長制。

　　在第一批按照霍爾意願的捐贈分配結束後，還剩下約 640 萬美元，哈佛大學商學院院長董納姆（Wallace B. Donham）試圖申請，但因與霍爾的遺囑不符而未獲成功。緣自於 1921 年以來，燕京大學副校長亨利‧溫特斯‧路思義（Henry Winters Luce，1868－1941；案即日後美國媒體出版界鉅子亨利‧魯濱遜‧路思義＝Henry Roinson Luce，1898－1967 的父親）為燕京大學募款，就自霍爾基金會得了 5 萬美元的捐款，用於購買書籍，建造住宅和發電廠。基於這種燕京與基金會的聯繫，1924 年霍爾基金會戴維斯指示司徒雷登和董納姆接觸，以制定一項既能使哈佛及燕京都受益，也符合霍爾遺囑的計畫。

哈佛燕京學社

　　經燕京大學司徒雷登、洪業、哈佛大學董納姆等的籌劃，1925 年 12 月，兩校達成初步的合作協議。1928 年 1 月 4 日哈佛燕京學社本部經麻州立案在波士頓哈佛大學正式成立。霍爾原意在資助日本、亞洲大陸、土耳其和歐洲巴爾幹地區提高研究所現代科學的水準，但是對哈佛和燕京兩校卻爭取到在研究中國文化的課題，爰由霍爾基金會、哈佛大學、燕京大學各選派 3 名董事，組成董事會。第一任董事會主席由博伊頓（Roland W. Boyden）擔任，直到他於 1931 年逝世。其後由董納姆繼任。1928 年 2 月，哈佛燕京學社在北平設置行政委員會（Administrative Committee），由董事會指定了該委員會的早期成員，由司徒雷登為主席，聘劉廷芳為執行幹事。該委員會在燕京大學設立國學研究所，陳垣擔任所長。

　　1930 年下半年取消了國學研究所名稱。董事會決定將行政委員會名稱改為中國顧問委員會（The Advisory Committee in China），由董事會委派 7

至 11 人為委員，並派一名執行秘書來中國負責顧問委員會以及中國其他機構和個人與董事會的溝通事宜。

1933 年 4 月，董事會批准以「哈佛燕京學社北平辦事處」（Harvard-Yeaching Institute Peiping Office）作為哈佛燕京學社在北平辦公室的名稱，附設於燕京大學；辦事處負責人設為執行幹事（Administrative Secretary），負責學社在中國事務的開展。辦事處的設立，也就是哈佛燕京學社在燕京大學建立了中國研究中心。

北平辦事處協助哈佛大學哈佛燕京學社漢和圖書館購置中文藏書，在北平書肆蒐購。

自北平辦事處正式成立後，就由一位執行幹事負責管理哈佛燕京學社在北京燕大的研究工作，並維持學社本部在 6 個有關的基督教大學的聯絡事務。同時該學社接受研究生申請時，要依照燕京大學研究院標準來加以審核，實行後頗具成效。先後擔任執行幹事者為博晨光（Lucius Chapin Porter；1880－1958）、洪業（1893－1980；煨蓮）、梅貽寶（1900－1997）、聶崇歧（1903－1962）、陳觀勝（Kenneth Kuan-sheng Chen，1907－）。太平洋戰爭爆發後，該辦事處隨燕大遷往四川成都，日本投降後復員。迄 1948 年 12 月該辦事處遷至廣州嶺南大學，翌年又遷至香港，1950 年遷至美國麻州哈佛大學。1951 年春，燕大改為國立，翌年併入北京大學，北平辦事處亦隨之撤銷。

成立後，1928 年 12 月，霍爾基金會提取了遺產的 1/3 作為美國國外教育基金，數額約 1400 萬美元。其中 760 萬美元，分配給遺囑中指定的東方各地區 20 所研究機構，包括燕京大學 100 萬、嶺南大學 70 萬、金陵大學 30 萬、華西大學 20 萬、齊魯大學 15 萬、福州協和大學 5 萬等。扣除稅費和手續費外，還餘 635 萬美元，給哈佛燕京學社。

哈佛燕京學社將這筆資金分成 2 種帳目。一為普通帳目（A General Fund）：即不受限制帳目 445 萬，包含哈佛燕京學社在哈佛、燕京兩校的行政和研究上的費用。另一為限制帳目（A Restricted Fund）：將 190 萬美

元限制性基金所得收入（利息）分為 19 分，按指定比例每年分 4 季撥付給上述 6 個相關的教會大學，每年給燕京 5/19、嶺南、金陵、華西協和各 3/19、山東齊魯、福建協和各 2/19，及印度地阿拉哈巴得農業研究所，展開學社指定的教學和研究工作。以燕京配額最高，占大部分。哈佛燕京學社作為建立東亞語言學系及漢和圖書館，出版《哈佛亞洲學報》，分派獎學金等用途。

時法國的漢學在歐美仍獨占鰲頭，哈佛燕京學社原想聘請法國伯希和來主持漢學研究，但他推薦了他的學生俄裔法籍漢學家葉理綏（Serge Elisseeff，1889－1975；或譯艾里綏夫，日譯英利世夫）。葉理綏原來是俄國的東方學者，研究日本和中國史，1920 年移居法國。葉理綏主持下，哈佛燕京學社推行歐洲漢學的教育制度和研究方法，他強調按照「首先需要精通至少兩種歐洲語言，然後學習難對付的古漢語，最後才能進行課題研究」的法國漢學模式培養漢學研究人才，把哈佛燕京學社的研究風格承繼了歐洲漢學傳統。也延續了自 19 世紀末、20 世紀初以來，歐洲一些漢學大師相繼來到美國帶來歐洲漢學家的影響力，偏重應用實證方法，研究傳統中國的歷史、語言、思想、文化等人文學範疇。葉理綏直到 1953 年退休，掌舵哈佛燕京學社 22 年，在任內刊行《哈佛燕京學報》，編製《漢學索引叢刊》，創設東亞語言系，並任系主任，使哈佛燕京學社成為美國漢學研究的重鎮。

燕京大學聘請了許多文史領域的權威學者，如國文系容庚、郭紹虞、鄭振鐸、孫楷第、高名凱，歷史系顧頡剛、洪葉、張星烺、許地山、鄧之誠、齊思和、聶崇歧、陳垣、（日）鳥居龍藏等。（謝小燕、王蕾）

哈佛燕京學社在燕京大學和哈佛大學同時招收研究生，兩校合作培養。哈佛東亞語言系研究生，撰寫博士論文期間，大都要來華進修，兩年後回國提交論文，通過者授與東方學博士學位。燕京大學招收研究生，修業 2 年後撰寫論文，由哈佛燕京學社北平辦事處延聘專家學者組成面試委員會，面試通過後，畢業時授予學位。至於出國留學生，為縮短留學生在美年限，

學社規定，燕大研究生要前往哈佛進修者，必須在國內取得碩士學位。這個教學機制，及圖書館中文館藏的設立與發展，為美國培養不少的漢學人才。

　　20 世紀 30 年代曾留學北京者，主要有畢乃德（Knight Biggerstaff，1906－2001；曾與鄧嗣禹（Ssu-yu Teng）合編《中國參考書目解題》*An Annotated Bibliography of Selected Chinese Reference Works*，1939）、衛魯男（James Roland Ware，1901－? ）、賓板橋（Woodbridge Bingham，1901－1986）、卜德（Derk Bodde，1909－2003；譯馮友蘭《中國哲學史》，於 1937 年出版，《中國物品西傳考》，1942 年出版）、顧立雅（Herrlee Glessner Creel，1905－1994；著《中國的誕生》，1937 年）、畢格（Cyrus Henderson Peake，1900－1979）、拉鐵摩爾（Owen Lattimore，1900－1989；《中國的亞洲內陸邊疆》，1940 年）、西克曼（Laurence Sickman，1907－1988）、戴德華（George Edward Taylor，1905－2000）、費正清（John King Fairbank，1907－1991；《美國與中國》，有 1948、1958、1971、1983 年等版）、韋慕庭（Clarence Martin Wibur，1908－1997；《中國西漢奴隸制》，1943 年）、芮沃壽（Arthur Frederick Wright，1913－1976）等，他們當中大部分是獲得哈佛燕京學社的獎學金來華。時提供語言訓練的機構，是於宣統 2 年（1910）英國倫敦會傳教士瑞思義（William Hopkyn Rees，1859－1924）所創的華北協和華語學校（North China Union Language School），該校在 1914 年以後由（美）裴德士（William Bacon Pettus，1886－1959）擔任校長。他們學成歸國，分別執教於各大學，大都成為美國漢學研究各領域裏的主導者。如畢乃德在康奈爾大學、賓板橋在加州大學、卜德在賓州大學、顧立雅在芝加哥大學、費正清在哈佛大學、戴德華在華盛頓大學、韋慕庭在哥倫比亞大學執教。他們充實了美國漢學研究的陣容，在各自的領域作出了貢獻。

　　哈佛燕京學社也培養出一批能夠運用西方學術理論、治學方法，研究中國的中國學者，以歷史系為例，如房兆楹（1806－1985）、杜聯喆（1902－1944）、聶崇歧、馮家昇（1904－1970）、朱士嘉（1905－1989）、鄧嗣禹

（1906－1988）、翁獨健（1906－1986）、齊思和（1907－1980）、黃延毓、鄭德坤（1907－2001）、蒙思明（1908－1974）、林耀華（1910－2000）、瞿同祖（1910－2008）、譚其驤（1911－1992）、侯仁之（1911－2013）、周一良（1913－2001）、陳觀勝、楊聯陞（1914－1990）、王伊同（1914－2016）、王鍾翰（1913－2007）等。他們代表著一些赴美的中國學者，在美國的中文教學和漢學研究，漢學資料書目的編纂，對美國漢學研究的議題，提出研究著作及研究資料的匯編和編集，都貢獻給美國漢學界不同的思維和視野。

哈佛燕京學社引得

　　《漢學索引叢刊》即《哈佛燕京學社引得》。緣起於 1928 年，洪業在哈佛大學講學，「感我國古書浩如煙海，翻檢甚難，因有編纂引得用便研究探討之意」，此意亦係響應胡適整理國故的呼籲，作系統式整理。1930 年 9 月燕京大學成立了「引得編纂處」（Sinological Index Office），1931 年至 1950 年間（其間因抗日戰爭曾中斷 5 年），先後編纂出版了經史子集主要典籍引得正、特刊，達 64 種 81 冊之多。洪業著《引得說》，論引得的編纂方法。

　　引得編纂處設主任 1 人，由洪業總司其職；副主任 1 人，由聶崇岐（1903－1962）擔任，輔佐主任處理日常事務；編輯 3 人，分任編校引得；經理 1 人，經營管理一切雜務；書記 5 人，處理抄錄引得稿件等。1935 年還自設了引得校印所，李書春任編輯及校印所主任，專理引得校印事務。田繼綜、趙豐田等先後任編輯，馬錫用為經理，下設助理關長慶、賈增祥 2 人，抄錄員 8 人，如李寶仁、馬玉剛、張思德、高一平、耿捷生等。1940 年人員極盛時達 15 人。依洪葉《引得編纂手續綱要》將編製程序分為 10 項：選書、選本、圈目、抄片、校片、編號、校排片、格式、校印樣、發印等，都有專人負責。1935 年並設有專門的印刷廠，雇用的工人技術熟練，工作效率高，使得引得的出版速度快，品質佳。1937 年，法蘭西學院將「儒蓮獎」頒予洪業。

裘開明與哈佛燕京學社漢和圖書館

　　1927 年裘開明（Alfred Kaiming Chiu，1898－1977；武昌文華圖書館學專科學校首屆 6 名畢業生之一）來到哈佛大學進行課程期間，兼在哈佛大學圖書館中文部服務，整理中日文書籍。時該館藏中文圖書 4,526 冊，日文圖書 1,668 冊〔（1914 年），來自東京帝大的訪問學者服部宇之吉、姉崎正治將他們帶來一批關於漢學和佛教的中日文圖書捐贈給哈佛大學〕。他畢業後留校任中文系講師兼圖書館中文圖書編目員，從此開始了他在美國達 40 年的圖書館員生涯，直到 1964 年退休，增加藏書近 40 萬冊。

　　1928 年哈佛燕京學社附設漢和圖書館（Chinese-Japanese Library of the Harvard-Yenching Institute at Harvard University），1965 年改稱哈佛燕京圖書館（Harvard-Yenching Library），1976 年管理權始由哈佛燕京學社移交哈佛大學圖書館。羅振玉曾給該館藏書題詞「擁書拜權小諸侯」，意思是指該館藏書就像分封各地的諸侯一樣豐富。

　　漢和圖書館開始從事蒐集中國、日本等東亞國家的圖書文獻。哈佛大學懷德納圖書館（Widener Library）的中日文藏書（包括與中國研究有關的西文參考工具書和重要的西文期刊）也隨即移交給該館。哈佛燕京學社即逐年撥付購書費，少者 3、4 千，多則 1 萬美元。採購對象主要是中國線裝書，及一些日文和西文關於「東方學」的著作。哈佛燕京學社在燕京大學設立北平辦事處，就近向北平市場購書；當地書商自然喜出望外，於是大量供應各種中文書籍。該館盡力補充中國古籍，以實用為主，並不偏宋元明版本的書。直到 1938 年前後，隨著中國各地藏書家的日益衰微，始及於善本。經過 70 餘年的努力，僅漢籍就達 50 萬餘冊，其中善本書即達 4,000 餘部。

　　1931 年裘開明被聘請為該漢和圖書館館長首任館長，即致力於中國各地大量徵購古籍，並親往北平視察購書事宜，例如在北平以 300 元購得 1 冊《永樂大典》（見程煥文，《裘開明年譜》，1931.4.8. 載）。裘開明依據張之洞《書目答問》及范希曾《補正》兩書，為採訪工具；同時委託燕京大

學圖書館館長洪業及邀顧廷龍（1930－1998）擔任哈佛漢和圖書館駐北平採訪處主任（自 1932 年夏起，前後有 6 年之久）。從 1928 年至 1941 年，應裘開明的要求，「洪業規定，燕京在購置中日韓文圖書時，也要為哈佛購置乙份。如係善本、珍本或抄本，通常送到哈佛，而燕京則以影印本留存。洪業認為哈佛收藏善本的條件優於國內，而且他們付得起高價的書款，燕京可以用餘款購置其他書籍。」燕京「在北平書肆代為選購中國古籍，中頗多善本」。也有向北平、上海、廣州、杭州各地書商直接採購。

燕京大學圖書館並決定與哈佛大學漢和圖書館採用同一種中日文圖書分類法，以利兩校師生閱覽。

由於隨着清政府的覆亡，喪失特權的滿洲貴族和八旗弟子因為生活無以為繼，便將蒐藏藏書賤價出賣，滿文圖書和手稿也同樣湧入舊書店。接着中國內戰及中國抗戰，八一三事變後，江南故藏書家為生活所迫，紛紛散出，雖同時期國圖文獻保存同志會正竭力搶救，但還是大部分被來自北平的書商席捲北上，其中許多轉手賣給了哈佛燕京學社。

漢和圖書館館藏數量質量俱大量成長，藏書增加 30 倍，最有特色的是各地的方志、叢書、文集及珍藏宋元明清善本、鈔本、拓本、法帖等，有不少孤本，為西方大學之冠，成為美國重要的東亞圖書館。戰後的日本，經濟幾近崩潰，許多公私藏自然也多不能保，各地散出的藏書不少，一些舊書店古籍充斥。日本自隋唐以來，中國歷代文化典藏傳入日本的數量十分可觀。不少中國已佚典籍，仍見於日本。二次大戰結束時，科立夫（Francis Woodman Cleaves；曾受哈佛燕京學社資助在巴黎 6 年的研究，後 3 年在中國，為哈佛燕京學社購買了許多滿文和蒙文的珍本圖書）適為美國駐華武官，負責遣返日本人，他收繳了一些日人從中國掠奪來的中文圖書，也購買了大批中國的拓片送往哈佛燕京學社。裘開明曾兩次赴日；哈佛燕京學社派遣一些經驗豐富的專家學者赴日作有計劃的蒐集，收獲很大。由日本書商直接郵購者，亦復不少。何炳棣（何炳松的堂弟）在所著《讀史閱世六十年・海外篇》曾對裘開明的圖書採訪有如下的敘述：

　　為爭取哈佛沒有的書，他與東京的山本書店有一密約。山本每月的書目
提前一週寄給他。他用電報選購，成交之後，哈佛付款按標價另加百分
之十。

《漢和圖書分類法》

　　裘開明於 1936 年到中國監督哈佛燕京圖書館所藏中文圖書分類目錄
的出版。自 1938 年至 1940 年編定完稿《美國哈佛大學哈佛燕京學社漢和
圖書館漢籍分類目錄》（A Classified Catalogue of Chinese Books in the
Chinese-Japanese Library of the Harvard-Yenching Institute at Harvard
University）。因太平洋戰爭爆發，僅出版了經學類、哲學宗教類、歷史科
學類；該館所購方志載於第 3 冊《歷史科學類》。

　　該目錄運用了裘開明所創《漢和圖書分類法》，基本上是依據四庫的分
類，再加以擴充，將館藏圖書分為 9 大類：100－999 經學類；1000－1999
哲學宗教類；2000－3999 歷史科學類（史地類）；4001－4999 社會科學類；
5000－5999 語言文學類；6000－6999 美術遊藝類；7000－7999 自然科學
類；8000－8999 農林工藝類（農林園藝類）；9000－9999 總錄書誌類（叢
書 目錄類）。

　　1943 年在馮漢驥和于震寰協助整理，由華府美國學術團體聯合會遠東
學會（Committes on Far Eastern Studies, American Council of Learned
Societies）出版該《漢和圖書分類法》（A Classification Scheme for Chinese
and Japanese Books）。被哈佛燕京學社漢和圖書館等 7 個亞洲館，美國 18
個及加、英、荷、澳洲約 25 個東亞圖書館採用作為中日文圖書分類的依據。
直到 1996 年哈佛燕京圖書館決定改為全國通用的美國會館分類法。

　　稍早，裘開明編《中國圖書編目法》於 1933 年 2 月由商務印書館印行。
1940 年 4 月，長沙商務又發行國難後第 3 版。內容分目錄片應載事項、目
錄片之寫法、目錄之種類及其排法、附錄。後者包括目錄之刊印、編目參
考書舉要、四角號碼檢字法凡例。

館藏善本

依 1984 年 11 月，吳文津〈哈佛大學哈佛燕京圖書館中國古籍〉乙文載：該館收藏中國古籍善本數量，計「宋版 15 部 66 冊；元版 25 部 576 冊；明版 1,328 部 19,527 冊；清版（至乾隆朝止）1,964 部 20,904 冊。此外尚有鈔本 1,215 部 4,560 冊；拓片 500 餘張；法帖 36 種 301 冊。」較特別的有明萬曆及崇禎間吳興閔凌二氏套印本 55 部，包括朱墨套印、三色套印、四色套印、套印畫譜；大部頭活字本，如清雍正年間武英殿銅活字本《古今圖書集成》503 函、5,040 冊（每冊的扉頁有「皇華宮寶」、「五福五代堂古稀天子寶」，末頁也有「皇華宮寶」、「八徵耄念之寶」的璽印）、《武英殿聚珍版書》138 部 602 冊等（義理壽＝Irvin Van Gorder Gillis 代購）；鈔本 1,200 部；4,560 冊，如《永樂大典》2 冊等。還有北平燕京大學寄存哈佛大學珍貴善本書約 100 部、600 冊，迄今仍留在哈佛。復依該文分析該館古籍收藏分為 3 個時期（略以）：

1) 創始時期（1928-1937）。此期收集工作多與燕京大學圖書館合作進行。同時亦積極自美國逕向上海、杭州、漢口、成都及廣西各地採購。

2) 中期（1937-1945）。自蘆溝橋事件至珍珠港事件四年間，華北名望隱居不願與偽政府合作者，大批出讓私藏古籍。其時北平琉璃廠、隆福寺書肆善本充溢，在華日人多購之。裘開明時亦在北平，亦大量選購。現館藏中善本之大部均在此時購來。日軍占領燕大，本館與燕大之合作採購工作遂告結束。旋乃轉向西南各省自美國直接採購。現館藏多種西南方志，即在此時所購進者。

3) 後期（1945 至現在）。第二次世界大戰後十餘年間，中國古籍在日本書肆出現者甚夥。本館遂開始在日本收購，收獲頗多。後由齊耀琳、齊耀珊處購進鈔本 500 餘種，復由齊如山哲嗣處購來齊氏收藏明清戲曲小說，計 72 種。內多當時禁書，且多有齊氏跋尾者。近年大陸

禁止古籍出口，間有出沒於日本書肆者，或索價昂貴，或被日本圖書館爭先搶購，本館收進者無幾。雖古籍微卷之採購有大量增加，然已非原版之善本矣。

1991 年，吳文津邀沈津來美編纂善本書志。其後沈津於兩年內撰就該館藏自南宋至明末的刻本書志，出版了《美國哈佛大學哈佛燕京圖書館中文善本書志》（*An Annotated Catalog of Chinese Rare Books in the Harvard-Yenching Library*）（哈佛燕京圖書館書目叢刊；第 7 種）（上海：上海辭書出版社，1999.02）乙書，著錄該館所藏宋、元、明刻本的全部，凡 1,433 部，包括經部 192 部、史部 281 部、子部 448 部、集部 477 部、叢部 35 部。舉凡書名卷冊、版式行款、全書要旨、著者生平、特點源流、題跋牌記、刻工書舖、遞藏鈐印以及海內外收藏館名，均有載記。這並不包括當時還在撰寫的清代所刻善本 2,000 餘部，及稿本、抄本。復依該《書志‧沈津後記》：

哈佛燕京收藏的善本書中，有宋槧元刻 30 餘種，明刻本 1,400 餘部，清初刻本 2,000 餘部，稿本、抄本約 1,000 餘部，（此外又有唐人寫經、明清學者尺牘、民國名人手札、輿圖以及各種特藏資料，其中明人尺牘達 700 餘通）。這個數字較之中國大陸的大專院校圖書館來說，或僅次於北京大學圖書館，其他大學圖書館多莫能望其項背。就是大陸的一些省市圖書館，除北京、上海、南京、浙江、天津、遼寧、重慶館外，也不比它多。僅以明刊本中不見大陸、臺灣、香港以及美國、日本等重要圖書館收藏者而論，就在 170 種以上。又如清乾隆年間因編輯《四庫全書》而被禁燬的明刻本，即有 70 餘種。其他如難得之帙、精雕之本比比皆是。可以說，哈佛燕京中文善本書的收藏，在歐美或東南亞地區的大學圖書館中是獨占鰲頭的。同時，它的質與量，都完全可以同美國國會圖書館的收藏相頡頏。

其後又有沈津主編，《美國哈佛大學哈佛燕京圖書館中文善本書志》（*An Annotated Catalog of Chinese Rare Books in the Harvard-Yenching Library*）6冊(哈佛燕京圖書館書目叢刊；15種)(桂林：廣西師範大學出版社，2011.04)，為上述上海辭書版《善本書志》的修訂與續增。改正其舛誤，補苴其叙述未詳者；增加了若干明刻本及 1,600 餘部清刻本和抄、稿本。新增部分由沈津、嚴佐之（經）、谷輝之（史）、張麗娟（子）、劉薔（集、叢）合作撰寫。該館館藏中文善本蔚為大觀。沈津在該書〈序〉 裏稱「『燕京』所藏善本盡在此志」，並記該館「館藏史部方志類中乾隆及以前的版本有近 700部，今後將另行編纂出版，權作《書志》之補編。」復依該《書志・凡例》揭示本書志「收錄該館所藏中文善本，含宋元明清刻本、稿本、抄本、活字本、套印本、版畫之全部，計 3,097 部」，所未包括者，還有「輿圖、碑帖、拓片、誥命、文告等，以及中國少數民族文字（滿蒙藏文）、日本刻本、朝鮮刻本」。

關於館藏善本全文影印出版，廣西師範大學出版社先後出版：沈津主編，《美國哈佛大學哈佛燕京圖書館藏中文善本彙刊》37 冊（2003.02），收錄中國大陸所缺的珍稀善本 67 種，包括宋刻本 3 種、元刻本 2 種、明刻本 62 種。徐永明、樂怡主編，《美國哈佛大學哈佛燕京圖書館藏清代善本別集叢刊》68 冊（2017.08），收錄善本 90 種；及《美國哈佛大學哈佛燕京圖書館藏清代善本總集叢刊》139 冊（2017.10），收錄善本 83 種，其中明人 35 種、清人 48 種。

館藏方志

錢存訓〈歐美地區中國古籍存藏概況〉敘述該館藏有「原版方志 3,525部、約 35,000 冊；叢書 1,400 種、約 60,000 冊。」吳文津〈哈佛燕京圖書館館史及館藏概況〉乙文，採用吳景熙（國內現存方志，北京圖書館藏方志及其他）所載統計資料與館藏比較（不計重本或不同版本）稱：「哈佛燕京圖書館所藏方志總數占中國大陸所藏總數 46%，卷數 59%；如與北京圖書館比較，種數則占 64%，卷數 76%。方志所藏部數最多者為山東、山西、

河南、陝西、江蘇、浙江各省；最少者為吉林、西藏、青海、新疆。收藏最大部分為縣志，占全館方志藏量 75%。」方志外，尚藏有關地方文獻「如山水志、寺廟志、輿圖、地方載記、土地文書、官書、統計及年鑒等，計 2,000 餘種。」

　　該館 2012 年 12 月 24 日以前收藏並編目的中國方志（1949 年以前編纂者），李丹編，《美國哈佛大學哈佛燕京圖書館藏中國舊方志目錄》（*Catalog of Old Local Chronicles of China in the Harvard-Yenching Library, Harvard University, USA*）（哈佛燕京圖書館書目叢刊；17）（桂林：廣西師範大學出版社，2013.02），分原本方志、縮微方志、大型影印方志叢書 3 部分著錄；另李堅、劉波編，《美國哈佛大學哈佛燕京圖書館藏善本方志書志》（*An Annotated Catalog of Rare Chinese Local Gazetteers in the Harvard-Yenching Library, Harvard University*）（哈佛燕京圖書館書目叢刊；18）（北京：國家圖書館出版社，2015.12），著錄沈津，《哈佛燕京圖書館中文善本書志》（2011）所未收錄的善本方志 723 種。

　　至於 2014 年 9 月 15 日以前收藏的中國方志（1949 年以後編者），龍向洋編，《美國哈佛大學哈佛燕京圖書館藏中國新方志目錄》7 冊（哈佛燕京圖書館書目叢刊；19）（桂林：廣西師範大學出版社，2015.09），著錄 36,635 種中國新方志及方志出版前的稿本、校樣本等。

賴永祥與哈佛燕京圖書館

　　賴永祥於 1972 年 2 月任哈佛燕京圖書館客座研究員，1973 年 7 月任助理館長，主管全館編目業務，1978 年 1 月任副館長，仍主管編目，1995 年 12 月退休，共歷 24 年。賴氏曾答應館方要求半年間仍半工到館協助館務，1996 年 6 月 20 日是賴氏在該館工作的最後一天。賴氏除全力整編中日韓西文藏書外，1974 年開始增修及註釋裘開明創編的《哈佛燕京圖書館漢和圖書分類法》，不定期採活頁式增修類目表。

館藏傳教士著作

1980 年，出版了賴氏編輯的《新教傳教士的中文著作目錄》（*Catalog of Protestant Missionary Works in Chinese, Harvard-Yenching Library,* Boston：G.K.Hall, 1980）。緣起自 19 世紀末到 20 世紀 30 年代，公理會曾收集大量新教傳教士編撰印行的各種中文譯著、宣教品等，將它們運回在波士頓的辦事處。1949 年和 1962 年兩次捐獻給哈佛大學，手稿和中文圖書分別由霍頓圖書館（Houghton Rare Book Library）、懷德納圖書館（Widener Library）和哈佛燕京學社保存（圖書的時間大約在 1810－1927 年間）。1975 年，賴永祥（John Yung-hsiang Lai）開始整理這些書籍，將所有書名的目錄卡片複印成本目錄。1982 年荷蘭國際文獻公司還將全部收藏做成 1,750 張微縮片（Microfiches），題名為《中國與基督教傳教士——早期傳教士漢語著作集》（ *China and Protestant Missions ：A Collection of Their Earliest Missionary Works in Chinese, Compiled by John Yung-Hsiang Lai , Harvard-Yenching Library,* Harvard University. Leiden, The Netherlands：Inter Documentation Company,1982.）本目錄著錄該館收藏基督教中文文獻共 708 種；其中《聖經》全本、選本共 169 種。除馬士曼譯本（Marshman's Version）外，收藏包括深文理譯本（High Wen Li Version；文言譯本）；淺文理譯本（Easy Wen Li Version；半文半白譯本）；口語體譯本，含官話譯本（Mandarin Version）、方言譯本（Colloquial Version）、土白譯本等各類《聖經》譯本。

有關新教傳教士譯著目錄，張美蘭編，《美國哈佛大學哈佛燕京圖書館藏晚清民國間新教傳教士中文譯著目錄提要》（ *Descriptive Catalogue of Chinese Works by Protestant Missioraries from Late Qing Dynasty to Chinese Republican Period in the Harvarg-Yenching Library, Harvard University, USA* ）（哈佛燕京圖書館書目叢刊；16）（桂林：廣西師範大學出版社，2013.05）。著錄該館藏傳教士中文譯著 786 種書志的提要，另附霍頓圖書館、懷德納圖書館等藏同類譯著 58 種的提要。

館藏民國時期圖書

　　賴永祥主編 *Chinese and Japanese Catalogues of the Harvard-Yenching Library. New York and London*：*Garland Publishing, Inc., 1985-86.*（《哈佛燕京圖書館藏中日文圖書目錄》）72 鉅冊，複製了 90 萬張卡片目錄，其中中文圖書目錄 39 冊、日文圖書目錄 33 冊，各包括著者題名目錄卡、標題目錄卡、叢刊目錄（Serial Records）。著錄所藏中文圖書 324,300 冊、日文圖書 175,810 冊、期刊 10,600 種、314 種報紙、17,840 捲縮微捲片（microfilm）、3,900 張縮微單片（microfiche）。

　　2010 年，龍向洋編，《美國哈佛大學哈佛燕京圖書館藏民國時期圖書總目》（*Catalogue of Books of the Period of the Republic of China Collected in Harvard-Yenching Library, Harvard University, USA*）（哈佛燕京圖書館叢刊；14）4 冊（桂林：廣西師範大學出版社，2010.06）。著錄包括該館 2009 年 9 月 24 日以前館藏 1912-1949 年出版紙本圖書及縮微資料。又，2011 年，龍向洋編，《美國哈佛大學哈佛燕京圖書館藏民國文獻叢刊》83 冊（桂林：廣西師範大學出版社，2011-2012）。

館藏納西族象形文字資料

　　哈佛燕京圖書館還購得羅克和羅斯福（Quentin Roosevelt）蒐集的 598 卷納西族的象形文字資料及 1945 年所購 4 幅葬禮卷軸。1997 年出版，由朱寶田編，《哈佛大學哈佛燕京圖書館藏中國納西族象形文經典分類目錄》（ *Annotated Catalogue of Naxi Pictographic Manuscripts in the Harvard-Yenching Library Harvard University*）（哈佛燕京圖書館叢刊；15）（Cambrudge, MA：Harvard－Yenching Library, 1997）。分 13 類。各款目著錄：象形文題名、拼音題名、中文譯名、內容題要、相關注釋、手稿成書時間、尺寸頁數、作者和地名等。

　　2003 年 10 月哈佛燕京圖書館 75 周年館慶，舉辦了學術研討會（10 月 17-18 日）和展覽，出版了由韓南（Patrick Dewes Hanan，1927－2014）

主編 *Treasures of the Yenching：Seventy-Fifth Anniversary of the Harvard-Yenching Library Exhibition* 2006 年發展基金會（The Himalaya Foundation）贊助，2007 年伊維德（Wilt L. Idema）主編 *Books in Numbers：Seventy-Fifth Anniversary of the Harvard-Yenching Library：Conference Papers.* 收錄了 17 篇論文。

（三）哈佛大學費正清中國研究中心

　　二戰結束，1946 年 8 月費正清回到哈佛大學，哈佛燕京學社並不願撥款於對亞洲近代政治和經濟議題的研究。費正清曾向美國各類基金會申請當代中國研究項目。1955 年因獲得卡內基和平基金會（Carnegie Endowment for International Peace）、福特基金會的資助，成立了「中國經濟和政治研究項目」。1956 年 11 月 28 日哈佛大學東亞、中東、蘇聯地區研究委員會主席蘭格（William L. Langer）向文理學院院長邦迪（Mcgeorge Bundy）提議「在現有的東亞研究學術委員會的領導下建立一個東亞研究中心。這個中心將負責管理東亞地區研究的科研項目（現在稱為中國經濟和政治研究）、東亞地區研究招生項目（Regional Study Program－East Asia）以及有關東亞研究的各種博士學位項目」。1957 年春，成立東亞中心，並由費正清擔任中心的主任。由於卓越的研究成果，形成與哈佛燕京學社功能互補。招收和培養了一羣日後為北美一流大學中國學教授的學者，壯大了這一領域的隊伍。費正清的目標在中國研究領域，培養一個訓練有素，具備從事中國研究所需地專業技能的學者羣。東亞中心要蛻變成為一個純粹的研究中心，全力支持論文撰寫階段的博士生和博士後階段的學者，同時積極出版學者的研究專著，1961 年宣布改稱東亞研究中心（Center for East Asian Research；CEAS）。1977 年 7 月該中心為了紀念費正清的貢獻而改名費正清東亞研究中心（Fairbank Center for East Asian Research），2007 年更為今名費正清中國研究中心（Fairbank Center for Chinese Studies），是研究中國

學的重鎮。

其間，日本研究所於 1973 年建立，1985 年更名為賴世和日本研究所
（Reischauer Institute for Japanese Studies）。接着哈佛大學亞洲中心於 1977
年 7 月成立，1998 年 3 月正式開始運行。韓國研究所也於 1981 年成立。
在亞洲研究領域內，各有分工，費正清中心專注於中國研究。

費正清中心圖書館

費正清中心圖書館始於 1961 年。1974 年中心第 2 任主任傅高義（Ezra
Feivel Vogel）開始聘請了一位全職的圖書館員兼研究助理──南希（Nancy
Hearst），她在圖書館工作了 40 餘年迄今。初期因中國大陸與外界隔絕，
香港成為美國官方和新聞界了解中國最好的監聽站。美國駐香港總領事館
主要職責之一是收集中國資訊和情報。故美國視中國大陸的出版物，如報
紙、書籍、雜誌、期刊、小冊子、通訊等為資訊的第一重要來源，從事有
關出版資料的收集、翻譯、摘要和編製索引的任務。中情局於 1963 年在香
港旺角亞皆老街 155 號設立大學服務中心（Universities Service Centre）。
曾透過「訪問香港知識難民」的方式拼湊中國統治真相。1986 年購得中國
報刊進出口公司於中國全國各地蒐羅一套完整的報紙，包括中國省級至部
委級，報紙多始於 50 年代初，部分甚至自 1949 年起。1993 年改稱中國研
究服務中心（Universities Service Centre for China Studies），加入香港中文
大學。

費正清中心圖書館搜集美國駐香港總領事館所編中國報刊雜誌的選譯
（1950－1977）、美國中央情報局國外廣播資訊處（Foreign Broadcast
Information Service；FBIS）中國廣播稿的英文版（1955－）、美國政府聯
合出版研究服務中心（Joint Publication Research Service；JPRS）中國的英
譯資料叢書、英國廣播公司（BBC）翻譯的中國廣播稿英文版（BBC
Summary of World Broadcasts），大學服務中心所編大量有關中國領導人活
動的文獻。南希做了大量精細剪報工作，每日更新（1974－1992）。並收集
各種報告、手稿、會議論文、游記、論文、地理資料、傳記資料等非正式

文獻。

　　1987年圖書採購費年5,000美元，也有一些基金指定用來資助圖書館，如 Fairbank Center China Library Endowment、Barbara Beach Locke Fund、Theodore B. and Doris S. Lee Fund、William Beach Locke Book Fund、Patrick Gaynor Maddox Memorial Library Fund 等。隨着中國國內出版業的復興，獲取中文文獻變得越來越容易，南希開始每年到中國大陸來收集對哈佛學者有用的資料。因為中國大陸的出版機構，很多時候，一些書只是少量印刷，放在出版社外賣部的書架上銷售，並不到外地推銷，幾個星期後又撤出流通，所以書一旦出來，就得趕緊去採購。南希在中國大陸、香港等地方，都建立了自己的聯繫管道。1998 年至今兼職圖書館助理李英明（Ying-Ming Lee）加入工作。2005 年圖書館文獻已達 3 萬種，訂購了 150 種中英文報刊，這對研究當代中國的學者來說，是有價值的收藏之一。

　　1999 年 10 月，南希服務 25 年受到表揚，中心主任裴宜理（Elizabeth J. Perry）特安排一個聚會，很多執委會委員和其他人士出席，以表達他們對南希工作的感謝。南希因其蒐集珍稀文獻的能力和將費正清中心圖書館建設成一出類拔萃、獨一無二的圖書館作出的貢獻而備受讚揚（薛龍著、路克利譯）。

（四）柏克萊加州大學

　　柏克萊加州大學為美國西岸「中國研究」重鎮，蒐藏漢籍的歷史甚早。1896 年（光緒 22）（英）傅蘭雅（John Fryer，1839－1928）受聘該大學擔任「阿加西氏講座」教授，攜來並移贈其私人藏書 2,500 餘部明清刻本，供師生使用。1914 年至 1920 年，因傅蘭雅推薦，江亢虎（1883－1954）擔任東方語言系中文講師。1915 年傅蘭雅退休，由江亢虎接任「阿加西氏講座」教授。江氏將他祖父江湜昀的藏書 1,600 部、13,600 冊全數捐給該校，還為該校及美國國會館自中國採購古籍，初步奠定該校中文藏書。威

廉斯（E.T. Williams）原任職美國務院遠東部門，1918 年擔任柏克萊東方語言及文學系（Dept. of Oriental Languages and Literature）教授，將個人藏書捐贈給圖書館。到了第二次世界大戰以後，該校中文藏書已增至 75,000 餘冊，遂自 1947 年成立東亞圖書館，首任館長赫夫（Elizabeth Huff）。

1948 年，赫夫派麥金農（Elizabeth McKinnon）前往日本採購教學所需圖書，購得了村上文庫、三井文庫。前者收了日本文學和社會科學領域圖書約 11,000 冊，幾乎是明治和大正時期的第一版，這兩時期正是日明治維新以來全面西化時期，屬明治以來新一代精英的著作；後者是該館史上最重要最大的一次海外圖書採購案。

二次大戰後，三井文庫因「三井財閥」解體，出售部分藏書，被柏克萊購得，共 10 萬餘冊中日韓文古籍善本，分裝 460 多個大箱，於 1950 年運抵該校。其中有來自（一）劉承幹嘉業堂舊藏的刻本和稿、抄、校本 69 部 891 冊，包括宋版 3 部，元版 7 部、明清稿本 18 部，也包括翁方綱（1733－1818）經學著述手稿 5 部。請見周欣平主編《翁方綱經學稿五種》7 冊（上海：上海古籍出版社，2006）；（二）淺見文庫朝鮮文學，為（日）淺見倫太郎（1869－1943）在漢城（首爾）12 年裏，收藏 17 世紀至 19 世紀朝鮮出版珍貴活字印刷書籍和手抄本 900 部、近 4,300 冊。見房兆楹撰《淺見文庫目錄》（*The Asami Library：A Descriptive Catalogue*）（柏克萊：加州大學出版社，1969）；（三）中文金石拓片 2,700 餘種、28,000 餘件，可稱為北美最大相關拓片收藏，以石刻文字拓片為主。其中最豐富的是法帖和青銅器銘文拓片 1,500 種，來自三井高堅聽冰閣及土肥慶藏鶚軒文庫。見周欣平主編，《柏克萊加州大學東亞圖書館藏碑帖》2 冊，上冊圖錄、下冊總目（上海：上海古籍出版社，2008）。

三井文庫及其後於東南亞購得賀蔣（賀光中及其夫人蔣氏）佛經善本書庫，100 餘部宋元以來佛經刻本及和刻本；蔣邵禹贈其祖父蔣汝藻密韵樓舊藏善本，是為該館中文善本 3 大來源。依陳先行主編、郭立瑄副主編，《柏克萊加州大學東亞圖書館中文古籍善本書志·後記》（上海：上海古籍

出版社，2005.03）載，略以：

> 我們把《善本書志》的收錄範圍，劃定為 1795 年（清乾隆 60）以前的
> 印本與寫本，酌收清嘉慶以後較為稀見的印本及稿、抄、校本。我們先
> 從該館 8 大厚冊藏書目錄中，輯出約 4,000 種中國古籍記錄，編成草目，
> 又據此草目挑選出屬於善本者，制成工作目錄。

依此，自該館館藏清末以前刊印本或寫本，共 4,000 多部，將其中屬善本
（包括經重加考訂者）802 部、11,000 餘冊，包括宋本 22 部、元本 16 部
和一些手稿；各善本書著錄了書名、卷數、著者及仕履、版本、行款、尺
寸、牌記、刻工、原書序跋、藏書印記等版本訊息。雖按經史子集叢編排，
但也著錄由該東亞圖書館李錦桂按《美國國會圖書館分類法》重新統一分
類的分類號（索書號）。又，周欣平主編，《柏克萊加州大學東亞圖書館藏
宋元珍本叢刊》30 冊（北京：中華書局，2014.06），收入該館所藏宋元善
本 41 種 160 冊。該館藏 44 種，其中 3 種，或因篇幅過大，或因破損需經
修補，暫未收入。本書收入宋刻本 21 種（含佛經 14 種），元刻本 19 種（含
佛經 11 種），宋寫經 1 種。其中佛經部分請北圖善本部李際寧鑒定。全書
第 1 冊是圖錄，第 2-30 冊全文影印。

　　赫夫（Elizabeth Huff）主持柏克萊加州大學東亞圖書館凡 31 年，1968
年出版了該館藏書目錄 *Author-Title and Subject Catalogs of the East Asiatic
Library, University of California , Berkeley.*（Boston：G. K. Hall，1968）19
冊。依目錄卡片 31 萬 5 千張排印。藏書逾 30 萬冊，包括中文 16 萬冊，日
文 13 萬冊，韓文 1 萬冊。（黃仲凱）

（五）哥倫比亞大學圖書館

　　哥大中文圖書館創立於 1902 年（其他還有 1905 年或 1920 年之說），

成立之初，清政府贈送《古今圖書集成》乙部。因為夏德「丁龍講座」的教學研究室在大學廳（University Holl），大學當局將《古今圖書集成》及校方所有其他中文圖書都請夏德兼管，所以這些圖書分裝在櫥櫃中，置於鄰近他的教學研究室的走廊內。直到 1912 年才指撥羅氏圖書館（Low Memorial Library）第 4 樓的第 7 室（407 Low）為館址，專供收藏中文圖之用。1925 年將中文圖書館改制直屬總館，並聘請專人負責。先後是（德）赫夫特爾（John Hefter）、桂質柏（哥大圖書館學校畢業）。其後因圍於預算，改聘兼任。1928 年請得供職於康奈爾大學的蓋斯基爾（Gasie Gaskill），她每隔一段時間來紐約哥大乙次，請了一些臨時人員協助，如黃文山、劉汝番、王際真、周基士等。1929 年改請時擔任哥大講師的王際真（1899－2001）兼任中文圖書館。

王際真兼任不到一年，為了要解決預算的困難，哥大與國立北平圖書館簽訂了合作辦法。北圖負責遴選館員派來哥大管理中文圖書；哥大負責對此人在哥大圖書館學校讀書，免收學費，並給予生活費，每人以兩年為限。自 1930 年起，北圖先後派嚴文郁、汪長炳、岳良木前往哥大。

1920 年及 1929 年，哥大先後委託當時在中國為國會館蒐集書籍的施永格為哥大購買新書 2 萬多本，王際真等為他們採訪中文典籍 4,432 冊。據 1934 年估計，藏書已達 4 萬冊。

1935 年哥大將中日兩個圖書館合併而改稱為東亞圖書館（East Asiatic Collection），後又改稱 East Asian Library，館址改為羅氏圖書館第 207 室（207 Low）。首任館長賴爾德（Cathrine Larid）取消了與北圖的合作。改聘王際真為中文部門主任（Curator）。有感於藏書的不足，乃設法向洛氏基金會申請贈款購書。此時，嘉德勒（Charles Sidney Gardner）熱心館務，他將館藏作一調查，結果發現方志、個人文集、叢書 3 類圖書最為貧乏。他認為這也是研究漢學所不可或缺的資料，爰於 1937 年透過美國學術團體聯合會（ACLS），向洛氏基金會提出申請。1938 年 3 月哥大得到洛氏基金會的資助 25,000 元美金。全部採購計畫委請北圖協助執行。北圖顧子剛時

為哥大、國會館、芝加哥大學圖書館購書，對各個圖書館所擬購圖書有一套圖書分配的原則，「例如哥大曾數次要求購買某某書籍，終不可得，因他欲將此類的圖書分配給國會館；而對於家譜和地方志，卻總是儘先分配給哥大。」「自 1938-1942 年止，總共購得新書 9,000 多種、近 8 萬冊，比原有的 57,000 冊，徒然增加了一倍以上。」「這次的增加，不獨彌補了前述嘉德勒所提的缺陷，並且在全部內容和數量上，皆超過一般美國中文圖書館的水準。」「這時哥大中文圖書館藏書總數，達到 13 萬 4 千餘冊，在美國列為第三。」（王鴻益）

現有原本方志 1,560 種、約 1 萬 7 千冊，原本家譜（族譜）1,041 種、約 1 萬冊，清代乾隆至宣統的曆書，《鄉會試朱卷彙集》400 冊（科舉鄉式、會試中試者試卷刻印），「『傳記行述彙集』（包括清至民國人物的行述、事略、榮哀錄等）分裝成 19 函 210 種」（吳文津）形成館藏特色。所藏叢書、明清文集亦復不少。

1975 年及 1979 年哥大獲得梅隆增款（Mellon Grant）及美國健康教育福利部（Dept. of Health, Education and Welfare）的補助，將清末民初以來出版的鉛印洋裝書，其中紙張酸化嚴重，不堪使用者，拍成縮影微捲的圖書有 3,000 餘種，合計微捲 400 餘捲。

費正清和聯合採購

太平洋戰爭爆發後，因為交通特別困難，作戰時期，軍事第一，書刊體積笨重，既不便攜帶，又難以運輸，縮影微捲（Microfilm）便應需要而生。由於歐美書刊不得大量進口，頓使教學研究資料缺乏，我國學術研究大受影響，引起學術界極大的困擾。1942 年中華教育文化基金董事會與美國國務院文化關係司發起，由教育部會同中華教育文化基金董事會、北圖、中研院、中英庚款董事會組織「國際學術資料供應委員會」，設於重慶曾家岩求精中學校（美國基督教美以美會創辦）內，掌管美英兩國捐贈我國學術性縮影微捲，負責聯絡、接收、分配、流通事宜，以供大後方教育和學術機關教學研究之用。委員會委員由中美英 3 國人士擔任，中方委員有教

育部政務次長（兼任主任委員）、中基會、中研院、金陵大學的代表，美方委員是美國大使館二等祕書，英方委員是英國文化委員會（The British Council）文化科學辦事處。教育部請袁同禮擔任祕書長，主持一切會務，嚴文郁、徐家璧先後任主任幹事。1945 年 5 月委員會改名為「中美學術資料供應委員會」，旋二次大戰結束，1946 年初，結束會務。（徐家璧）

　　縮影微捲的攝製及寄送由美國國會圖書館辦理。運抵重慶後，由美國大使館交國際學術資料供應委員會。

　　1942 年 9 月至 1943 年 12 月，費正清被派往中國重慶，擔任美國戰略情報局官員（Coordination of Information and the Office of Strategic Servicers），並兼國務院文化關係司對華關係處（Department's Cultural Relations Divisuon）文官和駐華大使館特別助理。1943 年費正清將該對華關係處取名為美國駐華大使館學術資料服務處（U.S. Embassy American Publicatuons Servicers），其中一項任務即掌管縮影微捲的接收和分配。協助他的有陳琨、陳松樵。他的服務處和薪津統由大使館（大使高思＝Clarence Gauss，1887－1960，參贊范宣德＝John Carter Vincent，1900－1972）掌握；該項支出來自徵集國外圖書部間委員會（Interdepartmental Committee for the Acquisition of Foreign Publications；IDC）的經費。1943 年底回華盛頓，調陸軍情報局遠東部。1945 年 10 月至 1946 年 7 月再度來華，任美國新聞署駐華分署主任。在重慶時倡導並推動美國主要大學圖書館購買中文圖書。

　　緣於 1932 年 2 月，費正清為完成博士論文而來北平蒐集檔案等資料，他首次見到袁同禮（1895－1965）；得到袁氏的幫助，在北圖指定專人協助他使用中文資料，讓他滿載而歸。

　　1942 年費正清來到重慶，他的辦事處在求精中學校內。一方面分發美國印製有關學術的縮影微捲，另方面兼為美國國會圖書館（館長麥克利什＝Archibald Macleish，1892－1982）駐華代表，獲得東方部主任恒慕義極少經費供應和極大的誠意支持）、哈佛燕京圖書館等收集中國學術的出版品；

並為了贏得戰爭的勝利而把從中國情報機構得來的有關日本、中國的文件，拍成縮影微片送回美國，供華盛頓美國戰略情報局使用。

　　「費正清認為他的主要任務是促使恢復中美兩國之間出版物的雙向交流」。他認為北圖發行的《圖書季刊》＝*Quarterly Bulletin of Chinese Bibliography* 是「在戰爭年代裏給我們提供了有關中國新出版書刊的極為有限的消息報導。」「他開始走遍重慶全城，為在華盛頓的徵集國外圖書部間委員會搜尋他所感興趣的文獻資料。」「到 1943 年年底，徵集國外圖書部間委員會印發了一本中國書刊縮影微捲目錄索引，共 22 頁，收錄中國期刊約 70 種。出版物正持續不斷地進行著雙向交流。」（費正清、陸惠勤等譯）

　　1942 年 10 月初，袁同禮自香港遭受日本人拘押一年之久，脫身來到重慶，特來看他，兩人再度相晤，展開了一段學術界的文化交流活動。該年年底，袁同禮與費正清擬定「中國和美國知識界關係備忘錄」（Memo：Sino-American Intellectual Relations），提議：1.由美國圖書館協會（ALA）為中國更多的圖書館購買資料；2.由美國國會圖書館代表為美國其他圖書館購買中文資料；3.兩國圖書館人員的相互交流。1943 年 6 月，備忘錄提交美國國務院討論。

　　1942 年 11 月 10 日，美國駐華大使館學術資料服務處致函國圖稱：「1886 年於不魯塞爾訂定國際條約，凡簽字各國之政府出版品應行互相交換，並請國立中央圖書館代向貴國各級政府及附屬機關，自抗戰軍興以來所出版刊物徵集全份，彙運敝國國會圖書館保存，俾供研究。」國圖乃於 1943 年 6 月 26 日發函給各政府機關徵集政府出版品，以便分贈美國及其他與約各國政府，以符國際信義，藉利國際文化的交流。（國家檔案資訊網，檔號：A335000000E/0032/500/006/001/012）。

　　1943 年 10 月 9 日費正清代表美國大使館學術資料服務處向哥大圖書館學院院長和總圖書館館長威廉姆森（Charles C. Williamson，1877－1965），建議哥大接受北圖贈書，同時提出由他代表美國，以袁同禮和岳良木（都

為哥大校友）代表中國方面合作為哥大發展館藏。美國駐華大使館學術資料服務處可為哥大效力，在為國會圖書館服務的同時，願為哥大發展類似於國會館的中文館藏。

　　1944 年 1 月美國圖書館協會（ALA）收到了袁同禮所寄來的題為 *Library Situation in China*（《中國圖書館之狀況》），節錄載於《圖書館雜誌》（*Library Journal*），敘述中國圖書館自 1937 年至 1943 年間所遭受的破壞、現狀、未來計畫。本文竟催生實現了「備忘錄」的協議：1.洛氏基金會撥發 ALA 10 萬美元，在「為戰爭國家圖書館選購 1939-1943 年出版書籍」項目，中國被列為主要接收國之一。2. ALA 確定了聯合採購計畫（The ALA China Cooperative Books Purchasing Program），美國 13 所著名圖書館同意聯合委由國立北平圖書館代購中文圖書，包括哥大在內；各館各出資美金 1,000 元，後又再增資美金 1,000 元，採取自重慶統籌代購經史子集傳統文獻及戰時出版的文獻，並以航空郵寄來美的新猷；哈佛燕京圖書館同意接受將這批書刊，編目並複製編目卡片，由哈佛印刷部（Harvard Printing Office）印行。因此項創舉而購得物美價廉的中文典籍和資料，大大地豐富了美國圖書館的中文館藏。3. ALA 推薦哥大新任圖書館館長懷特（Carl Milton White，1903－1982）訪華。因戰事雖未成行，但間接促成美國國務院與 ALA 簽署一項由國務院撥付 ALA 5 萬美元，用於購買運送中國急需的書刊。

　　早在 1945 年費正清在重慶供職於美國新聞處時，已經作為一個志工，為母校的圖書館寄書。依據《哈佛燕京圖書館年報》載，這一年收到 1,400 餘冊中文書籍，是「戰時在重慶和其他內地城市中新發行的。因為他的努力，我們得以從中央圖書館和其他中國文化機構得到贈書。」費正清關心圖書館的發展，認為「如果圖書館停止了運作，那學術成就也就無法獲得。（中略）如果圖書館萎縮或是消亡，那招收教職員和培養學生都不再有用。哈佛之所以有一流的教職員，就因為他有一流的圖書館，而這兩者是相輔相成的。」（張曉楊譯，吳文津撰，載於：《費正清的中國世界——同時代

人的回憶》）

（六）康奈爾大學華生東亞文庫

　　康奈爾大學（康大）建校於 1868 年（同治 7），20 世紀之初，康大中國學生人數居全美各校之冠。1905 年（光緒 31）清廷派「五大臣出洋」考察日本及歐美憲政，預備立憲。戶部侍郎戴鴻慈率考察團一行 25 人於 1906 年（光緒 32）2 月訪問康大，受到康大熱烈的歡迎。戴鴻慈以中文致詞，由施肇基（1901 年康大畢業）翻譯。校長舒曼（Jacob Gould Schurman）隨後致詞。

　　1903 年（光緒 29）華生（Charles William Wason，1854－1918）偕妻梅布爾（Mabel）旅遊到中國，使他對中國和中國文化產生濃厚的興趣，1910 年開始努力蒐集一切有關中國的西文資料。華生自行蒐集了 2,000 冊書籍後，他委託克拉克公司（Arthur H. Clark Company of Cleveland, Ohio）進行圖書採購。華生還收集雜誌文章，他從 150 種期刊中，剪輯了 62,000 篇有關中國的文章，裝訂成冊，編輯目錄。除了中國外，還蒐集中國周邊國家和地區的圖書資料，如當時俄羅斯的西伯利亞地區、韓、日、菲、荷屬東印度群島、英屬馬來亞、法屬印度支那、緬甸及整個遠東地區。經過 8 年（19-1918）的努力，華生蒐集了 9,400 冊圖書資料，包括《永樂大典》3 冊（後來施肇基也贈 3 冊）；裝訂成冊者，550 件的手稿裝訂成 55 冊及 750 本的小冊子裝訂了 120 冊；發行於中國的 37 種英文期刊和報紙；以及文件、繪畫、地圖、相簿冊和其他資料。1918 年華生去世，將全部收藏捐給母校康大，絕大部分為有關中國的英文書籍，並捐贈 5 萬美金作基金，以基金收入來繼續購書。這即是華生文庫（Wason Collection）。

　　華生文庫日後蒐藏擴大到西文資料以外，包括中文和其他語文的著作；蒐藏對象由中國推廣而包括遠東諸國；二次大戰後，更擴展到收集東南亞所有國家書籍資料。

　　1920 年加斯基爾（Gussie E. Gaskill）開始整理華生文庫，採用美國會館分類法，1924 年完成該文庫館藏全部圖書分類，1927 年被任命為文庫首任館長（Curator），直到 1963 年退休，在職 43 年。其間，她曾到中國數次。1929-1930 年到北平得到北圖副館長袁同禮及大同書局顧子剛的協助，替康大蒐集了不少資料，採購 7,000 冊圖書。自此之後，館藏成長迅速。

　　1938 年康大獲得洛氏基金會資助，聘請中國歷史教授畢乃德（Knight Biggerstaff，1906－1982），他捐贈乙部《大清歷朝實錄》線裝 1,220 冊（長春，滿洲帝國國務院，1937）。經由畢乃德的協助，有系統的採購有關清史研究文獻，1938-1941 年自北平購得 15,000 冊，使中文藏書約 25,000 冊。續由洛氏基金會的資助，加斯基爾在 1948 年 1-8 月的中國行，又購得經史子集及叢書 15,000 冊。

　　華生的捐贈及其以後的館藏中西文的發展，華生文庫蒐藏十分豐富，有關於中國的西文資料，特別是 1918 年以前的出版品；也有中文宮廷檔案、方志、族譜和民俗文學與戲曲方面眾多的出版物，以及各種著作，可逕查 Paul P. W. Cheng. *The Catalog of Wason Collection on China and Chinese, Cornell University Libraries*（Washington：Center for Chinese Materials, Association of Research Libraries, 1978-1980）8 冊及其 1985 年出版的補篇。

　　1961 年以後，中文館藏開始大量擴增。該年康大從福特基金會得到美金 70 萬元作為發展中國研究及課程之用，乃以此款半數購藏中文書籍，由馬大任來負責此事。

（七）普林斯頓大學葛思德東亞圖書館

　　普林斯頓大學東亞圖書館的前身是葛思德東方圖書館，於 1926 年成立，主要蒐集中國醫學藥學與佛教經典方面的書籍為主。

　　1920 年代加拿大工程師葛思德（Guion Moore Gest，1864－1948）委託美國駐華公使館武官海軍上校義理壽（Irvin Van Gorder Gillis，1875－

1948）代購中國醫書、醫藥資料，漸擴大到佛教、文學等領域。義理壽曾因作為觀察員，實地觀察日俄戰爭，獲日本頒旭日勳章（Order of Rising Sun）。1919 年末，他辭去公職，專心為葛思德從事採購及所購中國圖書目錄研究的工作。他精通中文，具淵博的中文文獻的知識及找書的能力。義理壽在華蒐購陳寶琛（1845－1935）等名家藏書，也在琉璃廠許多書舖大肆蒐購中國醫書和其他善本古籍。從 1920 年代至 1940 年代，義理壽為葛思德購得古籍，從最初有 232 部、8,000 冊，到了 1931 年已增至 75,000 冊，最後共達 102,000 多冊。

　　葛思德在加拿大蒙特利爾有分公司，他將藏書存放在加拿大蒙特利爾的麥克吉爾大學（McGill University in Montreal, Canada）德派斯圖書館（Redpath Library），1926 年 2 月 13 日正式開放，命名為「葛思德中國研究圖書館」（The Gest Chinese Research Library），1932 年孫念禮（Nancy Lee Swann，1881－1966；漢學家）被任命為葛思德圖書館館長（Cuator）。1937 年普林斯頓大學高等研究所（The Institute for Advanced Study at Princrton）得到洛氏基金會支助，獲得葛思德部分收藏，並將圖書館改名葛思德東方圖書館；1950 年葛思德收藏，願全部讓售普林斯頓大學。校長陶德（Harold W. Dodd）請已在美國的胡適（1949.4.6 赴美）鑒定，該書藏遂為普林斯頓大學所得。1950 年至 1952 年胡適接替退休的孫念禮擔任葛思德東亞圖書館館長；1951 年童世綱（1911－1982）擔任館長助理，由於胡館長居紐約，一周內只有兩天在館，館內藏書整理及館務發展都由童氏辦理。1952 年由童世綱（1911－1982）接任館長，1977 年 7 月童氏作為榮譽圖書館館長退休，凡 25 年，使葛思德東方圖書館成為美國著名的東亞圖書館之一。2000 年改稱普林斯頓大學葛思德東亞圖書館（East Asian Library and the Gest Collection, Princeton University）迄今。

　　這個藏書以中國善本書著稱，早在 1946 年普大邀北圖王重民整理所藏善本，完成了一部書志稿 4 冊。其後，經胡適核稿，發現問題甚多，該校教授牟復禮（Frederick W. Mote）覆閱，亦感有重訂的必要。（劉兆祐）1965

年 9 月至 1966 年 8 月，屈萬里應美國普林斯頓高深研究所研究員及普大之
聘，為該校圖書館訪問書誌學者，赴美從事撰寫善本書誌。期間，1966 年
5-6 月並應加拿大多倫多大學之聘為該校東亞學系訪問教授。到了童氏任
期內，臺北出版了兩本目錄：1.屈萬里，《普林斯頓大學葛思德東方圖書館
中文善本書志》（臺北縣板橋：藝文印書館，1975.01）；昌彼得、吳哲夫，
《普林斯頓大學葛思德東方圖書館中文舊籍書目》（臺北：商務印書館，
1990），著錄普通本線裝書 2,800 餘部，近 9 萬冊。其後，普林斯頓大學東
亞圖書館編，《普林斯頓大學圖書館中文善本書目》2 冊（海外中華古籍書
志書目叢刊）（北京：國家圖書館出版社，2017.03），著錄範圍擴大到普大
各分館所藏。

　　該批善本書有不少珍貴的秘笈，但也有任何收藏中文善本的圖書館都
具有的偽書，屈萬里撰〈普林斯敦大學所藏中文善本書辨疑〉乙文，分 1.
攘竊他人的作品冒充己作的書；2.襲取他人的刻書冒充己刻的書；3.以明
刻本冒充古本的書；4.以殘本冒充全本的書等 4 類，舉例說明；也就普大
所藏一些稀見的原刻本來證明某些書是攘竊的，饒富參考價值。

　　該館還有特藏，宋延聖院編，《磧砂藏經》6,362 卷，宋元間平江府（今
江蘇吳縣）磧砂延聖院刻本。原藏於北京大悲寺，1926-1927 年間被義理
壽代葛思德買去，1929 年運到麥克吉爾大學，後再由葛思德給普林斯敦大
學，因而建立葛思德東方圖書館。據屈萬里統計，此書總計存 5,359 冊，
561 函，1,479 部，6,014 卷。李際寧發現此書開雕於 1216 年（南宋寧宗嘉
定 9 年），全藏雕畢已是 1322 年（元至治 2 年）。

（八）芝加哥大學遠東圖書館

　　芝加哥大學（芝大）東亞圖書館的前身是 1936 年成立的遠東圖書館
（Far Eastern Library），由教授顧立雅（1932-1935 年得哈佛燕京學社的獎
助到中國留學，1936 年回美）創辦；因為那一年正式設置了漢學課程。顧

氏「偏重中國古代史的研究，因此古典方面尤其經部的收藏特別豐富。其他如方志、家譜、考古、叢書、類書以及全套學術期刊，也多搜羅完備。」（錢存訓）1938 年，顧立雅獲得洛氏基金會資助 25,000 美元，分 5 年，作為遠東圖書館購置中文圖書之用。1939 年，顧立雅專程前往中國購書，晤及了燕京大學圖書館大同書店（Peking Union Bookstore）顧子剛，爰委託大同書店代購。最初採購的圖書每年將近 1 千種，約有 5 千至 1 萬冊，大部皆為線裝古籍。大同書店先後為遠東圖書館購買了近 7 萬冊中文圖書，奠定了芝大圖書館中文藏書的基礎。太平洋戰爭爆發，顧氏應召任國防部陸軍上校情報官，並在芝大設立預備軍官講習班，教授中文口語，館務由鄧嗣禹代理。

鄧嗣禹於 1943-44 學年度，以洛氏基金會最後一筆的資助款項，購得芝加哥紐伯瑞圖書館（Newberry Library）委託勞費爾購入的藏書。該館為紐伯瑞（Walter Loomis Newberry，？－1868）於 1887 年（光緒 13）獨資捐助成立，普爾（William Frederick Poole；Poole's Index 的編輯者）受聘為首任館長，任職 7 年，偏重購買人文學科的基本圖書、專著、參考工具書、大套期刊等。1907 年（光緒 33）菲爾德自然歷史博物館（Field Museum of Natural History）組織赴中國西藏和其他地區的考察團，以收集西藏人類學和民族學的藏品與資料，委託該館助理館長、西藏學專家勞費爾進行。紐伯瑞圖書館得此訊息也委託勞費爾收集中文及藏文有關人文學科的圖書；另克雷拉圖書館（John Crerar Library）則請他蒐購自然科學、應用科學和社會科學方面的圖書。勞費爾於 1908 年（光緒 34）啓程，1910 年（宣統 2）回芝加哥。勞費爾分別為菲爾德博物館購得金石、考古類圖書約 5 千冊和拓片約 2 千冊；為紐伯瑞圖書館購買圖書 1,216 種、21,403 冊；包括中文 631 種、藏文 310 種、日文 143 種、蒙 72 種、滿文 60 種；為克雷拉圖書館購買了科技類圖書 666 種、12,819 冊，後於 1928 年又再被出售給美國會館。

1947 年，芝大遠東圖書館需要請人整理多年來積存的上述中文藏書，

顧立雅要求北圖推薦人選，經袁同禮介紹，錢存訓（1910－2015）應邀前往工作。該年 10 月錢氏到達芝加哥時，遠東圖書館有藏書 10 萬冊左右。「1949 年起，芝大任命錢存訓為東方語言文學系『教授銜講師』（Professorial Lecturer），兼任遠東圖書館館長」（錢存訓），一直到 1978 年退休，榮任榮譽館長。錢氏在芝大 31 年，第 1 個 10 年（1947－1957）對創館之初所購藏圖書，進行整理和編目。第 2 個 10 年（1958－1978）重點採購有關近代中國資料，尤其是期刊、官報、地方行政資料，以集中中國戰亂期間的文獻和出版物。「窮力編書目，殫思建館藏」，「遠東圖書館已發展成為北美第一流東亞圖書館之一，擁有 330 萬冊圖書，以中、日文為主，並涉韓、滿、蒙、藏文資料。當時中文收藏在美國各大學中可居第三位，以古代經典、哲學、考古、文學、歷史、藝術史和方志收藏豐富而著稱。日文收藏位居第四，尤以文學、歷史、藝術，漢學和宗教方面的資料和學術期刊的收藏見長。」（周原）

（九）美國圖書館藏宋原本

安平秋在曹亦冰、盧偉主編，《美國圖書館藏宋元版漢籍圖錄》（北京：中華書局，2015.01），序：「我和我的同事們在上個世紀 90 年代初開始調查美國圖書館收藏中國古籍的情況（中略）。到了 90 年代末，對美國存藏的宋元版漢籍有了初步瞭解，知道全美圖書館所藏宋元版漢籍數量在 100 至 150 部之間。」曹亦冰在〈前言〉：「據不完全統計，全世界公共圖書館收藏約有數千種（含殘本和遞修本及抄配本），所知中國大陸約藏 3,500 餘種，臺灣地區約藏 800 種，日本約有近千種，美國藏有 120 餘種。」並提到「年代久遠，朝代更替，時局動蕩、天災人禍的侵擾，能留存下來的宋元版古籍，猶似鳳毛麟角。」「美國圖書館自 17 世紀起至今，通過各種渠道、各種方式，陸續收藏了一大批中國古籍，約百萬冊，絕大部分是明清時期的刻本、抄本、寫本，宋元時期的刻本極少。」

《美國圖書館藏宋元版漢籍圖錄》乙書自 7 家圖書館所藏 143 種中選取了 124 種宋元版漢籍圖錄，計國會館 30 部、柏克萊加大東亞館 43 部、哥侖比亞大學東亞館 3 部、哈佛大學哈佛燕京圖書館 33 部、普林斯頓大學 8 部、耶魯東亞館 6 部、芝加哥大學東亞館 1 部。每書選附 1-4 張書影及解題。並邀華東師大古籍所教授嚴佐之審閱書稿。

美國專業漢學時期的發展，一是 19 世紀 70 年代以還，在美國的一些主要大學陸續設立了漢學的教學和研究機構；大學開始設立漢學講座，二是創設專業漢學學術團體，三是國家圖書館和大學圖書館建立中文館藏，四是對漢學研究及其設施資金的投入，特別是私人基金會，如霍爾基金會、洛氏基金會等。這都是使漢學研究紮根奠基。當時歐洲的漢學研究已經非常發達，但美國本土的漢學家寥若晨星，美國漢學在歐洲漢學影響下逐漸發展，走向學術研究的途徑。美國邀聘首批擔任漢學講座及哈佛燕京學社的主持人，分別是（美）衛三畏、（中）戈鯤化、（英）傅蘭雅、（德）夏德、（俄）葉理綏，以延攬外國漢學家為主。夏德、葉理綏帶來歐洲漢學研究的理念和方法，史料的鑒別和運用。此外，還有（德）勞費爾，他的學術成就都在美國，注重嚴謹的考證，實地考察，以獲取第一手資料。在歐洲漢學的基礎上，培養出美國的漢學家；特別是哈佛燕京學社培養了第一代美國專業漢學家隊伍的貢獻。1928 年 1 月 4 日哈佛燕京學社在哈佛大學成立，確定研究領域，集中於中國的「藝術、考古、語言、文學、歷史、地理、哲學和宗教史」，推動了美國漢學研究和中美文化的交流，也奠定美國學術性漢學研究的基礎。他們採實證的、嚴肅的、科學的研究，運用文獻檔案及出土文物來研究中國的歷史與文化。中國古籍與中國古物同樣重要，建立圖書館、檔案館與博物館，並充實館藏。

20 世紀 20 年代，由於美國勢力逐漸擴張到西岸，領有夏威夷、菲律賓羣島等，為維護其在遠東及太平洋的利益，美國漢學研究「範式」有所轉移，從傳統的、古典的研究分離出來，中國學研究興。1928

年美國中國學研究促進會、1941 年遠東學會先後成立，中國學走出古
典語言文學、歷史、思想文化等純學術研究，轉向重視「現實問題」
和國際關係的新領域。由費正清等人為「區域研究」（Area Studies）
揭開了序幕。

由於美國在遠東及中國利益的擴張，加強對遠東及中國議題的研究，
基於國家利益，戰略性及實務性的考量，對中國的瞭解，有了新需求，
美國漢學研究漸轉型為中國學研究。在方法上，對中國作全方位的探
討，所稱「區域研究」，除原有人文學的範疇，擴展到政治學、經濟學、
社會學、教育學、法律學、軍事學等社會科學的領域。集中運用多學
科的專業知識、研究方法、各種管道得來的圖書資訊等來研究中國議
題，開創了美國中國學研究的新局面。二次世界大戰以後，美國《國
防教育法案》（National Defence Education Act）頒布，政府和福特基
金會及其他許多的基金會，投入大量的資金，資助中國語言教學、人
才培育、加強圖書館館藏發展，一批大學的中國學研究中心或東亞研
究中心成立，主要有：哈佛大學東亞研究中心、哥倫比亞大學東亞研
究所、加州大學柏克萊分校中國研究中心、密西根大學中國學研究中
心、華盛頓大學中蘇研究所、康奈爾大學東亞研究計畫、芝加哥大學
東亞研究中心、耶魯大學東亞研究中心、普林斯頓大學東亞研究中心、
史坦福大學東亞研究中心等，促進各中心在當代中國的研究，卓然有
成，並形成特色。隨着社會科學的理論和方法運用在當代中國研究，
及傳統漢學和中國史學更深入的研究，方法不斷的更新及調整，美國
成為世界上中國研究最為豐富及多元的國家。

第四章　外國對中國古文獻的蒐藏

前言

　　王國維 1925 年 7 月在清華大學的〈最近二三十年中國新發見之學問〉專題演講，譽為 19 世紀末到 20 世紀初（清光宣之間），中國學術上 4 大發現的「殷墟甲骨文字、敦煌塞上及西域各處之漢晉木簡、敦煌千佛洞之六朝及唐人寫本書卷、內閣大庫之元明以來書籍檔案」以來，中國大陸學者如白濱、孫繼民等又提出可與相比美的中國近代新材料的第 5 大發現——黑水城文獻。這也是王國維在該演講中所提及發見的第 5 項材料「中國境內之古外族遺文」。

　　黑水城位於今內蒙古自治區阿拉善盟額濟納旗（西夏舊稱：亦集乃；蒙語：哈拉浩特，或稱哈拉火陀，Khara-Khoto）達來呼布鎮東南約 25 公里的巴丹吉林沙漠裏，歷史上發源於祁連山脈的黑水（古稱弱水）曾經流過這裏，使得成為綠洲，適於耕作並建城；元亡以後，生態不斷的變遷，黑水改道西移，綠洲漸淪為沙丘，城郭也隨之廢棄。黑水城終被黃沙埋沒了。

　　敦煌文書發現於 1900 年（光緒 26），黑水城文獻發現於 1908 年（光緒 34），兩者相差 8 年，時正逢西方及其他地區一些國家，包括英俄法德日等國的中亞考古考察活動向中國入侵，在中國內蒙古、新疆、甘肅、寧夏、青海、西藏和四川的一部分活動。最初主要從事地理、地質、生物學的考察；以後逐漸擴大，涉及歷史、考古、民族、語言、民俗、宗教、藝術及政治、經濟、軍事等領域。敦煌文書和黑水城文獻基本上都屬於同時被發

現，即遭外國考察隊、探險隊奪取竊走，致使大部分古文物文獻流失海外。

國際中亞考古考察活動

由於伊斯蘭教的興起，進入中亞，許多佛教地區的佛教的建築和藝術品，都遭受損壞。久而久之，殘存的或被埋於底下，或因藏於崇山峻嶺的幽僻之地而湮沒。19 世紀末 20 世紀初，國際印度學的發展，列強帝國由於對印度遺物的蒐集，使國際中亞考古活動興起。

1889 年（光緒 15）新疆（東突厥斯坦）庫車（古龜茲）近沙雅河左岸古代佛塔遺址發現大量的寫本與寫本殘片。

1890 年（光緒 16）初，英屬印度陸軍中尉鮑爾（Hamilton Bower，？－1940）在庫車購得庫車出土 57 張（葉）古樺皮紙寫本（梵文文書），被稱為「鮑爾寫本」（The Bower Manuscripts）；經孟加拉亞細亞學會（The Asiatic Society of Bengal）（德裔英籍）霍爾寧（Augustus Frederic Rudolf Hoernle，1841－1918）判讀，認為「鮑爾寫本」的年代非常古老，不遲於 5 世紀末葉，早於當時所知最古老的印度語言寫本。維也納教授（德）比累爾（Johann Georg Bihler，1780－1861）考證其書寫在 550 年之前，早於日本法隆寺所藏貝葉經。

再者，1891 年至 1893 年(光緒 17-19)，(法)蘭斯(Dutreuil de Rhins，？－1894）考察隊在新疆和闐發現早期普拉克里特語（Prakrit）和佉盧文（Kharosthi）寫成的佛典。

爰從 1893 年（光緒 19）開始，西方印度學界的注意力，從南亞次大陸、日本等地，轉移到中亞腹地塔里木盆地，認為它是蘊藏最古老印度學研究資料寶庫。中亞考察活動的重心，由地理學轉向考古學；展開了新疆考古考察的活動。由新疆進入中國西北邊疆少數民族地區，包括新疆、青海、西藏及內蒙古西部地區。乘中國積弱，佔領印度的英國和侵佔中亞的帝俄（沙俄）兩大列強在先，兩國駐喀什噶爾（Kashgar）總領事館交鋒，兩國分別派出探險隊進入新疆，進行文物爭奪；其他帝國主義國家隨後，肆無忌憚的大規模盜劫掠奪珍貴文物，及之後出版的考古調查和發掘成果

的報告和專著，造成無數珍寶與歷史資料流失海外。（日）石田幹之助〈中亞細亞探險之經過及其成果〉乙文，載於：《東亞史講座》第 15 冊（東京：雄山閣株式會社，1941-1942），附一簡略的中亞探險年表，紀錄自 1856-58 年（德）Schlagintweit 兄弟探險崑崙山脈以至疏勒一帶以來，至 1910（德）Grober 到天山南路間，列強共有 50 次組探險隊來中亞探險考察盜挖古代遺跡，以俄國人 24 次；英國 9 次為最多，德國 7 次；法國 5 次；瑞典、日、美、匈牙利各 1 次；另 1 次探險人國籍未明。自 19 世紀後半期以來中亞一隅成為考古學上的寶藏，列強人士探險西陲不絕於途。

佛教東傳和佛教藝術

　　佛教傳入中國是沿着絲綢之路向東流傳。新疆古稱西域，在蔥嶺（帕米爾高原）以東的塔里木盆地，南北兩側各有一系列沙漠綠州接連起來的通道，是溝通東西關係的主要管道，也是佛教輸入的主要路線。古絲路並非一條路，而是一個穿越山川沙漠且沒有標識所踩出來的路，隨著綠州、沙漠的變化而時有變遷。基本走向已定於兩漢，西漢張騫（博望侯）曾兩次出使西域，開闢中西交流的新紀元。一般說來，絲路從西安，經渭河平原（關中）、河西走廊，來到塔里木盆地，可分南北兩路。南道（于闐道），東起陽關，沿塔克拉瑪干沙漠南緣，經若羌（鄯善）、和田（于闐）、莎車，至蔥嶺。北道，起自玉門關，沿塔克拉瑪干沙漠北緣，經羅布泊（樓蘭）、吐魯番（車師、高昌）、焉耆（尉犁）、庫車（龜茲）、阿克蘇（姑墨）、喀什（疏勒），至費爾干納盆地（大宛）。唐朝又開闢起自安西（瓜州），走天山北路，經哈密（伊吾）、吉木薩爾（庭州，所轄輪臺，即今烏魯木齊）、伊寧（伊黎）、直到碎葉（今阿克‧貝希姆）、恒羅斯（今哈薩克江布爾城附近，唐名將高先芝在此地被阿拉伯擊敗而回國）。

　　佛教的興盛，普及了佛教相關的建築及藝術，如佛教寺廟、石窟建築、佛像、雕刻、壁畫等。古絲路上，從西安到敦煌，再到西域的路程上有著許多的佛教遺蹟，是東西文明相互融合的見證，多的是佛教文化和藝術的珍品。

在佛教建築中，石窟寺是典型的從事佛教活動的場所，是佛教徒的聖地，也是宣揚教義的地方，所以多存有大量具有佛教內容的造像（佛教雕塑品）、壁畫、及佛教經文等文物。石窟寺也隨著佛教由印度傳入中國。印度佛教的石窟可分為兩種形制，一為禮佛和講經說法，平面布局成 U 字形，後半部圓弧的中央有一座佛塔；一為修行，是一方形空間冂字形的壁面鑿出小龕空間，讓僧人可以在當中坐禪。大多建構在依山（山崖）傍水遁世幽靜之處，石窟藝術由建築、彩塑、壁畫 3 要項構成。

南北朝時代，于闐、龜茲、高昌——吐魯番是西域 3 大佛教文化中心。南道佛教藝術主要是寺廟壁畫，遭自然及掠奪，今已蕩然無存。只剩北道的一些石窟。新疆發現的石窟遺蹟，1.古高昌吐魯番地區，有交河古城、高昌古城、雅爾湖古城。高昌石窟（千佛洞）有土峪溝石窟、奇康湖石窟、勝金口石窟（發現摩尼教=明教壁畫的遺存）、柏孜克里克石窟等（現存洞窟最多，佛教壁畫最豐富者）、雅爾湖石窟等。還有那斯塔納古墓羣（在那斯塔納、哈拉和卓之間）。2.古焉耆（哈拉沙爾=Karashahr）區有七個星佛寺遺址（錫格沁明屋遺址）。3.龜茲石窟羣，包括拜城的克孜爾石窟（中國開鑿最早、地理位置最西的大型石窟羣；該石窟據考證為西域高僧鳩摩羅什居住之處。由於自然及人為的原因，壁畫的破壞嚴重）、臺臺爾石窟、溫巴什石窟；庫車的庫木吐拉石窟、森木塞姆石窟、克孜爾朵哈石窟、伯西哈石窟、阿艾石窟等；新和縣吐呼拉克艾肯石窟等。4.古疏勒區有小阿圖什石窟、脫庫孜薩來古城佛寺等。每個時期的石窟藝術都形成了自己獨特的模式及內涵。

一、吐魯番文獻

（一）國際東方學者會議

1873 年（光緒 12）在巴黎舉行第 1 屆「國際東方學者會議」（International Congress of Orientalists），它是一個西方國家研究東方歷史與文化的國際性組織。自第 11 至 13 屆會議（1897 年巴黎、1899 年羅馬、1902 年漢堡），德英俄等國在會中都提到所派中亞探險隊的考古考察的成績，轟動國際。英俄在會上再度競爭。巴黎會議大會決議建立「印度考古學探險國際協會」（總部設在倫敦），由英國主導；希望協調各方的利益，俾免各國在中國哄搶文物過程中相互衝撞。

1897 年（光緒 23），帝俄聖彼得堡皇家科學院成立一個旨在搜集吐魯番文物的專門委員會，由（帝俄）拉德羅夫（Vasilii Vasilievich Radlov，1837－1918）擔任主席，並派出以（帝俄）克萊門茲（Dimitri Alexandrow Klementz，1847－1914）為首的探險隊，首次來到吐魯番。克萊門茲根據（德）夏德從漢籍文史書中輯出有關吐魯番的資料所編《吐魯番指南》乙書，按圖索驥地考察古遺址，發掘了回鶻（回紇）王國的舊都高昌（亦都護城=Kao-cang=Idiqut-Shahri）及阿斯塔那、哈拉和卓、吐峪溝、木頭溝（Murtuk）和其他一些遺址，紀錄並拍攝了許多遺址，繪製了遺址平面圖，獲得了許多壁畫、碑刻及漢文、梵文（Sanskrit）、回鶻文（Uigur）等寫本文書和經卷，運抵俄國。

羅馬會議時列強都在新疆考察，如（瑞典）斯文赫定（Sven Anders Hedin，1865－1952），（匈牙利裔英籍）斯坦因（Marc Aurel Stein，1862－1943），（德）格倫威德爾（Albert Grunwedel，1856－1935），（帝俄）鄂登堡（Sergei

Fedorovich Oldenburg，1863－1934）、韋謝洛夫斯基（Nikolai Ivanovich
Vecelovsky，1848－1918）、克萊門茲等，以南疆吐魯番、庫車、羅布泊（蒙
古語：羅布卓爾）為重點。（帝俄）拉德羅夫在會中介紹了克萊門茲在吐魯
番發現的出土文物；引起與會學者極大的關注，認為在吐魯番發現了「古
代絲綢之路」上的綠洲文明。拉德羅夫並呼籲建立一個中亞考察國際性組
織。

　　漢堡會議時與會各國接受拉德羅夫的提議，大會通過成立「中亞和遠
東歷史學、考古學、語言學與民族學探險國際協會」，簡稱「中亞遠東考察
國際協會」（Association International pour I'Exploration de I'Asie Centrale et
de I'Extreme-Orient），以協調各國的中亞考察；總部設聖彼得堡，稱「俄
國中央委員會」。歐洲其他各國和美國設「委員會」，以拉德羅夫、鄂登堡
組織「中央委員會」，領導所有國別委員會。這開啓了 20 世紀初列強在中
國大規模考察古代遺跡的里程，掀起了中國文物外流的高潮（1903-1918），
被盜的範圍，從新疆不斷向東蔓延，和闐文物、吐魯番文物、樓蘭文物、
黑水城文物、敦煌文物等具有歷史價值和藝術價值的古代珍寶，陸續被劫
往英、俄、法、德、日、美等國。

（二）吐魯番地區的考察發掘

　　斯坦因曾 4 次對新疆地區進行探險考察活動。他認定中國新疆是一個
非常理想的考古場所，其中和闐地區是古代佛教文化中心，其文化來源與
特徵都與印度有明顯的關係。1898 年（光緒 24）9 月 10 日他向旁遮普（Punjab）
政府提出考察申請，從考古學的角度來探察和闐及其周圍的遺址。1900 年
（光緒 26）5 月 31 日，斯坦因率隨從數人開始了第 1 次中亞考察。1901
年（光緒 27）5 月 12 日結束了新疆的發掘，攜回所獲文物約 1,500 件，7
月 2 日返回倫敦。這些發現物現藏大英博物館。他撰寫 *Preliminary Report
of a Journey of Archaeological and Topogrophical Exploration in Chinese*

Turkestan.（London：Eyre and Spottiswoode，1901）（《中國土耳其斯坦考古學和地形學探險考察初步報告書》）。1902 年（光緒 28），斯坦因參加在德國漢堡會議，提出《初步報告書》，引起強烈的回應。斯坦因並不理會「俄國中央委員會」，獨自有了第 2 次（1906-1908）、第 3 次（1913-1916）的中亞考察，主要場所分別是敦煌、吐魯番。這 3 次的考察導致了中國西部邊陲文物大量外流，給他帶來極大的名望。第 4 次（1930-1931）係由美國哈佛大學福格藝術博物館為他籌得 10 萬美元及大英博物館提出 3 千英鎊成行，這次由於國民政府及新疆省政府扣留斯坦因大部分的發掘物而告終。

　　德國受克萊門茲在吐魯番活動及發現的古文物的影響，把重點放在天山南路處塔里木盆地北部的庫車與吐魯番地區。自 1902 年（光緒 28）至 1914 年間，4 次組隊來新疆從事考察活動。第 1 次探險隊於 1902 年（光緒 28）8 月 11 日啓程，包括柏林人類學博物館印度部主任格倫威德爾（Albert Grunwedel；探險隊隊長）、東方學家胡特（Georg Huth）、博物館技師巴特斯（Theodor Bartus），於 12 月底到達吐魯番綠洲，展開發掘活動。由於獲得令人驚異的發現和成果，使後續考察工作得到由皮斯開爾（H. Pischel）、呂德斯（H. Luders）的「德國中央委員會」的支持，獲得政府的資助。第 2 次探險隊被冠予「第 1 次皇家普魯士吐魯番探險隊」，由勒柯克（Albert von Le Coq，1860 − 1930）代理隊長，與巴特斯從 1904 年（光緒 30）9 月至 1905 年（光緒 31）12 月一直在吐魯番考察。第 3 次探險隊格倫威德爾重新擔任隊長，於喀什與第 2 次探險隊會合，將考察的範圍擴大到吐魯番西部的綠洲，包括克孜耳的佛像洞窟。第 4 次探險隊始於 1913 年 6 月至 1914 年 2 月結束。這 4 次調查考察地區分別為：1.吐魯番、高昌古城、勝金口（Sengim-aghis）、木頭溝；2. 吐魯番盆地及哈密地區；3.喀什、龜茲、焉耆、庫車、吐魯番、哈密；4.庫車。德國成為吐魯番收集品數量最多的國家，掠獲了大量的紙本、絹本、麻布等不同材質的畫卷；以梵文、突厥文、回鶻文、漢文、藏文、蒙文等 24 種不同文字書寫的古代寫本文獻、刻本文獻，其內容多與佛教、摩尼教、景教有關及切割下來的壁畫和雕像。格勒

柯克和巴特斯常以虎尾鋸切割古壁畫，運回柏林。如在高昌古城發現「一個大型壁畫，描繪的是：一羣摩尼教男女修行者正圍繞一個與真人大小一般的穿着摩尼教祭司的人。不僅是吐魯番地區流行多種宗教的實證，且打破了以往人們認為摩尼教沒有用繪畫裝飾教堂或宗教建築的說法」，又如在柏孜克里克石窟「比真人還大的 3 個佛教僧侶畫像，15 幅巨大形像各異的佛像繪畫以及各式各樣的印度神話中的王子、繫虎皮裙的婆羅門、戴鷹羽帽子有鷹鈎鼻子的波斯人等。」（李屹、吳敦夫）除在博物館展出部分，教育部令將所有文獻移交皇家普魯士科學院，產權則歸東方委員會。二次大戰時，這些大的壁畫均燬於戰火，其餘者現收藏柏林——勃蘭登堡自然科學與人文科學院（Berlin－Brandenburgische Akademie der Wissenschaften）。「繼勒柯克之後，斯坦因、日本大谷探險隊的橘瑞超、野村榮三郎也以大致相同的辦法，從柏孜克里克石窟切割了一些壁畫，因而我們今天所見的柏孜克里克石窟，已是面目全非了」（李屹、吳敦夫）

　　帝俄於「俄國中央委員會」15 年期間（1903－1918）在中國西部進行大小考察，劫掠大量的中國西部文物，長期以來祕不示人。其中，1909 年（光緒 35）鄂登堡在吐魯番地區再獲文書、繪畫、錢幣等大批文物，現陳列於國立愛爾米塔什（Hermitage）博物館（成立於 1764 年，俗稱冬宮博物館）。

　　（日）大谷光瑞（1876－1948；日本佛教淨土真宗西本愿寺第 22 代法主、明治天皇的內弟）在 1900 年（光緒 26；明治 33）前往英國留學，所有上開歐洲中亞新疆探險熱，引起他極大的注意，作為佛教法主，自當鑽研佛學，追根溯源，弘揚佛法。鑒於中亞新疆作為佛教的源頭及東傳之地，1902 年（光緒 28；昭和 35）大谷（27 歲）完成學業，一行 5 人，包括掘賢雄（23 歲）、渡邊哲信（29 歲）、本多惠隆（27 歲）、井上弘園（31 歲）就離開倫敦，取道俄國中亞前往新疆展開了第 1 次大谷探險隊新疆之行。大谷共致力 3 次探險（1902.08－1904.02；1908.06－1909.09，橘瑞超、野村榮三郎領隊；1910.08－1914.11，橘瑞超、吉川小一郎領隊），共 10 年。深

入中國新疆、甘肅、西藏和印度、巴基斯坦、阿富汗等地區和國家。在中國新疆先後考察了古于闐、喀什葛爾、龜茲、庫木吐拉、樓蘭、吐魯番、那斯塔那、烏魯木齊等地區的墓葬、石窟、故國遺址、佛教遺跡等。1912年大谷與西藏 13 世達賴喇嘛簽訂本愿寺弟子與西域僧侶交換學生，大谷遂得考察西藏地區。在 3 次探險前後或期間，大谷還派人對中國的雲南、四川、東北進行考察；3 次探險往還途中對內蒙古、中原、長江沿線也進行考察。

二、敦煌文獻

敦煌市，在甘肅省西部偏南，處河西走廊的西端，歷來為絲綢之路上的重鎮，中西文化的交會之地，以敦煌石窟而聞名。敦煌石窟是個總稱，包括莫高窟（敦煌石窟的代表）、西千佛洞（現存洞窟 19 個）、榆林窟（41個）、東千佛洞（23 個）、水峽口下洞子石窟（8 個）、五個廟石窟（22 個）、一個廟石窟（2 窟）、昌馬石窟（窟龕 11 個）。各窟鑿建時代各有不同。

（一）敦煌文獻的發現

甘肅省敦煌市東南的鳴沙山莫高窟，是一座由南而北，約 2 公里的石山，有非常多的佛教寺廟石窟，約 740 多個，俗稱千佛洞，洞窟上下一般 3 層，少則 1 層，多則 4 層，方位都是坐西朝東，「遠望累累如蜂窠」（蘇瑩輝），為千年之間，歷代開鑿，形成了十分宏偉的窟羣。這些 4 到 11 世紀開鑿的石窟裏，有大量的彩繪壁畫、塑像、半浮雕像、藻井和裝飾圖案等藝術古迹，形成中國古代藝術史寶庫。在其中一窟發現藏經洞裏的寫經珍藏更聞名於世。羅振玉《莫高窟石室秘錄》記：

　　莫高窟在敦煌縣東南 30 里鳴沙山之下。前臨小川，有三寺，俗稱上寺、
中寺、下寺。上、中兩寺皆道觀，下寺乃僧剎也。（中略）寺之左近有石
室千餘，由唐訖元皆謂之莫高窟，俗名千佛洞。各洞中皆有壁畫，上截
為佛象，下截為造象人畫象，並記其人之姓氏、籍里。（中略）惟一洞藏
書滿中，乃西夏兵革時所藏。壁外加以象飾，故不能知其為藏書之所。

　　當時有個道觀的主持、道士王圓籙（1850－1931），於 1900 年 6 月 22 日（光
緒 26.5.26）清晨（本說依藏於國立敦煌藝術研究院的王道士《催募經款草
丹》。另一說：依趙明玉、方至福《太清宮大方丈道會司王師法真墓志》即
王道士墓志，稱 1899 年 7 月 2 日（光緒 25.5.25））清理石窟壁畫時，一個
很偶然的機會，在一個石窟的邊上的一個小窟，發現了藏經洞（即敦煌研
究院編號列第 17 號窟＝張大千編號第 151 號）。這個小窟裏面，從底到頂，
密密麻麻地堆積了大批的寫本及少量的印本。這些資料是當西夏（黨項族）
入侵時，封藏洞內「避難」，將石窟入口封閉，並在灰泥外面畫上彩繪壁
畫，使秘藏起來，防止被外人發現，用以保護佛經珍善本（另一說，榮新
江認為 1006 年于闐王國被黑韓王朝（喀喇汗王朝、Qura－Khanid Khanata、
或疏勒國）所滅，不少于闐人逃到沙洲，黑韓王朝信奉伊斯蘭教，對于闐
佛教有毀滅性打擊，使得敦煌佛教徒非常驚恐，爰封藏經卷、絹畫等神聖
物品）。究其年代，最早的早到 296 年（西晉）和 405 年（十六國），最晚
的是 1002 年（北宋真宗咸平 5）。藏文書 5 萬餘件、繪畫 1 千餘件，這就
是藏經洞所藏的敦煌寫經，或稱敦煌卷子、敦煌文書、敦煌遺書。這批出
土文書，其內容的 90%以上是佛經與佛教有關的寫卷。佛經以外，還有很
多其他的文獻，例如道經、儒家的經典和文學作品、官府的檔案文書、私
人信件、契約、簿錄、變文等。此外，還有日曆、占卜、醫書藥方。漢文
書外，還有古代吐番的藏文、于闐文、突厥文、回鶻文、西夏文、印度的
梵文、粟特文等及雙語（漢文和其他民族語文）文書等，真是洋洋大觀。
　　1903 年（光緒 29），甘肅學臺葉昌熾（1849－1917；著有《藏書記事

詩》）曾建議甘肅省藩臺衙門將藏經洞文物運到省城蘭州保存，運費估需 5、6 千兩銀子，因庚子賠款各省分攤，甘肅省衙正忙於聚歛賠款，無暇顧及珍貴遺物的保存，爰於 1904 年（光緒 30）令敦煌知縣汪宗瀚對藏經洞出土文物進行清點並再次封存，責成王道士就地保管。適 19 世紀中葉以來，歐洲及其他地區的一些國家，正掀起一股「中亞探險熱」，一批批「探險隊」、「考察隊」在中亞腹地，包括中國的西部和北部地區活動，特別是在新疆與甘肅地區進行探險與考察。於是外國漢學家、考古學家、地理學家等聞訊，在他們本國政府的支持或資助或派遣下，紛紛恃著帝國主義國家的「船堅炮利」為後盾、根據不平等條約所獲得的片面「治外法權」特權作保護，接踵而來，恣意進出中國盜掠；並因清朝地方及中央政府官員的昏瞶無能及貪求無厭，毫無保護國家文物的措施，致流失海外。最早得到藏經洞敦煌文書的是斯坦因。

英國

斯坦因曾分別 4 次來到中亞探險。事緣起於 1879 年（光緒 5）匈牙利地理學會（The Hungarian Geological Society）會長洛克齊（Lajos Loczy，1849－1920）隨同斯希尼伯爵（Count Stein）的遠征隊，曾經到過千佛洞，他告訴斯坦因那裏有精美的壁畫雕刻，引起了斯坦因到東方探險的興趣。斯坦因於 1907 年和 1914 年先後兩次到過敦煌，以第 1 次「騙購」所獲最多。

斯坦因第 2 次中亞探險隊從英屬印度入新疆和蔣孝琬（1852－1922；原名資生，任職新疆莎車衙門）於 1907 年（光緒 33）3 月 16 日及 5 月 21 日，抵達敦煌，分別兩次到莫高窟，冒充為玄奘之膜拜人，以 1 週的時間挑選自認為好的卷子和繪畫，以相當於 500 盧比的 40 塊馬蹄銀（指銀元寶。形如馬蹄。），從王道士手中以盜騙行徑（布施修繕洞窟捐獻為名）所獲大量的藏經洞文物。6 月 13 日再經由新疆、印度，偷偷地運到倫敦的大英博物館。運走了 24 箱的寫本和 5 箱的繡畫美術品（其中包括現存最早有年月記載的印刷品、868 年＝唐咸通 9 年刻印的《金剛般若波羅蜜經》在內）。

據斯坦因自稱所得寫本卷子有 9,000 件。復依他所撰、向達譯，《斯坦因西
域考古集》載，略以：

> 1907 年 5 月 21 日我重來聖地，王道士已在那裏等候。王道士對中國相
> 傳的學問一無所知，佛教事物盲無所知，但對於唐僧（玄奘）熱烈稱道。
> 我同道士敘說我自己之崇奉玄奘，以及循他的足跡，從印度越峻嶺荒漠，
> 以至於此的經過。他顯然是為我所感動了。那天早晨將通至藏有瑰寶石
> 室一扇門打開，從道士所掌微闇的油燈光中，我的眼前忽然為之開朗，
> 卷子緊緊的一層一層的亂堆在地上，高達 10 呎左右，據後來的測度，將
> 近有 500 方呎，小室有 9 尺見方，兩人站了進去，便無多少餘地了。

第 3 次中亞探險活動，1914 年 3 月 24 日又再次到達莫高窟，時藏經洞雖
窟已空，但還是向王道士以低價騙到了 4 箱 570 件寫本和繪畫等文物。斯
坦因在《考古集》提到蔣孝琬，稱他：「當 1915 年 6 月余在疏勒時，曾為
余整理漢文書，為數甚多，馬氏〔（法）馬伯樂＝Henri Maspero，1883－1945，
一譯馬斯伯樂〕鑑識時獲益不少。蔣氏書寫極為精確謹慎，第 2 次考古，
頗得其助，後以身體不佳，第 3 次竟未偕行。」
　　第 2 次中亞探險隊掠奪的文物，依協議分配予英國大英博物館、（英屬）
印度事務部圖書館（The India Office Library，1801 年創立，1947 年印度獨
立，改隸英國對外關係部）和印度德里中亞古物博物館（現藏印度國立博
物館＝The National Museum，New Delhi）分別收藏。除少量留在印度外，
絕大部分保存在倫敦。大英博物館內部分藏，將繪畫品等文物入藏東方古
物部（Dept. of Oriental Antiquities），文書等入藏東方寫本與印本部（Dept.
of Oriental Printed Books and Manuscripts）。1973 年大英圖書館（The British
Library）成立，原東方寫本與印本部改隸大英圖書館東方部，館址及館藏
處仍舊。1982 年印度事務部圖書館改隸大英圖書館參考部；1991 年又將東
方部與原印度事務部圖書館合併，改稱東方與印度事務圖書館（Oriental and

India Office Collection），地點改為原印度事物部圖書館，在倫敦滑鐵盧車站（Waterloo Station）旁的黑修道士路（Blackfriars Road），館藏仍分屬兩處。1996 年東方與印度事務圖書館遷入伊斯頓路（Euston Road）大英圖書館聖潘克拉斯（St. Pancras）新館。

　　斯坦因掠奪的文物入藏大英博物館後，始終編目進度緩慢。1913 年翟林奈（Lionel Giles，1875－1958；或譯翟爾斯、小翟理）開始逐步整理敦煌漢文卷子，並從 1919 年起獨自長達 38 年的編目工作。翟林奈之父翟理斯（Herbert Allen Giles，1845－1935），是漢學家，曾與威妥瑪（Thomas Francis Wade，1818－1895）先後擔任劍橋大學漢學教授（Professor of Chinese），一起發明漢語羅馬化的「韋傑士拼音系統」（Wade－Giles System）。另整理出版 *A Catalog of the Wade Collection of Chinese and Manchu Books in the Library of the University of Cambridge*（《劍橋大學圖書館威妥瑪文庫漢滿書目錄》）（Cambridge：Cambridge University Press, 1898.）國父孫中山倫敦蒙難時，他正編《古今姓氏族譜 *A Chinese Biographical Dictionary*》（London：Bernard Quaritch；Shanghai：Kelly & Walsh, Limited，1898），爰向國父邀自傳稿。1911 年編《古今圖書集成索引》。他也是領事官，曾任英國駐淡水、寧波等地領事。其弟翟蘭思（Lancelot Giles，1878－1934）生於廈門鼓浪嶼，1899 年入英國駐華領事界，著有 *The Siege of the Peking Legations：A Diary*《北京使館被圍日記》等。

大英博物館等機構主要相關編目整理如下：

1) Lionel Giles（1875－1958）. *Descriptive Catalogue of the Chinese Manuscripts from Tun-huang in the British Museum.*（（London：Trustees of the British Museum, 1957.）

　　大英博物館將斯坦因 3 次中亞探險所獲文物編號為 Or. 8210、Or. 8211、Or.8212 等總號。Or.意指 Oriental Collections（「東方館藏」），是該館古物部用在亞洲所得各種語文寫本和印本的編號。例如 Or. 8210 主要是登記第 2 次探險隊敦煌藏經洞出土的漢文寫本和印本為主，以 S.1－14144

號和 P.1－19 號的流水號登錄。S.和 P.分別是 Stein Number（「斯坦因編號」）和 Printed Books（「印本」）的縮寫。也混雜了第 3 次所獲藏經洞寫本 570 件、一些新疆和闐、吐魯番等地文書、及他處所獲文物。翟林奈著錄了 S.1－6980 號和 Or.8212/1－195 號寫本，及 P.1－19 號印本。他將全部資料分為佛教文獻、道教文獻、摩尼教文獻、世俗文獻、印刷文獻 5 類，每類再分若干小類（項），著錄 8,102 件文書，「其中分佛教文書有 1,308 件。」翟林奈予以新編號 G.1－8102，G.係 Giles 的英文首字母。每一個款目著錄翟氏新編號、中文題名及威妥瑪譯音、卷次、品次、中文題記及英譯或摘譯、書法、紙色、質地、長度、斯坦因編號。附專名索引及斯坦因編號和翟氏新編號對照表。

2) Eric D. Grinstead. *Title Index to the Descriptive Catalogue of the Chinese Manuscripts From Tunhuang in the British Museum.*（London：Trustees of the British Museum, 1963.）

3) 榮新江，《英國圖書館藏敦煌漢文非佛教文獻殘卷目錄：S. 6981－13624》（香港敦煌吐魯番研究中心叢刊；4）（臺北：新文豐出版公司，1994.07）。

4) 方廣錩，《英國圖書館敦煌遺書目錄：斯 6981－斯 8400》（北京：宗教文化出版社，2000）。

翟林奈所編的 6,980 件（號）寫本，保存狀況算是較好的，但是未編所餘下者，就非常易碎，許多殘卷（fragments）起皺或黏在一起，約有 7,000 件都被擱置在一邊。大英圖書館修復部門陸續從敦煌絹紙繪畫、寫經、寫帙等已編號文物或文獻上又揭出許多殘片，在總編號後順序增加，已編到 13677 號（不論長短，一紙一號），有的殘片又編為 A、B、C 等許多分號，所以號碼是在不斷地增加。

溯自 20 世紀 60 年代後期，大英博物館克勞利（Alf Crowley）開始修復敦煌「殘卷」，修補了 Or.8210/S.7002－S.7889。迄大英圖書館成立，勞森（Peter Lawson）與納爾遜（Howard Nelson）關切有關殘片修復的課

題,曾訪問中國,參觀了北京圖書館和上海圖書館的修復室。勞森和他的同事花了 10 年時間,探索和試驗這一大批早期紙張雙面都無損害的修護方法。彼等決定一旦確信找到有效、無害、經濟的方法,將隨即邀請中國的同行來協助修復,以便為編目工作做準備。其後,邀請了北京圖書館杜偉生、湖南省博物館周志媛、遼寧省博物館邵莊雯和戴立強來修復工作。接續克勞利殘卷的編號流水順序。1991 年大英圖書館復邀請北京大學榮新江和中國社會科學院方廣錩赴倫敦進行 S.6981－13677 號的編目工作。

5) Louis de La Vallee Poussin（1869－1937）. *Catalog of the Tibetan Manuscripts from Tun-huang in the India Office Library；with an Appendix on the Chinese Manuscripts by Kazuo Enoki.*（London：the Commonwealth Relations Office〔by〕Published for Oxford University Press, 1962.）

1914 年斯坦因邀請比利時佛學家布散（Poussin）為印度事務部圖書館藏敦煌藏文佛教文獻編目。布散生前就已編妥 765 號藏文及佛典目錄。該館所藏非佛教部分的雙語寫本漢文部分,由(日)榎一雄(1913－1989;Kazuo Enoki)於 1954 年在倫敦任訪問學者時整理編目,著錄了 136 件,作為本書的附錄。

謝克（Sam Van Schaik）繼續布散未完成的工作,據說完成編號 766－1774（才讓）。

6) Jocob Dalton and Sam van Schauk. *Tibetan Tantric Manuscripts from Dunhuang；A Descripvive Catalogue of the Stein Collection at the British Library.*（Leiden：EJ Brill, 2006.）

《敦煌藏文密教寫本:大英圖書館藏斯坦因藏品解題目錄》

7) Frederick William Thomas（1867－1956）. *Tibetan Literary Texts and Documents Concerning Chinese Turkestan. 4 vols.*（London：Rayal Asiatic Society,1935－1963.）

印度事務部圖書館藏敦煌藏文非佛教文獻，由曾任館長 Thomas 整理。
唯只有斯坦因第 3 次考察所獲藏文書目錄稿（Draft Catalogue），始終沒
有正式目錄出版。但 Thomas 將研究的成果發表，整理輯為本書。冊 1-4
分別於 1935、1951、1955、1963 出版。其它還著有 *Ancient Folk-Literature
from North-Eastern Tibet.*（Berlin：Akademie-Verl, 1957.）、*Nam, An Ancient
Language of the Sino-Tibetan Borderland.*（London：Oxford University
Press, 1948.）

法國

　　自斯坦因之後，相繼前往敦煌或騙或盜買竊為己有者，是法國。「中亞
遠東考察國際協會法國委員會」主席塞納（M.E. Senart）鑒於在中亞文物
的國際爭奪戰，法國處於落後的情況，1904 年（光緒 30）決定組織法國的
中亞考察隊。1906 年（光緒 32）6 月，法國委員會及法蘭西科學院等單位
派遣法屬安南河內遠東學院（Ecole Franqaise d'Extreme-Orient；1900 年成
立）的（法）伯希和（Paul Pelliot，1878－1945；沙畹的學生）與瓦揚（Louis
Vaillant）、努埃特（Charles Nouette）組成中亞考察隊，離開巴黎，由俄屬
中亞進入新疆，在庫車周圍發掘、測量、攝影之際，聽到敦煌莫高窟發現
藏經洞，並獲讀一件敦煌寫本，爰立即率隊日夜兼程向敦煌進發，1908 年
（光緒 34）2 月 25 日抵達莫高窟。用了 3 週的時間，以 500 兩白銀，將敦
煌寫本的菁華囊括而去。然後一行東行經陝西、河南、直隸，在同年 10
月抵達北京託運法國，他本人返回遠東學院。他能操流利的北京語，漢學
造詣深，在藏經洞特別注意傳統的經史子集四部書、非漢文文獻；在佛教
文獻方面，他主要選較完整的、有年月日署名題記的、抄寫精美的，以及
佛經目錄；及選擇有特點的文獻，如石刻拓片、摺裝本等。取得大約 5,500
件文書，雖在數量上不及斯坦因的多，但在質量上優於斯坦因所得，更具
有價值，入藏法國國家圖書館。經過斯、伯兩氏先後騙購掠奪，是為敦煌
文獻遭兩次浩劫。法國國家圖書館主要相關編目整理如下：

1) Bibliotheque Nationale（France）Department des Manuscruts . *Catalogue des Manuserits Chinois de Touen-Houang* (*Fondes Pelliot Chinois*). （Pairs：Bibliotheque Nationale de France, 1970-2001）. Vohune 1, 3-4, 5, 6. Vol. 1, nos. 2001－2500, 1970. Vol. 3, nos. 3001－3500, 1983. Vol. 4, nos. 3501－4000, 1991. Vol. 5, nos. 4001－6040, 1995. Vol. 6, Fragement Chinois du Fonds Pelliot Tibetain, 2001.

   伯希和最初為敦煌文獻編號時，在漢文寫本前面為藏文寫本預留了2,000 個號碼，即「敦煌藏文寫本」（Pelliot Tibetain 簡稱，P.T.）。本目錄著錄伯希和所獲約約 5,500 餘件漢文寫本。本書未見第 2 冊出版。

2) Marcelle Lalou（1890－1967）. *Inventaire des Manuscrits Tibetaina de Touen-houang Conserves a la Bibliotheque Nationale* (*Fonds Pelliot-vibetain, nos. P.T 1-849*). （Paris：Bibiiotheque Nationale de France, 1931）.（法）拉露編《法國國家圖書館所藏敦煌藏文寫本注記目錄》，先後於 1931、1950、1961 年陸續刊出 3 卷，按編號順序著錄。第 1 卷收錄第 1－849 號(Fonds Pelliot-vibetain, nos. P.T1-849）、第 2 卷收錄第 850－1282 號(Fonds Pelliot-vibetain, nos.P.T 850-1282) (1950)、第 3 卷收錄第 1283－2216 號(Fonds Pelliot-vibetain, nos. P.T 1283-2216) (1961)。首次系統的梳理，揭示了文獻的內容。

3) 王堯主編，《法藏敦煌藏文文獻解題目錄》（北京：民族出版社，1999）。所收文獻編號 4,450 個，因 2004-3500 號是空號，實際 3,375 個編號

日本

　　1908 年（光緒 34；明治 41）大谷第 2 次考察隊、橘瑞超（1890－1968）和野村榮三郎等在吐渾溝、喀喇和卓、和闐等地活動 1 年之久，「收集品」（發掘品）於 1910 年（宣統 2；明治 43）2 月運抵京都並展出，掀起了敦煌熱潮。同年（1910.8.3-6）內藤虎次郎在《朝日新聞》上連載〈西本願寺的發掘物〉，認為這些發掘物與敦煌文物相呼應，爰將從甘肅省起，沿今日絲綢之路一線西向的文物文獻的發掘和研究，都涵蓋在敦煌學範疇之內（不

再侷限於敦煌的範疇）。羽田亨（1882－1956）也撰〈大谷伯爵所藏新疆資料簡說〉《東洋學報》（1913）。

　　接著 1910 年（宣統 2；明治 43）（日）大谷光瑞第 3 次考察隊、橘瑞超和吉川小一郎來到敦煌一帶活動，橘瑞超稱：「我搜集斯坦因拿剩的東西，以及寺僧們隱藏放置的東西，先後帶回國」，其實斯氏後，再經伯希和的掠奪，中國將藏經洞劫餘搬回北京，當時藏經洞已經搬運一空。橘瑞超等乃出資雇當地鄉民搭架爬梯，在莫高窟各窟中搜尋，獲得一批文書，並從王道士及鄉民手中購買，得敦煌文書約 719 件，包括漢文 506 件及藏文、回鶻文、粟特文、于闐文等寫經 213 件。

　　大谷探險的「收集品」是係以中亞和西域為主，及中國內地、內蒙古、西藏、雲南諸多地域。經陸續被運回日本，主要存放在神戶郊外六甲山麓大谷的別墅——二樂莊，部分寄存在京都帝室博物館（後改稱恩賜京都博物館）。日後因大谷財務赤字，變賣二樂莊，使得「收集品」流散。現主要分藏於三處，即日本東京國立博物館（原藏恩賜京都博物館，1944 年木村貞造購買後捐贈）、龍谷大學（原由大谷攜往旅順博物館，其中部分被橘瑞超帶回日本）；韓國首爾國立中央博物館（原係 1916 年隨住別墅讓渡予原房之助，後捐贈漢城朝鮮總督府博物館）；中國旅順博物館（原係滿洲關東都督府博物館）。主要相關編目整理如下：

1) （日）橘瑞超，《日本橘氏敦煌將來藏經目錄》1 卷（1912 年上虞羅氏（羅振玉）刊印本）。著錄 429 件。

2) （日）香川默識編，《西域考古圖譜》2 卷（東京：國華社，1919.06）。著錄 696 件文物照片。

3) （日）高楠順次郎，《大谷大學圖書館所藏敦煌遺書目錄　昭和法寶總目錄》（東京：大藏出版社，1929）。

4) （日）上原芳太郎編，《新西域記》2 冊（東京：有光社，1937）。

5) （日）西域文化研究會編，《西域文化研究·第 1·敦煌佛教資料》（京都：法藏會，1958）。

日本京都龍谷大學是淨土真宗本願寺派所主辦；1953 年（昭和 28）該校成立西域文化研究會，出版《西域文化研究》年刊。自 1958 年至 1963 年間（昭和 33-38）出版了 6 卷 7 大冊。本書係第 1 冊，內載〈竜谷大學所藏敦煌古經現存目錄〉，頁 229－244 第 8 篇。本文另有單行本《龍谷大學所藏燉煌古經現存目錄：第 1 部古寫本第 2 部寫真‧手抄本》（西域文化叢書目錄篇；第 5 集），全 36 頁。

6) （日）池田溫、菊池英夫、土肥義和等，《スタイン敦煌文獻及び研究文獻に引用紹介せられたる西域出土漢文文獻分類目錄初稿：非佛教文獻之部古文書類.I、II》（東京：東洋文庫敦煌文獻研究委員會，1964、1967）。

7) （日）吉岡義豐（1916－1979），《敦煌文獻分類目錄──道教之部》（東京：東洋文庫敦煌文獻研究委員會，1969）。

8) （日）金岡照光（1930－？），《敦煌出土文學文獻分類目錄附解說スタイン本.ペリオ本》（東京：東洋文庫敦煌文獻研究委員會，1971）。

9) （日）大淵忍爾，《敦煌道經》2 冊，（東京：東洋文庫敦煌文獻研究委員會，1978、1979）。第 1 冊目錄篇、第 2 冊圖錄篇。

10) （日）井ノ口泰淳、臼田淳三編，〈龍谷大學所藏大谷探險隊將來敦煌古寫經目錄〉，《（竜谷佛教學會）佛教學研究》1984：11，頁 188－208。

11) （日）井ノ口泰淳、臼田淳三；中田篤郎編，《舊關東廳博物館所藏大谷探險隊將來文書目錄》（西域出土佛典研究班，1989）。

12) （日）小田叉久，《大谷光瑞寄托經卷目錄（第一分冊）旅順博物館》（京都：龍谷大學佛教研究所，1989）。

13) （日）小田叉久、中田篤郎，《移錄大谷光瑞氏寄托經卷目錄（第二分冊）》（京都：龍谷大學佛教研究所，1989）。

蘇聯

　　1914 年 8 月至 1915 年 1 月底，（帝俄）科學院院士鄂登堡、第 2 次東突厥斯坦（西域）考察隊，來到敦煌。孟列夫著、冰夫譯，《俄羅斯科學院

東方研究所聖彼得堡分所藏敦煌文獻‧前言》（1991.04）（全 17 冊，上海古籍出版社，1992－2001）稱：「參加這次的考察者，都是具有豐富的中亞細亞考察經驗的專家。如藝術家、攝影師杜丁，攝影師和地形測繪師斯米爾諾夫、龍貝格和比肯貝格。他們繪製了完整的石窟平面圖，在伯希和提供的石窟編號基礎上編製了目錄。每個考察隊員都寫了日記。杜丁臨摹了石窟的壁畫、拍攝了近 3,000 幀照片，同時研究了壁畫和石窟建築的藝術特色。這次考察獲取的上述資料，都收藏於科學院檔案館和國立愛爾米塔什博物館。」「鄂登堡深入到當地居民之中尋覓寫卷，最終搜集到 350 件。此外，還在石窟底部砂土之中，發掘出大量殘卷。」1929 年交到位於列寧格勒的蘇俄科學院亞洲博物館（Asiatic Museum ；成立於 1818 年）。其後分藏，寫本入藏科學院東方研究所列寧格勒分所「敦煌特藏庫」，藝術品入藏國立愛爾米塔什博物館東方文化和藝術品部。主要編目整理如下：

1) （蘇聯）孟列夫（列夫‧尼古拉耶維奇‧緬希科夫；L.N. Menshikov，1926－2005）主編、袁席箴、陳華平譯，《俄羅斯科學院東方研究所聖彼得堡分所藏敦煌漢文寫卷敘錄》2 冊（上海：上海古籍出版社，1999.07）。

　　按孟列夫主編，《蘇聯科學院亞洲民族研究所藏敦煌漢文寫卷敘錄》（*Description on the Chinese Manucripts of Tunihuang Collection of the Institute of Peoples' of Asia*）第 1 冊（莫斯科：東方文獻出版社，1963）。第 2 冊（莫斯科，科學出版社，1967）。為俄文原著，共著錄 2,954 號。1975 年 12 月陳鐵凡選輯〈蘇聯藏敦煌簡目〉，分兩期披載《國立中央圖書館館刊》，將原著兩冊的序文和附錄等重要部分，先譯為英語，再據以轉譯為中文。1986 年黃永武編《敦煌遺書最新目錄》（臺北：新文豐出版公司，1986.09），在《敦煌寶藏》140 冊（臺北：新文豐出版公司，1986.08）基礎上完成該目錄，共分為 5 部分。其中第 4 部分〈列寧格勒所藏敦煌卷子目錄〉即譯自孟列夫該著。僅譯題名，未及提要。是為首次介紹蘇聯敦煌目錄。

　　本中文譯書即孟列夫著第 2 冊，係由西北師範大學敦煌學研究所
（1983 年成立）所長陳守忠主持翻譯，譯稿由袁席箴、陳華平分工執筆，
袁氏出力最多，翻譯工作歷時 3 年。在翻譯出版過程中，該敦煌所同人
都予以支持與協助，如王宗元、蹇長春、李并成等。上海古籍出版社曾
派員赴俄直接識讀原卷。孟列夫對本中文版就原俄文版原書作些局部的
增補修正，「但是框架已定，還有不少的新成果無法反映到中去」。書末
另附〈論敦煌寫卷的日期標注法〉乙篇推論。並按中文筆畫順序重編了
書名與專有名詞索引，刪除了原為方便俄國讀者所編製的音譯縮語等索
引。

　　1930 年蘇俄將亞洲博物館（1918－1929）等單位合併，成立蘇俄科
學院東方研究所（Institute of Oriental Studies）。1950 年東方研究所遷莫
斯科；1956 年將原留在列寧格勒的東方文獻部（Dept. of Oriental
Manuscripts）改為亞洲民族研究所列寧格勒分所。1968 年更名為東方
研究所列寧格勒分所。1991 年隨著列寧格勒改稱聖彼得堡，該所又更
名聖彼得堡分所。2007 年該分所改制為直屬科學院的院外獨立機構，
稱俄羅斯科學院東方文獻研究所（Institute of Oriental Mansucripts）。

　　1960 年在莫斯科舉行第 25 屆國際東方學大會期間，蘇聯宣布藏有
敦煌文獻的訊息，並由列寧格勒分所陳列敦煌文書若干件，供與會各國
學者參觀。至此國際上方知蘇聯藏有敦煌文獻。

　　先是 1930 年該所弗盧格（K.K. Flug，1893－1942）開始為「敦煌
特藏庫」的寫本編目，先後在《東方目錄學》（1934：7、1935：8-9）
發表〈蘇聯科學院東方研究所藏漢文寫本（非佛經之部）簡報〉、〈蘇聯
科學院東方研究所藏古代漢文佛經古寫本簡目〉，初編完成 307 號，已
登錄 2,000 餘號。自此之後，此項工作中斷了很久。

　　1957 年 2 月該分所孟列夫、斯皮林（V. S. Spirin）、史更良等 3 人
成立專門小組，重新登錄編目，印行 2 冊，分別著錄 1－1707 號（全
774 頁、圖版 17 幅）、1708－2954 號（全 668 頁、圖版 21 幅）寫本文

書。在第 1 冊序裏，首次簡略地介紹「敦煌特藏庫」所藏寫本的來源與編目情況。第 2 冊序，孟氏稱第 1、2 冊（約 3,000 號文獻）所著錄「還不到本所全部敦煌藏品的 1/6。」

潘重規在《列寧格勒十日記》，記他於 1973 年 8 月造訪東方學研究所列寧格勒分所，並初晤孟列夫。他寫到：「這次親見藏書，才知到敦煌抄本編目雖有 12,000 個號碼，實際成卷的只有 300 餘軸，其餘無論是一葉、半葉都算是一個號碼。這些卷子庋藏在大書櫥中，果然成卷的不算多。」潘重規曾與孟列夫晤談，孟氏稱：「分所所藏敦煌卷子，全部的有 12,000 個號碼。內中有數百件是 1906 年（光緒 32）烏魯木齊帝俄領事克羅特科夫〔N. N. Krotkov〕、副院士馬洛夫〔S.E. Malov，和闐考察隊〕在新疆獲得的，其餘都是鄂登堡院士〔1909-1910 間〕新疆〔吐魯番〕考察隊帶回來。」孟列夫早在 1963 年俄文版第一冊序言（袁席箴譯），就作了同樣的說明，並說：「收藏的文獻除少數寫卷以外不登記來源，也沒有另外編號的記載。」

孟列夫，《俄羅斯科學院東方研究所聖彼得堡分所藏敦煌文獻·前言》（1992）也提及：「鄂登堡深入到當地居民中尋覓寫卷，最後搜集到350 件。此外，還在石窟底部沙土之中，發掘出大量殘卷。目前，這些卷子經過沃爾科娃、丘古耶夫斯基和諾索娃等完整的登記編目後，已達18,000 餘件。」孟氏在 1992 年本書序言（蔣維崧譯）也再次說：「我們又發現在俄國科學院東方研究所聖彼得堡分所其他抄本庫中，還有未登錄的敦煌遺書，所以我們的藏量至少在 18,000 號以上。」依西北師範大學敦煌學研究所對蘇聯藏敦煌寫本，認為有碎片很多、佛經很多。依孟列夫《叙錄》1、2 冊初部統計，佛經約佔 86%，其比例與倫敦、北京所藏相近）、時有孤本珍本的特色。

2) （蘇聯）L. Savickij，《蘇聯科學院東方研究所敦煌及藏書目錄》（莫斯科：東方文學出版社，1991）。

3)　（蘇聯）丘古耶夫斯基；王克孝譯，《敦煌漢文文書》（上海：上海古籍
　　出版社，2000）。

美國

　　經歐洲的英法俄與日本的大肆掠奪，大批的敦煌文書，包括藏經洞和
非藏經洞（莫高窟的其他洞窟）所藏者流失海外。

　　（美）華爾納（Langdon Warner，1881－1955）、第一次哈佛大學福格
藝術博物館（Fogg Museum）中國考察隊來得晚，1923 年秋來到黑水城進
行了挖掘，除了得到一些小的物品，幾件壁畫殘片外，其他一無所獲。1924
年 1 月抵達敦煌，也已無文書可盜，竟剝走了（用特殊的化學溶液，以棉
紗布黏貼的辦法，來剝離壁畫，再黏固於石膏或厚板上）敦煌初唐、盛唐
時期壁畫「計敦煌文物研究所編號第 320、321、323、329、331、335、372
各壁畫 26 方，共計 32,006 平方公分。」（常書鴻，據敦煌文物研究所調查
通計資料。另說：至少剝去了 12 方，在運到美國後，較完好的有 11 方），
破壞了敦煌壁畫；連同兩尊北魏和初唐彩塑一起盜走，藏哈佛大學福格藝
術博物館，在該館登記簿（卡片）上記有 11 件（登記年：1924）。（日）秋
山光和調查，華爾納拿走了敦煌文物研究所編號 335、329（7 世紀末）、321
（7 世紀末）、323（8 世紀初）、320（8 世紀中葉）窟壁畫。

　　1925 年華爾納為哈佛燕京兩大學合作事（即籌劃建立哈佛燕京學社，
當時他建議華北協和華語學校與燕大合併，成為燕大一個獨立的系），再度
來華，並將赴敦煌意圖盜走敦煌壁畫，經華爾納的譯員燕京大學學生王近
仁密告洪業，洪業去見了教育部次長奏汾（也是北大數學教授），奏汾發電
報到每一個由北京到敦煌途上的省長、縣長、警察長，防備華爾納一行損
害及盜取文物，使華爾納的企圖未得逞。福格藝術博物館今改稱哈佛藝術
博物館（Harvard Art Museum）。

　　陳寅恪在陳垣《敦煌劫餘錄‧序（1930 年 4 月）》（載於《中研院史語
所集刊》第 1 本第 2 分）曾提到陳垣的說法：

或曰：敦煌者，吾國學術之傷心史也。其發現之佳品，不流入於異國，
即密藏於私家。茲國有之八千餘軸，蓋當時唾棄之賸餘，精華已去，糟
粕空存。則此殘篇故紙，未必實有繫於學術之輕重者在。今日之編斯錄
也，不過聊以寄其憤慨之思耳！

（二）清學部取回敦煌遺書

　　1909 年 3 月（宣統元；明治 42.5）伯希和為法蘭西遠東學院購買中文
古籍，攜帶部分敦煌文書原卷又來到北京，此次伯氏才披露他曾有敦煌之
行。來自東京「文求堂」（漢籍書店）的田中慶太郎（1880－1951；著《羽
陵餘蟫》，其子田中乾男）得知，立即前往八寶胡同旅舍通名片求見。雖然
未曾有過交往，但仍被引進了客廳。伯希和出示了隨身行篋攜帶數十件敦
煌石室遺書，全是炫人眼目的珍品，如唐寫本、唐寫經、唐刻及五代刻的
經文、唐拓本等，紙質有黃麻、白麻、楮紙 3 種。這是日人第一次知悉敦
煌卷子。

　　經田中介紹，羅振玉（1866－1940）、董康等人於中秋節（1909 年 9
月 28 日=宣統 1.8.15）晨訪伯希和於蘇州胡同寓所。伯希和（時年 31 歲）
出示敦煌遺書《老子化胡經》、《尚書·顧命》殘卷等 10 餘件及器物，並送
給羅振玉一些敦煌文獻照片；並從伯希和口中得知，敦煌藏經洞尚有卷軸
約 8 千軸。「羅氏詫為奇寶，乃與商影照十餘種」（〈集蓼編〉），計書卷 5
件、雕本 2 件、石刻 3 件、壁畫 5 件，共 15 件。羅氏當即提議由學部致電
陝甘總督將劫餘敦煌寫經購歸。

　　京師大學堂總監督劉廷琛（1867－1932）也複印乙份存京師大學堂藏
書樓，俾充學人考鏡。王仁俊（1866－1913）正任學部編譯圖書局副局長、
京師大學堂爾雅說文教習，1909 年 9 月，根據「伯希和所攜來及所憶及者」
鈔錄編印，《敦煌石室真蹟錄》5 卷 3 冊（國粹堂石印本，1909 年=清宣統
元年）；11 月，羅振玉和學部諮議官兼京師大學堂音韻教習蔣黼（1866－

1911；伯斧）輯錄，《敦煌石室遺書》（董康誦芬室排印本，1909）。其後，
伯希和又陸續寄來一些敦煌寫本的照片，羅振玉相繼編印出版，《石室祕寶》
（上海：有正書局，1910）、《鳴沙石室佚書》（羅氏宸翰樓，1913）、《鳴沙
石室佚書續編》（羅氏，1917）、《鳴沙石室古籍叢殘》（羅氏，1917），開啓
了中國刊印敦煌文獻資料的先聲。

　　關於購歸敦煌藏經洞 8 千卷軸事，學部、京師大學堂主事官員均以經
費問題，敷衍塞責，久拖不決。羅氏「亟言之學部，移牘甘隴，乃當道惜
金，議滯未決。」（羅振玉，《鳴沙石室佚書正續編》）1909 年 10 月 4 日（宣
統 1.08.21）北京學界於六國飯店公宴伯希和，參會人員 18 人，以學部、
大學堂官員為主，並邀（美）馬克密（Fredrick McCormick，1870－1951；
當時剛在北京組織成立中國古物保存會=The China Monuments Society）與會。
促成了官員同意購買，保存劫餘敦煌卷子。學部右侍郎寶熙出力尤多。（秦
樺林，〈1909 年北京學界公宴伯希和事件補考〉）

　　次日學部致電甘肅：「行陝甘總督〔毛實君，1849－1927；字慶蕃〕請
飭查檢齊千佛洞書籍解部，並造像古碑，勿令外人購買電」（《學部官報》
104，1909.10.05=宣統 1.08.22，頁 4）：

> 蘭州制臺鑒：燉煌縣東南三十里三危山下千佛洞石室儲藏唐人寫本書籍
> 甚多。上年經法人伯希和親赴其地購獲不少。刻據伯希和云，約尚存三
> 分之二。本部現奏設京師圖書館，凡古書舊刻皆應保存。況此項卷冊乃
> 系北宋以前所藏，尤宜格外珍護。即希遴派委員，迅往查明現共存有若
> 干。無論完全殘破，統行檢齊解部，幸勿遺失散落。所需運費由部議還。
> 此外各洞中造象、古碑亦復不少，均屬瑰異之品，並希派員詳細考查，
> 登記目錄，咨部存案。勿再令外人任意購求，是為至要，仍祈電復學部。

逾月，大學堂及學部同得復電，言已購得 8 千卷，價 3 千元。

　　時何彥升（1860－1910）適官甘肅藩司，代理巡撫，學部付給 6,000

兩白銀後，爰將這批敦煌寫經裝車運京。起運之前，王道士又移走了許多。
在自甘肅運送北京途中又遭遇大小官員的盜竊。1910 年（宣統 2）3 至 4
月間大車運至北京打磨巷，又遭何彥昇之子何震彝將大車接至其家，約同
其岳父李盛鐸偕同同鄉友人劉廷琛、方爾謙（1872－1936）等人（李、劉、
何 3 家是姻親），各盜取佳品數百卷，以李氏盜取數量最多，品質亦佳。學
部將這批卷子交給京師圖書館，後歸國立北平圖書館珍藏。羅振玉曾撰文
披露此事：

> 宣統紀元，予備員學部，伯希和博士既告予敦煌石室尚有殘卷八千軸，
> 予乃慫恿部中購取。明年，由署甘督毛公遣員某運送京師。既抵春明，
> 江西李君與某同鄉乃先截留於其寓齋，以三日夕之力，邀其友劉君、壻
> 何君及揚州方君，擇其尤者一二百卷，而以其餘歸部。李君者富藏書，
> 故選擇尤精，半以歸其壻，祕不示人。方君則選唐經生〔道生〕書迹之
> 佳者，時時截取數十行鬻於市。故予篋中所儲，方所售外，無有也。

「依京師圖書館編《敦煌石室經卷總目》，共著錄 8,679 卷 」（方廣錩）。
這次在北京被有關人員上下其手，監守自盜，非佛教之精華文獻幾乎為之
一空，是敦煌文獻繼斯坦因、伯希和之後的第 3 次浩劫。

（三）日本蒐集敦煌遺書

　　田中目睹伯希和出示敦煌遺書後，以筆名「救堂生」，寫成《敦煌石室
的典籍》乙文，發表在日僑主辦的《燕塵》雜誌 2 卷 11 號（1909.11.01）。
旋（1909.11.12）在日本東京、大阪的《朝日新聞》日刊以新聞標題：「千
年前古書卷十餘箱　悉被法國人席卷而去」做了大幅報導，使日本學界知
道敦煌文獻的發現。

京都帝大學術視察團

　　經羅振玉報知劫餘卷子將運往北京，當時京都帝國大學正在開創新的實證主義的中國學，相當重視敦煌的新材料，於是促成1910年（宣統2.8-9；明治43.9-10）京都大學派遣教授內藤虎次郎、狩野直喜、小川琢治和講師富岡謙藏（1873－1918）、濱田耕作（1881－1938）等一行5人，分別屬史學、考古學、文學等科，前來北京學部調查敦煌遺書，落腳於日本北京守備隊兵營，盤桓50多天。回國後提出《派遣清國教授學術視查報告》。

　　內藤一行隨機翻閱近800卷，為其中700卷寫下目錄；發現了一些時《大藏經》中已失傳的寫經，如《相好經》、《首羅比丘經》、《佛說咒魅經》、《般若第分中略集義》、《淨名經關中疏》、《報冥傳》等罕見經文；另北京之行還進行其他的學術調查和書籍蒐購，如拍攝部分《內閣文庫》檔案文書及其他輿圖等文獻蒐集活動；蒐集有關北京現存的城牆殘物、寺院、金石文等予以作成金石文拓本；蒐集殷代甲骨，金石書籍，小說詞曲書籍，古紙幣、珍貴地圖，蒙文與滿文書籍；及北京收藏家端方處（陶齋）閱覽其藏品。後者，窺得唐人《說文解字》寫本，「木部」6頁與「口」部1頁。此殘本後歸白堅所有。1926年（大正15）內藤虎次郎60壽辰，白堅將此殘本贈送內藤氏。

蘆溝橋事變前的調查

　　由於這批敦煌卷子以佛經為主，「非佛教寫卷共約70件」難掩失望之意，京都帝大爰另即從事調查英、法、俄的收藏品（原典）。

1) 1912年（大正元）9月，授野直喜經西伯利亞前往歐洲。訪問了聖彼得堡（1912.09.21-1912.09.26）、巴黎（1912.10.18-1913.03）、倫敦（1913.03-1913.06.27），調查中國黑水城出土文獻；及伯希和、斯坦因得自敦煌的搜集品。約在同時東京帝大講師、《國華》社（介紹中亞考古、中亞敦煌美術為主的雜誌社）主編瀧精一（1873－1945）赴歐洲（1912.09-1913.09）進行學術調查活動；京都帝大文科大學助教授濱田

耕作前往歐洲留學（1913.03-1916.03）。使得狩野、瀧兩氏在法國國家
（國民）圖書館調查伯希和蒐集品（1912.12 起）；狩野、瀧、濱田三氏
一起（1913.03 起）在倫敦研究斯坦因在敦煌所發掘出來的唐代的繪畫、
漢代的木簡、六朝的經文和其他珍貴的漢籍殘片等。

狩野隨後遊歷比、荷、德、瑞、義、奧等地，於 1913 年（大正 2）10
月返回日本。

2) 1916 年（大正 5）6 月至 11 月，矢吹慶輝（1879－1939）第 1 次在倫
敦大英博物館調查、研究、拍攝斯坦因所獲敦煌遺書。他發現中國古代
佛教三階教（「普法宗」）有關的典籍，並另將他認為最重要的一部分敦
煌寫本 300 多件，拍攝了 600 多幅「白寫真」（rotograph；一種無底版
的黑白照片）。回日本途中，經北海入俄國聖彼得堡（1916.11），調查
了鄂登堡從敦煌拿回文物；再經朝鮮入京城（漢城），參訪了大谷光瑞
自神戶運抵的中亞考察隊搜集品。11 年（1922；大正 11）12 月至 12
年（1923；大正 12）7 月，因財團法人啓明會的資助，矢吹慶輝第 2 次
再赴大英博物院調查及攝影工作，需要大約 500 件敦煌寫本。雖然剛開
始英國人以編目等理由婉拒拍攝照片，但經矢吹氏力爭，及他願意將他
的佛教和古寫本的專門知識奉獻給大英博物館古寫本的調查工作，就這
樣矢吹氏每天上午接受翟林奈（Lionel Giles）的提問，幫住翟氏考訂文
書及編目，下午進行自己的工作。翟氏敬佩矢吹慶輝的佛學造詣，不但
請求他延長在英國的時間，而且同意他為佛教文獻拍攝照片，甚至在矢
吹氏回日本後，還繼續為他拍攝（1925.01 完成），共拍攝了約 700 件寫
本，大小「白寫真」六千零數十幅。

1928 年至 1933 年（昭和 3-8）矢吹慶輝有 3 種有關佛教典籍照片集及
其解說和文字研究的著作問世。即〈斯坦因氏搜集敦煌出土支那古寫本
的調查〉，《宗教研究》新 5：1（1928），第 145－163 頁。《鳴沙餘韻
──敦煌出土未傳古逸佛典開寶》（東京：岩波書店，1930.10）。《鳴沙

餘韻解說——敦煌出土未傳古逸佛典開寶》（東京：岩波書店，1933.04）。

3) 1934 年 12 月至 1936 年 8 月（昭和 9-11），神田喜一郎乘游學法國之便，在巴黎、倫敦調查敦煌文獻，於 1936 年 8 月返臺，9 月 28 日，假臺北鐵道飯店（總督府鐵道部直營；3 層 3,000 坪，今臺北車站斜對面，新光三越站前店）舉行演說，講題「英佛二國に存在する敦煌古書の話」，述敦煌學由來，英法兩國所存敦煌古書近 15,000 卷樣貌。並從歐洲帶回拍攝微捲千枚，編纂《敦煌祕籍留真》線裝 1 函 2 冊（京都：小林寫真製版所，1938；京都：臨川書店，1963），著錄 63 種，每種選 1 至數幅不等，大多為儒家、道教、文學及史料文書。1947 年又出版《敦煌祕籍留真新編》2 冊（臺北：臺灣大學），著錄 25 種。神田嚐稱：「世有真賞，當不以為敝帚自珍耳。」

日本購得敦煌寫本

　　內藤虎次郎第 2 次來華時曾晤及了李盛鐸（1858－1937）；1928 年（昭和 3）羽田亨經內藤介紹，得以拜訪李盛鐸，目睹李氏所藏敦煌寫本。時傅斯年初掌中研院史語所，規劃以殷墟研究上古，敦煌研究中古，內閣檔案研究近代。故對李盛鐸的一批珍貴的敦煌遺書千方設想要買到，可惜沒有成功，為羽田亨所購，入杏雨書屋。

　　羽田亨因獲得大阪武田藥品工業株式會社武田長兵衛（1870－1959；代代承襲「長兵衛」稱號，第 5 代主，幼名重太郎）的資金贊助，積極從事敦煌寫本的蒐集。1935 年（昭和 10）12 月 15 日、21 日《中央時事周刊·學瓠》第 4 卷 48、49 期刊登《德化李氏敦煌寫本目錄》，及 1936 年《中央時事周刊·學瓠》1 卷 7 期再刊出〈德化李氏出售敦煌寫本目錄〉。羽田亨得悉，迅速經手，分批購入，由京都古書肆佐佐木竹苞樓（自 1748 年（乾隆 13；桃園天皇寬延元）開幕迄今）斡旋，日幣 8 萬圓達成交易，凡 432 件；現歸公益財團法人武田科學振興財團杏雨書屋所有。羽田亨還協助該財團購自羽溪了諦、富岡謙藏、清野謙次、高楠順次郎、西勝濟三郎、中

村敏雄等人的舊藏及購自書商大阪北尾書店、東京古董商江藤濤雄藏品。
羽田亨經過 1936 年至 1942 年（昭和 11-17）約 8 年積極收集，共獲 736
件，使已成為日本最為豐富的敦煌寫本收藏。依 2013 年（平成 25）杏雨
書屋陸續出版《敦煌秘笈影片冊》圖版 9 冊，有 758 號（件），其最重要的
432 件均源自李盛鐸的收藏。

因為敦煌文書在日本視為至寶，不少學者、藏書家、公私藏機構求購
流散在中國個人手中的敦煌藏品原件，實難以計數。

日本攝影斯坦因敦煌文書

1952 年（昭和 27）8 月，榎一雄（1913－1989；1937 年 4 月入東洋文
庫為白鳥庫吉的助手，1947 年 4 月任研究員，1957 年 6 月任研究部部長）
在東京大學的推薦下，參加了日本「海外招聘講師」（Overseas Lecturer）
項目，應聘到英國倫敦大學東方與非洲研究學院（School of Oriental and
African Studies）擔任客座教授一年（1952.10－1953.9）。榎一雄思考在歐
洲的這一年，利用業餘時間能夠做哪些有益於日本學術界的事情，於是決
定將斯坦因所獲敦煌文書全部攝成縮影微捲並備置於日本。遂將本項計畫
向日本駐英國大使松本俊一提出，請他代向日本學術會議（直轄於內閣總
理大臣）轉交經費申請書（預估最低預算 2,100 英鎊，時折合日幣 2,116,800
日圓）；同時也報告東洋文庫。1953 年（昭和 28）岩井大慧成立「敦煌文
書整理研究委員會」向文部省「科學研究費補助金」提出「大英博物院藏
斯坦因爵士所獲敦煌文書的縮微膠捲攝影及其整理研究」課題（「機關研究
項目」）。文部省很快就批准，於 1953 年會計年度（1953.4.1－1954.3.31）
為該課題撥款 450 萬日圓，大大超過了榎一雄所申請的預算，1953 經費中
用於攝影的部分可在該會計年度 10 月左右匯寄到倫敦。岩井非常高興說
道：

本人致力予東洋文庫的文獻保管工作凡 36 年，常常有一個夢想持續不斷，
那就是一定要將全世界的孤本東方學史料通過照相的方法備置於東洋文

庫。這樣一來，便可以免去訪問史料所在地的辛勞。以前曾經用照相的
方法搜集過《日本基督教文獻》、《永樂大典》以及其他各種文獻，這次
對敦煌文書進行攝影，也是這條鍊鎖上的一環。

榎一雄遂直接和大英博物院交涉，最後依靠東洋文庫的力量實現了攝影計
畫，費用全部由日本政府支出。由倫敦弗來明公司（R.B. Fleming & Co）
承包攝影工作，在大英博物館內攝影（1953.10.3 – 1954.5.8）。大英博物院
根據負片底版，製作正片拷貝，在榎一雄 1954 年 5 月 10 日離開倫敦，7
月 4 日回國後，透過日本駐英國大使館將拷貝寄送給東洋文庫。其後，文
部省在 1954 年在補助 130 萬日圓，1955 年 400 萬日圓，1956 年 170 萬日
圓。大英博物館又為東洋文庫陸續補拍了未刊的史坦因敦煌文書及其殘片。
由於大英博物館公開售賣微捲，中國科學院也購得一份，劉銘恕根據這套
微捲編成目錄《史坦因劫經錄》，收入 1962 年 5 月由商務編印《敦煌遺書
總目索引》。

（四）中國蒐集整理敦煌遺書

　　1910 年（宣統 2）自敦煌運回學部的敦煌遺書，在該年 11、12 月，分
兩次交給京師圖書館，即今中國國家圖書館現藏敦煌文獻的主要來源。入
庫以後，該館從中挑出較為完整者先行整理，即《敦煌石室經卷總目》（線
裝 8 冊），依《千字文》用字排號，每字繫 100 號，共著錄敦煌遺書 8,679
號（當時不稱作「號」，而稱作「卷」）。每號著錄：編號、長度、起字、止
字。（方廣錩）為一備供查驗的財產目錄。日後始為遺書逐一定名。
　　1920 年 3 月 25 日，俞澤箴（1875 – 1926）在京師圖書館主持「敦煌
石室唐人寫經室」，開始檢查、整理館藏敦煌遺書，包括考訂內容、確定名
稱、核對尺寸等等。1925 年 9 月 3 日俞氏與同人完成經卷整理工作，開始
依照《大正一切經》體例編纂分類目錄，10 月末《敦煌經典目》書成。（孫

玉蓉）

　　1921 年 11 月 1 日，葉恭綽發起成立「敦煌經籍輯存會」，最初加入者
有李盛鐸、王樹楠、羅振玉等，是由佛學研究者所發起，以輯存佛學典籍
為宗旨的團體；「先徵集海內家藏，進求歐西秘帙」，按照劉向《七略》方
法編製目錄。北京大學研究所國學門發行的《國學季刊》成為披載敦煌目
錄的主要刊物，如羅福萇，〈倫敦博物館敦煌書目〉（1923.01）、〈巴黎圖書
館——伯希和氏敦煌將來目錄〉（1923）。「嗣後以敦煌經典，不僅佛經，乃
擴拓範圍」，1925 年 9 月 1 日，教育次長陳任中特發起並正式成立「敦煌
經典輯存會」，以「會合眾力，徵集敦煌石室經典，或傳寫或影印，輯為大
成，存期真相，以備學者研考」為旨趣，假北京午門歷史博物館內為事務
所，設採訪、考訂、流通、總務 4 部。陳垣（1880－1971）被推為採訪部
長，登報徵求公私所藏目錄，意欲滙編成一個總目；決心羣策羣力，為蒐
集、整理流散各地的敦煌遺書，編纂「敦煌遺書總目錄」，惟「登報匝月，
應者寥寥」，爰就京師圖書館館藏先行編製。1926 年 6 月，該會名稱再改
回「敦煌經籍輯存會」。

　　陳垣依據俞澤箴（1875－1926）主持的《敦煌經典目》（黃曉燕），略
仿（宋）趙明誠《金石錄》前 10 卷的體例，排比編次國立北京圖書館（京
師圖書館）館藏敦煌遺書，形成初稿，定名為《敦煌劫餘錄》（陳垣）；取
其歷劫僅存之意，認為「史在他邦，文在海外」是國家的恥辱。1929 年春，
中研院歷史語言研究所囑編國立北平圖書館寫經目錄，乃再經修正，1930
年由該所印行。陳寅恪（1890－1969）作序乙篇。這是中國第一個公開的
敦煌目錄。該目錄「實際共著錄 8,743 款」。（方廣錩）

　　1926 年 10 月 10 日教育部國立歷史博物館正式開館。同時出版《國立
歷史博物館叢刊》第 1 年第 1 冊，1927 年又出版了兩冊；1928 年軍閥退出
北京，該《叢刊》共發行 3 冊。由國立歷史博物館編，〈海外所藏敦煌經籍
分類目錄〉，載於該《叢刊》（北京：編者，1926－1927），著錄斯坦因、伯
希和、橘瑞超等所盜敦煌遺書。

1929 年國立北平圖書館成立寫經組，編纂敦煌遺書目錄。至 1935 年
先後在該組工作者，有徐鴻寶、胡鳴盛（1886－1971；文玉）、李炳寅、徐
聲聰、張書勛、陳熙賢、于道泉（1901－1992）、許國霖、李興輝、孫楷第
（1898－1986；楷弟）、朱福榮、王廷燮、王少雲、馬准（1887－1943）等。
周叔迦也曾參加考訂。1935 年完成《敦煌石室寫經詳目》（附《檢目》）。
將《敦煌石室經卷總目》部分遺書重行加以考訂，然後分類著錄。又從甘
省解京的敦煌遺書中另清點出 1,192 號，編纂《敦煌石室寫經詳目續編》。
因為日本侵華，華北局勢動蕩，館藏敦煌遺書裝箱南遷，寫經組工作陷於
停頓，這兩部目錄未及最後修訂定稿出版。

國立北平圖書館藏敦煌文獻

1909 年 10 月北京學界公宴伯希和，翰林院侍讀學士兼國史館總纂惲
毓鼎在晚宴上代表中國學者致辭，希望伯希和將所獲敦煌寫卷，「歸後擇精
要之本照出，大小一如原式，寄還中國」伯希和表示同意。1910 年，張元
濟訪歐，分別與伯希和，斯坦因協商影印法英藏敦煌寫卷事宜，均獲同意，
但此後未見進行。中國學界至盼能系統調查拍攝影印英法藏敦煌遺書。1934
年至 1939 年，國立北平圖書館王重民（1903－1975）、向達（1900－1966）
奉館長袁同禮之命，赴巴黎國家圖書館、倫敦大英博物館等地，蒐集整理
流落海外的敦煌資料，擇其中的重要文獻拍照，編輯影印出版，以便利國
內學術界使用。其間，1935 年 1 月、5 月、6 月 3 次商得清華大學合作，
照相費各任半數；及中英庚款董事會資助拍照及出版燉煌古籍叢編補助
費。據統計，敦煌遺書共拍攝了 1,500 種、13,000 張敦煌遺書照片，其中
以四部書為數最多。1940 年，袁同禮編，〈國立北平圖書館現藏海外敦煌
遺籍照片總目〉，《國學季刊》2：4，發表了一部分照片的簡目，計 402 種，
此為蘆溝橋事變前隨攝隨寄，已收到部分。事變起所攝者先存巴黎東方語
言學校，歐戰起又遷美國國會圖書館寄存。抗戰起，北平圖書館敦煌遺書
的整理、出版和研究被迫中斷。

溯自 1934 年 9 月至 1939 年 8 月，王重民以北圖與法國國家圖書館交

換館員的身分，在巴黎國家圖書館工作前後 5 年，在伯希和、戴密微（Paul Henri Demieville，1894－1979）等人的協助下，閱讀了伯希和所劫全部敦煌遺書，作了著錄及說明。期間曾赴德英意諸國訪書。王重民夫人劉修業（1910－1993；原在北平圖書館索引組編《國學論文索引》《文學論文索引》，1936 年 6 月袁館長批准以赴倫敦大學圖書館學專科進修的名義出國前往協助王重民）回憶當時王氏勤奮工作，「終日埋首在敦煌卷子堆中。巴黎如畫的風光和繁華的生活，都沒有使他陶醉，最吸引的，還是被劫去的祖國瑰寶——敦煌遺書。」王氏除閱讀和著錄考訂敦煌遺書外，還包括明清時期天主教士的漢文著作、太平天國史料、古刻舊鈔罕見本四部書籍等，抄錄了大量的資料，攝製 3 萬多張敦煌遺書和古籍圖書的縮微膠捲。編有《敦煌古籍敘錄》、《海外希見錄》、《伯希和劫經錄》、《巴黎敦煌殘卷敘錄》、《倫敦所見敦煌群書敘錄》等。

向達於 1935 年以交換館員身分被派到歐洲英法德進行學術考察。是年至 1937 年在大英博物館閱讀敦煌卷子，雖受翟林奈的種種刁難，使他只閱讀了 500 餘卷漢文和龜文卷子，但他看得十分仔細。對每個卷子都作了卡片，記卷子的編號、名稱、長短、所存行數，並抄下其前和後 5 行，重要的卷子還拍了照片。1937 年末，向達到巴黎看了伯希和攜回的卷子，也抄錄了大量珍貴的資料。1938 年向達攜帶着抄錄的幾百萬字的資料回國；曾編《倫敦所藏敦煌卷子經眼目錄》。

還有于道泉（1901—1992）被派去印度調查藏文卷子情況；向達在該《經眼目錄》）提到：「印度部所藏敦煌寫本藏文卷子，1938 年于道泉先生曾去翻閱一遍，照了不少。」1949 年 6 月 6 日由于道泉護送，運抵北圖。

1939 年至 1947 年，王重民受美國國會圖書館及普林斯頓大學葛斯德圖書館邀請，整理鑒定中國善本古籍。撰寫《美國國會善本書錄》。1947 年回國。1958 年 2 月編輯《敦煌古籍敘錄》，彙編羅振玉、王國維、劉師培、陳寅恪、王重民等對敦煌四部卷子研究的成果，總 300 餘篇，以供查閱。

1957 年英劍橋大學圖書館將英藏敦煌寫本（S.1－6980）的縮微捲片與北京圖書館藏敦煌寫本（1－8697）微捲進行交換。1979 年法國國家圖書館與北京圖書館交換微捲。

1962 年，王重民等編《敦煌遺書總目索引》（北京：商務印書館，1962.05）問世。1983 年 6 月中華書局再版。由總目、索引、附錄 3 部分。總目分 1.〈北京圖書館藏敦煌遺書簡目〉、2.劉銘恕〈斯坦因劫經錄〉、3.王重民、拉盧〈伯希和劫經錄〉及 4.〈敦煌遺書散錄〉，包括了 14 種公私藏家敦煌遺書目錄和 5 種專科目錄。繼以〈索引〉及〈索引補遺〉。附錄：翟爾士（翟林奈）〈〔倫敦〕博物館藏敦煌卷子分類目錄〉、〈卷子筆畫檢查目錄〉、〈斯氏編號和博物館新號對照表〉。他在該書〈後記〉總結煌遺書發現 60 周年說：

> 北京圖書館所藏敦煌卷子已經超過 1 萬卷，其中極少數是梵文和藏文寫本，絕大多數是佛經，其次是道經。（中略）開國以後又入藏了一定數量的經史子集四部書的卷子和變文的卷子。最近又入藏了斯坦因全部漢文卷子的顯微膠片，還有舊的斯坦因伯希和劫經中的百分之九十以上的四部照片和比較重要的歷史文獻、經濟史料、科技史料和古佚佛經道經以及一些最重要的佛教道教史料等照片。所以現在北京圖書館所藏的敦煌卷子、照片、顯微膠片等已經超過了全部敦煌遺書的三分之二以上，成為研究敦煌學最重要的基地。

中國國家圖書館藏敦煌文獻

中國國家圖書館現藏敦煌文獻的主體是 1910 年（宣統 2）自敦煌運回學部的 8,679 卷。新中國成立後，自 1950 年至 1965 年期間，經政府調撥、社會捐贈、該館採購，已達總數目 16,000 號。1980 年國圖從這批遺書中挑選 1,560 件拍設縮影微捲；拍攝前，一一以「新」字頭重先編號，並編纂卡片目錄。拍攝完成後，彙總卡片，從中選擇 1,065 號，編纂《敦煌劫

餘錄續編），1981 年 7 月油印內部發行。（方廣錩）

　　關於編目方面，2016 年起，方廣錩主編；李際寧、黃霞副主編，《中國國家圖書館藏敦煌遺書總目錄》（北京：中國人民大學出版社）開始出版。

　　編製該目錄前有一些準備工作，1987 年國圖新館落成；新的善本書庫為敦煌遺書設計了專藏，為一個庫中庫。1990 年初，善本書庫搬庫後，開始清理藏品，並將該館各時期編製的敦煌目錄稿本及相關資料，集中到敦煌新庫。敦煌遺書殘破者進行修護（善本部圖書修整組組長杜偉生）：「國圖敦煌遺書修護工作的順利進行，為編目工作的展開奠定了堅實的基礎」。

　　全書將國圖所藏敦煌遺書 16,579 號全部著錄。分為〈館藏目錄卷〉8 冊（2016.03 出版）、〈分類解說卷〉、〈索引卷〉、〈新舊編號對照卷〉1 冊（2013.05 出版）。

　　〈館藏目錄卷〉將敦煌特藏全部遺書從新給予統一的新編號，命名為「北敦號」，用漢語拼音字頭 BD 表示。依此「正式編號」排列。並從文物的研究價值、文獻的研究價值、文字的研究價值等 3 個層面，將各號遺書需要著錄的內容一一羅列，設計了目錄格式，使用電腦編製。「在工作中逐漸完善體例，嚴格按照體例採集數據〔資訊〕，編纂目錄」。著錄 13 個大項 39 個小項（具體工作則實為 14 個大項 42 個小項；電腦資料庫則分解為 14 個大項 47 個小項），有數據則著錄，無則空闕。用分類號（以 F 為字頭，依據《敦煌漢文文獻分類法》編排）著錄每個主題文獻的分類，讀者以分類號在〈分類解說卷〉檢索到本號及與本號有關的各種信息，包括解說和目錄，為《總目錄》的主要部分。〈索引卷〉包括 11 種索引。〈新舊編號對照卷〉為一個《國家圖書館藏敦煌遺書》分冊簡表與 8 個新舊編號對照。

　　善本部參加這項工作者有方廣錩、李際寧、黎明、陳紅彥、黃霞、胡謙等；其中藏文部分，在黃明信的指導下，由東主才讓擔任著錄工作。由於編目的工作量大，曾一度邀數據中心的黎明、尚林、李德範、李錦繡、孫曉琳參加編目；也曾抽調「中華大藏經編輯局」參加，先後有趙瑞禾、陳剛、張桂元、牛培昌、余岫雲、馬彤謹、蘇豔蓀等。前後參加本項目的

有 70 餘人。

　　方廣錩特別提到,「〈館藏目錄卷〉以大型圖錄《國家圖書館藏敦煌遺書》所附條記目錄為基礎編纂。在該圖錄出版之後,在一年多的時間中,我們又對原條記目錄作了不少修訂、增補。因此,凡是〈館藏目錄卷〉行文與《國家圖書館藏敦煌遺書》所附條記目錄不一致者,請以後出的〈館藏目錄卷〉為準。」

　　方廣錩〈敦煌藏經洞與敦煌遺書〉乙文,對敦煌文獻所遭受到 3 次浩劫,作了如下的分析。他提到最早大批得到敦煌遺書的是斯坦因。當時藏經洞的敦煌遺書都捆紮為包,王道士成包地搬給斯氏。王道士給什麼,斯氏就收什麼,基本上沒有自由挑選的餘地。斯氏不懂中文,也沒有能力挑選。其助手蔣孝琬學問不多,連一些常見的佛經都不認識,在挑選卷子方面似也沒有幫什麼忙。伯希和不懂佛教,而藏經洞遺書以佛教為主。進入藏經洞時,洞中還有較完整的遺書 2 萬件以上。伯氏費時 3 週,以每天以 1 千件的速度查閱一遍,他的翻檢只能是非常粗略的。當然,被伯氏選走的,相當大一部分的確是精華,但即使以他的標準來衡量,剩餘的精華仍非常多。至若敦煌遺書運到北京以後,被國人監守自盜,後果相當嚴重。這些人本身是識貨的人,又有充分的時間,只是因為他們對佛教、摩尼教不甚熟悉,因此很多非常有價值的佛教文獻、摩尼教文獻逃過劫難。值得慶幸的是,解放後,當年被這些人盜走的敦煌遺書,大部分又重新回到國家圖書館或國內其他圖書館、博物館。當然,還有若干現在還流散在私人手中,或者流散到國外,主要是日本。早在三十年代,陳寅恪在《敦煌劫餘錄·序》中就曾經列舉大量事實,批駁了所謂國家圖書館所藏是「精粗空存」的說法。方廣錩總結:

　　倘綜合併世所存敦煌寫本,取質、量二者相與互較而平均通計之,則吾國有之八千餘軸比於異國及私家之所藏,又何多讓焉!(中略)可以說,在大量流散的精華文獻重新回到國家圖書館的今天,中國國家圖書館的

敦煌遺書不但在文物絕對量或文字絕對量上占據世界第一位，而且在質量上也足以與世界上任何一個敦煌遺書收藏機構相媲美。我相信，讀者在翻閱了全部《中國國家圖書館藏敦煌遺書》之後會得到出與我們相同的結論。（中略）當然，我也應該指出，不同的研究者，研究的側重點不同，對不同收藏機構所藏敦煌遺書的價值的觀感也會不同。比如研究文學與歷史的，會覺得英國、法國的資料在數量上要超過國圖；而研究佛教者，必須會把注意力放到國家圖書館。

敦煌文獻圖錄

關於敦煌文獻（圖錄）的出版，先後有英藏、中藏。還有俄藏、法藏，請參見頁 274；「敦煌文獻回歸」。

1) 中國社會科學院歷史研究所、中國敦煌吐魯番學會敦煌古文獻編輯委員會、英國國家圖書館、倫敦大學亞非學院編，《英藏敦煌文獻（漢文佛經以外部分）》14 冊（成都：四川人民出版社，1990.09－1995）（2009 年出版第 15 冊，目錄索引乙冊）。

2) 上海師範大學、英國國家圖書館編；方廣錩、（英）Frances Wood（吳芳思）主編，《英國國家圖書館藏敦煌遺書（漢文部分）》（桂林：廣西師範大學出版社，2011.09－），全約 100－120 冊。迄 2017 年 2 月，已出版 1－50 冊。

3) 中國國家圖書館編；任繼愈主編，《國家圖書館藏敦煌遺書》146 冊（北京；北京圖書館出版社，2005.12－2012.06）。
1999 年，在館長任繼愈主持下，曾與江蘇古籍出版社合作，出版了《中國國家圖書館藏敦煌遺書》7 冊，惟因故中止。2004 年，再度成立以任繼愈為主編的編輯委員會，開始《國家圖書館藏敦煌遺書》的編纂出版，由北京圖書館出版社印行（社長郭又陵，徐蜀、孫彥執行），費時 7 年。為配合圖錄的出版，將正進行的「館藏敦煌遺書總目錄」稿與敦煌遺書再次逐一核對，並予以定稿。

4) 中國國家圖書館編；李德範主編,《王重民向達所攝敦煌西域文獻照片
　 合集》30 冊（國家圖書館敦煌研究資料叢刊）（北京：北京圖書館出版
　 社，2008.04）。

　　收錄王、向兩氏於上世紀 30 年代前往上開巴黎、倫敦所拍攝敦煌遺書
照片，包括法藏敦煌文獻、法藏敦煌藏文文獻、英藏敦煌文獻、英藏敦煌
刻本文獻、英藏古民族文獻、德國藏西域文獻的照片及法國集美博物館館
藏文物照片。

（五）敦煌藝術研究所

　　對日抗戰期間,監察院院長于右任視察西北時,曾往敦煌參觀千佛洞,
認為各洞窟的壁畫和塑像有迅速加以保管的必要,回到重慶,隨即建議國
防最高委員會,將千佛洞收歸國有。1943 年 1 月 18 日行政院決議成立敦
煌藝術研究所,隸屬教育部,並即日起成立籌備會,籌備委員有高一涵（主
任委員）、常書鴻（副主任委員兼祕書）、鄭通和、寶景椿、馮國瑞、張維、
水梓諸氏。1944 年元月 1 日教育部宣布國立敦煌藝術研究所在千佛洞成立,
位置在舊時的「中寺」。常書鴻（1904－1994）任首任所長,下設總務、考
古兩組前者。常書鴻雖面對的是從來就沒有人管理,深受大自然及人為雙
重嚴重破壞的莫高窟,且氣象及工作環境惡劣,但終生也不改其志,被後
人尊稱為「敦煌守護神」。「他從重慶徵聘了以美術工作為主體（董希文、
潘絜茲等）,包括美術史（史岩、李浴等）、文獻（蘇瑩輝；國圖借調一年）、
測繪（勝其力）、攝影（羅寄梅）等一批專業人員 20 餘人」（趙和平）,從
零開始,修理破洞,清理流沙,整理環境,周繞洞窟修築圍牆,在各窟洞
口設置木門,展開洞窟的編號,重點壁畫、塑像、圖案臨摹、攝影等工作。
這是中國第一個保護、研究敦煌文物的專責機構。

　　蘇瑩輝撰,〈國立敦煌藝術研究所籌設顛末記〉,追憶兩組同人。總務
組由張民權、趙忠清、李浴先後擔任主任。考古組由常氏自兼主任。總務

組有辛普德（會計）、劉榮曾（助理幹事）、張琳英（暫兼出納）、王曉鐘（庶
務員）等。考古組研究人員的分工如下：

所長：綜理所務。並摹繪魏、隋壁畫，指導各類（壁畫、塑像、圖案
等）藝術品的複製工作。

研究員：史岩；輯錄各洞窟的供養人像題名。羅寄梅；主持各洞窟壁
畫及塑像攝影事宜（包括記錄片與特寫鏡頭），並踏勘各窟塑像分布情形，
記錄每洞尺寸。蘇瑩輝；輯錄千佛洞及敦煌附近現存碑文，從事瓜沙史事
的研究。

副研究員（原稱助理研究員）：張民權；摹繪各洞窟唐、五代壁畫。董
希文；摹繪各洞窟魏代壁畫及部分藻井圖案。李浴；摹繪隋、唐壁畫及部
分供養人像與五代、宋初藻井圖案。陳芝秀；複製各洞窟隋、唐塑像。還
有邵芳（不在所內支薪）；具國畫基礎，長於摹畫千佛洞唐代壁畫，惟在敦
煌時間甚短。及應聘較遲的趙冠洲。

助理員：張琳英；協助複製各洞窟塑像，並臨摹宋代壁畫及部分藻井
圖案等。劉先；繪臨唐、宋壁畫，並協助沖洗照片。顧廷鵬；（原任中央社
攝影記者）攝照各洞窟壁畫、塑像（包括藻井圖案等）影片，並測量各窟
面積。陳延儒；測繪各洞窟繪、塑配備形狀。

1944 年 8 月 30 日，因修建職員宿舍，在該所後園，拆毀了一座破舊
的土地祠，於土地公的殘塑中，發現貯藏着六朝殘經，經邀正在河西展開
工作，在千佛洞設工作站的西北科學考察團歷史考古組向達、夏鼐、閻文
儒會同參加檢驗，經檢驗結果，計共得六朝寫本殘經，雜文等 66 種，碎片
32 塊，報奉核覆由該所保存。

根據該所 1948 年 8 月的統計，經逐年發掘清理，千佛洞的大小洞窟共
編號至 467 窟，其中較大的有 409 個洞。該所新編的號碼，係自北至南，
由下而上，櫛比排列，每號中並附有張大千和伯希和兩氏的號碼，用資對
照。這些洞窟排列的長度，為 1,618 公尺，有 2,000 多佛像。壁畫的面積，
約計 2 萬 5 千多平方公尺。關於伯希和和張大千的號碼，依謝家孝寫到：

法國人伯希和做的，編的凌亂而無序。因為伯希和主要的目的，是為了
攝影，他認為沒有攝影價值的就不編。一二三四洞，伯希和都沒有編號，
而編的第一號卻自第五洞開始，當中又跳了好多洞不編。可是如果他回
頭又發現第二洞還有攝影的價值，也要攝影，他又會順他自己的順序給
四十五的編號。諸如此類，毫無系統。

張大千重新編號，是根據祈連山下來水渠的方向，由上而下，由南至北
的順序，再由北向南，如是者四層，很有規則的編了三百零九洞。如果
只是去遊覽的人，順着大千編的號，不會走冤枉路，一天可以瀏覽完畢
三百零九個洞。但這項工作，大千率領着門人子弟卻辛辛苦苦的整整做
了五個月。這也是他們第一次進入敦煌的全部工作。

蘇瑩輝曾提到官廳方面，如敦煌縣政府、國立敦煌藝術研究所、敦煌文物
研究所所編號者，這些洞號皆較張大千所編 309 個號碼為多，「只因各家將
張編洞號兩旁的『耳洞』亦予編號；故全部窟號竟增至 400 以上。」蘇氏
注解，「耳洞」「即在某一洞窟兩旁（或僅一旁──「右」或「左」）的小型
洞子。有者張氏認為期繪畫風格相同。有者或因其與本窟（即大洞）窟主
有關；如非其家族，亦或為其僚屬（但此種情形極少見）。」

張大千臨摹敦煌壁畫

　　張大千曾兩次到敦煌臨摹壁畫，包括莫高窟、西千佛洞、榆林窟，自
1941 年 3 月起至 1943 年 11 月止，合併計算，共 2 年 7 個月，居舊時的「上
寺」。經過兩個多月的準備，除 5 名喇嘛而外，率子心智、姪心德，門生劉
力上、蕭建初、孫宗蔚，外加一廚二差。準備的食物、畫具，裝載輜車 78
輛。第二次再入敦煌便開始正式臨摹了。時因「壁畫上的人物，有大有小，
大者數丈，小者不足一尺。所處的位置，有高有低，低的離地二尺，高的
畫在天花板上，因此描繪時或蹲、或立、或仰臥」初步摹在透明的蠟紙上；
將蠟紙黏接成符合原畫尺寸的大幅，由助手協助，跟壁畫保持一兩寸的距
離，懸定垂着。然後，張大千左首有人捧硯，後面有人高舉洋燭，臨空勾

摹壁畫上的線條。初步畫稿完成，進行正式臨摹。早晨在洞外，利用陽光
照射，將初稿覆在畫布之後，照着依稀可見的線條，用柳條炭勾出影子，
再用墨描。稿定後再將畫布抬進洞內，對着壁畫着色，看一筆，畫一筆。
佛像、人物主要部分由張大千自己動手，其餘背景上的亭臺花葉之類，則
由門下分繪。一畫之成，大則數月，小亦數日」（高陽）臨摹過程辛苦。共
畫成了 276 件，但帶出來的只有 56 件。張大千說，所帶者是要到印度去核
對求證，究竟敦煌壁畫與印度的淵源為何，未帶的 220 餘件，原意要交給
四川大學，但由謝无量（1884－1964）經手，為川西博物館（今四川博物
館）所得。1984 年四川博物館編《張大千臨摹敦煌壁畫》，由四川美術出
版社出版。陳寅恪在參觀張大千的臨摹畫展後曾撰文說：

> 敦煌學，今日文化學術研究之主流也。大千先生臨摹北朝、唐、五代之
> 壁畫，介紹於世人，使得窺見此國寶之一斑，其成績固已超出以前研究
> 之範圍。何況其天才特具，雖是臨摩之本，兼有創造之功，實能於吾民
> 族藝術上，另闢一新境界。其為敦煌學領域中不朽之盛事，更無論矣。

敦煌壁畫歷史檔案照片

第一位對敦煌石窟做全面紀錄的是伯希和。他於 1908 年 2 月 25 日至
5 月 27 日（光緒 34）集中進行洞窟的編號、測繪、攝影。伯希和作文字紀
錄、瓦揚（Louis Vaillant）測量，努埃特（Charles Nouette）攝影。出版了
單色圖錄 *Les Grottes de Touen-Houang；Peintures et Sculptures Bouddhiques
des Epoques des Wei, des T'ang et des Song.*（敦煌石窟：北魏、唐與宋時期
的佛教壁畫與雕塑） 6vols.（Paris：Librairie Paul Geuthner, 1920－1924）.
編號第 1 窟至 182 窟。收錄莫高窟外景、洞窟彩塑、壁畫等照片 368 張。
還出版了 *Les Grottes de Touen-Houang；Carnet de Notes de Paul
Pelliot,Inscriptions et Peintures Murale.*（伯希和敦煌石窟筆記）6vols.（Paris：,
1922－1924）。

　　但是，所攝者最為完整者，厥為敦煌藝術研究所研究員羅寄梅（James Lo；1902－1987）。當 1937 年中央社總社遷至漢口，於 1938 年 5 月總社成立攝影部，以羅寄梅擔任首任主任，同年 10 月總社由漢口遷重慶兩路口。

　　1943 年 4 月，羅寄梅偕同夫人劉先（其祖劉瑞芳，叔劉世衍俱為藏書家，「玉海堂」藏書刻書聲名在外）先到安西（今瓜州縣）榆林窟，5 月抵莫高窟。他們根據張大千對石窟的編號，有計劃地對石窟內彩塑與壁畫進行全面的拍攝，包含對一些壁畫內容的細部作細緻地拍攝，1944 年 6 月中旬完成了歷時一年多的石窟拍攝工作回到重慶。計拍攝莫高窟 327 個窟 2,872 張、莫高窟外景 146 張、榆林窟 21 個窟 187 張、榆林窟外景 16 張，總計拍攝 3,221 張。此外，還有一些照片反映了當時莫高窟的生活狀況以及莫高窟四周環境，包括敦煌縣城的人物風情和月牙泉風光等。

　　隨著抗戰勝利復員回南京之後，羅氏夫婦（James and Lucie Lo）來到臺灣。1953 年羅寄梅離開中央社，在中國文化大學任教，劉先在臺北中山北路經營敦煌書局，以英文 Caves 為名。羅氏夫婦曾將照片底片做成幻燈片，投射在牆上，與一些藝術家朋友照原樣臨摹。1964 年羅氏赴美。經普林斯頓大學藝術史學者方聞（Wen C. Fong，1930－2018；中研院院士）的引薦，普大獲洛克斐勒三世基金會（JDR 3rd Fund）的贊助，於 1968 年購得了羅寄梅在敦煌石窟拍攝的全部照片，存在藝術與考古學系（Dept. of Art and Archaeology），作為師生教學和研究的參考。日本學者秋山光和（1918－2009）聞訊專程前往考察，亟力爭取留置乙部在日本，用以便於研究；乃獲得文部省特別研究補助金，於 1971 年為東京大學文學部從羅氏購得敦煌照片 2,600 張，現存東京大學東洋文化研究所。2010 年普大有意將這些照片正式集結出版。

　　敦煌研究院研究員趙聲良應普大唐氏東亞藝術研究中心（Tang Center for East Asian Art）的邀請，擔任研究員，前往普大，對照片全面整理編目，歷半年，為每張照片的內容、所在洞窟號、位置以及壁畫的時代等進行了

核查。在籌備出版的歷程，特於 2015 年 11 月 13 日至 14 日在普大舉辦『『意象敦煌』國際學術研討會』（Visualizing Dunhuang International Symposium），其中一些論文係圍繞著羅寄梅所拍攝照片來展開的。並於同年 12 月至 2016 年 1 月在普大美術館舉辦「絲路聖窟——認識與再創敦煌特展」（Sacred Caves of the Silk Road：Ways of Knowing and Recreating Dunhuang），其中展出普大的珍藏的歷史檔案照片，公開了羅氏的部分敦煌照片。

敦煌文物研究所

　　1977 年 12 月，敦煌文物研究所將所藏遺書目錄發表在敦煌《文物資料叢刊（一）》。該目錄所列遺書的來源為 1. 1944 年在千佛洞土地祠發現的北朝寫本；及 2. 該所成立以後歷年徵集所得。2000 年，敦煌研究院編；施萍婷、邰惠莉主編，《敦煌遺書總目索引新編》《北京：中華書局，2000.07）。

（六）臺灣蒐集整理敦煌遺書

　　臺灣地區收藏的敦煌卷子，臺北國圖藏 144 件（在抗戰時及勝利後，分別購自上海、香港、北平、南京等地，其中多由葉恭綽經手；大部分從李盛鐸女公子處購得李氏舊藏）、中研院史語所傅斯年圖書館 49 件、故宮 6 件（羅家倫贈）、國立歷史博物館 2 件，加上私人所藏，總計不過 250 多件，「且多數係佛經卷子，對研究者而言，條件並不很充分」（鄭阿財）。

國立中央圖書館

　　國立中央圖書館編，《國立中央圖書館善本書目》3 冊（臺北：中華叢書編審委員會，1956.12）。該書蔣復璁（序）及書目甲編上冊，記自南京運臺敦煌寫本 153 卷（件）。蘇瑩輝於 1963 年撰文也稱：「本館所藏之敦煌卷子 153 卷，多屬佛經，係購自李盛鐸氏舊藏，為上述〔劫餘〕八九千卷以外者。其時代上起六朝，下迄五代宋初，字體多為正楷，間亦有草書。」

王重民編，《敦煌遺書總目索引》（北京：商務印書館，1962）。在〈敦煌遺書散錄〉收編 19 種小目錄，其所收《前中央圖書館藏卷目》，根據中央圖書館甲庫善本書目錄，載該館藏 66 種 73 卷。

潘重規撰，〈國立中央圖書館所藏墩煌卷子題記〉，《新亞學報》8：2（1968.08），頁 321－374；又修訂，〈國立中央圖書館所藏敦煌卷子題記〉，《敦煌學》（香港新亞研究所敦煌學會）第 2 輯（1975.12），頁 1－55，著錄 144 件。榮新江，〈入海遺編照眼明—潘重規（國立中央圖書館所藏墩煌卷子題記）讀後〉，收在：項楚、鄭阿財主編，《新世紀敦煌學論集》（成都：巴蜀書社，2003.03），頁 14－26。

李清志，《國立中央圖書館所藏敦煌卷子校讀扎記》（臺北：著者，1973），打字油印本。李氏時任職國圖特藏組，著錄 151 件。

石門圖書公司編，《敦煌卷子：國立中央圖書館藏》6 冊（臺北：編者，1976.12，據該館所藏 144 件影印本）。內收潘重規，〈國立中央圖書館所藏敦煌卷子〉、吳其昱，〈國立中央圖書館藏敦煌卷子影印本序〉。吳文亦載，《國立中央圖書館館刊》（1976.12），頁 82－83。

阮靜玲，〈方廣錩教授訪館鑑定館藏敦煌卷子紀要〉，《國家圖書館館訊》100：1（2011.02），頁 22－23。記國圖所藏 144 件。

中研院傅斯年圖書館

鄭阿財，〈臺北中央研究院傅斯年圖書館所藏敦煌卷子題記〉，載於：《慶祝吳其昱先生八秩華誕敦煌學特刊》（臺北：文津出版社，2001.01），頁 335－402。

方廣錩，《中央研究院歷史語言研究所傅斯年圖書館藏敦煌遺書》（中研院珍藏史料暨典藏系列；5）（臺北：中研院史語所，2013）。

國立歷史博物館

金榮華，〈臺北國立歷史博物館藏敦煌卷子跋〉，《華岡文科學報》12（1980.03），頁 269－275。

其他書目索引

（釋）禪叡，《敦煌寶藏遺書索引》3 冊（中華佛學研究所論叢；10）
（臺北：法鼓文化，1996）。

陳祚龍，《敦煌古抄文獻會最》（臺北：新文豐出版公司，1982.01）。
輯錄海內外敦煌學論著中所附的寫卷圖版。

中國文化大學中文研究所敦煌研究小組編；金榮華主編，《倫敦藏敦煌
漢文卷子目錄提要》3 冊（臺北：福記文化圖書公司，1993）。用補（英）
翟 林 奈 所 編 *Descriptive Catalogue of the Chinese Manuscripts from
Tun-huang in the British Museum* 的不足。

影印流傳

80 年代，印刷科技的進步，出版家的熱忱，出版了大部頭敦煌文獻叢
書。新文豐出版公司董事長高本釗（1933－.）因為張清揚（1913－1992；
孫立人夫人，又稱張晶英）的提介，1981 年與中興大學文學院院長黃永武
合作，將散失海外的敦煌遺卷，進行全面性的蒐集、編目整理，出版了由
黃永武主編《敦煌寶藏》14 輯 140 冊（臺北：新文豐出版公司，1981.09
－1986.08）。第 1-55 冊為大英圖書館所藏敦煌文獻，第 56-111 冊為北圖所
藏者，第 112-135 冊為法國國家圖書館所藏者，第 136-137 冊為散置日本、
臺灣者，第 138-140 冊為敦煌書法輯要，屬欣賞編。新文豐公司還出版黃
永武編的《敦煌叢刊初集》16 冊（1985.06）及《敦煌古籍敘錄新編》（1986）、
《敦煌遺書最新目錄》（1986），以利檢索。

（七）敦煌文獻回歸 ——《敦煌吐魯番文獻集成》

中國敦煌吐魯番學會於 1983 年 9 月成立，設在北京大學內。上海古籍
出版社鑒於原始資料的匱乏，爰編印乙部大型文獻叢書《敦煌吐魯番文獻
集成》。

　　上海古籍出版社社長魏同賢在本《叢書》（策畫弁言）提及，略以：商得各收藏家（單位或個人）的贊同、協助，採取現代影印辦法，輯集匯刊，使孤本文獻化身千百，讓敦煌學者身處書室，即能縱覽敦煌吐魯番文獻全貌。確定以蘇聯藏品為主體，積極開拓聯絡國外其他藏家藏品，編纂一套完整的《集成》。府憲展以為「這是在暫時不能做到實物回歸之前，以出版形式化身百千的另一種讓人興奮中帶有苦澀的回歸」。

俄藏敦煌文獻

　　1989 年 8 月，上海古籍出版社由魏同賢率代表團，成員包括總編輯錢伯誠、副總編輯李國章、敦煌吐魯番文獻編輯室主任李偉國等，首次訪問蘇聯列寧格勒，與蘇聯科學院東方研究所列寧格勒分所、蘇聯科學出版社東方文學部，對重製俄藏敦煌文獻形成了「合作編纂，共同出版」的共識。1991 年 2 月，以蘇聯科學出版社東方文學部主任德列爾、列寧格勒分所所長彼得羅相、蘇聯敦煌學專家孟列夫組成的俄方代表團，在上海正式簽定了出版協議。1990 年 10 月和 1992 年 2 月，上海古籍出版社分別派出由李偉國和府憲展帶領兩個工作小組經現場拍攝照片，完整著錄卡片，1992 年 12 月出版了《俄藏敦煌文獻》第 1 冊。開始了以此為起步，編纂了以俄藏、法藏等史料為主體，中國中小藏家藏品為輔翼的大型文獻叢書的《敦煌吐魯番文獻集成》。

　　俄羅斯科學院東方研究所聖彼得堡分所、俄羅斯科學出版社東方文學部、上海古籍出版社編；（俄）孟列夫、錢伯誠主編；（俄）丘古耶夫斯基、李偉國副主編，《俄羅斯科學院東方研究所聖彼得堡分所藏敦煌文獻》17冊（上海：上海古籍出版社，1992.12-2001）。

法藏敦煌文獻

　　法藏敦煌西域文獻，經饒宗頤、潘重規、吳其昱的引介，1992 年，魏同賢、李偉國訪問了巴黎，最後簽訂了協議，包括全部漢文和非漢文文獻如藏文、梵文、龜茲文、于闐文、粟特文、回鶻文、西夏文等。1993 年 7

月至 10 月，李偉國、府憲展在法國國家圖書館現場編輯；1994 年 10 月出版了《法藏敦煌西域文獻》第 1 冊。

上海古籍出版社、法國國家圖書館編，《法國國家圖書館藏敦煌西域文獻》全 34 冊（上海：上海古籍出版社，1994-2005）。

三、黑水城文獻

黑水城現位於已乾涸的額濟納河（黑水）下游北岸的荒漠上，始建於西夏。1038 年（北宋仁宗寶元元）黨項族李元昊稱帝，在中國西部建立政權，自稱大夏國。遼宋金人因其在三朝的西部，多稱之為西夏，後世也多用此稱。西夏共傳 10 帝，到 1227 南宋理宗寶慶 3 年（1227）末主李睍而亡，享國 190 年；首都興慶府（後稱中興府，今銀川市），以佛教為國教。西夏在其最西北邊的居延設立黑水監軍司，於黑水城（亦集乃）駐防軍隊屯墾以防禦蒙古進軍。1226 年（寶慶 2）春，成吉思汗在第 6 次攻夏，攻破黑水城。元沿襲西夏舊稱，設亦集乃路總管府，隸屬於甘肅行省。後世改稱「額濟納」。

（一）黑水城文獻的發掘和整理

蘇聯

1907 年（光緒 33）夏，在沙皇尼古拉二世支持下，（帝俄）大佐柯智洛夫（或譯：科茲洛夫；P. K. Kozlov，1863－1935）、俄國皇家地理學會（The Imperial Russian Geographical Society）蒙古四川探險隊，開始前往蒙古、青海、四川；時斯坦因、伯希和等人在喀什、庫車、敦煌、吐魯番一帶進行調查，相互競爭，蒐集各種地理信息，掠奪地下出土文物文獻和史料。柯智洛夫特意攏絡而得到蒙古王爺巴登札薩克、額濟納舊土爾扈特

旗王爺貝勒達希的同意，經當地的嚮導巴塔協助，乘用蒙古的驛馬前進，行裝雇蒙民駱駝運送。1908 年（光緒 34）4 月 1 日-13 日和 1909 年（宣統元）6 月，前後兩次挖掘掠奪了黑水城遺址古物，搗毀大多數佛塔，攫取並運走了大量西夏文物（包括陶器、鐵器、織品、雕塑品和繪畫等）和文獻，以蒙古郵驛分批經庫倫（烏蘭巴托）運往俄羅斯聖彼得堡，存放在俄國地理學會。在該學會刊物上發表了 3 篇有關論文（崔紅芬譯），立即轟動了西方世界。柯智洛夫第 1 次發現的文物文獻都是在黑水城內各遺址地下挖掘，分布較為零散。第 2 次則較集中於所謂「著名的佛塔」（輝煌舍利塔）所發現數量豐富的文物文獻。由於在遺址城內開挖所得不多，柯智洛夫竟搗毀了在西城牆外約 400 公尺、乾河床右岸的一座大佛塔。該塔高約 10 公尺，由基座、中腰、錐頂構成。塔內底層約 12 平方公尺。「塔內中央地臺上疊放着數以百計的大大小小絹布封套的書籍、簿冊和經卷、佛畫。整個佛塔下部都擺放的較為整齊有序，越往上部越顯得雜亂無章。」（6 月 12 日-20 日發掘佛塔）這是俄藏黑水城文物文獻主要出土的地方。1926 年又有第 3 次來到黑水城，或為尋找前次未能運走所藏匿者。這批文物保存在俄國博物館民族學部，1933 年移交給俄羅斯國立愛爾米塔什博物館；文獻移交給俄國科學院亞洲博物館，即現在的俄羅斯科學院東方文獻研究所聖彼得堡分所的前身。俄藏黑水城文獻共有 8,000 多個編號，「據粗略統計折合成單頁（經摺裝的 1 面，蝴蝶裝的半面）約有 20 萬面（史金波）」。「所包括的語言文字，其中西夏文刊本和寫本約占 90%，漢文不足 10%，此外還有少量的藏文、回鶻文、突厥文、波斯文、叙利亞文、女真文、蒙古文等書籍、文卷」；其中佛經約占 80% 和 537 件的藏傳繪畫，以及元代紙幣。文獻的年代自 781 年（唐建中 2）至 1372 年（北元宣光 2）。內容涉及政治、經濟、軍事、社會、文化、語言、宗教等方面，是研究唐至元，特別是西夏、宋、金時期歷史的原始資料。關於 537 件繪畫部分，史金波，《西夏佛教史略》提及「黑水城遺址所出的一大批繪畫，其中不少是卷軸畫。這批繪畫計有 300 多幅。」謝繼勝，《西夏藏傳繪畫：黑水城出土西夏唐卡研究》，

「估計這些繪畫包括很多雕板印畫殘頁」。

　　1932 年《國立北平圖書館館刊》第 4 卷第 3 號為「西夏文專號」，全面介紹黑水城文獻的發現和內容。如羅福萇（1895－1921）撰，〈俄人黑水訪古所得記〉；聶歷山（1892－1938）等撰，〈蘇俄研究院亞洲博物館藏西夏文書籍目錄〉。

　　俄柯智洛夫所獲，經（蘇聯）學者伊鳳閣（Ivanov，A.I.）、龍果夫、聶歷山、戈爾巴切娃（Govbacheva，Z.I.）、克恰諾夫（Kychanov，E.I.，1932－？）、捷連提耶夫·卡坦斯基、克平等，先後在長達好幾十年的整理與研究，為大多數的文獻定名（題）編目錄。如戈爾巴切娃、克恰諾夫編定《蘇聯科學院民族研究所藏西夏文寫本和刊本考定書目》（收錄的文獻編號全部是 8090 號）。但是，除蘇聯科學院研究人員外，很少人得以目睹這些文獻。到了 20 世紀 60 年代末，孟列夫（1926－2005）對黑水城漢文文獻編寫敘錄。主要整理成果：

1) （蘇聯）孟列夫，《黑水城文獻漢文部分敘錄》（莫斯科：蘇聯科學院出版社東方文學編輯部，1984）。這是對俄藏黑水城漢文文獻，進行系統整理和介紹的第一部專著。該書有下列王克孝的中譯本（其中有節略）。

2) （蘇聯）孟列夫撰、王克孝譯，《黑水城出土漢文遺書敘錄》（西夏文獻研究叢書）（銀川：寧夏人民出版社，1994.11）。

　　本書分漢文版序言、導言、黑城漢文遺書敘錄、附錄、譯者後記等 5 大部分。其中敘錄又分為（1）佛教經典作品；（2）漢文佛教原著；（3）儒家和道教的作品；（4）歷史著作和文學作品；（5）字書；（6）木版畫、裝飾圖案、彩色畫、素描、印章；（7）醫書、曆書、占卜書；（8）紙幣；（9）文書等 9 個部分。著錄文書的俄藏編號、紙質、現存狀況（頁數、行數、字體等）、文書內容、文字起止，文書出現的人名地名、年號時間、軍隊番號、印章押署等，並有若干字句的錄文。（孫繼民）

　　孟列夫撰寫了〈導言〉，指出黑水城文獻「大大填補了迄今已知的歷史資料」，提供了研究宋夏金元許多新史料。

英國

　　1914 年 5 月，斯坦因、第 3 次中亞探險隊也來到黑水城遺址挖掘，得到了不少西夏文獻，有 4,000 多件，全部 7,300 多個編號，漢文文獻 230 餘件，以及少量梵文、藏文等其他語種的文獻；多為殘頁、殘片，少有完整的典籍。可以說是柯智洛夫的劫餘，斯坦因盡收入囊中。運回國後，將菁華部分歸大英圖書館東方部藏有，一些小部分圖畫分配予印度新德里中亞古物館（今印度國立博物館）。斯坦因，《亞洲腹部考古圖記》(*Innermost Asia: Detailed Report of Explorations in Central Asia, Kan-su, and East Iran*) 4 冊（Oxford：Clarendon Press，1928）乙書（廣西師範大學出版社 2004 年出版中譯本），在第 1 冊第 13 章已述其概。向達（1900－1966）撰〈斯坦因黑水獲古記略附斯坦因氏黑水所獲西夏文書略目〉於上開《國立北平圖書館館刊》「西夏文專號」。其後，主要整理成果：

1) （法）馬斯伯樂，《斯坦因在中亞細亞第三次探險所獲中國古文書考釋》（倫敦：大英博物館，1953）。
　　對英藏黑水城文獻的部分漢文文書作了初步的整理。收錄文書錄文，未收錄文書圖版。
2) 郭峰，《斯坦因第三次中亞探險所獲甘肅新疆出土漢文文書——未經馬斯伯樂刊布的部分》（蘭州：甘肅人民出版社，1993）。
　　本書整理大英圖書館東方部蒐藏，但未經馬斯伯樂刊布發表過的。收錄文書錄文，未收錄文書圖版。
3) 沙知、（英）Frances Wood（吳芳思）編，《斯坦因第三次中亞考古所獲漢文文獻（非佛經部分）》2 冊（上海：上海辭書出版社，2005.08）。
　　對文書進行了釋讀，並公布了文書圖版。

日本

　　日本大谷探險隊歷經 3 次探險，也獲得了西域出土文物，分藏於東京、京都、大阪、奈良的 7 所大學圖書館及博物館。（劉廣瑞）主要整理：

　　（日）武宇林、荒川慎太郎主編，《日本藏西夏文文獻》2 冊（北京，中華書局，2010.12）。

　　分為上下卷。上卷收錄京都大學文學研究科圖書館、京都大學人文科學研究所東亞人文情報學研究中心、龍谷大學圖書館、大阪大學外國學圖書館（舊大阪外國語大學圖書館石濱文庫）、國立民族學博物館、東京大學附屬圖書館的館藏；下卷則為天理大學附屬天理圖書館的館藏。所藏以佛教文獻為多。其中也摻一些西夏漢文文獻。

中國

　　1927 年中瑞中國西北科學考察團到達內蒙古時，中方團員黃文弼曾單獨赴黑水城遺址考察，採集到數百件文書殘頁，現藏於中國社會科學院考古研究所。1962 年、1963 年，內蒙古自治區文物工作隊調查古居延時，在黑水城採集到少量的文書，並在一座古廟中發掘出 25 尊西夏時代的泥塑佛像，現藏內蒙古博物館。1976 年、1979 年，甘肅省文物工作隊兩次到黑水城調查，也採集到少量的文書，現藏甘肅省博物館。1983 年、1984 年，經國家文物局批准並核撥專款，由內蒙古自治區文物考古研究所、阿拉善盟文物工作站對黑水城遺址進行了大規模的考古發掘，乃將全城勘查完畢，「重點發掘面積 11,000 平方公尺，揭露出房屋基地 280 多處，探明了古城的布局和沿革，出土 3,000 多件文書，主要是漢文文書，約佔 3/4，其餘為西夏文、回鶻蒙古文、八思巴蒙古文、古藏文、亦斯替非字（Istifa）、古阿拉伯文等文書，現藏於內蒙古自治區文物考古研究所」（杜建錄）。最早，陳炳應〈黑城新出土的一批元代文書〉，《考古與文物》1983：1，公布 24 件文書錄文。其後，主要編目整理：

1) 內蒙古自治區文物考古研究所、寧夏大學西夏學研究院、甘肅省古籍整理編譯中心編；塔拉、杜建錄、高國祥主編，《中國藏黑水城漢文文獻》10 冊（北京：國家圖書館出版社，2008.12）。

　　收錄上開考古挖掘採集的「原始文獻 4,213 件，其中社會文獻 3,980 件（占 95%）、宗教文獻 233 件」這批文書都是元代亦集乃路的漢文文書，

「包括（1）農政文書卷 212 件；（2）錢糧文書卷 387 件；（3）俸祿與
分例文書卷 203 件；（4）律令與詞訟文書卷 415 件；（5）軍政與站赤文
書卷 600 件；（6）票據、契約、卷宗、書信卷 277 件；（7）禮儀、儒學、
文史卷 278 件；（8）醫算曆學、符占秘術、堪輿地理及其他卷 992 件；
（9）佛教文獻卷 233 件；（10）圖畫、印章及其他文書卷 1,509 件（殘
件、殘頁、殘屑不少）〔加總為 5,106 件〕」。依張洪鋼、王鳳娥撰〈中
國黑水城文獻的百年滄桑〉乙文，說到中國藏與英藏、俄藏黑水城文獻
相比有兩個特點：一是數量大，目前所見有 4,200 餘件，比較完整的有
700 餘件（俄藏 500 餘件，英藏 150 餘件）；二是社會文獻多，大部分
是社會經濟文獻，有公文、詞訟、契約、票據等，國外藏大部分是宗教
文獻。

2) 內蒙古自治區文物考古研究所、寧夏大學西夏學研究院、甘肅省古籍整
理編譯中心編；塔拉、杜建錄、高國祥主編，《中國藏黑水城民族文字
文獻》（北京：中華書局；天津：天津古籍出版社，2013.12）。
收錄包括回鶻蒙古文、八思巴蒙古文、古阿拉伯文、敘利亞文、托忒蒙
古文、西夏文和古藏文等少數民族文字文書共 305 件，每件記編號、定
名、分類、翻譯等。

3) 李逸友編，《黑城出土文書·漢文文書卷》（北京：科學出版社，1991）。
分上下篇。上篇：〈黑城出土文書綜述〉這是對中國藏黑水城漢文文獻
首次全面有系統的敘述。下篇：〈黑城出土漢文文書錄文〉收錄內蒙古
自治區文物考古研究所、阿拉善盟文物工作站於 1983 年和 1984 年在黑
水城發掘所得漢文文書 760 件的錄文，附 191 件黑白影印件；分卷宗、
人事、民籍、軍政事務、農牧、錢糧、俸祿、諸王妃子分例、軍用錢糧、
官用錢糧、律令與詞訟、站赤、票據、契約、書信、儒學與文史、雜類、
佛教等類。

4) 寧夏大學西夏學研究中心、國家圖書館、甘肅省五涼古籍整理研究中心
編；史金波、陳育寧主編，《中國藏西夏文獻》20 冊（蘭州；甘肅人民
出版社；敦煌文藝出版社，2005-2007）。

1917 年，寧夏靈武縣知事余鼎銘修城時，於城牆內掘獲兩大箱西夏文
文獻，多數入藏中國國家圖書館，少部分輾轉藏於故宮博物院、甘肅、
寧夏，一部分流失於日本。50 年代後，甘肅敦煌石窟、武威天梯山石
窟、炳靈寺石窟，武威小西溝峴、亥母洞，內蒙古黑水城、綠城，寧夏
賀蘭縣宏佛塔、賀蘭山方塔以及陝西、新疆等地又陸續發現和收藏不少
西夏文獻。

全書分北京編（國家圖書館、北京大學、中國國家博物館、中國社科院
考古所、故宮博物院藏）、寧夏編（寧夏回族自治區博物館、羅雪橋、
寧夏回族自治區文物考古所藏）、陝西編（西安市文物局藏）、甘肅編（敦
煌研究院、甘肅省博物館、武威市博物館、定西縣文化館藏）、內蒙古
（內蒙古自治區博物館、內蒙古自治區考古研究所、額濟納旗文物管理
所藏）和金石編（分碑石、題記、西夏零殘碑、印章、符牌、錢幣）。
將分藏中國各地的西夏文獻制成清晰的圖片出版；對各地文獻分別以
「綜述」介紹，對每一文獻又有「敘錄」，記其形制及內容。

5) 寧夏社會科學院編，《中國國家圖書館藏西夏文獻》4 冊（上海：上海
古籍出版社，2005.08－2006.05）。

　　中國藏西夏文獻以國家圖書館為最多，計文獻 17 種，共有 100 餘卷，
約有數千頁面，以佛經為主。寧夏靈武縣所獲，於 1929 年大部分入藏國立
北平圖書館。1930 年北圖得到西夏學研究學者羅福成（1885－1960）、王
靜如、（蘇聯）聶歷山、（日）石濱純太郎等的協助，發刊〈西夏文專號〉，
以為得書的紀念。1932 年 1 月《國立北平圖書館館刊・西夏文專號》出版，
收錄國內外專家著譯文章 35 篇。其中，公布了周叔迦、王靜如整理的〈館
藏西夏文經典目錄〉。1973 年、1982 年，史金波、黃潤華重新整理，增加
了原為俄羅斯所藏出土的 21 卷佛經，用以補充原館藏所遺失者。

　　為紀念「西夏文專號」70周年，2002年中國社科院西夏文化研究中心
與中國國圖合作出版《國家圖書館學刊・西夏研究專號》。2011年國圖製作
新的楠木書盒書櫃，將原在包袱裏的西夏古籍移入典藏。

（二）黑水城文獻回歸 —— 《敦煌吐魯番文獻集成》

　　上海古籍出版社除編纂俄藏黑水城文獻外，啟動「流失海外民族文
獻」項目，先後與西北第二民族學院（今北方民族大學）、西北民族大學合
作簽約，分別合作編纂出版英藏黑水城文獻、法藏敦煌西夏文獻和法藏敦
煌藏文文獻、英藏敦煌西域藏文文獻。

俄藏黑水城文獻

　　90年代，經中俄兩國學術界的共同努力，這些文獻結集出版，主要成
果：

1) 俄羅斯科學院東方研究所聖彼得堡分所、中國社會科學院民族研究所、
上海古籍出版社編，《俄羅斯科學院東方研究所聖彼得堡分所藏黑水城
文獻》（上海：上海古籍出版社，1996.12- ）。

20世紀90年代，中國社會科學院民族研究所、上海古籍出版社組團兩
次前往俄羅斯科學院東方研究所聖彼得堡分所，就其所藏黑水城文獻進
行了全面整理及拍攝照片，攜回後再加工編印成書。由史金波、魏同賢、
（俄）克恰諾夫主編。史金波在本書〈前言〉稱：中方人員在聖彼得堡
工作期間，得到東方研究所所長彼得羅相、副所長克恰諾夫和研究員孟
列夫、克平、丘古耶夫斯基的支持與合作，使這一難度很大的工作得以
順利進行。

本書由漢文部分、西夏文世俗部分、西夏文佛教部分構成，分別陸續出
版。

漢文部分（1－6冊，1996.12-2000.12出版），首次公布了俄藏黑水城漢
文文獻的全部圖版，該書後附由孟列夫、蔣維崧、白濱撰著的〈敘錄〉，

著錄文獻的朝代（唐、五代、宋、西夏、偽齊劉豫、金和元）（經確認還有少量的遼代文獻及摻入 1 件清代文獻）、文獻性質（刻本或寫本）、頁碼數量、行款裝潢、內容簡介，甚至錄文和考證等，都有助於檢索，帶給學者研究上的便利，使學界掀起一陣黑水城漢文文獻研究的熱潮，發表了不少研究的成果。本部分依俄藏編號順序編印。

另西夏文世俗部分（7－11 冊，1997.08-1999.10 出版）、西夏文世俗社會文書部分（12－14 冊，2006-2011 出版，約 1,500 件，由史金波定題自 1997 年至 2003 年完成初稿，2005 年交稿。），參考傳統分類方法，按內容依語言文字類、歷史法律類、社會文學類和古籍譯文類排列。

西夏文佛教部分（15－29 冊，2011.12－2019.11 出版）則參照經、律、論三藏分類。計畫全部出齊約計 30 冊。

2) 俄羅斯國立艾爾米塔什博物館、西北民族大學、上海古籍出版社編；金雅聲、（俄）謝苗諾夫主編，《俄羅斯國立艾爾米塔什博物館藏黑水城藝術品》（第 1 冊）（上海：上海古籍出版社，2008.12），（第 2 冊）（上海古籍出版社，2011.01）其餘各冊將陸續出版。

英藏黑水城文獻

中國西北第二民族學院、上海古籍出版社、英國國家圖書館編，《英藏黑水城文獻》（*Documents from Khara-Khoto in the British Library*）5 冊（上海：上海古籍出版社，2005.03-2010.06）。

緣自 20 世紀 90 年代，胡若非到英國國家圖書館（大英圖書館）調查散失海外的西夏文獻，完成《斯坦因文庫主題目錄和索引》，並攜回 20 盒縮影微捲。因大英圖書館缺乏西夏學方面的專家，致所藏西夏文獻仍然保留著當時入藏登錄的原始狀況，由中國西北第二民族學院（現改名為北方民族大學）社會人類學與民族學研究所進行登錄、整理（包括編號重複、錯誤之處統一進行調整）、鑒定，將英藏西夏文獻的全部殘頁編號，並予以數位化（文本著作權歸中方）。經商得大英圖書館東方部的授權（圖版著作權歸英方），中國西北第二民族學院和上海古籍出版社共同編纂出版大英圖

書館藏斯坦因從黑水城採集的西夏文文書為主，包括 4,000 餘件原始文獻圖版，全部殘頁 7,300 個編號。其中還有為數可觀的波斯文、藏文、回鶻體蒙文、巴利文、梵文等，內容廣泛涉及官府文書、軍法兵書、典當契約、韻類辭書、日用雜記、詩歌藝文、醫學藥方、興曆占卜、佛經等，為研究西夏學的豐富史料。(胡若非)。書中對於上述馬斯伯樂、郭峰、沙知所編各書已整理公布的漢文文書未再收錄，但另外公布漢文文獻 87 件，收錄在各冊。其中世俗文獻的手寫卷子約占整個英藏黑水城文獻的 23%。可與《俄藏黑水城文獻》互為補充。(張洪鋼、王鳳娥)本書出版後，史金波撰，〈《英藏黑水城文獻》定名當議及補正〉乙篇，可資參閱。

法藏黑水城文獻

　　西北第二民族學院、上海古籍出版社、法國國家圖書館編；李偉、(法)郭恩(Monique Cohen)主編，《法藏敦煌西夏文文獻》(上海：上海古籍出版社，2007.04)。

　　法國藏伯希和於 1908 年(光緒 34)在敦煌莫高窟 P.181 窟(敦煌研究院編號 466 窟)、182 窟發掘獲取原已編號 217 件、未編號 27 件，及伯希和 1938 年在中國所購經摺裝《華嚴經》1 件，另木版寫本 1 件，獲得總量 246 件西夏文刻本和寫本。對該文獻全部作了釋讀和考定，並對殘片進行綴合。

(三)《敦煌吐魯番文獻集成》叢書子目

　　上海古籍出版社《敦煌吐魯番文獻集成》(The Corpus of Dunhuang-Turfan Manuscripts)，總策畫魏同賢，顧問季羨林、潘重規、饒宗頤；本叢書子目依出版年先後排列如下：

1992-2001	《俄羅斯科學院東方研究所聖彼得堡分所藏敦煌文獻》，簡稱《俄藏敦煌文獻》(全 17 冊)

1993	《上海博物館藏敦煌吐魯番文獻》（全 2 冊）
1994-2005	《法國國家圖書館藏敦煌西域文獻》（全 34 冊）
1995	《北京大學圖書館藏敦煌文獻》（全 2 冊）
1996-	《俄羅斯科學院東方研究所聖彼得堡分所藏黑水城文獻》，簡稱《俄藏黑水城文獻》 漢文部分（全 6 冊，1996-2000） 西夏文世俗部分（全 5 冊，1997-1999） 西夏文世俗社會文書部分（全 3 冊，2006-2011） 西夏文佛教部分（已出版 15 冊，2011-2019）
1996-1998	《天津市藝術博物館藏敦煌文獻》（全 7 冊）
1997-2005	《俄羅斯國立艾爾米塔什博物館藏敦煌藝術品》（全 6 冊）
1999	《上海圖書館藏敦煌吐魯番文獻》（全 4 冊）
2005-2010	《英藏黑水城文獻》（全 5 冊）
2006-2015	《法國國家圖書館藏敦煌藏文文獻》（全 18 冊）
2007	《法藏敦煌西夏文文獻》（全 1 冊）
2008-2011	《俄羅斯國立艾爾米塔什博物館藏黑水城藝術品》（已出版第 1 冊）
2011	《英國國家圖書館藏敦煌西域藏文文獻》（已出版 12 冊，2010-2020）
2011	《俄羅斯國立艾爾米塔什博物館藏錫克沁藝術品》
2018	《俄羅斯國立艾爾米塔什博物館藏龜茲藝術品》（全 2 冊）

徵引及參考文獻書目

二畫

丁延峰、李波,〈臺灣故宮博物院藏海源閣遺書考述〉,《山東圖書館學刊》
　　2009:4,頁102－105＋112。

三畫

才讓,〈敦煌藏文文獻編目整理、出版方面的成果回顧及未來研究趨勢之展
　　望〉,《臺大佛學研究》22（2011.12）,頁109－138。

（日）大亭脩、姜國華譯,〈關於東傳漢籍的研究方法與資料〉,載於:陸
　　堅、王勇主編,《中國典籍在日本的流傳與影響》（杭州:杭州大學出版
　　社,1990.12）,頁38－48。

（日）大庭脩撰、徐世虹譯,《江戶時代日中秘話》（北京:中華書局,
　　1997.07）。

（日）小林英夫、福景紳一,《滿鐵調查部事件の真相》（東京:小學館,
　　2005）。

（日）小黑浩司〈日中圖書館界交流の歷史〉《圖書館雜誌》86:8（1992.08）,
　　頁510－512。

四畫

方廣錩,〈中國國家圖書館藏敦煌遺書六種目錄述略〉,《上海師大學報（哲
　　學社會科學版）》42:4（2013.07）,頁35－46。

方廣錩,《方廣錩敦煌遺書散論》（上海:上海古籍出版社,2010.12）。

方廣錩，〈《中國國家圖書館藏敦煌遺書總目錄》的編纂〉，《敦煌研究》2013：
　　3＝139，頁133－143。

方廣錩，〈敦煌藏經洞與敦煌遺書〉，載於：張本義主編，《白雲論壇》第1
　　卷上輯（北京：北京圖書館出版社，2004.09）。上網日期：2017.02.28。
　　http://www.dl-library.net.cn/publication/pub_content.php?id=500&flag=1

方廣錩，〈《敦煌遺書總目錄》之編纂〉，《佛教圖書館訊》35/36（2003.12），
　　頁6－20。

（日）文部省，〈書籍館博物館〉、〈明治11年書籍館一覽表〉，載於：《日本
　　帝國文部省年報第6年（明治8年）》（東京：文部省，1875），幅43、299
　　－230，上網日期：2015.12.25。http://di.ndl.go.jp/info：ndljp/pid809151

（日）文部省，〈書籍館〉，載於：《日本帝國文部省年報第1年（明治6年）》
　　（東京：文部省，1875），上網日期：2015.12.25.
　　http://dl.ndl.go.jp/info：ndljp/pid809143

之靜，〈美國國會圖書館之中文圖書〉，《國立中央圖書館館刊》新1：3
　　（1968.01），頁49－51。

王子平，〈日本侵華戰爭與中國圖書館〉，《山東圖書館季刊》1995：2，頁1
　　－6。

王玉強、陳景彥，〈日本朱子學的官學化研究〉，《社會科學戰線》2013：07，
　　頁264－266。

王立新，《美國傳教士與晚清中國現代化》（天津：天津人民出版社，
　　2007.11）。

王平譯，〈日本東方史學家榎一雄〉，《蒙古學資料與情報》1991：4，頁46
　　－52。

王世偉，〈東瀛學術訪問扎記〉，《圖書館雜誌》21：3（2002.03），頁67－
　　69。

王聿均，〈戰時日軍對中國文化的破壞〉，《中研院近史所集刊》14（1985.06），
　　頁327－347。

王多聞、關嘉錄，〈大連市圖書館藏清代內閣大庫檔案的發掘和整理〉，《故宮博物院院刊》1989：1（1987.04），頁43-48。

王成志，〈為什麼哥大會有這些中文資料〉，《中華讀書報》5-6版，2013.03.11.上網日期：2018.01.01。

http://Big5.gmw.cn/g2b/epaper.gmw.cn/zhdsb/htm/20130313/new.D110000zhdsb.-20130313-1-05htm?2div=1

王屏，《近代日本的亞細亞主義》（北京：商務印書館，2004.03）。

王紹曾、崔國光整理，《訂補海源閣書目五種》2冊（濟南：齊魯書社，2002.04）。

王紹曾，〈山東省圖書館館藏海源閣書目‧序〉，載於：山東省圖書館編，《山東省圖書館館藏海源閣書目》（濟南：齊魯書社，1999），頁12－13。

王樹槐，《庚子賠款》（中研院近史所專刊；31）（臺北：中研院近史所，1974.03）。

王樹槐，〈衛三畏與「中華叢刊」〉，《現代學苑》1：7（1964.10），頁17－25。

王冀，《從北京到華盛頓：王冀的中美歷史回憶》（香港：商務，2008）。

王冀（Wang, Chi）著、吳碧娟譯，〈美國國會圖書館的中文收藏＝The Chinese Collection in the Library of Congress：A Brief Introduction〉，《國立中央圖書館館刊》新16：2（1983.12），頁66－70。

王冀青，《斯坦因與日本敦煌學》（蘭州：甘肅教育出版社，2004.12）。

王冀青，〈榎一雄與英藏敦煌文獻攝影──紀念榎一雄先生誕辰九十周年暨英藏敦煌文獻縮微膠卷攝影五十周年〉，《敦煌學輯刊》2003：2，頁129－140。

王冀青、（美）莫洛索斯基（Susan Elizabeth Mrozowski），〈美國收藏的敦煌與中亞藝術品〉，《敦煌學輯刊》1990：1，頁116－128。

王鴻益，〈哥倫比亞大學中文圖書館簡史〉，《國立中央圖書館館刊》新13：1（1980.06），頁35－45。

王獻唐，〈海源閣藏書之損失與善後處置〉，載於：山東省圖書館編，《山東
省圖書館館藏海源閣書目》（濟南：齊魯書社，1999.12），頁406－419。

巴兆祥，〈日本劫購徐則恂東海樓藏書始末考〉，《文獻》2008：1（2008.01），
頁131－142。

孔陳炎，《衛三畏與美國漢學研究》（上海：上海辭書出版社，2010.09）。

（日）木宮泰彥，《日本古印刷文化史》（東京：富山房，1965）。

（日）內藤湖南，〈奉天訪書談〉，在內藤湖南、長澤規矩也等；錢婉約、
宋炎輯譯，《日本學人中國訪書記》（北京：中華書局，2006.01），頁31
－54。

中國第二歷史檔案館編，《中華民國史檔案資料彙編第五輯第三編文化》（南
京：江蘇古籍出版社，1999.09）。

〈北平圖書館陳報將海源閣藏書收歸國有經過情形呈〉（1946.02.18），頁
324－329。

〈蔣復璁等報告接運文瀾閣四庫全書經過情形呈〉（1946.09.02），頁329－
331。

〈國立中央圖書館概況〉（1947.05），頁338－351。

〈國立瀋陽博物院籌備委員會工作及復員概況〉（1947.08-10），頁353－
357。

〈國立瀋陽博物院籌備委員會概況〉（1947.10.10），頁357－364。

中國第二歷史檔案館編，〈教育部關於防止山東省聊城楊氏海源閣善本藏書
流出海外並設法購置的文件〉（1929.05－1934.06），載於：《中華民國史
檔案資料彙編第五輯第一編教育(二)》（南京：江蘇古籍出版社，1994.05），
頁787－791。

中華圖書館協會執行委員會編，《中華圖書館協會會報》，雙月刊，1：1
（1925.06）－21：3/4（1948.05）（南京等：中華圖書館協會）。

〈東洋文庫沿革略（譯稿)〉，2：2（1926.10），頁3－5。

〈宮內省圖書寮新建築落成〉4：2（1928.10），頁25。

〈大連圖書館訪購大批中國舊籍〉，4：5（1929.04），頁31。

〈海源閣之調查與協議〉，6：4（1931.02），頁12－19。

〈海源閣續聞〉，6：5（1931.04），頁31－32。

〈海源閣續訊〉，6：6（1931.06），頁18－19。

〈美國國會圖書館蒐集中國古籍〉，14：6（1940.06），頁18。

〈七七事變後北平圖書館狀況調查（一）國立北平圖書館狀況〉16：1/2
　　（1941.10），頁5－8。

中國嘉德國際拍賣公司，《中國嘉德2015秋季拍賣會：筆墨文章—信札寫本
　　專場》（〔北京〕：〔中國嘉德國際拍賣公司〕，2015.11）。

牛惠曼，〈國家圖書館遠距學園〉，《國家圖書館館訊》2002：2（2002.05），
　　頁28－33。

牛道慧，〈舊廣州貿易時期美國商人與鴉片貿易（1784－1840）〉，《大業大
　　學通識教育學報》11（2013.05），頁55－84。

牛道慧，〈鴉片戰爭前美國在廣州的普金斯洋行與期昌洋行的重要領導人
　　（1784－1844）〉，《龍華科技大學學報》31（2011.12），頁179－210。

牛道慧，「鴉片戰爭前在廣州的美國商人（1784－1844）」（臺北：中國文化
　　大學史學研究所博士論文，2009.11）。

五畫

甘孺輯述，〈永豐鄉人行年錄（羅振玉年譜）〉，載於：羅繼祖主編，《羅振
　　玉學術論著集》第12冊（上海：上海古籍出版社，2010.12），頁341－480。

（日）石田幹之助著、朱滋萃譯，《歐人之漢學研究》（〔北平〕：中法大學，
　　1934.12）。

石曉軍，《中日兩國相互認識的變遷》（臺北：臺灣商務，1992.12）。

（日）田中不二麻呂，〈公立圖書館設置的必要〉，載於：文部省，《日本帝
　　國文部省年報第4年（昭和6年）》（東京：文部省，1875），幅43、299－
　　300，上網日期：2015.12.25。http://dl.ndl.go.jp/info：ndljp/pid/809147/13

北京市地方志編纂委員會編，《北京市志·新聞出版廣播電視志·出版志》（北京：北京出版社，2005.10）。

史金波，〈《英藏黑水域文獻》定名當議及補正〉，《西夏學》5（2010.09），頁1－6。

史金波〈中國藏西夏文文獻新探〉，《西夏學》2（2007.07），頁3－16。

付杰，〈日本侵華罪證——滿鐵調查報告及其價值分析〉，《黑龍江檔案》2015：1，頁24－25。

外交部（1948.09.01）。轉知歸還偽新民會書籍接收處置辦法，外交部〈要求日本歸還圖籍（一）第7冊，歸還文物——新民會書籍案〉。國史館，數位典藏號020-010119-0027。

外交部（1946.05.14）。外交部致北平圖書館說明日本戰犯掠奪圖書經過情況。載於：《北京圖書館史整理滙編》（北京：書目文獻出版社，1992），下冊，頁841。

六畫

安平秋，〈《日本宮內廳書陵部藏宋元版漢籍影印叢書》影印說明（第一輯）〉，《中國典籍與文化》2003：01，頁110－126。

衣若蘭，〈才女史評越扶桑——和刻本李晚芳《讀史管見》的出版與流傳〉，《臺大歷史學報》55（2015.06），頁173－217。

（日）成島司直（1778－1862），〈東照宮御實記附錄卷22〉，載於：黑板勝美、國史大系編修會編輯，《新訂增補國史大系》第38卷《德川實記》第一篇（東京：吉川弘文館，2004），上網日期：2015.12.25。
http://www.j-texts.com/jikki/toshogufuroku.html

（日）吉川幸次郎，〈1929年一個日本留學生眼中的中國〉，《北方人（閱讀）》2009：10，頁48－49。

西一翁，〈廢除不平等條約始末〉，《傳記文學》107：1（2015.07），頁62－65。

伍媛媛,〈清內閣大庫檔案損毀流失述略〉,《歷史檔案》2017：3,頁31－
　　135。

（日）竹越與三郎（竹越三叉),〈玉川觀書記〉,《中華圖館協會會報》1：
　　6（1926.06),頁3－4。

（日）竹內好著、孫歌編、李冬木、趙京華、孫歌譯,《近代的超克》（學
　　術前沿）（北京：三聯書店,2007.03）。

朱玲莉,〈日本寺子屋教育及其對我國基礎教育的啓示〉,《湖南科技大學學
　　報（社會科學版）》13：6（2010.11),頁159－162。

朱政惠,《美國中國學發展史——以歷史學為中心》（上海：中西書局,
　　2014.11）。

朱政惠編,《中國學者論美國中國學》（上海：上海辭書出版社,2008.12）。

七畫

冷綉錦、張賀南,〈滿鐵大連圖書館的使命與藏書〉,《大連近代史研究》2012：
　　頁175－185。

冷綉錦,《「滿鐵」圖書館研究》（瀋陽：遼寧人民出版社,2011.09）。

冷綉錦,〈滿鐵的「滿洲」經營與附屬地各圖書館〉,《外國問題研究》2009：
　　1=191,頁76－79。

汪莹,〈日本東京國立博物館的中國文物〉,《紫禁城》2014：3,頁136－148。

沈克尼,〈侵華日軍編印的中國兵要地志〉,《國防時報》2011.02.28,020
　　版。

沈津,〈中華書局也出錯誤百出的書——讀《日藏漢籍善本書錄》小記〉
　　（一）——（四）（2008.01.29),上網日期：2017.08.08。
　　http://blog.sina.com.cn/s/blog-4e4a788a10084cm.htm/

沈津,〈關於元刻朱墨套印本金剛般若波羅蜜經〉,載於：沈津,《書城風絃
　　錄—沈津學術筆記》（桂林：廣西師範大學初版社,2006),頁5－6。

沈津,〈美國主要東亞圖書館所藏中國古籍文獻及其展望〉,《國家圖書館館

刊》90：1（2001.06），頁97－114。

沈津，〈美國哈佛燕京圖書館的中國古籍藏書〉，《世界漢學》1（1998.05），
　　頁207－211。

沈栖，〈天一閣藏書失竊記〉，《上海法治報》2012.09.21，B5版。上網日期：
　　2016.04.21。
　　http://newspaper.jfdaily.com/shfzb/files/2012.09.21/270798.PDF

宋玉武，〈美國國會圖書館藏中日戰爭（1937－1945）日文文獻〉，《國史館
　　通訊》9（2015.12），頁17－25。

宋晞，〈論流傳於日本的中國地方志〉，載於：聯合報文化基金會國學文獻
　　館編，《第一屆中國域外漢籍國際學術會議論文集》（臺北：編者，1987.12），
　　頁77－103。

宋晞，〈日本明治維新以來的漢學研究〉，《東西文化》14（1968.08），頁
　　12－19。

杜建錄，《中國藏黑水城漢文文獻整理研究》（國家哲學社會科學成果文庫）
　　（北京：人民出版社，2016.04）。

杜澤遜、張學謙、李寒光，〈《靜嘉堂秘籍志》的歷史地位及其不足〉，《山
　　東圖書館學刊》2013：4，頁96－99＋105。

李大釗，〈大亞細亞主義（1917.4.18）〉、〈大亞細亞主義與新亞細亞主義〉，
　　載於：中國李大釗研究會編注，《李大釗全集》第2冊（北京：人民出版
　　社，2006），頁106－108；269－271。

李文綺，〈靜嘉堂文庫小史〉，《中華圖書館協會會報》7：1（1931.08），頁
　　8－10。

李正宇，〈莫高窟王道士《催募經款草丹》小考〉，《檔案》2010：2，頁36
　　－37。

李守義，〈清內閣大庫明清檔案播遷紀略〉，《紫禁城》2012：2（2012.06），
　　頁44-51。

李屹、吳敦夫主編；新疆維吾爾自治區人民政府新聞辦公室編，《絲綢之路

上外國探險家的足迹》（北京：五洲傳播出版社，2005）。

李志芳，〈日本國見在書目錄〉，《圖書館學研究》2009：9，頁99－101。

李志剛，〈美國第一位來華教士裨治文牧師與中美早期關係──紀念裨治文
　　牧師到廣州傳教一百六十周年〉，《中國歷史學會史學集刊》23（1991.07），
　　頁121－138。

李勇慧，〈「海源閣」藏書的散佚、搶救與歸屬〉，《民國檔案》2011：02，
　　62－68。

李勇慧，〈王獻唐年譜〉，載於：張本義主編，《大連圖書館百年紀念學術論
　　文集》2冊（瀋陽：萬卷出版公司，2007.11），上冊，頁241－249。

李清志，〈國立中央圖書館藏敦煌卷子校讀扎記序〉，《國立中央圖書館館刊》
　　新6：3/4（1973.12），頁54－56。

李富華，〈《開寶藏》研究〉，《普門研究》13（2003.1），頁181－206。

李博強，〈根津一與「興亞主義」〉，《外國問題研究》2013：4=210，頁31
　　－35。

李華偉，”American Contributions to Modern Library Development in China：
　　A Historic Review”=美國對中國圖書館現代化發展的貢獻：歷史回顧），
　　載於：李華偉，《李華偉文集》2冊《圖書館學家文庫》（廣州：中山大學
　　出版社，2011.10），下冊，頁1156－1316。

李華偉，〈美國國會圖書館收藏有關中國東北與日本近代歷史文獻〉，載於：
　　張海惠編，《北美中國學──研究概述與文獻資源》（北京：中華書局，
　　2010.11），頁787－794。

李華偉，〈美國國會圖書館中文館藏與漢學研究資源〉，《新世紀圖書館》2008：
　　頁86－88+30。

李華偉，〈美國國會圖書館的漢學資源〉，《師大校友》325（2005.02），頁4
　　－12。

李慶，《日本漢學史──第2部，成熟和迷途：1919－1945》（上海：上海人
　　民出版社，2010.12）。

李慶，《日本漢學史——第1部，起源和確立：1868－1918》（上海：上海人
　　民出版社，2010.12）。

李慶，〈黎庶昌和島田重禮〉，載於：李慶，《海外典籍與日本漢學論叢》（北
　　京：中華書局，2011.09），頁380－397。

李慶，〈嘉業堂藏書的流變及其與日本的關係〉，載於：李慶，《海外典籍與
　　日本漢學論叢》（北京：中華書局，2011.09），頁450－483。

（蘇聯）克恰諾夫撰、陳鵬譯，〈前言〉，載於：俄羅斯科學院東方研究所
　　聖彼得堡分所、中國社會科學院民族研究所、上海古籍出版社編，《俄羅
　　斯科學院東方研究所聖彼得堡分所藏黑水城文獻》第1冊（上海：上海古
　　籍出版社，1996.12），頁1-17。

車守同，《國立敦煌藝術研究所的時代背景與史事日誌》2冊（新北市：擎
　　松圖書，2013.12）。

阮靜玲，〈方廣錩教授訪館鑑定館藏敦煌卷子紀要〉，《國家圖書館館訊》
　　100：1（2011.02），頁22－23。

（日）杉村勇造著、高柏蒼譯，〈滿洲文化的回憶〉，《遼寧省博物館館刊》
　　3（2008），頁803－816。

（日）町田三郎著、連清吉譯，〈明治漢學史論〉，載於：《明治的漢學家》
　　（臺北：臺灣學生書局，2002.12），頁1—26。

（日）町田三郎著、連清吉譯，〈東京大學古典講習科諸子〉，載於：《明治
　　的漢學家》（臺北：臺灣學生書局，2002.12），頁141—165。

（日）町田三郎著、連清吉譯《日本幕府以來之漢學家及其著述》（臺北：
　　文史哲出版社，1992.03）。

吳文津，《美國東亞圖書館發展史及其他》（臺北：聯經出版事業公司，
　　2016.06）。

吳文津，〈美國東亞圖書館蒐藏中國典籍之緣起與現況〉，載於：吳文津著
　　《美國東亞圖書館發展史及其他》（臺北：聯經出版事業公司，2016.06），
　　頁22－45。

吳文津著、胡嘉陽譯,〈美國東亞圖書館協會的歷史沿革〉,載於:吳文津
　　著《美國東亞圖書館發展史及其他》(臺北:聯經出版事業公司,2016.06),
　　頁107－123。

吳文津著、張寒露譯,〈北美東亞圖書館的發展〉,《圖書情報知識》2001:
　　2,頁4－12。

吳文津,〈哈佛燕京圖書館中國方志及其他有關資料存藏現況〉,《漢學研究》
　　3:2(1985.12),頁369－373。

吳文津,〈哈佛大學哈佛燕京圖書館中國古籍〉,載於:古籍鑑定與維護研
　　習會、吳哲夫編,《古籍鑑定與維護研習會專集》(臺北:中國圖書館學
　　會,1985),頁341－351。

吳利薇,〈滿鐵奉天圖書館〉,《外國問題研究》2009:2=192,頁35－41。

吳利薇,〈滿鐵大連圖書館〉,《日本學論壇》2007:2,頁68－72。

吳其昱,〈國立中央圖書館藏敦煌卷子影印本序〉,《國立中央圖書館館刊》
　　新9:2(1976.12),頁82－83。

吳承明,《帝國主義在舊中國的投資》(上海:人民出版社,1955)。

吳原元,〈論略美國漢學的成功之道及其對中國文化發展的啟示〉,《蘭州學
　　刊》2013:1,頁78－85。

吳格,〈橋川時雄與《續修四庫全書總目提要》編纂〉,《域外漢籍研究集刊》
　　4(2008),頁375－386。

吳格,〈日本東洋文庫藏《續修四庫全書總目題要》資料隨錄〉,載於:張
　　本義主編,《大連圖書館百年紀念學術論文集》2冊(瀋陽:萬卷出版公
　　司,2007.11),上冊,頁233－292。

吳格,〈日本東洋文庫藏《續修四庫全書總目題要》編纂資料〉,《域外漢籍
　　研究集刊》3(2007),頁371－403。

吳密,〈國立北平圖書館追討日偽新民會查禁書籍始末〉,《國家圖書館學刊》
　　109(2017.01),頁104－110。

(日)佐野昭,〈帝國圖書館藏書疎開始末記〉,《國立國會圖書館月報》232

（1980.07）。

何炳棣，《讀史閱世六十年》（允晨叢刊；99）（臺北：允晨文化實業公司，
　　2004.05）。

何雙全，《簡牘》（遙望星宿：甘肅考古文化叢書）（蘭州：敦煌文藝出版社，
　　2004.02）。

八畫

府憲展，〈尋找敦煌的海外游子——流失海外敦煌西域文獻文物的編纂出
　　版〉，《敦煌研究》（2006.06），上網日期：2017.11.12。
　　wuming.xuefo.net/nr/14/136560.html

房建昌，〈上海東亞同文書院（大學）檔案的發現及價值〉，《史料研究》1998：
　　05，頁52－59。

（日）定源，〈日僧俊芿與南宋文人士大夫的交往〉，《臺大佛學研究》22
　　（2011.12），頁33－58。

武斌，〈瀋陽故宮文溯閣《四庫全書》輾轉流傳記略〉，《瀋陽故宮博物院院
　　刊》13（2013），頁82－96。

（俄）孟列夫編、陳鐵凡選輯，〈蘇聯藏敦煌卷簡目（二）〉，《國立中央圖
　　書館館刊》，新9：1（1976.06），頁67－85。

（俄）孟列夫編、陳鐵凡選輯，〈蘇聯藏敦煌卷簡目（一）〉，《國立中央圖
　　書館館刊》，新8：2（1975.12），頁52－57。

孟慶波，〈美國中國學發端史研究〉，《華南農業大學（社會科學版）》2013：
　　2，頁151－156。

孟慶波，〈來華美國人對美國東方學會早期漢學研究的貢獻〉，《西部學刊》
　　2015：3，頁39－46。

屈萬里，〈普林斯敦大學所藏中文善本書辨疑〉，《圖書館學報》10（1969.12），
　　頁1－10。

（釋）東初著、中華佛教文化館、中華大典編印委員會同編，《中日佛教交

通史》（臺北：中華佛教文化館，1970）。

〔東亞文化研究所編〕，《東亞同文會史》（東京都：霞山會，1988）。

林志宏，〈殖民知識的生產與再建構──「滿洲國」時期的古物調查報告〉，
　《中研院近史所集刊》87（2015.03），頁1－50。

林志宏，《民國乃敵國也：政治文化轉型下的清遺民》（臺北：聯經出版事
　業公司，2009.03）。

林基鴻，〈臺灣香港地區的敦煌學研究〉，《徐州師範大學學報》1997：04，
　頁108－111+151。

林慶元、楊齊福，《「大東亞共榮圈」源流》（北京：社會科學文獻出版社，
　2006.11）。

尚林，〈劉廷琛舊藏敦煌遺書流失考〉，《漢學研究》12：2（1944.12），頁
　354－357。

周欣平主編，《東學西漸：北美東亞圖書館1868－2008=Collecting Asia：East
　Asian Libraries in North America,1868-2008》（北京：高等教育出版社，
　2012.07）。

周原，〈美國大學東亞圖書館的發展、現況及展望〉，載於：潘美月、鄭吉
　雄主編《東亞文獻研究資源論集》（臺北：臺灣學生書局，2007.12），頁
　101－134。

周原著、劉春銀譯，〈「常願書為曉者傳」－萬惟英先生小傳〉，《中華民國
　圖書館學會會訊》14：1/2（2006.06），頁22－26。

周雪恒，《中國檔案事業史》（北京：中國人民大學出版社，1994.12）。

周圜，〈從編纂古籍善本書目看目錄版本學家之成就〉，《新世紀圖書館》2014：
　08，頁79－83。

周德喜，〈甲午戰爭前後日本在上海創辦的學校述論〉，《廣東社會科學》2003：
　6，頁61－68。

金培懿，〈明治日本的新舊《論語》詮釋之間－由松本豐多對服部宇之吉的
　拮抗論注經之本質〉，載於：政大中文系主編，《第五屆中國經學國際學

術研討會論文集》（臺北：編者，2009.05），頁113－150。

邱景墩、陳昭如，〈戰前日本的帝國大學制度與臺北帝國大學〉，《Academia ＝臺北帝國大學研究通訊》創刊號（1996.04），頁1－6。

九畫

姜民，〈楊氏海源閣及其藏書略述〉，《大學圖書館》9：1（2005.03），頁123 －142。

胡平，《情報日本》（香港：三聯：2008.04）。

胡若非，〈英藏黑水城文獻概述〉，《固原師專學報（社會科學版）》26：5 （2005.09），頁78－84。

胡宗英，〈日本古代漢籍目錄述論〉，《學術月刊》1996：8，頁102－105＋ 101。

胡優靜，《英國19世紀的漢學史研究》（列國漢學史書系）（北京：學苑出版 社，2009.12）。

胡艷杰，〈海外漢籍藏書情況初探——兼談流落日本的陸心源藏書〉，《圖書 館工作與研究》2013：12，頁87－89。

范泓，〈胡適為何屈就東方圖書館〉，載於：范泓，《在歷史的投影中》（臺 北：秀威資訊科技公司，2008.10），頁83－94。

范邦瑾，〈王重民《美國國會圖書館藏中國善本書錄》訂補（續）〉，《國家 圖書館館刊》97：2（2008.12），頁109－128。

范邦瑾，〈王重民《美國國會圖書館藏中國善本書錄》訂補〉，《國家圖書館 館刊》97：1（2008.06），頁139－184。

（日）柴田幹夫，〈大谷光瑞與大連〉，載於：張本義主編，《大連圖書館百 年紀念學術論文集》2冊（瀋陽：萬卷出版公司，2007.11），下冊，頁890 －903。

姚民權、羅偉虹，《中國基督教簡史》（北京：宗教文化出版社，2000.11）。

（日）信夫清三郎著、周啓乾譯，《日本近代政治史》（第4卷）（臺北：桂

冠圖書，1990.12）。

俞小明，〈古籍復刊、經典再現：國家圖書館善本古籍重印出版〉，《全國新書資訊月刊》102（2012.06），頁4－5。

（日）秋山光和著、劉永增譯，〈敦煌壁畫研究新資料──羅寄梅氏拍攝的照片及福格、赫爾米達什兩美術館所藏壁畫殘片探討〉，《敦煌研究》1982：01，頁181－195。

韋力，〈沈德壽抱經樓（下）抱經樓至此為三，抄書不擇善遭貶〉，2016.08。上網日期：2017.11.12。http://kknews.cc/zh-tw/culture/91xhr.8html

侯且岸，〈從學術史看漢學、中國學應有的學科定位〉，《國際關係》10（2004.03），頁1－12。

十畫

「海源閣續訊」，載於：中華圖書館協會執行委員會，《中華圖書館協會會報》6：6（1931.06），頁18－19。

「海源閣續聞」，載於：中華圖書館協會執行委員會，《中華圖書館協會會報》6：5（1931.04），頁31－32。

「海源閣之調查與協議」，載於：中華圖書館協會執行委員會，《中華圖書館協會會報》6：4（1931.02），頁12－19。

（日）高田時雄著、牛源譯，〈羽田亨與敦煌寫本〉，《敦煌研究》2014：3，頁184－189。

（日）高田時雄，〈近代日本之漢籍收藏與編目〉，上網日期：2015.10.01。http://www.zinbun.kyoto-u.ac.jp/～takata/kindai.pdf.

高津孝，〈京都帝國大學的中國文學研究〉，《政大中文學報》16（2011.12），頁87－110。

高啓安，〈日本人編撰的中國地方志：《支那省別全志》和《新修支那省別全志》〉，《圖書與情報》2010：06，頁152－158。

高橋智，〈日本流傳中國古籍簡述〉，《文史知識》2010：3，頁83－90。

高橋智，〈古籍流通的意義──善本和藏書史〉，《中國典籍與文化》2010
　　＝72，頁96－108。

秦樺林，〈1909年北京學界公宴伯希和事件補考──兼論王國維與早期敦煌
　　學〉，《浙江大學學報（人文社會科學版）48：3（2018.05），頁44－56。

索予明，〈金匱寶笈話歷劫──記故宮博物院現藏「文獻」及搶護歷險經過〉，
　　《傳記文學》15：6（1969.12），頁9－14。

馬宗榮，〈日本圖書館事業的史的研究〉，《文華圖書館學專科學校季刊》4：
　　2（1932.06），頁178－191。

孫玉蓉，〈《敦煌經籍輯存會》成立時間探究〉，《理論與現代化》2008：4
　　（2008.07），頁106－109。

孫繼民等，〈前言〉，載於：孫繼民等著，《英藏及俄藏黑水城漢文文獻整理
　　（上）》，（天津：天津古籍出版社，2015.05），頁1－19。

孫繼民，〈前言〉，載於：孫繼民、宋坤、陳瑞青等著，《俄藏黑水城漢文非
　　佛教文獻整理與研究（上）》（國家哲學社會科學成果文庫）（北京：北京
　　師範大學出版社，2012.03），頁1－14。

孫繼民、劉廣瑞，〈黑水城文獻發現的始年及在近代新材料發現史上的地
　　位〉，載於：孫繼民、宋坤、陳瑞青等著，《俄藏黑水城漢文非佛教文獻
　　整理與研究（下）》（國家哲學社會科學成果文庫）（北京：北京師範大
　　學出版社，2012.03），頁821－831。

袁成毅，〈中國對日庚子賠款述略〉，《抗日戰爭研究》1999：4，頁41－55。

桑兵，〈日本東亞同文會廣東支部〉，《中山大學學報（社會科學版）》2002：
　　1=175，頁1－17。

（日）草柳大藏著、劉耀武等譯，《滿鐵調查部內幕》（哈爾濱：黑龍江人
　　民出版社，1982.03）。

徐文堪，〈功績與精神永存──徐森玉和西北科學考察團〉，《上海文博論叢》
　　2011：04，頁8－10。

徐楨基，《潛園遺事──藏書家陸心源生平及其他》（上海：生活・讀書・

新知三聯書店，1996.06）。

徐興慶，〈三百五十年的越境時空〉，載於：德川真木監修、徐興慶主編，《日本德川博物館藏目錄I朱舜水文獻釋解》（上海：上海古籍出版社，2013.07），頁1－6。

（日）倉石武四郎講述、杜軼文譯，《日本中國學之發展》（北京：北京大學出版社，2013.01）。

（日）倉石武四郎著；容新江、朱玉麒輯注，〈述學齋日記〉，載於：《倉石武四郎中國留學記》（北京：中華書局，2002.04），頁1－209。

十一畫

許尤娜，〈法顯《佛國記》在歐洲的新譯——以十九世紀「英譯」為中心〉，《圓光佛學學報》22（2013.12），頁91－142。

許雪姬，〈東亞同文書院（1900－1945）的臺灣學生〉，《臺灣史研究》25：1（2018.03），頁137－182。

郭富純主編，《旅順博物館精華錄》（大連：大連出版社，2011.05）。

郭晶，《東亞同文書院研究》（北京：中國社會科學出版社，2016.05）。

戚印平，〈江戶時代的「禁書制度」——兼論漢語基督教版書籍在日本的流傳〉，載於：戚印平，《東亞近世耶穌會史論集》（臺北：國立臺大出版中心，2004），頁257－301。

曹書杰，〈《續修四庫全書提要》及其功過得失〉，《古籍整理研究學刊》1985：3，頁50－54。

陸堅、王勇，《中國典籍在日本的流傳與影響》（杭州：杭州大學出版社，1990）。

陸慶夫、王冀青，《中外敦煌學家評傳》（敦煌學研究叢書）（蘭州：甘肅教育出版社，2002.12）。

連清吉，〈「日本中國學的發展」導言〉，《政大中文學報》16（2011.12），頁39－42。

連清吉，《日本江戶時代的考證學家及其學問》（臺北：臺灣學生書局，
　　1998.12）。

張力，〈學者外交官：義大利人羅斯在中國，1908－1948〉，《中研院近史所
　　集刊》96（2017.06），頁1－30。

張小亞，〈西安交通大學所藏日本東亞同文書院檔案〉，《歷史檔案》2014：
　　4，頁125－127。

張升，〈再談嘉業堂藏《永樂大典》的下落〉，《圖書館研究與工作》2005：
　　3，頁78－79。

張西平，《傳教士漢學研究》（海外漢學研究叢書）（鄭州：大象出版社，
　　2005.05）。

張西平，〈羅明堅──西方漢學的奠基人〉，《文化雜誌》43（2002夏），頁
　　139－151。

張先清，〈姜別利及《姜別利文庫》〉，《國際漢學》2007：02，頁243－267。

張何清，〈哈佛燕京學社引得編纂處及其所編引得分析〉，《河南圖書館學刊》
　　1991：02，頁45－48＋51。

張廷銀，〈嘉業堂藏書流散過程中的動態文化內容──也談書信的文獻價
　　值〉，《書目季刊》37：4（2004.03），頁45－57。

張廷銀、劉應梅，〈嘉業堂藏書出售信函（上）〉，《文獻》2002：4（2002.10），
　　頁70－71。

張廷銀、劉應梅，《嘉業堂藏書出售信函（中）》，《文獻》2003：1（2003.01），
　　頁234-251．

張廷銀、劉應梅，《嘉業堂藏書出售信函（下）》，《文獻》2003：2（2003.04），
　　頁257－268。

張洪鋼、王鳳娥，〈中國黑水城文獻的百年滄桑〉，《圖書情報工作》54：7
　　（2010.04），頁14－17。

張重艷、胡妮，〈黑城出土漢文文書量詞初探〉，《西夏學》7（2010.10），
　　頁194－198。

張風,〈哈佛燕京學社75年的漢學貢獻〉,《文史哲》2004：3,頁59－69。

張翔,〈裘開明與哈佛燕京學社漢和圖書館〉,《圖書館雜誌》1999：08,頁 47－49。

張翔,〈《古今圖書集成》在美國的收藏〉,《圖書館雜誌》1997：04,頁55 －56。

張曉楊譯,「吳文津」,載於:(美)柯文(Cohen,P.A.)、(美)戈德曼(Goldman, M.)主編,朱政惠、陳雁、張曉楊譯,《費正清的中國世界——同時代 人的回憶》(上海:上海東方出版社,2003.03)。

張寶三,〈任教臺北帝國大學時期的神田喜一郎之研究〉,載於:張寶三、 楊儒賓編,《日本漢學研究初探》(東亞文明研究叢書；5)(臺北:臺大 出版中心,2002.03),頁323－341。

張寶三,〈狩野直喜與《續修四庫全書提要》之關係〉,《臺大中文學報》10 (1998.05),頁241－272。

陳才俊,〈伯駕與19世紀中葉的美國對臺政策〉,《澳門歷史研究》7(2008.12), 頁106－117。

陳水逢,《日本文明開化史》(臺北:臺灣商務印書館,1967)。

陳同麗,〈北美的東亞圖書館協會——鏈接東方圖書館的橋梁〉,《圖書館》 2011：6,6－8+11

陳先行,〈《美國柏克萊加州大學東亞圖書館中文古籍善本書志》後記〉,《圖 書館雜誌》24：1(2005.01),頁69－70+53。

陳仲益,〈孤本四庫全書薈要之發見〉,《中華圖書館協會會報》1：2(1925.08), 頁19－21

陳冠中,〈顧左右言他:中國論述的絳樹兩歌〉,載於:錢永祥總編輯,《思 想的求索》(臺北:聯經出版事業公司,2006.03),頁135－151。

陳祖恩,〈岸田吟香與海上文人圈——以1880年代中日文化交流為中心〉, 頁325－332。上網日期:2015.06.30。

http//publications.nichibun.ac.jp/region/d/NSHes/symp/2012-03-23/s001/s04

0/pdf/article.pdf.

陳翀，〈兩宋時期刻本東傳日本考──兼論金澤文庫之創建經緯〉，《西華大
　　學學報（哲學社會科學版）》29：3（2010.06），頁35－43。

陳寅恪，〈敦煌劫餘錄序〉，載於：陳寅恪，《陳寅恪先生全集（下）》（臺北：
　　九思出版公司，1997.12），頁1377－1378。

陳麥青，〈日本劫掠中國文物的追索之路〉，《觀察者》，2012.11.05。上網日
　　期：2014.10.10．http://www.guancha.cn/historiography/2012-11.

陳捷講、劉家幸記，〈關於十九世紀後半葉日藏漢籍回流中國的商業渠道〉，
　　《明清研究通訊》60（2017.04）。上網日期：2017.08.08。
　　http://mingching.sinica.Edu.tw/AcademicDetail/533

陳萱，〈牡丹社事件隨軍記者岸田吟香的臺灣原住民紀錄──以〈臺灣信報〉
　　為中心〉，《原住民族文獻》18（2014.12），頁36－41。

陳瑋芬，〈西學入眼來：幕府維新的留學生與「漢學」的轉折〉，載於：葉
　　國良、徐興慶編，《江戶時代日本漢學研究諸面向：思想文化篇》（臺北：
　　國立臺大出版中心，2009.06），頁301－345。

陳瑋芬，〈近代日本漢學的庶民性特徵──漢學私塾、漢學社群與民間祭孔
　　活動〉，《成大宗教與文化學報》4（2004.12），頁251－286。

陳濤，〈日本杏雨書屋藏《敦煌秘笈》目錄與《李（木齋）氏鑒藏敦煌寫本
　　目錄》之比較〉，《史學史研究》2010：2，頁92－115。

陳觀勝著、熊大絳譯，〈哈佛燕京學社與燕京大學之關係〉，載於：董鼐兌
　　總編輯，《學府紀聞──私立燕京大學》（臺北：南京出版社，1982.02），
　　頁53－57。

（美）常石道雄（Warren Tsuneishi）著、吳寬譯，〈北美圖書館東亞館藏之
　　合作發展近況〉，《圖書館學與資訊科學》13：2（1987.10），頁199-209。

（日）國立公文書館編，《內閣文庫百年史》（增補版）（東京都：汲古書院，
　　1986）。

（日）國立國會圖書館五十年史編委會，《國立國會圖書館五十年史（資料

編）》（東京：日本圖書館協會，2001.04）。CD-ROM。

崔泱芬譯、（俄）奇拉・薩瑪秋克著，〈俄羅斯國立艾爾米塔什博物館東方
　部館藏黑城文物記述〉，《寧夏社會科學》6（2002.11），頁92-95。

常書鴻，《守護敦煌五十年；常書鴻自述》（臺北：新銳文創，2013.02）。

偽滿時期資料重刊編委會編，《滿洲國政府公報》120冊（瀋陽：遼瀋書社，
　1990.01）。

〈對外通告〉（大同元年3月12日滿洲國外交部總長謝介石），見《滿洲國政
　府公報》，冊1，大同元年4月1日第1號，頁4－5。

〈逆產處理法〉（大同元年6月20日執政公布施行），見《滿洲國政府公報》，
　冊1，大同元年6月22日第16號，頁1－2。〈關於統一整理舊記之件〉（康
　德4年5月28日國務院訓令第37號），見《滿洲國政府公報》，冊35，康德4
　年6月1日第950號，頁1。

十二畫

馮天瑜，〈略論東亞同文書院的中國調查〉，《滿鐵研究》2010：1（總5），
　頁19－25。上網日期：2015.06.30。
　http://202.112.150.129/mt/mtyj/mtyj2010No1.pdf.

馮天瑜，〈東亞同文書院的中國旅行調查〉，《文史知識》2000：1，頁95－
　98。頁1－5。

馮志陽，〈庚子救援研究〉，（上海：華東師範大學博士研究生畢業論文，
　2012）。

黃文雄著、李明宗譯，《中國與近代東亞》（臺北：草根，2001.01）。

黃仁，《中外電影永遠的巨星》（臺北：秀威資訊科技公司，2014.03）。

黃光國，〈末代皇帝的墨鏡與認同危機（上）〉，《聯合報》，（2018.03.11），
　D3聯合副刊。

黃光國，〈末代皇帝的墨鏡與認同危機（下）〉，《聯合報》，（2018.03.13），
　D3聯合副刊。

黃仲凱，〈最近出版的加州大學東亞圖書館藏書目錄〉，《國立中央圖書館館刊》2：4（1969.04），頁141—143。

黃得時，〈漢學研究在日本——終戰以來三十年間的進展情形〉，《幼獅學誌》13：1（1970.11），頁221—258。

黃淵泉，〈日本圖書館事業概述〉，《中國圖書館學會會報》27（1975.12），頁13－22。

黃華珍，《日藏漢籍研究——以宋元版為中心》（北京：中華書局，2013.03）。

黃福慶，《近代日本在華文化及社會事業之研究》2版（中研院近史所專刊45）（臺北：中研院近史所，2011.06）。

黃福慶，〈論後藤新平的滿洲殖民政策〉，《中研院近代史研究集刊》15（1988.06），頁371－402。

黃福慶，〈歐戰後日本對庚款處理政策的分析——日本在華文教活動研究之2〉，〈中研院近代史研究所集刊〉6（1977.06），頁185－221。

黃福慶，〈東亞同文會——日本在華文教活動研究之1〉，《中研院近代史研究所集刊》5（1976.06），頁337－368。

（英）斯坦因（Sir Aurel Stein）撰、向達譯，《斯坦因西域考古集》（*On Ancient Central-Asian Tracks*）（上海：中華書局，1936.09）。

（美）費正清著、黎鳴、賈玉文等譯，《費正清自傳》（天津：天津人民出版社，1993）。

（美）費正清著、陸惠勤等譯，《費正清對華回憶錄》（上海：知識出版社，1991.05）。

彭斐章，《中外圖書交流史》（長沙：湖南教育出版社，1998.06）。

程煥文，〈千古浩劫罄竹難書，八國聯軍罪不容誅——翰林院劫毀百年祭〉，《資訊傳播與圖書館學》7：2（2000.12），頁33－44。

程煥文，《中國圖書文化導論》（廣州：中山大學出版社，1995.10）。

十三畫

溥傑、葉祖孚執筆,《溥傑自傳:愛新覺羅家族成員的回憶》(末代皇族系
　　列叢書)(北京:中國文史出版社,2001.01)。

溥儀,《我的前半生》(北京:群眾出版社,2007.01)。

(日)源昌久,〈わガ國の兵要地誌に關する一研究——書誌學的研究〉,
　　《空間、社會、地理思想》5號(2000)。上網日期:2016.01.23。
　　http://www.lit.osaka-cu.ac.jp./geo/pdf/space05/03minamato.pdf

資中筠,《財富的歸宿:美國現代公益基金會述評》增訂本(北京:三聯書
　　店,2011.11)。

新浪博客,〈羅寄梅與敦煌石窟(四)〉。上網日期:2016.02.22。
　　　http://blog.sina.com.cn/s/blog_74d465ed012v870.html

新浪博客,〈羅寄梅與敦煌石窟(五)〉。上網日期:2016.02.22。
　　http://blog.sina.com.cn/s/blog_74d465ed0102v86e.html

新疆維吾爾自治區人民政府新聞辦公室編;李屹、吳敦夫主編,《絲綢之路
　　上外國探險家的足迹》(北京:五洲傳播出版社,2005)。

〔楊力生〕,〈滿鐵圖書館〉,《大連文史資料第1輯》(大連市政協文史資料
　　研究委員會辦公室,1948.12),頁11-24。上網日期:2015.06.30。
　　http://www.dl-library.net.cn/Wenxian/wszl/1.pdf.

楊建新、馬曼麗,《外國考察家在我國西北》(鄭州:河南人民出版社,
　　1983.09)。

楊陽,《書籍殿堂的智者一傑出圖書館學家李華偉傳》(Do人物;008)(臺
　　北:獨立作家,2014.07)。

楊曉華,〈黑水城漢文文獻的發現及其學術價值〉,《圖書情報》2005:6,
　　頁44-45。

賈士蘅,〈敬懷業師中國考古學之父李濟教授〉,《傳記文學》111:5〈2017.11〉,
　　頁66-71。

賈秀岩、陸滿平,《民國價格史》(北京:中國物價出版社,1992)。

裴開明，《中國圖書編目法》國難後第3版（長沙：商務印書館，1940.04）。
　　上網日期：2018.12.30。
　　http://taiwanbook.ncl.edu.tw/zh-tw/book/NCL003150496/reader

董念清，〈華爾納與兩次福格中國考察述略〉，《西北史地》1996：04，頁49
　　－54。

董康、王君南整理，《董康東遊日記，又名書舶庸談》，《近世學人日記》（石
　　家莊，河北教育出版社，2000）。

葉渭渠，《日本文化史》（北京：北京理工大學出版社，2010.11）。

解學詩，〈總序──滿鐵研究的價值與滿鐵遺存史料編纂問題〉，載於：解
　　學詩、蘇崇民主編，《滿鐵檔案資料滙編》15冊（北京：社會科學文獻出
　　版社，2011.11）頁1－21。

解學詩，〈從史學博士白鳥庫吉到右翼狂人大川周明──滿鐵的「滿鮮」歷
　　史地理調查和「滿蒙狂」煽動〉，《社會科學戰線》2003：03，頁139－146。

十四畫

寧可，《大師導讀：敦煌──敦煌瑰寶重現記》（臺北：龍圖騰文化公司，
　　2011.06）。

（日）滬友社編、楊華等譯，《上海東亞同文書院大旅行紀錄》（馮天瑜主
　　編，近代日本人禹域踏查書系）（北京：商務，2000）。

（日）滬友會編，《東亞同文書院大學史》（東京：滬友會，1982）。

廖欽彬，〈戰後京都學派的歷史哲學與「近代超克」──以田邊元與大島康
　　正為中心〉，《臺灣東亞文明研究季刊》8：1（2011.06），頁175－300。

榮新江，〈陳寅恪先生《陳垣敦煌劫餘錄序》讀後〉，載於：中西書局編，《中
　　西學術名著精讀·陳寅恪卷》（上海：編者，2014.08），頁34－74。

榮新江，〈陳寅恪先生《陳垣敦煌劫餘錄序》讀後〉，載於：張本義主編，《大
　　連圖書館百年紀念學術論文集》（瀋陽：萬卷出版公司，2007.11）。上網
　　日期：2017.02.28。http://www.zggds.pku.edu.cn/004/001/267.pdf.

榮新江，〈授野直喜與王國維——早期敦煌學史上的一段佳話〉，《敦煌學輯刊》（2003：2），頁123－128。

榮新江，〈英倫印度事務部圖書館藏敦煌西域文獻紀略〉，《（蘭州）敦煌學輯刊》1955：2，頁1－8。

（日）鞆谷純一，〈帝國圖書館の掠奪圖書〉，《情報學》6：1（2009），上網日期：2019.0101。https：core.ac.uk/download/pdf/35263079.pdf.附「帝國圖書館『略奪圖書一覽』」。

趙和平，〈敦煌學〉，載於：中華孔子學會編輯委員會組編，《國學通覽》（北京：群眾出版社，1996.09〉，頁521－539。

趙長海，〈哈佛燕京圖書館藏中文善本來源考〉，《圖書情報知識》2005：8，頁36－40。

趙彥昌、李曉光，〈吐魯番文書編纂沿革考（上）〉，《檔案學通訊》2013：6，頁94－97。

趙彥昌、李曉光，〈吐魯番文書編纂沿革考（下）〉，《檔案學通訊》2014：1，頁102－105。

趙彥昌、李兆龍，〈論敦煌文獻流失海外的原因、經過及具體分布〉，《遼寧省博物館館刊》2012，頁386－404。

趙愛學、林世田，〈顧子剛生平及捐獻古籍文獻事迹考〉，《國家圖書館學刊》2012：頁94－101。

趙聲良，〈留落異鄉的「敦煌」〉，《北京晚報》。上網日期：2016.02.22。http://bjwb.bjd.com.cn/images/2016-01/12/34/34.pdf.

熊文華，《美國漢學史》2冊（列國漢學史書系）（北京：學苑出版社，2015.03）。

十五畫

潘絜茲，《敦煌莫高窟藝術》2版（上海：上海人民出版社，1981）。

潘重規，《列寧格勒十日記》（臺北：學海出版社，1975）。

潘德利、王文風，〈敦煌文獻流散與回歸的艱辛歷程〉，《圖書情報工作》54：
　　7（2010.04），頁10－118。

鄭阿財，〈杏雨書屋《敦煌秘笈》來源、價值與研究現況〉，《敦煌研究》2013：
　　3，頁116－127。

鄭樑生，《元明時代東傳日本的文獻》（臺北：文史哲出版社，1984.08）。

（日）慶應義塾大學附屬研究所斯道文庫、阿部隆一編，《阿部隆一遺稿集
　　第四卷人物篇》（東京：汲古書院，1988.07）。

蔣復璁，〈日本正倉院特展的參觀與感想〉，《大陸雜誌》65：3（1982.09），
　　頁103－104。

蔡一平譯、Wood, Frances（吳芳思）著，〈序〉，載於：榮新江，《英國圖書
　　館藏敦煌漢文非佛教文獻殘卷目錄》（香港敦煌吐魯番研究中心叢刊；4）
　　（臺北：新文豐出版公司，1994.07），序1－7。

蔡武，〈康乃爾大學圖書館簡介〉，《國立中央圖書館館刊》新1：2(1967.10)，
　　頁65－66。

（日）德川光圀，〈大日本史卷364志121佛事一〉，載於：德川光圀，《大日
　　本史》（東京：德川總子，1906－1907），幅46－83，上網日期：2015.12.25。
　　http://kindai.ndl.go.jp/info：ndljp/pid770007。

（日）德川光圀，〈大日本史卷87列傳14皇子2聖德太子廄戶〉，載於：德川
　　光圀，《大日本史》（東京：吉川半七，1900.09），上網日期：2015.12.25，
　　http://kindai.ndl.go.jp/info：ndljp/pid770032，幅30－33。

（日）德川真木，〈序文〉，載於：德川真木監修、徐興慶主編，《日本德川
　　博物館藏目錄I朱舜水文獻釋解》（上海：上海古籍出版社，2013.07），
　　頁1－2。

劉存寬，〈序〉，載於：楊建新、馬曼麗編，《外國考察家在我國西北》（河
　　南鄭州：河南人民出版社，1983）。

劉坤，〈「木犀軒」——李盛鐸藏書始末〉，《古籍整理研究學刊》2014：4
　　（2014.07），頁20-22。

劉修業，〈王重明1935－1939英德意諸國訪書記〉，《文獻》1991：04，頁203
　　－212。

劉進寶，《敦煌文物流散記》（蘭州：甘肅人民出版社，2009.11）。

劉進寶，《敦煌學通論》（蘭州：甘肅教育出版社，2002）。

劉進寶，《敦煌學述論》（蘭州：甘肅教育出版社，1991.12）。

劉進寶，〈《俄藏敦煌文獻》出版的艱難歷程——重讀潘重規先生的《列寧
　　格勒十日記》〉，載於：敦煌學會編，《敦煌學》第25輯（潘重規先生逝世
　　周年紀念專輯）（臺北：樂學書局，2004.07），頁483－492。

劉廣瑞，〈日本藏西夏漢文文書初探——張大千舊藏西夏漢文文書研究之
　　一〉，《西夏學》10（2013.09），142－154。

劉薇，〈尋根解俗——李霖燦與納西文化研究〉，《大理學院學報》13：9
　　（2014.09），17－20。

十六畫

盧雪鄉（Judy S. Lu），〈美國國會圖書館近年來的特殊中文寶藏〉，《國家圖
　　書館館刊》2013：2（2013.12），頁243－259。

盧雪燕，〈《永樂大典》——中國史上規模最大的類書〉，《故宮文物月刊》
　　302（2008.05），頁90－99。

（日）橋本秀美，〈《舊京書影、北平圖書館善本書目》編後記〉，載於：東
　　吳中文系等編，《第一屆中國古典文獻學國際學術研討會論文集》（臺北
　　縣板橋：聖環圖書公司，2010.01），頁183－196。

盧偉，《美國圖書館藏：宋元版漢籍研究》（北京：北京大學出版社，
　　2013.12）。

遼寧省檔案館編，《遼寧省檔案館指南》（北京：中國檔案出版社，1994.04）。

錢存訓著、潘銘燊主編，《回顧集錢存訓世紀文選》（桂林：廣西師範大學
　　出版社，2012.04）。

錢存訓，〈芝加哥大學遠東圖書館建館箚記〉，《中華民國圖書館學會會訊》

14：3/4（2006.12）頁20－28。

錢存訓，《留美雜憶──六十年來美國生活的回顧》（安徽合肥：黃山書社，
　　2008.12）。

錢存訓，《中美書緣》（臺北：文華圖書館管理資訊公司，1998.08）。

錢存訓，〈中美書緣：紀念中美文化交換百周年〉，載於：錢存訓，《中美書
　　緣》（臺北：文華圖書館管理資訊公司，1998.08），頁1－9。

錢存訓，〈歐美地區中國古籍存藏概況〉，載於：古籍鑑定與維護研習會、
　　吳哲夫編，《古籍鑑定與維護研習會專集》（臺北：中國圖書館學會，1985），
　　頁25－46。

錢存訓，〈美國東亞圖書館的沿革和發展〉，載於：黎樹添、黃德偉，《香港
　　大學馮平山圖書館金禧紀念論文集（1932-1982）》（香港：香港大學馮平
　　山圖書，1982），頁31－39。

錢存訓，〈美國早期的亞洲研究〉，《大陸雜誌》22：5（1961.03.15），頁15
　　－21。

錢存訓、G.R.Nunn；王素香、冼麗環譯，〈美國圖書館中的遠東資料（上）〉，
　　《大陸雜誌》20：1（1960.01.15），頁25－29。

錢存訓、G.R.Nunn；王素香、冼麗環譯，〈美國圖書館中的遠東資料（下）〉，
　　《大陸雜誌》20：2（1960.01.30），頁18－22。

錢婉約，〈「此生成就名山業，不厭重洋十往還」──內藤湖南中國訪書及
　　其學術史意義述論〉，《國際漢學》2012：02，頁106－131。

錢婉約，〈從近代日人來華訪書看中華典籍的文化意義〉，《中國文化研究》
　　2007：頁121－131。

錢婉約，《從漢學到中國學──近代日本的中國研究》（北京：中華書局，
　　2007.03）。

錢婉約，《內藤湖南研究》（北京：中華書局，2004.07）。

錢婉約，〈日本中國學京都學派當議〉，《北京大學學報（哲學社會科學版）》
　　2000：5（總201），頁126－133。

十七畫

謝小燕，王蕾，〈哈佛燕京學社北平辦事處歷史沿革〉，《大學圖書館學報》
　　2013：頁112－122。

謝繼勝，《西夏藏傳繪畫：黑水城出土西夏唐卡研究》（西藏藝術研究系列）
　　（石家莊：河北教育出版社，2002.01）。

戴寶村譯、Andrew, Fogel Joshua著，〈內藤湖南與臺灣〉，《臺灣風物》36：
　　4（1986），頁101－107。

韓昇，〈光明皇后寫經與東亞史料的開拓〉，《學術月刊》39：8（2007.08），
　　頁123－130。

薄井由，《東亞同文書院大旅行研究》（上海：上海書店出版社，2001.01）。

十八畫

聶崇岐，〈簡述「哈佛燕京學社」〉，載於：中國人民政治協商會議全國委員
　　會文史資料研究委員會編，《文史資料選輯合訂本》第25輯（北京：中國
　　文史出版社，2000），頁70－80。

關家錚，〈讀王重民先生佚札——有關敦煌遺書總目的一宗史料〉，《敦煌學》
　　24（2003.06），頁199－208。

魏美月，〈研易樓主沈仲濤捐贈宋版圖書始末〉，《故宮文物月刊》2：1
　　（1984.04），頁138－143。

魏泉，〈洪業與二三十年代中國現代學術的轉型——以燕京大學、哈佛燕京
　　學社為中心的考察〉，《浙江社會科學》2010：9，頁99－103＋128。

十九畫

譚樹林，〈中美望廈條約再研究——以美國傳教士伯駕與望廈條約的關係為
　　中心〉，《文化雜誌》57（2005冬），頁65－76。

羅香林，〈哈佛燕京學社漢和圖書館所藏中國族譜敘目〉，《國立中央圖書館

館刊》新2：4（1969.04），頁7－17。

羅振玉，〈姚秦寫本僧肇維摩詰經殘卷校記〔序〕〉，載於：羅繼祖主編，《羅
　　振玉學術論著集》第10（下）冊（上海：上海古籍出版社，2010.12），
　　頁614－615。

羅振玉，〈莫高窟石室秘錄〉，載於：羅繼祖主編，《羅振玉學術論著集》第
　　2冊（上海：上海古籍出版社，2010.12），頁3。

羅琳，〈中國科學院圖書館與日本在華文化侵略機構〉，載於：淡大中文系、
　　語獻所編，《昌彼得教授八秩晉五壽慶論文集》（臺北：臺灣學生書局，
　　2005.02），頁261－276。

羅琳，〈《續修四庫全書總目提要》編纂史紀要〉，《圖書情報工作》1994：1
　　頁45－50。

二十畫

嚴紹璗，《日藏漢籍善本書錄》3冊（北京：中華書局，2007.03）。

嚴紹璗，《漢籍在日本的流布研究》（中國古文獻研究叢書）（南京：江蘇古
　　籍出版社，2000.01）。

嚴紹璗，〈中國古代文獻典籍東傳日本的軌迹——中國文化的世界歷史性意
　　義的研討〉，載於：陸堅、王勇主編，《中國典籍在日本的流傳與影響》
　　（杭州：杭州大學出版社，1990.12），頁1－37。

蘇智良，《上海東亞同文書院述論》，《檔案與史學》1995：5，頁39－45。

蘇精，〈《中華叢論》的生與死〉載於：蘇精著，《上帝的人馬：十九世紀在
　　華傳教士的作為》（香港：基督教中國宗教文化研究社，2006.12），頁1
　　－32。

蘇精，《馬禮遜與中文印刷出版》（臺北：臺灣學生書局，2000.08）。

蘇維，〈東亞同文書院藏書考述〉，《科技情報開發與經濟》21：27（2011），
　　頁72－75。

蘇瑩輝，〈近三十年國際研討「敦煌學」之回顧與前瞻——寫在日本召開之

亞洲及北非人文科學國際會議以前〉,《書目季刊》16：2（1982.09），頁
　9－32。

蘇瑩輝,〈敦煌資料在故宮——寫在臺北召開的首屆敦煌學前夕〉,《故宮文
　物月刊》4：5=41（1986.08），頁90－93。

蘇瑩輝,〈評介張大千遺著——漢高窟記〉《故宮文物月刊》3：9=33（1985.12），
　頁120－128。

蘇瑩輝,《敦煌學概要》（臺北：國立編譯館中華叢書編審委員會，1981.10）。

蘇瑩輝,〈國立敦煌藝術研究所籌設顛末記〉,《藝壇》33（1970.12），頁4
　－7。

蘇瑩輝,〈國立中央圖書館所藏的簡牘與卷子〉,《教育與文化》310（1963.09），
　頁27－28。

蘇瑩輝,〈國立中央圖書館的文物拓片〉,《教育與文化》12：7（1956.06），
　頁11－13。

蘇瑩輝,〈中央圖書館所藏漢簡中的新史料〉,《大陸雜誌》3：1（1951.7.15），
　頁23－25。

二十一畫

顧長聲,《從馬禮遜到司徒雷登——來華新教傳教士評傳》（上海：上海人
　民出版社，1985.08）。

顧鈞,〈美國東方學學會及其漢學研究〉,《中華讀書報》，2012.04.04，19
　版。上網日期：2015.07.07。C：＼Users＼PC＼Desktop美國東方學學會
　及其漢學研究-中華讀書報-光明網.htm.

顧鈞,〈美國漢學的歷史分期與研究現狀〉,《澳門文獻信息學刊》2010：2
　（2010.04），頁83—90。

顧鈞,〈衛三畏與《中國總論》〉,《漢學研究通訊》21：3（2002.08），頁2
　－16。

（日）櫻井良樹,〈新疆と近代日本との關係史ステッチ〉。上網日期：

2015.07.07。file：///C：/Users/chanky/Downloads/065-082櫻井良樹pdf.

二十二畫

龔敏，〈孫楷第先生與《中國通俗小說書目》的編纂〉，《止善》13（2012.12），
頁105－119。

西文

"The American Legation to China,"*The Chinese Repository* 13：3（1844.03）：
167－168. Google Books. Retrieved August 25, 2015,from
http://books.google.com.tw.

Barnard, Mark, and Wood, Frances."A Short History of the Conservation of the
Dunhuang Manuscripts in London,"In Susan Whitfield, ed., *The Slik Road:
Trade, Travel, War and Faith.*〔*on the Occasion of the Exhibition at the
British Library, 7 May-12 September 2004.*〕(Chicago, Ill.: Serindia
Publications, Inc. 2004), pp.97-104.

Beal, Edwin G. "Gussie E. Gaskill and the Wason Collection of Cornell
University," *Joural of East Asian Libraries* 1985：77, article 3. Retrieved
August 25, 2015, from
http://scholarsarchive.byu.edu/org.edu/cgi/viewcontent.cgi?articje=1386&C
ontent=jeal

Beal, Edwin G. "Arthur W. Hummel And the Chinese Collection at the Library
ofCongress,"*Joural of East Asian Libraries* 1984：74, article4. Retrieved
August 25, 2015, from
http://scholarsarchive.byu.edu/org.edu/cgi/viewcontent.cgi?articje=1331&C
ontent=jeal

Brown, Charles H."Co-operative Purchasing in China, "*Library Journal* 69

（1944.03）：27-28.

Fung, Margaret Chang.（張鼎鍾）"Safekeeping of the National Peiping Library's Rare Books at the Library of Congress,1941-1965." *Journal of Library History* 19：3（Summer1984）：359-372.

Goodrich, Luther Carrington.（傅路德）"Arthur William Hummel,"*Journal of American Oriental Society* 95：3（Jul.-Sep.,1975）.

Hu, James S.C.(胡述兆)"Swingle and the Chinese Collection in the Library of Congress ,"載於：祝壽論文集編輯小組，《當代圖書館事業論集：慶祝王振鵠教授七秩榮慶論文集》（臺北：正中，1994.07），pp.353-361.

Hu, James S.C.(胡述兆)"Three Major Contributors in the Development of the Chinese Collection in the Library of Congress," 中國圖書館學會會報 51（1993.12）：119-131

Hu, Shuzhao.（胡述兆）*The Development of the Chinese Collection in the Library of Congress.*（Boulder,Colorado：Westview Press,1979）.

Putnam, Herbert. *Chinese Libraries Appeal for Help.* Bulletin of the American LibraryAssociation. 32：6（1938.06）：403-404.

〔"Treaty of Wanghia,"〕. *The Chinese Repository* 19：12（1845.12）：555－583. Google Books. Retrieved August 25, 2015, from http://books.google.com.tw/Books?vid=HARVARD32044012918470&hl=Zh-TW.

Vande Meerssche, P.（范德邁） *A Life to Treasure：The Authorized Biography of Han Lih-Wu.*《一個值得珍惜的生命》（London：Sherwood Press,1987）.

Wilkinson, Endymion. *Chinese History：A Manual.*《中國歷史手冊》Rev and enl.（Cambridge, Mass. ：Harvard University Press, 2000）.

Yuan, Tung-li. "Library Situation in China,"*Library Journal* 69（1944.03）：235－238.

Zhou, Yuan, and Elliker Calvin."From the People of United States of American：

The Books for China Programs during World War II,"*Library & Culture* 32：
2（Spring1997）：191-226.

國家圖書館出版品預行編目(CIP)資料

國家圖書館故事. 卷三, 漢學圖書館故事 = The historical development of the National Central Library III / 宋建成著. -- 初版. -- 臺北市：元華文創, 2020.07
面；　公分

ISBN 978-957-711-175-3 (平裝)

1.漢學　2.圖書館史　3.館藏發展

030　　109008527

國家圖書館故事(卷三)：漢學圖書館故事
The Historical Development of the National Central Library III

宋建成　著

發 行 人：賴洋助
出 版 者：元華文創股份有限公司
公司地址：新竹縣竹北市台元一街 8 號 5 樓之 7
聯絡地址：100 臺北市中正區重慶南路二段 51 號 5 樓
電　　話：(02) 2351-1607
傳　　真：(02) 2351-1549
網　　址：www.eculture.com.tw
E - m a i l：service@eculture.com.tw
出版年月：2020 年 07 月 初版
　　　　　2020 年 11 月 初版二刷
定　　價：新臺幣 450 元

ISBN：978-957-711-175-3 (平裝)

總經銷：聯合發行股份有限公司
地 址：231 新北市新店區寶橋路 235 巷 6 弄 6 號 4F
電 話：(02)2917-8022　　　　　傳 真：(02)2915-6275